Peter Gray

BEFREIT LERNEN

Wie Lernen in Freiheit spielend gelingt

Aus dem amerikanischen Englisch übersetzt von Johannes Terwitte

DRACHENVERLAG

Für Scott, der mich zu diesem Buch inspiriert hat, und für Diane, die es ermöglicht hat.

Der Drachen Verlag dankt der Dr. Martin Wechsler AG, die mit dem »Aloha-Prozent« die Übersetzung dieses Buchs möglich gemacht hat, sowie dem Rudolf Steiner Institut Kassel und einer Buchpatin, deren Beiträge die Herausgabe dieses Buchs unterstützt haben.

Peter Gray – Befreit lernen
Wie Lernen in Freiheit spielend gelingt
Aus dem amerikanischen Englisch übersetzt von Johannes Terwitte

Titel der amerikanischen Originalausgabe:
Free to Learn

published by Basic Books/the Perseus Books Group

2. Auflage 2020

Titelfoto: Jochen Schilk
Layout, Satz und Herstellung: www.drachenverlag.de
Druck und Bindung: Finidr, s.r.o., Český Těšín
Printed in Czech Republic

ISBN 978-3927369-91-7

INHALT

PROLOG

Zur Hölle mit euch!« – Diese Worte trafen mich ins Mark. Zwar war ich schon zuvor verflucht worden, aber noch nie war es jemandem so ernst gewesen. Mal war vielleicht ein Kollege von meinem Beharren auf einer offensichtlich falschen Tatsache genervt gewesen, mal mag ein Freund so auf einen dummen Spruch von mir reagiert haben. Aber in jenen Fällen hatte die Verwünschung eher dazu gedient, Spannung abzubauen oder sinnlose Diskussionen zu beenden. Diesmal war es ernst. Diesmal fühlte es sich an, als könnte ich tatsächlich in der Hölle landen. Angst hatte ich dabei nicht vor jenseitigen Höllenfeuern, an die ich nicht glaube, sondern vor einem diesseitigen Leben in dem schmerzhaften Bewusstsein, jemanden im Stich gelassen zu haben, den ich liebe und der mich braucht.

Mein Sohn Scott, damals neun Jahre alt, schleuderte uns diese Worte im Büro des Rektors seiner Grundschule entgegen. Die Worte galten nicht mir allein, sondern uns sieben großen und schlauen Erwachsenen, die heute gegen ihn angetreten waren: der Rektor, die beiden Klassenlehrerinnen von Scott, ein Beratungslehrer, eine Kinderpsychologin, seine Mutter (meine verstorbene Frau) und ich. Wir waren gekommen, um Geschlossenheit zu demonstrieren und Scott in aller Deutlichkeit zu verstehen zu geben, dass er zur Schule gehen müsse und dort allen Anweisungen seiner Lehrkräfte Folge zu leisten habe. Nachdem jeder von uns seinen Teil gesagt hatte, schaute Scott uns unverwandt an und sagte jene Worte, die mich aus der Bahn warfen.

Ich begann zu weinen. Augenblicklich wusste ich, dass ich zu Scott halten musste, anstatt mich weiter gegen ihn zu stellen. Ich blickte zu meiner Frau hinüber, die nun ebenfalls weinte, und ihre Tränen zeigten mir, dass sie genauso dachte und fühlte wie ich. In diesem Moment wussten wir beide, dass wir tun müssten, was Scott schon lange von uns gewollt hatte: ihn nicht nur von dieser Schule zu nehmen, sondern ihn auch nie wieder an einen Ort zu schicken, der dieser Schule auch nur im Entferntesten ähnlich war. Für ihn war die Schule ein Gefängnis – und er hatte nichts getan, was eine Inhaftierung gerechtfertigt hätte.

Der Termin im Büro des Rektors war der Höhepunkt einer jahrelangen Reihe von Elterngesprächen und Krisentreffen, bei denen meine Frau und ich von den neuesten Verfehlungen unseres Sohns in Kenntnis gesetzt wurden. Sein Fehlverhalten beunruhigte die Lehrkräfte vor allem deshalb, weil es wenig mit den Ungehörigkeiten zu tun hatte, die sie mittlerweile von lebhaften Jungs, die gegen ihren Willen festgehalten werden, schon gewohnt waren. Scotts Verhalten trug eher die Züge eines planvollen Aufstands. Oft verhielt er sich absichtlich genau entgegen den Anweisungen der Lehrkräfte. Wenn ein Lehrer den Schülern die Matheaufgaben auf eine bestimmte Weise zu lösen vorgab, ersann Scott bestimmt einen anderen Lösungsweg. Als es daran ging, Zeichensetzung und Großschreibung zu üben, schrieb er wie der Dichter e. e. cummings und setzte Satzzeichen und Großbuchstaben, wo es ihm gefiel oder ließ sie gleich ganz weg. Wenn ihm eine Aufgabe sinnlos erschien, sagte er das auch und weigerte sich, sie zu erledigen. Manchmal – und dies war in letzter Zeit gehäuft vorgekommen – verließ er ohne Erlaubnis das Klassenzimmer und ging nach Hause, wenn er nicht gewaltsam daran gehindert wurde.

Schließlich fanden wir eine passende Schule für Scott. Eine Schule, die einer »Schule« im herkömmlichen Sinn denkbar unähnlich ist. Etwas später werde ich diese Schule und die von ihr inspirierte weltweite Bildungsbewegung noch genauer vorstellen. Aber in diesem Buch geht es nicht in erster Linie um einen bestimmten Schultyp, sondern grundsätzlicher um das Wesen menschlicher Bildung.

Von Geburt an brennen Kinder darauf zu lernen, und sie sind dafür genetisch hervorragend ausgestattet. Sie sind kleine Lernmaschinen. Ohne jede Unterweisung saugen Kinder etwa bis zum fünften Lebensjahr eine unfassbare Menge an Informationen und Fähigkeiten auf. Sie lernen laufen, rennen, springen und klettern. Sie lernen die Sprache der Kultur, in die sie hineingeboren werden, zu verstehen und zu sprechen; dabei lernen sie auch, sich durchzusetzen, sich anzufreunden, zu streiten, zu scherzen, zu stören und Fragen zu stellen. Sie erwerben sich einen unglaublichen Schatz an Wissen über ihre materielle und soziale Umwelt. All dies wird von ihren angeborenen Instinkten und Trieben, der ihnen innewohnenden Neugier und Verspieltheit befeuert. Diese enorme Lernlust und dieser Bildungstrieb werden nicht etwa von Natur aus abgeschaltet, wenn Kinder fünf oder sechs Jahre alt werden. Wir selber schalten sie ab – mit unserem System der Zwangsbeschulung. Denn die nachhaltigste Lektion, die Schule erteilt, ist, dass Lernen Arbeit sei und nach Möglichkeit vermieden werden sollte.

Die Worte meines Sohns im Büro des Rektors änderten die Richtung meines beruflichen als auch meines persönlichen Lebenswegs. Nach wie vor bin ich Professor für Biopsychologie und forsche an den biologischen Grundlagen der Triebe und Emotionen von Säugetieren. Ich hatte mich damals der Rolle bestimmter Hormone in der Angstregulation von Ratten und Mäusen gewidmet und erst kürzlich damit begonnen, die Vorgänge im Gehirn von Rattenmüttern genauer zu untersuchen. Seit jenem Tag im Büro des Rektors veränderte sich Schritt für Schritt der Schwerpunkt meiner Forschung. Ich begann, Bildung aus einer biologischen Perspektive zu untersuchen. Zu Beginn war meine Forschungstätigkeit in erster Linie von der Sorge um meinen Sohn motiviert. Ich wollte mich vergewissern, dass wir keinen Fehler begingen, indem wir ihm erlaubten, seinem eigenen Lernweg zu folgen anstatt einem von Experten vorgeschriebenen Weg. Aber je mehr ich mich davon überzeugen konnte, dass Scott sich auf seinem selbstbestimmten Bildungsweg prächtig entwickelte, desto stärker erweiterte ich mein Forschungsinteresse auf Kinder im Allgemeinen und die humanbiologischen Grundlagen von Bildung.

Was macht uns Menschen zu Kulturwesen, zum kulturellen Tier? Welche Aspekte der menschlichen Natur sorgen dafür, dass sich überall auf der Welt jede neue Generation Fähigkeiten, Wissen, Vorstellungen, Theorien und Werte von der vorhergehenden erwirbt und darauf aufbaut? Diese Frage führte mich dazu, Bildungsprozesse auch in Kontexten außerhalb des Regelschulsystems zu erforschen, unter anderem an der bemerkenswerten Nicht-Schule, die mein Sohn inzwischen besuchte. Später untersuchte ich die wachsende, weltweite Freilerner-Bewegung, um zu verstehen, wie Kinder lernen, die nicht unterrichtet werden. Ich las anthropologische Literatur und befragte Anthropologen, um möglichst alles über das Lernen und Leben von Kindern in Jäger-und-Sammler-Kulturen zu erfahren – also jenen Kulturen, die unsere Spezies während 99 Prozent unserer Evolutionsgeschichte gekennzeichnet haben. Ich verschaffte mir einen umfassenden Überblick über die psychologische und anthropologische Forschung zu kindlichem Spiel und führte zusammen mit meinen Studierenden Untersuchungen dazu durch, wie Kinder spielend lernen.

Diese Arbeit half mir zu verstehen, wie der starke kindliche Spiel- und Entdeckungstrieb nicht nur in Jäger-und-Sammler-Kulturen, sondern auch heute noch dem Zweck der Bildung dient. Meine Forschung führte mich zu neuen Erkenntnissen über die Bedingungen, unter denen Kinder ihre Fähigkeiten, sich auf spielerische Weise selbst zu bilden, optimal entfalten können. Sie führte mich noch zu einer weiteren Erkenntnis: Wenn wir nur wollten, könnten wir Kinder aus der Zwangsbeschulung befreien und ihnen Lernorte zur Verfügung stellen, an denen sie ihre Fähigkeiten zur Selbstbildung voll ausschöpfen können, ohne sie ihres Rechts auf eine glückliche Kindheit zu berauben.

Um all das geht es in diesem Buch.

1 WAS HABEN WIR DER KINDHEIT ANGETAN?

Im Lauf meines Lebens habe ich von Hunderten großer Lehrerinnen und Lehrer gelernt, aber wenn ich die größte unter ihnen benennen sollte, wäre es Ruby Lou. Ich traf sie in dem Sommer, als ich fünf und sie sechs Jahre alt war. Meine Familie war gerade in eine neue Stadt gezogen, und auf Vorschlag meiner Mutter war ich alleine die Straße hoch und runter von Tür zu Tür gegangen, hatte überall geklopft und gefragt: »Gibt es hier Kinder in meinem Alter?« So traf ich im Haus gegenüber auf Ruby Lou. Nach ein paar Minuten waren wir schon beste Freunde – und das blieben wir auch während der zwei Jahre, die ich in der Stadt wohnte. Ruby war zwar älter, schlauer und mutiger als ich, aber weil ihr Vorsprung nicht allzu groß war, war sie mir eine großartige Lehrerin.

Mitte der 1980er Jahre veröffentlichte Robert Fulghum die vielbeachtete Essaysammlung »All I Really Need to Know I Learned in Kindergarten«.[1] Ich bin nie in den Kindergarten gegangen. Die kleine Stadt, in die wir zogen, als ich fünf Jahre alt war, hatte keinen. Aber ich denke, dass sogar Fulghum, wenn er sich entscheiden müsste, wohl zugestehen würde, dass die wichtigsten Lektionen, die man im Leben lernt, nicht in Kindergarten oder Schule gelernt werden. Sie werden im Leben selbst gelernt.

In diesem ersten Sommer spielten Ruby Lou und ich fast täglich von morgens bis abends miteinander, manchmal allein und manchmal mit anderen Kindern aus der Nachbarschaft. Dann wurde sie eingeschult und ich nicht, aber wir spielten weiterhin nach der Schule und an den Wochenenden miteinander.

Ich habe manchmal daran gedacht, ein Buch zu schreiben mit dem Titel »Alles, was ich wirklich wissen muss, hab ich von Ruby Lou gelernt«. Das erste, was Ruby Lou mir beibrachte, war das Fahrradfahren. Ich hatte kein Fahrrad, aber sie ließ mich ihres benutzen. Es war ein Mädchenfahrrad, was das Lernen einfacher machte, weil man beim Auf- oder Absteigen kein Bein über eine Querstange schwingen musste. Die Straße, in der wir wohnten, führte einen kleinen Hügel hinab, und Ruby Lou zeigte mir, wie ich gleich genug Fahrt aufnehmen konnte, um auch ohne Treten aufrecht zu bleiben, wenn ich oben auf dem Hügel aufstieg und mich mit dem Fuß leicht abstieß. So konnte ich lernen, die Balance zu halten, ohne gleichzeitig das Treten lernen zu müssen. Sie sagte mir, ich solle mit dem Treten anfangen, sobald ich das Ende des Hügels erreicht hatte und jedes Mal so weit wie möglich fahren, bevor ich hinfiel oder meine Füße zum Bremsen auf den Boden stellte. Bei meinen ersten Versuchen trug ich einige aufgeschürfte Knie davon, und das geparkte Auto eines Nachbar wurde um eine Delle reicher. Aber Ruby Lou sagte mir, ich solle mir keinen Kopf machen, ich würde besser werden und bald »für immer« fahren können, ohne hinzufallen. Innerhalb weniger Tage konnte ich tatsächlich für immer fahren. Als meine Eltern das sahen, kauften sie mir ein klappriges Jungenrad. Es war zu groß für mich (»damit du nicht zu schnell rauswächst«) und hatte eine hohe Querstange, die das Aufsteigen erschwerte – aber ich konnte darauf fahren. Es war mein erster fahrbarer Untersatz und gab mir eine Freiheit, die ich mit meinen fünf Jahren zuvor noch nicht gekannt hatte.

Sobald ich mein eigenes Fahrrad hatte, fingen Ruby Lou und ich an, Radtouren durch die ganze Ortschaft und in die umliegende Natur zu unternehmen. Diese Ausflüge erschienen uns wie große Abenteuer, obwohl wir uns wahrscheinlich nie mehr als drei oder vier Kilometer von Zuhause entfernten. Alleine waren mir solche Touren nicht erlaubt, zusammen mit Ruby Lou schon. Meine Mutter sah, dass Ruby Lou mit ihren sechs Jahren reif und verantwortungsvoll war, sich allein zurechtfand und mich vor Ärger bewahren würde. Bei jedem Abenteuer lernten wir etwas Neues über die Welt, in der wir lebten, und lernten neue Leute kennen. Auch heute noch nehme ich für kürzere Strecken am liebsten das Fahrrad, und manchmal denke ich an Ruby Lou, wenn ich zur Arbeit oder sonstwohin radle.

Ruby Lou half mir auch, auf Bäume zu klettern. In unserem Vorgarten stand eine wunderbare Kiefer. Ich vermute, dass sie für einen Erwachsenen eine durchschnittlich große Kiefer war. Mir aber erschien sie damals riesig, ihr Wipfel vermeinte den Himmel zu berühren, wie von Gott zum Klettern geschaffen. Da ich nicht zu den besonders mutigen oder sportlichen Kindern gehörte, musste ich wochen- und monatelang daran arbeiten, immer höher klettern zu können. Der Baum zog Ruby Lou und mich gleichermaßen in seinen Bann, und immer blieb sie die bessere Kletterin. Jedes Mal, wenn sie einen höheren, bislang unerreichten Ast erklomm, wusste ich, dass ich das auch schaffen könnte. Es war ein Nervenkitzel, gen Himmel zu klettern und dann auf den Erdboden tief unter mir zu schauen. Vielleicht waren es fünf Meter, vielleicht sechs; auf jeden Fall war es tief genug, um den Fünfjährigen, der ich war, vor Gefahr erschaudern zu lassen. Noch größer jedoch war meine Erregung ob des gewonnenen Vertrauens, Gefahren ins Auge blicken zu können und durch eigene Anstrengung zu überwinden – ein Vertrauen, das mir mein ganzes Leben lang sehr genützt hat.

Und dann, an einem brütend heißen Sommertag, lernte ich von Ruby Lou meine erste Lektion über den Tod. Ich spielte draußen in meinem Planschbecken, rannte, sprang hinein und rutschte auf meinem Hintern durchs Wasser. Da kam Ruby Lou in den Garten, und ich erwartete, dass sie ins Becken springen würde, wie sie es sonst tat – aber sie tat nichts dergleichen. Sie setzte sich in einiger Entfernung ins Gras und sagte nichts. Ich versuchte, sie mit ein paar albernen Kunststücken zum Lachen zu bringen, aber es half alles nichts. Noch nie hatte ich gesehen, dass sich jemanden so verhielt. Schließlich ging ich hinüber und setze mich neben sie. Sie erzählte mir dann, dass ihr Großvater, der bei ihnen im Haus gewohnt hatte, in der Nacht gestorben sei. Es war meine erste Erfahrung mit dem Tod und mein erster Versuch, jemanden zu trösten, der einen geliebten Menschen verloren hatte. Es gelang mir natürlich nicht – und erst später lernte ich, dass man daran immer scheitert. Alles, was man tun kann, ist, als Freund da zu sein und die Zeit die Wunden heilen zu lassen. Zum Glück tut die Zeit dies schnell, wenn man sechs Jahre alt ist und jeder Tag die Kraft von zwei Wochen hat. Es vergingen nur wenige Sommerwochen, bis Ruby Lou und ich wieder gemeinsam spielten und lachten.

Ich bin nicht der einzige, der auf seine Kindheit zurückschaut und bedauert, dass Kinder heute weniger Freiheiten haben als wir damals. Fast jeder mittleren oder älteren Jahrgangs wird, auf seine Kindheit angesprochen, in Erinnerungen an Abenteuer mit anderen Kindern, die er fernab der Erwachsenen erlebte, schwelgen. Hier ist ein Auszug aus einem Essay von Hillary Rodham Clinton, ehemalige First Lady und dann Außenministerin der Vereinigten Staaten, über ihre Kindheit in Park Ridge, Illinois:

»Wir waren ein gut organisierter Kreis von Kindern und spielten alle möglichen Spiele. Wir spielten jeden Tag nach der Schule, jedes Wochenende, und im Sommer von Sonnenaufgang bis zum Abend, als unsere Eltern uns nach Hause riefen. Ein Spiel nannten wir Verfolgungsjagd, es war eine komplexe Mischung aus Verstecken und Fangen. Dazu bildeten wir Mannschaften, legten Orte fest, an denen man nicht gefangen werden konnte, und verteilten uns auf die umliegenden zwei oder drei Straßenzüge. Ebenfalls konnte man auf bestimmten Wegen wieder freikommen, wenn man gefangen worden war. Wie in all unseren Spielen waren die Regeln ausgeklügelt und wurden in langen Verhandlungen an Straßenecken festgeklopft. So verbrachten wir zahllose Stunden. […]

Wir waren so unabhängig; wir hatten so viele Freiheiten. Heute hingegen scheint allein schon die Vorstellung, einem Kind diese Freiheit zu geben, unmöglich. Dies ist einer der großen gesellschaftlichen Verluste.«[2]

Ungeachtet jeder politischen Bewertung ist unstrittig, dass Hillary Clinton sich zu einer außergewöhnlich kompetenten, selbstbewussten und gesellschaftlich gewandten Erwachsenen entwickelt hat. Wenn ich an Außenministerin Clinton denke, wie sie Vereinbarungen zwischen Staatenlenkern festzurrt, stelle ich mir neben ihr ein kleines Mädchen vor, dass die Vereinbarungen über die Regeln der Verfolgungsjagd festklopft.

»Wir waren so unabhängig; wir hatten so viele Freiheiten. Heute hingegen scheint allein schon die Vorstellung, einem Kind diese Freiheit zu geben, unmöglich. Dies ist einer der großen gesellschaftlichen Verluste.« – Es ist nicht nur ein großer, es ist ein tragischer und grausamer Verlust. Kinder sind von Natur aus dafür gemacht, selbständig und unabhängig von Erwachsenen zu spielen und zu erkunden. Sie brauchen Freiheit, um sich zu entwickeln – ohne Freiheit leiden sie. Der Spieltrieb ist ein grundlegender, biologischer Trieb. Im Gegensatz zu einem Mangel an Nahrung, Luft oder Wasser tötet ein Mangel an freiem Spiel zwar nicht den Körper, aber er tötet den Geist und hemmt die mentale Entwicklung. Freies Spiel ermöglicht es Kindern, Freundschaften zu schließen, ihre Ängste zu überwinden, ihre Probleme zu lösen und insgesamt die Kontrolle über ihr eigenes Leben zu übernehmen. Freies Spiel ist außerdem der wichtigste Weg, auf dem Kinder die körperlichen und intellektuellen Fähigkeiten üben und erwerben, die für das Vorwärtskommen in der Kultur, in der sie aufwachsen, unerlässlich sind. Die Freiheit, die wir unseren Kindern rauben, kann durch nichts wieder gutgemacht werden; nicht durch Unmengen an Spielzeug und auch nicht durch »Qualitätszeit« oder besonderen Unterricht, den wir unseren Kindern bieten. Das, was Kinder durch eigene Initiative in freiem Spiel lernen, lässt sich nicht auf andere Weise vermitteln.

Wir reizen die Grenzen der kindlichen Anpassungsfähigkeit immer weiter aus. Wir haben Kinder in eine abnormale Umgebung gedrängt, in der von ihnen erwartet wird, immer längere Teile ihres Tags unter der Leitung von Erwachsenen zu verbringen, an Tischen sitzend, Dinge hörend und lesend, die sie nicht interessieren, und Fragen beantwortend, die nicht wirklich ihre Fragen sind. Wir lassen ihnen immer weniger Zeit und Freiheit, zu spielen, zu entdecken und ihre eigenen Interessen zu verfolgen.

Ich bin evolutionärer Entwicklungspsychologe. Das bedeutet, dass ich die kindliche Entwicklung aus einer darwinistischen Perspektive untersuche. Mich interessieren besonders jene Aspekte der kindlichen Natur, die Kindern das selbstinitiierte Lernen all dessen ermöglichen, was sie zum Überleben und Wohlergehen in der Kultur, in der sie aufwachsen, brauchen. Mit anderen Worten interessieren mich die biologischen Grundlagen von Bildung. Deshalb habe ich die Bildungsprozesse in den ursprünglichen menschlichen Gesellschaften, den Jäger-und-Sammler-Gesellschaften, erforscht, in denen es keinerlei Schulen gab und Kinder ihr eigenes Lernen stets selbst in die Hand nahmen. Ebenfalls erforscht habe ich die Bildungsprozesse an einer bemerkenswerten alternativen Schule, nahe meines Wohnorts in Massachusetts gelegen, an der sich Hunderte von Kindern und Jugendlichen durch selbstbestimmte Aktivitäten und ohne von Erwachsenen verordnete Lehrpläne oder Tests selbst erfolgreich bilden. Außerdem habe ich Bildung in Familien untersucht, die eine Variante des Homeschoolings, das »Freilernen«, praktizieren, und habe die biologische und psychologische Forschung zu den Funktionen des Spiels unter die Lupe genommen und erweitert.

All diese Arbeiten erzählen eine bemerkenswert schlüssige und überraschende Geschichte, die den heute etablierten Ansichten über Bildung deutlich zuwiderläuft. Kinder sind biologisch dafür ausgestattet, ihre Bildung selbst in die Hand zu nehmen. Wenn ihnen die Freiheit und die Mittel gegeben werden, ihre eigenen Interessen in einer sicheren Umgebung zu verfolgen, dann blühen sie auf, entwickeln sich entlang vielfältiger und unvorhersehbarer Pfade und erwerben sich die nötigen Fähigkeiten und das nötige Selbstvertrauen, um die Herausforderungen des Lebens zu meistern. In einer solchen Umgebung fragen Kinder die Hilfe, die sie von Erwachsenen benötigen, bewusst an. Es bedarf weder des Zwangs zu Unterricht, Vorlesungen, Aufgaben, Tests, Noten und Alterstrennung in Klassenräumen noch all der anderen Insignien unseres herkömmlichen Systems der Pflichtbeschulung. Im Gegenteil beeinträchtigen all diese sogar die natürliche Lernweise der Kinder.

Dieses Buch handelt vom natürlichen kindlichen Instinkt, sich selbst zu bilden, von den für das optimale Funktionieren dieser Instinkte erforderlichen Umweltbedingungen und davon, wie wir als Gesellschaft diese Bedingungen zu weit geringeren Kosten ermöglichen können als jenen, die wir gegenwärtig für Schulen aufbringen. Weil der Spieltrieb als natürliches Mittel der Kinder zur Selbstbildung eine wichtige Funktion hat, geht es in einem Teil dieses Buchs um die Kraft des Spielens. In diesem ersten Kapitel möchte ich jedoch die Schäden begutachten, die wir durch unsere gegenwärtige Behandlung von Kindern anrichten. Die Freiheit der Kinder, zu spielen, wurde im Verlauf des letzten halben Jahrhunderts immer weiter beschnitten; damit einhergehend war eine anhaltende Verschlechterung der geistigen und körperlichen Gesundheit junger Menschen zu beobachten. Wenn sich diese Entwicklung fortsetzt, laufen wir ernsthaft Gefahr, Generationen zukünftiger Erwachsener hervorzubringen, die sich im eigenen Leben nicht mehr zurechtfinden.

Vom Niedergang des Spiels[3]

Es war einmal eine Zeit, in der man in fast jeder Nachbarschaft in den USA nach der Schule, an den Wochenenden oder in den Sommerferien Kinder draußen und ohne Aufsicht von Erwachsenen spielen sehen konnte. Sieht man heute überhaupt noch Kinder draußen, sind sie meist einheitlich gekleidet und folgen den Anweisungen erwachsener Trainer, während ihre Eltern zuschauen und jede ihrer Regungen pflichtbewusst bejubeln. In seinem Standardwerk über die Geschichte des Kinderspiels in Amerika beschreibt Howard Chudacoff die erste Hälfte des 20. Jahrhunderts als »das Goldene Zeitalter des unstrukturierten Kinderspiels«.[4] Mit »unstrukturiertem Spiel« meint Chudacoff nicht etwa Spiel, dem die Struktur fehlt. Er erkennt, dass Spiel nie eine beliebige Aktivität ist, es ist immer strukturiert. Mit »unstrukturiert« meint er eigentlich, dass die Struktur nicht durch Kontrolle von außen, sondern von den Spielern selbst erzeugt wird. Ich bezeichne dies als »freies Spiel« und definiere es als Spiel, in dem die Spieler selbst entscheiden, was und wie gespielt wird, und die Regeln bei Bedarf verändern können. Eine Runde Kicken unter Freunden ist freies Spiel, ein Jugendligaspiel ist es nicht. Durch freies Spiel lernen Kinder, ihr eigenes Verhalten zu strukturieren.

Wenngleich es eine Vereinfachung darstellt, kann man sagen, dass die Möglichkeiten der Kinder, frei zu spielen, seit der Unabhängigkeitserklärung der Vereinigten Staaten durch zwei Entwicklungen beeinflusst wurden: Zum einen nahm der Bedarf an Kinderarbeit allmählich ab, wodurch Kinder mehr Zeit zum Spielen hatten. Dies erklärt die allgemeine Zunahme des Spielens bis zur Mitte des 20. Jahrhunderts. Zum anderen kam es abseits der Arbeitswelt zu einer stetigen Ausweitung der Kontrolle der Erwachsenen über das Leben von Kindern, wodurch deren Möglichkeiten, frei zu spielen, eingeschränkt wurden. Etwa ab der Mitte des 20. Jahrhunderts beschleunigte sich diese Entwicklung und erklärt den seither fortschreitenden Rückgang des freien Kinderspiels.

Eine Hauptursache für diese Ausweitung der Kontrolle der Erwachsenen über das Leben der Kinder ist die ständig zunehmende Bedeutung der Schulpflicht. Kinder werden immer früher eingeschult. Es gibt heute nicht nur Vorschulen, sondern in einigen Bezirken auch Vor-Vorschulen. Selbst Kindergärten sind zunehmend wie Grundschulen strukturiert und konfrontieren die Kinder anstelle von freiem Spiel mit von Erwachsenen festgelegten Aufgaben. Das Schuljahr ist länger geworden, ebenso der Schultag, und Gelegenheiten zu freiem Spiel innerhalb des Schultags wurden größtenteils abgeschafft. Zu meiner Grundschulzeit in den 1950er Jahren gab es vormittags und nachmittags jeweils halbstündige Pausen und eine Stunde Mittagspause. In diesen Pausen, die ein Drittel unseres sechsstündigen Schultags einnahmen, durften wir tun und lassen, was wir wollten – selbst das Schulgelände konnten wir verlassen. In der dritten Klasse verbrachte ich mit meinen Freunden meist die gesamte Mittagspause auf einem Hügel unweit der Schule, wo wir im Gras oder im Schnee miteinander balgten. Außerdem spielten wir mit dem Taschenmesser und lieferten uns im Winter große Schneeballschlachten. Ich kann mich nicht daran erinnern, dass irgendeine Lehrkraft oder ein anderer Erwachsener uns bei diesen Spielen beobachtet hat. Falls doch, so haben sie sich ganz sicher nicht eingemischt. Derartiges Verhalten wäre heute an keiner der Grundschulen erlaubt, die ich untersucht habe. Man vertraute uns damals auf eine Weise, die Kinder heute nicht mehr erleben.

Nicht nur ist der Schultag heute länger und weniger spielerisch, Schule hat sich auch immer stärker zu Hause im Familienleben breitgemacht. Die Menge der Hausaufgaben ist gestiegen und erfordert Zeit, die ansonsten zum Spielen zur Verfügung stünde. Von Eltern wird inzwischen erwartet, als Erfüllungsgehilfen der Lehrer zu fungieren. Sie sollen den Überblick über alle Hausaufgaben und Projekte, die ihren Kinder aufgegeben werden, behalten und sollen ihre Kinder so lange drängen, nerven und bestechen, bis diese Aufgaben erledigt sind. Wenn Kinder Hausaufgaben nicht oder nur schlampig machen, wird häufig den Eltern ein schlechtes Gewissen eingeredet, als sei es ihr Verschulden gewesen. Eltern wagen nicht mehr, Familienurlaube so zu planen, dass Kinder auch nur ein oder zwei Tage Schule verpassen, oder ihren Kindern zu erlauben, den Schulunterricht zugunsten häuslicher Aktivitäten zu versäumen, die in Wirklichkeit vielleicht ein sinnvolleres Lernen ermöglichen als das, was in der Schule zur gleichen Zeit passiert.

Aber die Schule hat auf eine noch viel hinterhältigere Weise Besitz vom Leben der Kinder ergriffen. Direkt und indirekt hat das Schulsystem – oft unbeabsichtigt – eine gesellschaftliche Einstellung gefördert, derzufolge kindliche Entwicklung hauptsächlich durch die Erledigung von Aufgaben, die Erwachsene vorgeben und überprüfen, erfolgt und derzufolge die eigenen Aktivitäten der Kinder als Zeitverschwendung gelten. Diese Einstellung wird selten explizit gemacht. Eine Ausnahme bildet der Leiter der Schulbehörde von Atlanta, der, als er die Tradition des freien Spielens in Pausen abschaffte, erklärte: »Anstatt Kindern dreißig Minuten zum Vertrödeln zu geben, ist es sinnvoller, sie in Tanz oder Gymnastik zu unterrichten.«[5] Weiter sagte er, dass Kinder kein freies Spielen bräuchten, um sich zu bewegen, dafür sei doch der Sportunterricht da. Wenige Pädagogen würden eine spielfeindliche Haltung so unverblümt äußern. Die meisten Pädagogen geben zumindest Lippenbekenntnisse über den Wert des freien Spiels ab. Wenn es jedoch darum geht, wie Erwachsene tatsächlich mit Kindern umgehen, dann hat die spielfeindliche Haltung im Lauf der Jahrzehnte immer weiter um sich gegriffen, ist durch die Schulmauern gesickert und hat die gesamte Gesellschaft infiziert. Auch außerhalb der Schule werden Kinder häufig dazu ermuntert oder gar verpflichtet, von Erwachsenen geleitete Unterrichts- oder Sportangebote zu nutzen, anstatt frei zu spielen.

Diese Anti-Spiel-Haltung geht einher mit einem ständig zunehmenden Fokus auf die messbare Leistung von Kindern sowie einem schwindenden Interesse an wirklichem Lernen, das schwierig oder unmöglich messbar ist. Was in der heutigen Bildungswelt zählt, ist Leistung, die beziffert werden kann und Schüler, Schulen oder gar Nationen vergleichbar macht, um festzustellen, wer besser und wer schlechter ist. Wissen, das nicht Teil des Lehrplans ist, zählt nicht, und sei es noch so fundiert. Von »wirklichem Lernen« und »tiefgehendem Wissen« spreche ich, wenn Kinder Ideen und Informationen so verarbeiten, dass dies ihre Verstehens- und Umgangsweise mit der Welt dauerhaft prägt (dazu mehr in späteren Kapiteln). Solches Wissen unterscheidet sich ganz deutlich von oberflächlichem Wissen, das ausschließlich zum Bestehen eines Tests erworben und kurz darauf wieder vergessen wird.

Nicht nur die Kinder selbst: Eltern, Lehrer, Schulen und ganze Schulbezirke werden heutzutage auf der Grundlage der Schulleistungen der Kinder evaluiert. Kinder sind der Spielball in einem Wettbewerb, in dem Erwachsene um sie herum versuchen, bei standardisierten Prüfungen die höchstmögliche Punktzahl aus ihnen herauszupressen. Da hierbei so viel auf dem Spiel steht, wird alles, was die Leistung verbessert und nicht offensichtlicher Betrug ist, als »Bildung« angesehen. So gehen auch Übungen als Bildung durch, die zwar die Aufnahme prüfungsrelevanter Informationen ins Kurzzeitgedächtnis verbessern, aber überhaupt keinen Beitrag zum wirklichen Verständnis der Sachverhalte leisten.

Diese Leistungsfixierung hat sich, vom Unterricht ausgehend, auf verschiedenste Aktivitäten außerhalb von Lehrplan und Schule übertragen. In den Augen vieler heutiger Eltern und Pädagogen dient die Kindheit weniger dem Lernen als der Optimierung des Lebenslaufs. Deshalb werden sowohl Zeugnisnoten und Ergebnisse bei standardisierten Tests als wichtig erachtet, als auch organisierte außerschulische Aktivitäten, besonders wenn diese auch noch Pokale, Urkunden und andere Arten der förmlichen Belobigung durch Erwachsene zur Folge haben. So werden Kinder und Jugendliche zu von Erwachsenen angeleiteten Aktivitäten wie Sport, Nachhilfeunterricht oder ehrenamtlichen Aktivitäten gelotst, überredet oder gar gedrängt. Sogar kleine Kinder, deren Aktivitäten aller Wahrscheinlichkeit nach nicht Eingang in die spätere

Bewerbungsmappe finden werden, hievt man auf Startböcke, auf denen sie sich für zukünftige, unverhohlenere Lebenslaufoptimierungen vorbereiten sollen. Freies Spiel zählt nicht, denn da wird ja »nur gespielt« – und auch in Uni-Bewerbungen wird nicht danach gefragt.

Der zunehmende Stellenwert der Schulbildung sowie das empfundene Bedürfnis, einen vorteilhaften Lebenslauf vorweisen zu können, sind nicht die einzigen Gründe für den Niedergang des freien Spiels im Lauf des letzten halben Jahrhunderts. Ebenso einflussreich ist der stetig wachsende Glaube von Erwachsenen, unbeaufsichtigtes Spiel sei gefährlich. Wenn in den Industrieländern heute ein Kind von einem Fremden entführt, missbraucht oder ermordet wird, sind die Medien sofort zur Stelle, was zu übersteigerten Ängsten führt. Die tatsächliche Häufigkeit solcher Fälle ist gering und in den vergangenen Jahren noch zurückgegangen.[6] In einer großangelegten, internationalen Umfrage jüngeren Datums war die Angst vor Kinderschändern mit 49 Prozent der am häufigsten genannte Grund, warum Eltern das Draußenspiel ihrer Kinder einschränkten.[7] Andere in der Umfrage oft genannte – und vielleicht realistischere – Ängste waren jene vor Straßenverkehr und Raufbolden. In einer anderen, kleineren Umfrage aus Großbritannien nannten 78 Prozent der befragten Eltern Angst vor Kindesmissbrauch durch Fremde als Grund dafür, das Draußenspiel ihrer Kinder einzuschränken. 52 Prozent nannten Verkehrsgefahren.[8]

In wieder einer anderen Studie – befragt wurden 830 Mütter aus einem geographisch repräsentativen Querschnitt der USA – bejahten 85 Prozent der Befragten die Aussage, dass ihr Kind bzw. ihre Kinder weniger häufig draußen spielen als sie es selbst als Kinder getan hatten.[9] Gefragt nach den Gründen gegen das Draußenspiel ihrer Kinder, nannten 82 Prozent der Mütter Sicherheitsbedenken und Kriminalität. Überraschenderweise hing das Auftreten dieser Ängste kaum von der geographischen Region ab: in ländlichen Gebieten und kleinen Dörfern waren solche Ängste ähnlich stark ausgeprägt wie in den Städten. Wenn wir Kindern mehr Möglichkeiten eröffnen wollen, draußen frei zu spielen, müssen wir Nachbarschaften derart stärken, dass Eltern diese wieder als sicher erleben. In was für einer Gesellschaft leben wir eigentlich, wenn unsere Kinder nicht einmal mehr sicher und frei an der frischen Luft spielen können?

Statistisch lässt sich der Rückgang des Spielens auch anhand von Tagebuchstudien nachweisen, in denen Eltern gebeten wurden, an zufällig ausgewählten Tagen Aufzeichnungen über die Aktivitäten ihrer Kinder anzufertigen. In einer Langzeitstudie dieser Art verglichen die Soziologin Sandra Hofferth und ihre Kollegen die Zeiten, die repräsentative Stichproben von Kindern im Jahr 1997 täglich mit verschiedenen Aktivitäten verbrachten mit den Zeiten, die eine ähnliche Auswahl von Kindern 1981 mit denselben Aktivitäten verbrachte.[10] Unter anderem zeigte die Studie, dass sechs- bis achtjährige Kinder 18 Prozent mehr Zeit in der Schule, 145 Prozent mehr Zeit mit Schulaufgaben und 168 Prozent mehr Zeit beim Einkaufen mit ihren Eltern verbrachten. Die Kinder verbrachten 1997 55 Prozent weniger Zeit in Gesprächen zu Hause, schauten 19 Prozent weniger fern und spielten 25 Prozent weniger als 1981. All diese Veränderungen passierten innerhalb von nur sechzehn Jahren, etwa einer halben Generation. In dieser Studie wurden sowohl Spiele im Haus, wie etwa Brett- oder Computerspiele, als auch Draußenspiele der Kategorie »Spiel« zugerechnet. Es steht zu vermuten, dass der Anteil des Spielens an der frischen Luft um mehr als 25 Prozent zurückgegangen ist, da das Computerspielen, das 1981 im Grunde noch nicht existierte, in diesem Zeitraum zugenommen haben muss. Die Zeit, die Kinder in dieser Altersgruppe 1997 im Durchschnitt spielend verbrachten, einschließlich Computerspiel, lag bei etwas über elf Stunden pro Woche. In einer Folgestudie mit dem gleichen Forschungsansatz stellten Hofferth und ihre Kollegen für den Zeitraum von 1997 bis 2003 eine weitere Zunahme (um 32 Prozent) an Hausaufgabenzeit und eine weitere leichte Abnahme (um 7 Prozent) an spielend verbrachter Zeit fest.[11]

Wenn Eltern gefragt werden, warum ihre Kinder nicht häufiger draußen spielen, führen sie neben Sicherheitsbedenken häufig auch die Vorlieben der Kinder selbst an. Insbesondere die verführerischen Eigenschaften von Fernseher, Spielkonsolen und Computer werden oft genannt.[12] In einer großangelegten Studie, in der Kinder selbst nach ihren Spielvorlieben gefragt wurden, schnitt allerdings das Draußenspiel mit Freunden am besten ab. Im direkten Vergleich mit bestimmten anderen Aktivitäten gaben 89 Prozent der Kinder an, lieber draußen zu spielen als fernzusehen; 86 Prozent zogen es dem Computerspiel vor.[13] Vielleicht spielen Kinder heute unter anderem deshalb so viel am Computer, weil dies ein Ort ist, an dem sie frei und ohne Aufsicht und Anleitung von Erwachsenen spielen können. Viele Kinder dürfen draußen nicht frei spielen, und falls doch, so finden sie dort selten Spielkameraden, weshalb sie dann doch lieber drinnen spielen. Natürlich ist dies nicht der einzige Grund für die Beliebtheit von Computerspielen. Am Computer zu spielen, macht großen Spaß und Kinder lernen viel dabei. Aber wenn es um körperliche Fitness, das Erforschen der wirklichen Welt und den Umgang mit Gleichaltrigen geht, sucht das Spielen im Freien seinesgleichen.

Der Anstieg psychischer Störungen im Kinder- und Jugendalter

Der Niedergang des freien Spiels und der karrierefokussierte Blick auf Kindheit haben gravierende Folgen. Als Beispiel eines gar nicht mal untypischen Kindes aus der Mittelschicht möchte ich Ihnen Evan vorstellen. Evan ist elf Jahre alt. An Werktagen zerrt seine Mutter ihn morgens um halb sieben aus dem Bett, damit er angezogen und gefrühstückt bereitsteht, wenn der Schulbus kommt. Weil es zu gefährlich ist, darf er nicht zu Fuß zur Schule gehen, auch wenn das schneller ginge, mehr Spaß machte und er sich dabei körperlich betätigte. In der Schule sitzt er den Großteil des Tags still, hört seinen Lehrern zu, schreibt Tests, liest, was er lesen soll, schreibt, was er schreiben soll – und bei alledem hängt er in Tagträumen dem nach, was er jetzt in Wirklichkeit gerne täte. Um Verletzungen und rechtlichen Auseinandersetzungen vorzubeugen sowie mehr Zeit zu haben, die Kinder auf die zentralen Vergleichsarbeiten vorzubereiten, hat seine Schule sogar die halbstündige Pause abgeschafft. Nach der Schule folgt Evans Leben einer – hauptsächlich von seinen Eltern vorgegebenen – Taktung, die ihm eine ausgewogene Mischung an Kompetenzen vermitteln und ihn aus Scherereien heraushalten soll. Montags spielt er Fußball, dienstags Klavier, mittwochs macht er Karate, donnerstags lernt er Spanisch. Am Abend, nachdem er ferngesehen oder am Computer gespielt hat, macht er ein paar Stunden Hausaufgaben. Als Beleg dafür, dass sie ihren Sohn dabei beaufsichtigt hat, muss seine Mutter die Hausaufgaben jeden Abend unterschreiben. Am Wochenende hat Evan ein Punktspiel, geht zur Sonntagsschule und hat dann vielleicht ein wenig Freizeit, die er mit Freunden, aus Gründen der Sicherheit in einem der Elternhäuser, verbringt. Seine Eltern prahlen gerne mit seinen vielen Aktivitäten und erklären dabei stets, dies sei »seine eigene Wahl« und er habe »gern so viel zu tun«. In ihren Augen bereitet er sich auf die Bewerbung an einem renommierten College vor, auf das er ihrer Hoffnung nach in sieben Jahren gehen wird. Evan ist in guter körperlicher Verfassung, aber manchmal gesteht er, sich etwas »ausgebrannt« zu fühlen.

Evan gehört zu den Erfolgreichen. Ein paar Häuser weiter wohnt Hank, bei dem eine Aufmerksamkeitsdefizit-Hyperaktivitätsstörung (ADHS) festgestellt wurde und der Ritalin nimmt, weil er in der Schule nicht die ganze Zeit stillsitzen kann. Mit dem Medikament kommt er in der Schule ganz gut mit, aber es nimmt ihm auch den Appetit, lässt ihn abends nicht einschlafen und ihm wird davon ganz »komisch«. Hank sagt, er fühle sich nicht wie er selbst, wenn er Ritalin nimmt, und seine Eltern räumen ein, dass er unter dem Einfluss des Medikaments nicht so lebendig, lustig und froh wie sonst sei. Aber sie glauben, keine Wahl zu haben: Er müsse doch in der Schule zumindest ausreichende Noten bekommen, sonst – so ihre Sorge – würde er hoffnungslos zurückfallen.

Freilich leiden heute nicht alle Kinder so sehr wie Evan oder Hank. Aber tatsächlich sind insgesamt zu viele Kinder von ähnlichen Problemen betroffen, und viele fühlen sich ausgebrannt, wenn sie die Schule abschließen – wenn nicht sogar schon davor. Im folgenden Zitat, das ich einem Artikel meiner lokalen Tageszeitung entnommen habe, kommt ein achtzehnjähriger Abiturient zu Wort, der ein um sieben Jahre gealterter Evan sein könnte: »In den letzten beiden Jahren habe ich wie besessen darauf hingearbeitet, erfolgreich zu sein, und habe nicht viel geschlafen. Fast jeden Abend habe ich fünf oder sechs Stunden lang Hausaufgaben gemacht. Das Allerletzte, was ich wollte, war noch mehr Schule.« Im selben Artikel beschrieb eine Achtzehnjährige, die in Harvard angenommen worden war, ihr anstrengendes letztes Schuljahr. Sie hatte ein deutlich erweitertes Leistungskursprogramm absolviert und nebenher noch Zeit für Leistungssport, Geigenunterricht und Kurse in chinesischer Portraitmalerei gefunden. Auch sie fühlte, dass sie ausgebrannt sei und ein Sabbatjahr brauchte, bevor die Uni losging.

Vom anderen Ende des schulischen Altersspektrums berichtet ein Kommentar, den ich auf mein Blog, das ich für die Zeitschrift »Psychology Today« schreibe, erhielt: »Hier in New York gehen die Kinder mit vier Jahren in die Vorschule. Der Sohn meiner besten Freundin wurde im September dort eingeschult. Nach etwa zwei Wochen bekam er von seinem Lehrer Briefe mit nach Hause, in denen von einer möglichen ›Leistungsschwäche‹ die Rede war. Seitdem hat es Briefe über Briefe und zahllose Treffen mit dem

Lehrer gegeben. Meine Freundin versuchte, mit dem Problem fertig zu werden, indem sie ihren Sohn abends zu Hause weiter unterrichtete. Das arme Kind bettelt förmlich darum, ins Bett gehen zu dürfen. Inzwischen sind beide entmutigt und fühlen sich als Versager.«[14] Es ist deprimierend, wie häufig Aussagen wie diese zu finden sind.

Eindrücke, Prototypen und ausgewählte Zitate sind eine Sache – belastbare Zahlen eine andere. Wie nimmt sich die geistige Gesundheit junger Menschen heute im statistischen Vergleich mit den vergangenen Jahrzehnten aus?

Die Häufigkeit stressbedingter psychologischer Störungen hat in den vergangenen fünfzig Jahren stark zugenommen. Diese Zunahme ist nicht nur das Ergebnis eines gestiegenen Bewusstseins für solche Störungen und somit der größeren Wahrscheinlichkeit, dass sie entdeckt und behandelt werden. Es gibt tatsächlich ein erhöhtes Auftreten dieser Störungen. Psychologen und Psychiater haben standardisierte Fragebögen entwickelt, um psychische Probleme und Störungen festzustellen. Einige dieser Fragebögen werden seit Jahrzehnten bei Kindern und Jugendlichen in Studien mit großen Fallzahlen eingesetzt. Aufgrund des standardisierten, unveränderten Messverfahrens lässt sich untersuchen, wie sich die Häufigkeit bestimmter psychologischer Störungen im Lauf der Zeit verändert hat.

Die »Taylor Manifest Anxiety Scale« wird zum Beispiel seit 1952 benutzt, um den Grad von Angststörungen bei Studierenden festzustellen. Seit 1956 wird eine Version dieses Tests auch bei Grundschülern angewendet. Ein anderer Fragebogen, der »Minnesota Multiphasic Personality Inventory« (MMPI), wird seit 1938 an Studierende ausgehändigt, eine Version für Jugendliche (der MMPI-A) ist seit 1951 im Einsatz. Mit Hilfe von MMPI und MMPI-A lassen sich eine Reihe psychologischer Probleme und Störungen feststellen, unter anderem auch Depressionen. All diese Fragebögen bestehen aus Selbstaussagen, denen der Proband zustimmen oder die er ablehnen muss. Zum Beispiel beinhaltet die »Taylor Manifest Anxiety Scale« Aussagen wie »Ich mache mir häufig Sorgen, das etwas Schlimmes passieren wird« oder »Meistens fühle ich mich ganz wohl«. Eine Bejahung der ersten Aussage würde den vom Fragebogen festgestellten Grad der Angst erhöhen, eine Bejahung der zweiten würde ihn verringern. Ein Beispiel für eine Aussage im MMPI, bei der ein »Ja« den festgestellten Depressionsgrad erhöht, ist »Die Zukunft erscheint mir hoffnungslos.«

Jean Twenge, Professorin für Psychologie an der San Diego State University in Kalifornien, hat umfangreiche Untersuchungen über die im Lauf der Jahre aufgetretenen Veränderungen der Testergebnisse bei Kindern und Jugendlichen durchgeführt. Die Ergebnisse sind wahrlich entmutigend. Sie zeigen, dass Angst und Depressionen bei Kindern, Jugendlichen und Studierenden in den Jahrzehnten seit der Entwicklung der Tests kontinuierlich, linear und dramatisch zugenommen haben. Tatsächlich sind die Zunahmen sowohl bei Angst als auch bei Depression so groß, dass der festgestellte Krankheitsgrad bei etwa 85 Prozent der jungen Menschen heute über dem Durchschnittswert ihrer Altersgruppe aus den 1950er Jahren liegt. Aus einer anderen

Perspektive betrachtet, liegen heute fünf- bis achtmal so viele junge Menschen über dem Wert, der vor fünfzig Jahren die wahrscheinliche Diagnose einer klinisch signifikanten Angststörung oder einer schweren Depression bedeutet hätte. Diese Zunahmen sind bei Grund- und Sekundarschülern genauso stark wie bei Studierenden ausgeprägt, wenn nicht gar stärker.[15]

Unabhängig von Twenge und ihren Kollegen untersuchte die Psychologin Cassandra Newsom mit ihrem Team die zwischen 1948 und 1989 gesammelten MMPI- und MMPI-A-Werte von Jugendlichen im Alter von vierzehn bis sechzehn Jahren.[16] Ihre Ergebnisse sind mit Twenges vergleichbar. In ihrem Artikel zeigen Newsom und ihr Team tabellarisch die Antworten der Jugendlichen auf bestimmte Selbstaussagen aus den Jahren 1948 und 1989, in denen große Referenzgruppen untersucht worden waren. Zur Veranschaulichung werden nachfolgend die Ergebnisse von fünf jener Selbstaussagen, die sich mit am stärksten veränderten, wiedergegeben.[17]

	1948	*1989*
»Ich wache morgens meist frisch und erholt auf.«	74,6 %	31,3 %
»Wenn ich arbeite, bin ich sehr angespannt.«	16,2 %	41,6 %
»Meistens empfinde ich das Leben als Belastung.«	9,5 %	35,0 %
»Ich habe mehr als genug erlebt, was mir Sorgen bereitet.«	22,6 %	55,2 %
»Ich habe Angst, den Verstand zu verlieren.«	4,1 %	23,4 %

Ein noch ernüchternderer Gradmesser für den Niedergang der psychischen Gesundheit junger Menschen ist die Selbstmordstatistik. Seit 1950 hat sich in den Vereinigten Staaten die Selbstmordrate bei Kindern unter fünfzehn Jahren vervierfacht; bei Fünfzehn- bis Vierundzwanzigjährigen hat sie sich mehr als verdoppelt. Im selben Zeitraum ist die Selbstmordrate bei Erwachsenen zwischen fünfundzwanzig und vierzig Jahren nur leicht angestiegen und bei den über Vierzigjährigen sogar zurückgegangen.[18]

Diese Zunahmen scheinen kaum etwas mit den realistischen Gefahren und Unsicherheiten in der Welt insgesamt zu tun zu haben. Die Veränderungen hängen nicht mit Konjunkturzyklen, Kriegen oder anderen nationalen oder internationalen Ereignissen zusammen, von denen man häufig sagt, sie würden die psychische Verfassung junger Menschen beeinflussen. Die Raten von Angst und Depressionen bei Kindern und Jugendlichen waren während der Weltwirtschaftskrise, während des Zweiten Weltkriegs, im Kalten Krieg und in den turbulenten 1960er und frühen 70er Jahren weit niedriger, als sie es heute sind. Viel mehr als damit, wie die Welt wirklich ist, scheinen die Veränderungen mit der Art und Weise zu tun zu haben, wie junge Menschen die Welt betrachten.

Man weiß heute mit Sicherheit über Angst und Depression, dass sie stark damit zusammenhängen, ob Menschen ein Gefühl der Kontrolle bzw. der mangelnden Kontrolle über ihr eigenes Leben haben. Menschen, die glauben, ihr Schicksal selbst in die Hand nehmen zu können, entwickeln mit viel geringerer Wahrscheinlichkeit Angstzustände oder Depressionen als jene, die glauben, Opfer von Umständen zu sein, die sie nicht beeinflussen können. Man könnte nun annehmen, dass das Empfinden der persönlichen Kontrolle in den vergangenen Jahrzehnten gestiegen wäre. In Vorbeugung und Behandlung von Krankheiten hat es wirkliche Fortschritte gegeben; alte Vorurteile, die Menschen aufgrund von Ethnie, Geschlecht oder sexueller Orientierung benachteiligt haben, wurden abgebaut; und der Durchschnittsbürger ist heute wohlhabender als in vergangenen Jahrzehnten. Dennoch zeigen die Daten, dass das Empfinden junger Menschen, ihr Leben selbst in der Hand zu haben, stetig zurückging.

Das Standardwerkzeug zur Erhebung von Kontrollüberzeugungen ist die »Internal-External Locus of Control Scale«, ein Fragebogen, der in den späten 1950er Jahren von dem Psychologen Julien Rotter entwickelt wurde. Der Fragebogen besteht aus dreiundzwanzig Aussagenpaaren. In jedem steht eine der Aussagen für eine internale Kontrollüberzeugung (Kontrolle durch die Person selbst) und die andere für eine externale Kontrollüberzeugung (Kontrolle durch äußere Umstände). Bei jedem der Paare muss sich die Testperson entscheiden, welche der beiden Aussagen wahrer ist. Eines der Paare lautet zum Beispiel: »(a) Ich habe oft die Erfahrung gemacht, dass die Dinge kommen, wie sie kommen müssen. – (b) Es hat sich für mich als gut erwiesen, selbst Entscheidungen zu treffen, anstatt mich auf das Schicksal zu verlassen.« In diesem Fall steht (a) für eine externale und (b) für eine internale Kontrollüberzeugung.

Twenge und ihr Team haben die Ergebnisse vieler Studien analysiert, die zwischen 1960 und 2002 die Kontrollüberzeugung bei Gruppen von Studierenden sowie Kindern im Alter von neun bis vierzehn Jahren untersucht hatten. Für beide Altersgruppen stellten sie in diesem Zeitraum eine dramatische Verschiebung der Durchschnittswerte vom internalen zum externalen Ende der Skala fest. Die Veränderungen sind so gravierend, dass der durchschnittliche junge Mensch 2002 externalere Kontrollüberzeugungen hatte (also eher dazu tendierte, mangelnde persönliche Kontrolle anzugeben) als 80 Prozent der jungen Menschen in den 1960er Jahren. Der Zuwachs des Gefühls von externaler Kontrolle hat sich über den Zeitraum dieser zweiundvierzig Jahre ebenso linear wie bei der Zunahme von Depressionen und Angst entwickelt.[19]

Viele Gründe sprechen dafür, einen ursächlichen Zusammenhang zwischen dem Zuwachs an externalen Kontrollüberzeugungen und der Zunahme von Angst und Depression anzunehmen. Die klinische Forschung hat wiederholt gezeigt, dass die hilflosen Gefühle, die mit einer externalen Kontrollüberzeugung verbunden sind, sowohl Kinder und Jugendliche als auch Erwachsene für Angst und Depression anfällig machen.[20] Wenn Menschen glauben, keine oder nur wenig Kontrolle über das eigene Schicksal zu haben, werden sie ängstlich: »Mir kann jederzeit etwas Schreckliches passieren, und ich werde nichts dagegen tun können.« Wenn die Angst und das Gefühl der Hilflosigkeit zu groß werden, werden Menschen depressiv: »Alle Versuche sind zwecklos, ich werde ohnehin scheitern.« Die Forschung hat auch gezeigt, dass Menschen mit einer externalen Kontrollüberzeugung mit geringerer Wahrscheinlichkeit

Verantwortung für ihre eigene Gesundheit, ihre eigene Zukunft sowie ihre Gemeinschaften übernehmen als Menschen mit einer internalen Kontrollüberzeugung.[21]

Die Freiheit der Kinder nimmt ab – Psychische Störungen nehmen zu

Wie Ihnen jeder gute Wissenschaftler erzählen kann, bedeutet Korrelation nicht unbedingt Kausalität. Die Beobachtung, dass Angst, Depression, Gefühle von Hilflosigkeit und verschiedene andere Störungen bei jungen Menschen zugenommen haben, während ein Rückgang von Spiel zu beobachten war, beweist an sich noch nicht, dass Ersteres von Letzterem verursacht wurde. Allerdings gibt es überzeugende logische Gründe für eine solche Kausalität.

Im freien Spiel lernen Kinder auf natürliche Weise, dass sie nicht hilflos sind. Beim Spielen ohne Erwachsene haben Kinder wirklich die Kontrolle und können lernen, diese auch auszuüben. Beim freiem Spiel lernen Kinder, ihre eigenen Entscheidungen zu treffen, ihre eigenen Probleme zu lösen, Regeln aufzustellen und sich daran zu halten sowie anderen auf Augenhöhe zu begegnen, anstatt als gehorsame oder rebellische Untergebene. Beim lebhaften Spielen im Freien – beim Rutschen, Schaukeln oder Herumwirbeln auf dem Spielplatz, beim Erklimmen von Klettergerüsten oder Bäumen oder bei Kunststücken mit dem Skateboard – setzen sich Kinder absichtlich einer angemessenen Dosis Angst aus und lernen dabei nicht nur ihre Körper zu kontrollieren, sondern auch ihre Angst. Beim Sozialspiel lernen Kinder, wie man mit anderen verhandelt, wie man anderen gefällt und wie man den Ärger reguliert und überwindet, der in Konflikten entstehen kann. Freies Spiel ist auch der Weg, auf dem die Natur Kindern hilft zu entdecken, was sie mögen und was ihnen liegt. Im Spiel probieren Kinder viele Aktivitäten aus und entdecken so, wo ihre Talente und Vorlieben liegen. Keine dieser Lektionen kann mit Worten vermittelt werden. Sie lassen sich nur durch Erfahrungen lernen, und solche ermöglicht das freie Spiel. Die vorherrschenden Gefühle beim Spielen sind Interessiertheit und Freude.

In der Schule können Kinder hingegen keine eigenen Entscheidungen treffen; sie haben zu tun, was ihnen gesagt wird. In der Schule lernen Kinder, dass Noten eine entscheidende Rolle spielen. Sogar außerhalb der Schule verbringen Kinder immer mehr von ihrer Zeit an Orten, an denen sie von Erwachsenen gelenkt, beschützt, umsorgt, bewertet, kritisiert, gelobt und belohnt werden. In einer Reihe von Forschungsarbeiten, die sie in reichen, städtischen Außenbezirken im Nordosten der Vereinigten Staaten durchführten, fanden die Psychologin Suniya Luthar und ihre Kollegen heraus, dass jene Kinder, die sich am meisten von ihren Eltern schulisch unter Druck gesetzt fühlten und die am häufigsten von einer Freizeitaktivität zur nächsten gefahren wurden, sich auch mit viel höherer Wahrscheinlichkeit ängstlich oder depressiv fühlten.[22] Jedes Mal, wenn wir Kindern die Möglichkeit zu freiem Spiel nehmen, indem wir ihren Schultag oder sonstige unter Anleitung von Erwachsenen ausgeübte

Aktivitäten verlängern, berauben wir sie weiterer Möglichkeiten, zu lernen, ihr eigenes Leben zu kontrollieren, und zu verstehen, dass sie nicht bloß Opfer von Umständen und mächtigen Anderen sind.

Vor ein paar Jahren untersuchten die Psychologen Mihály Csíkszentmihályi und Jeremy Hunter in einer Studie die Zufriedenheit und Unzufriedenheit von Sechst- bis Zwölftklässlern an öffentlichen Schulen. Mehr als achthundert Teilnehmende von dreiunddreißig Schulen in zwölf verschiedenen Gemeinden aus dem ganzen Land trugen eine Woche lang besondere Armbanduhren, die zu zufälligen Zeiten zwischen 7 Uhr 30 und 22 Uhr 30 Uhr Tonsignale abgaben. Sobald ein Signal erklang, füllten die Teilnehmenden einen Fragebogen aus und vermerkten, wo sie waren, was sie taten und wie glücklich oder unglücklich sie gerade waren. Die niedrigsten Glückswerte traten auf, wenn die Kinder in der Schule waren, die höchsten, wenn sie nicht mehr in der Schule waren und mit Freunden plauderten oder spielten. Mit Eltern verbrachte Zeit lag im mittleren Bereich der Glück-Unglück-Skala. Die durchschnittliche Zufriedenheit nahm am Wochenende zu, jedoch stürzte sie dann in Erwartung der kommenden Schulwoche vom späten Sonntagnachmittag bis zum Abend ab.[23]

Wie sind wir bloß zu dem Schluss gekommen, dass die Bildung unserer Kinder am besten gelingt, wenn wir ihnen eine Umgebung aufzwingen, in der sie sich langweilen, unglücklich sind und Angst haben?

Wir haben es hier mit einer grausamen Ironie zu tun: Im Namen der Bildung haben wir Kinder zunehmend der Zeit und Freiheit beraubt, die sie brauchen, um sich auf ihre ureigene Weise selbst zu bilden. Und im Namen der Sicherheit haben wir Kindern die Freiheit genommen, die sie für die Herausbildung von Verständnis, Mut und Selbstvertrauen brauchen, um den Gefahren und Herausforderungen des Lebens mit Gelassenheit begegnen zu können. Wir befinden uns in einer Krise, die mit jedem Jahr ernster wird. Wir haben den Blick dafür verloren, wie man Kinder auf natürliche Weise aufwachsen lässt. Wir haben – nicht nur in den Vereinigten Staaten, sondern in der gesamten industrialisierten Welt – den Blick für die Kompetenzen von Kindern verloren. Wir haben eine Welt geschaffen, in der Kinder ihre natürlichen Instinkte, sich um ihre eigene Bildung zu kümmern, unterdrücken müssen und stattdessen gedankenlos den von Erwachsenen angelegten Holzwegen folgen. Wir haben eine Welt geschaffen, die viele junge Menschen buchstäblich verrückt werden lässt und viele andere daran hindert, das Selbstvertrauen und die Fähigkeiten, die sie als verantwortungsvolle Erwachsene benötigen, zu entwickeln.

Trotz alledem gehen die lautstarken Forderungen von Politikern und Kommentatoren heute eher in die Richtung einer restriktiveren Schulbildung. Sie fordern mehr standardisierte Prüfungen, mehr Hausaufgaben, mehr Aufsicht, sie fordern den Ausbau der Ganztagsschule, längere Schuljahre und strengere Sanktionen für Kinder, die wegen eines Familienurlaubs der Schule ein oder zwei Tage fernbleiben. Hier scheinen sich die Politikerinnen und Politiker aller großer Parteien auf allen Regierungs- und

Verwaltungsebenen ausnahmsweise einmal einig zu sein: Mehr Beschulung und mehr Prüfungen sind besser als weniger Beschulung und weniger Prüfungen.

Es ist an der Zeit, dass Menschen, die es besser wissen, aufstehen und sich diesem erschreckenden Trend entgegenstellen. Kinder brauchen nicht mehr Schulbildung. Sie brauchen weniger Beschulung und mehr Freiheit. Sie brauchen Umfelder, die sicher genug sind, um darin zu spielen und zu erkunden – und sie brauchen freien Zugang zu Werkzeugen, Ideen und Menschen (einschließlich Spielkameraden), die ihnen auf ihren selbstgewählten Pfaden weiterhelfen können.

Dies ist kein anklagendes Buch; es ist ein hoffnungsvolles Buch, das einen Weg zu Verbesserungen aufzeigt. Es ist ein Buch für Menschen mit internaler Kontrollüberzeugung, die einen Beitrag zur Verbesserung der Welt leisten möchten, anstatt gleichgültig mit den Schultern zu zucken und zu sagen: »Es ist wie es ist, finden wir uns besser damit ab.« Wie ich in den folgenden Kapiteln zeigen werde, hat die natürliche Auslese Menschenkinder mit starken Instinkten ausgestattet, um für ihre eigene Bildung zu sorgen, und wir sind töricht, wenn wir Kindern die notwendigen Bedingungen zum Ausleben dieser Instinkte vorenthalten.

2 EIN LEBEN VOLLER SPIEL: KINDER IN JÄGER-UND- SAMMLER-GEMEINSCHAFTEN

Eine halbe Weltreise und auch in jeder anderen Hinsicht weit von dem Bildungsdruck entfernt, dem Evan und Hank ausgesetzt sind, lebt Kwi. Er ist, genau wie sie, elf Jahre alt und wächst in einer Kultur auf, die den Instinkten und dem Urteilsvermögen von Kindern vertraut. Kwi lebt in der afrikanischen Kalahari-Wüste in einer Jäger- und Sammler-Gemeinschaft, die Teil einer kulturellen Gruppe namens Ju/'hoansi ist. Für Kwi gibt es keine Schule und keinen festen Zeitplan. Er steht auf, wenn er ausgeschlafen hat, und verbringt den Tag so, wie es ihm gefällt. Mit seinen Freunden unterschiedlichen Alters spielt und erkundet er ohne Aufsicht von Erwachsenen in der Nähe des Lagers, mitunter auch weit davon entfernt. Das macht er seit seinem vierten Lebensjahr, dem Alter, ab dem Kinder nach Meinung der erwachsenen Ju/'hoansi selbst vernünftig urteilen können und sich selbst soweit unter Kontrolle haben, dass sie nicht länger in der Nähe der Erwachsenen zu bleiben brauchen. Jeder Tag bringt neue Abenteuer, neue Lerngelegenheiten.

Weil sie erfolgreiche Erwachsene werden wollen, spielen Kwi und seine Freunde aus eigenem Antrieb alle grundlegenden Aktivitäten im Leben ihrer Gemeinschaft nach. Meist spielen sie Spurenlesen und Jagen. Mit Pfeil und Bogen stellen sie Schmetterlingen, Vögeln, Nagetieren und manchmal sogar größerem Wild nach und schießen darauf. Sie bauen Hütten und Werkzeuge, die denen der Erwachsenen ähneln. Mit großer Freude imitieren sie in übertriebener Manier die Geräusche und Verhaltensweisen von Kudus, Gnus, Löwen und anderen Tierarten, deren Gewohnheiten sie kennen müssen, um geschickte Jäger zu werden und Angriffe abwehren zu können; und sie spielen Spiele, in denen sie die Rollen unterschiedlicher Tiere einnehmen. Das Reden und Handeln von Erwachsenen aus ihrer eigenen sowie besuchenden Gruppen beobachten sie sorgfältig und karikieren es mit viel Humor. Manchmal ziehen sie weit hinaus in den Busch und entdecken geheime, versteckte Orte. Indem sie laufen, haschen, springen, klettern, werfen und tanzen, entwickeln sie gesunde Körper und eine gute Koordination. Sie bauen Musikinstrumente, spielen die vertrauten Lieder der Ju/'hoansi und erfinden neue. All dies tun sie, weil sie Lust dazu haben. Niemand sagt ihnen, sie müssten es tun. Niemand fragt sie ab. Kein Erwachsener versucht, ihr Spiel anzuleiten, obwohl sich manchmal besonders die jüngeren Erwachsenen zum Spaß daran beteiligen und manchmal auch Kwi und seine Freunde bei Spielen und Tänzen mitmachen, die von Erwachsenen initiiert wurden. Sie folgen allein ihrem eigenen, freien Willen. Dies ist eine Kindheit, wie sie die Natur vorgesehen hat.

Genetisch sind wir alle Jäger und Sammler. Die natürliche Auslese hat uns über Hunderttausende von Jahren an diese Art der Existenz angepasst. Anthropologen haben die Lebensweise der Jäger und Sammler treffend als die einzige stabile Lebensweise beschrieben, die unsere Spezies je hervorgebracht hat.[24] Der Ackerbau trat vor gerade einmal 10 000 Jahren im Gebiet des Fruchtbaren Halbmonds erstmals auf, in anderen Teilen der Welt erst deutlich später.[25] Diese Innovation setzte eine stetig zunehmende Dynamik an Veränderungen in der menschlichen Lebensweise in Gang. Die Entwicklung dieser Veränderungen verlief schneller als der Prozess der natürlichen Auslese, und wir mussten uns an sie anpassen, so gut wir dies mit unserer auf die Befriedigung wildbeuterischer Bedürfnisse ausgerichteten Biologie eben konnten. Wenn wir von der willkürlichen Annahme ausgehen, die Geschichte der Menschheit habe vor einer Million Jahren begonnen, dann haben wir während 99 Prozent dieser Zeit als Jäger und Sammler gelebt.[26]

Die ursprüngliche Lebensweise der Jäger und Sammler ist in ihrer Reinform heute fast ausgestorben, verdrängt durch die Einflüsse von Landwirtschaft, Industrie und modernen Lebensweisen im Allgemeinen. Dabei konnten Anthropologen noch in den 1970er und 80er Jahren, zum Teil sogar noch später, in schwer zugängliche Gegenden dieser Erde vordringen und dort Jäger-und-Sammler-Gemeinschaften verschiedener Ethnien antreffen, die von den Entwicklungen im Rest der Welt so gut wie unberührt geblieben waren. Auch während ich dies hier schreibe, sind Anthropologen dabei, Jäger-und-Sammler-Gemeinschaften zu untersuchen, die viele Traditionen fortführen und die Werte ihrer Vorfahren erhalten, obwohl sie in Handelsbeziehungen mit Gesellschaften stehen, die nicht Jäger und Sammler sind. Natürlich sind diese jagenden und sammelnden Menschen nicht unsere Vorfahren. Dennoch können wir davon ausgehen, dass ihre Kulturen denen unserer prä-agrarischen Vorfahren sehr viel ähnlicher sind als der Kultur, die Sie und ich täglich erleben.

Jäger-und-Sammler-Gesellschaften aus verschiedenen Teilen der Welt unterscheiden sich in vielfältiger Weise voneinander. (Zur Beschreibung der Praktiken von Jägern und Sammlern benutze ich im gesamten Kapitel das, was die Anthropologen als »ethnographisches Präsens« bezeichnen, also eine Gegenwartsform, die sich auf den Zeitraum bezieht, in dem die Studien durchgeführt wurden, auch wenn einige der beschriebenen Praktiken heute nicht mehr existieren.) Sie haben unterschiedliche Lebensräume, Sprachen, Zeremonien und Kunstformen. Gleichwohl sind sie sich trotz dieser Unterschiede – ob sie in Afrika, Asien, Südamerika oder woanders beheimatet sind – in bestimmten grundlegenden Dingen bemerkenswert ähnlich. Sie haben ähnliche soziale Strukturen, ähnliche Wertvorstellungen und eine ähnliche Art, Kinder großzuziehen. Diese Ähnlichkeit erlaubt es Forschern zum einen, von einer »Jäger-und-Sammler-Kultur« im Singular zu sprechen. Zum anderen lässt sie uns mit größerer Gewissheit sagen, dass diese Gesellschaften im wesentlichen jenen Gesellschaften entsprechen, die vor Aufkommen des Ackerbaus vorherrschend waren.[27] Zu den am besten erforschten dieser Gesellschaften zählen die Ju/'hoansi, (auch !Kung genannt, Kalahari-Wüste), Hazda (Regenwälder Tansanias), Mbuti und Efé (Ituri-Regenwald, Kongo), Aka (Regenwälder in der Zentralafrikanischen Republik und im Kongo), Batek (Malaiische Halbinsel), Agta (Luzon, Philippinen), Nayaka (Südindien), Aché (östliches Paraguay), Parakana (brasilianisches Amazonasbecken) und Yiwara (australische Wüste).

In diesem Kapitel geht es um den Alltag sowie die Bildung und Ausbildung von Kindern in Jäger-und-Sammler-Kulturen, aber ich werde auch auf grundlegende Ähnlichkeiten zwischen den Kulturen selbst zu sprechen kommen. Ich definiere »Bildung« als »kulturelle Überlieferung«. Sie besteht aus einer Reihe von Prozessen, durch die in jeder sozialen Gruppe jede neue Generation von Menschen die Fähigkeiten, das Wissen, die Überlieferungen und die Werte – also die Kultur – der vorhergehenden Generationen dieser Gruppe erwirbt. Um die Herangehensweise von Jägern und Sammlern an die Bildung und an das Aufziehen von Kindern zu verstehen, ist es notwendig, etwas über ihre kulturellen Werte zu wissen.

Autonomie, Teilen und Gleichheit[28]

Jäger und Sammler leben in kleinen Gruppen, bestehend aus typischerweise zwanzig bis fünfzig Personen inklusive der Kinder, und ziehen innerhalb großer aber begrenzter Gebiete von Ort zu Ort, um dem vorhandenen Angebot an Wildtieren und Nahrungspflanzen zu folgen. Nahezu alle Forscher, die sich mit Jägern und Sammlern beschäftigt haben, beschreiben folgende sozialen Grundwerte: Autonomie (persönliche Freiheit), Teilen und Gleichheit.[29] Auch wir in unseren modernen demokratischen Kulturen mögen diese Werte gemeinhin als wichtig erachten, doch gehen das Verständnis, das Jäger und Sammler davon haben, und die Bedeutung, die sie ihnen beimessen, weit darüber hinaus.

Der Freiheitssinn der Jäger und Sammler ist so groß, dass sie es unterlassen, einander zu sagen, was sie tun sollen. Sie verzichten sogar darauf, einander ungebeten Ratschläge zu erteilen, um nicht den Anschein zu erwecken, die Freiheit des anderen einzuschränken. Jede Person, und auch jedes Kind, hat zu jeder Zeit die Freiheit, ihre eigenen Entscheidungen zu treffen, solange diese Entscheidungen nicht die Freiheit anderer beeinträchtigen oder ein soziales Tabu verletzen. Ihre Autonomie schließt jedoch nicht das Recht ein, Privateigentum anzuhäufen oder die Verschuldung anderer aus der Gruppe zuzulassen, da dies ihrem zweiten großen Wert – dem Teilen – zuwiderlaufen würde.

Von einem ökonomischen Standpunkt aus betrachtet, besteht der Zweck einer Jäger-und-Sammler-Gemeinschaft im Teilen. Menschen teilen bereitwillig ihre Fähigkeiten und ihre Arbeitskraft, während sie gemeinsam Nahrung beschaffen, sich gegen Raubtiere verteidigen und sich um Kinder kümmern. Sie teilen Nahrung und materielle Güter mit allen in ihrer Gruppe und selbst mit Mitgliedern anderer Gruppen. Derart bereitwilliges Teilen scheint das lange Überleben von Jägern und Sammlern unter oftmals herausfordernden Bedingungen ermöglicht zu haben. Jäger und Sammler haben eine Auffassung vom Teilen, die sich von unserem westlichen Verständnis unterscheidet. Für uns ist Teilen ein lobenswerter Akt der Großmütigkeit, der den Empfänger zu Dank verpflichtet und irgendeine Art zukünftiger Rückzahlung erwarten lässt. Für Jäger und Sammler ist Teilen weder eine großzügige Tat noch eine implizite Übereinkunft, sondern eine Pflicht. Es wird als selbstverständlich angesehen, dass man teilt, wenn man mehr hat als andere; jede Verletzung dieses Grundsatzes würde Spott und Zorn nach sich ziehen.[30]

Aufs engste verknüpft mit ihrem Sinn für Selbstbestimmung und ihrer Erwartung des Teilens ist das, was der Anthropologe Richard Lee als »radikalen Egalitarismus« der Jäger und Sammler bezeichnet hat.[31] Ihr Egalitarismus geht weit über unser modernes westliches Verständnis von Chancengleichheit hinaus. Er bedeutet, dass die Bedürfnisse aller gleich wichtig sind, niemand als den anderen überlegen angesehen wird und niemand mehr Sachgüter als jeder andere besitzt. Derlei Gleichheit ist wesentlicher Bestandteil ihres Verständnisses von Autonomie, da Ungleichheiten diejenigen, die mehr besitzen oder sich selbst für überlegen halten, dazu verleiten könnten, jene zu dominieren, die weniger haben.

Natürlich erkennen Jäger und Sammler an, dass einige Menschen bessere Jäger und Sammler sind als andere, andere mehr Verhandlungsgeschick haben und wieder andere bessere Tänzer sind – und sie erkennen den Wert solcher Fähigkeiten an. Jedoch finden jegliches stolze Zurschaustellen von Fähigkeiten oder offene Bekunden von Überlegenheit ihre scharfe Missbilligung. Zu ihren gebräuchlichsten Waffen gegen Prahlerei, Nichtteilen oder andere tabuisierte Verhaltensweisen gehören Spott und Ausgrenzung.[32] In einem ersten Schritt machen sich Jäger und Sammler lustig über denjenigen, der sich unangemessen verhalten hat. Vielleicht erfinden sie ein Lied darüber, wie der Übeltäter denkt, er sei so ein »großer Mann« und »toller Jäger«. Wenn das Verhalten anhält, ist der nächste Schritt, den Übeltäter zu ignorieren. Solche Maßnahmen sind höchst effektiv, wenn es darum geht, den Regelverletzer umzustimmen. Es ist schwer, den starken Mann zu markieren, wenn alle einen dafür verspotten, und es lohnt sich nicht, Lebensmittel zu horten, wenn der Preis dafür ist, wie Luft behandelt zu werden.

Im Einklang mit ihrer hohen Wertschätzung für Gleichheit und individuelle Selbstbestimmung haben Jäger-und-Sammler-Gemeinschaften keine Anführer oder Häuptlinge, wie man sie häufig in primitiven Ackerbaugesellschaften (und in halbsesshaften Sammlergesellschaften – siehe Endnote 27) findet und die Entscheidungen für die ganze Gruppe treffen. Manche Jäger-und-Sammler-Gemeinschaften haben gar keinen regulären Anführer. Andere haben einen nominellen Anführer, der oder die im Umgang mit anderen Gruppen für die Gemeinschaft spricht, aber nicht mehr formale Entscheidungsgewalt besitzt als alle anderen auch. Entscheidungen, die die ganze Gemeinschaft betreffen, also zum Beispiel wann zu einem anderen Lagerplatz gezogen wird, werden in Gruppendiskussionen getroffen, und es kann Stunden oder Tage dauern, bis ein Konsens erreicht und entsprechend gehandelt wird. Frauen nehmen ebenso wie Männer an diesen Diskussionen teil und selbst Kinder dürfen ihre Meinungen äußern. In jeder Gruppe gibt es einige, die dafür bekannt sind, weiser zu sein als andere, und die deshalb mehr Einfluss haben, aber jegliche Macht, die sie ausüben, resultiert aus ihren Fähigkeiten, andere zu überzeugen und Kompromisse zu finden, die die Wünsche aller berücksichtigen.[33]

Vertrauensvolle Begleitung

Ein von Forschern häufig benutzter Begriff, um das Verhalten von Erwachsenen gegenüber Kindern in Jäger-und-Sammler-Kulturen zu beschreiben, ist »duldsam«, aber vielleicht ist »vertrauensvoll« das treffendere Wort. Der Geist von Gleichheit und Freiheit, der die sozialen Beziehungen der Jäger und Sammler durchdringt, beeinflusst die Interaktionen der Erwachsenen mit Kindern ebenso wie die Interaktionen der Erwachsenen untereinander. Der zentrale Grundsatz ihrer Erziehungs- und Bildungsphilosophie scheint zu sein, dass man den Instinkten von Kindern vertrauen kann, dass Kinder, denen man erlaubt, ihrem eigenen Willen zu folgen, das lernen werden, was sie wissen müssen, und dass sie naturgemäß anfangen werden, zu den Arbeiten der Gemeinschaft beizutragen, sobald sie die Fähigkeiten und die Reife dazu haben. Diese vertrauensvolle Haltung verdeutlichen die folgenden Kommentare von verschiedenen Forschern über jeweils andere Jäger-und-Sammler-Kulturen:

- »Die Kinder der [australischen] Aborigines werden zu einem extremen Grad verwöhnt und mitunter gestillt, bis sie vier oder fünf Jahre alt sind. Die körperliche Bestrafung von Kindern ist nahezu unbekannt.«[34]
- »Jäger und Sammler geben ihren Kindern keine Befehle; beispielsweise bestimmt kein Erwachsener die Schlafenszeit. Abends bleiben die Kinder bei den Erwachsenen, bis sie müde werden und einschlafen. [...] Erwachsene Parakana [in Brasilien] mischen sich nicht in das Leben ihrer Kinder ein. Sie schlagen oder schelten sie niemals und verhalten sich ihnen gegenüber niemals aggressiv, weder körperlich noch mit Worten. Ebensowenig loben sie sie oder überwachen ihre Entwicklung.«[35]
- »Die Vorstellung, dass dies ›mein Kind‹ oder ›dein Kind‹ sei, gibt es nicht. Zu entscheiden, was ein anderer Mensch tun sollte, egal wie alt er ist, liegt gänzlich außerhalb der Verhaltensweisen der Yequana. Es besteht ein großes Interesse an dem, was ein jeder tut, aber keinerlei Neigung, irgendjemanden zu beeinflussen, geschweige denn zu etwas zu zwingen. Die Triebkraft des Kindes ist sein eigener Wille.«[36]
- »[Bei den Jägern und Sammlern der Inuit im Gebiet der Hudson Bay] dürfen Kleinkinder und junge Kinder ihre Umgebung im Rahmen ihrer körperlichen Möglichkeiten unter minimaler Einmischung von Erwachsenen erkunden. Wenn ein Kind

also einen gefährlichen Gegenstand aufhebt, lassen es die Eltern die Gefahren im allgemeinen selbst herausfinden. Es wird davon ausgegangen, dass das Kind weiß, was es tut.«[37]

- »Die Kinder der Ju/'hoansi weinten sehr selten, vermutlich, weil es wenig zu weinen gab. Kein Kind wurde je angeschrieen, geohrfeigt oder körperlich bestraft, selbst ausgeschimpft wurden nur wenige. Die meisten haben bis zu ihrer Jugend nie ein entmutigendes Wort gehört, und wenn doch, so wurde der Tadel, wenn es denn Tadel war, in leisem Ton vorgetragen.«[38]

In unserer Kultur würden die meisten Menschen solche Nachsicht als eine Methode ansehen, um verzogene, anstrengende Kinder hervorzubringen, die zu verzogenen, anstrengenden Erwachsenen heranwachsen. Zumindest im Kontext wildbeuterischer Lebensweisen entspricht dies keineswegs den Tatsachen. Elizabeth Marshall Thomas, eine der frühesten Beobachterinnen der Ju/'hoansi, beantwortete die Frage nach dem Verziehen wie folgt: »Manchmal erzählt man uns, dass Kinder, die so freundlich behandelt werden, verzogen würden, doch das liegt daran, dass diejenigen, die eine solche Meinung vertreten, keine Ahnung haben, wie erfolgreich ein derartiges Vorgehen sein kann. Frei von Frust oder Angst, sonnig und kooperativ, [...] die Kinder der Ju/'hoansi waren der Traum aller Eltern. Keine Kultur kann jemals bessere, intelligentere, liebenswertere und selbstbewusstere Kinder großgezogen haben.«[39]

Angesichts dieser nachsichtigen und vertrauensvollen Haltung ist es nicht überraschend, dass die Kinder in Jäger-und-Sammler-Kulturen den Großteil ihrer Zeit damit verbringen dürfen, frei zu spielen und zu forschen. Die allgemeine, durch jahrhundertelange Erfahrung bestätigte Überzeugung von erwachsenen Jägern und Sammlern ist, dass Kinder sich selbst bilden, indem sie eigenverantwortlich spielen und erkunden.[40] Um mehr über das Leben der Kinder von Jägern und Sammlern zu erfahren, haben mein damaliger Doktorand Jonathan Ogas und ich eine Befragung unter zehn bedeutenden Forschern durchgeführt, die verschiedene Jäger-und-Sammler-Kulturen erforscht hatten.[41] Auf unsere Frage: »Wie viel freie Zeit zum Spielen hatten die Kinder innerhalb der Gruppe, die Sie untersucht haben?«, antworteten alle Forscher im Wesentlichen, dass die Kinder jeden Tag fast von Sonnenaufgang bis Sonnenuntergang frei spielen konnten. Hier drei typische Antworten:

- »Sowohl Jungen als auch Mädchen hatten täglich fast den ganzen Tag zum Spielen zur Verfügung.« (Alan Brainard über die Nharo, südliches Afrika)
- »Die Kinder durften fast immer spielen; bis sie ins späte Teenageralter kamen, erwartete niemand von den Kindern, sich an ernsthaften Arbeiten zu beteiligen.« (Karen Endicott über die Batek, Malaysia)
- »Die Jungen durften bis zum Alter von fünfzehn bis siebzehn Jahren fast immer spielen; die Mädchen verbrachten, von einigen Botengängen und etwas Babysitting abgesehen, die meiste Zeit mit Spielen.« (Robert Bailey über die Efé, Zentralafrika)

Diese Antworten stimmen mit den Aussagen veröffentlichter Berichte überein. In einer offiziellen Studie über die Aktivitäten der Ju/'hoansi-Kinder kommt die Anthropologin Patricia Draper zu folgendem Schluss: »Die Mädchen sind etwa vierzehn Jahre alt, bevor sie sich regelmäßig an der Nahrungssuche, dem Wasserholen und dem Sammeln von Holz beteiligen. [...] Die Jungen sind sechzehn Jahre alt oder älter, bevor sie ernsthaft zu jagen beginnen. [...] Kinder arbeiten erstaunlich wenig.«[42] Als Ausnahme von der Regel, dass Kinder von Jägern und Sammlern sich wenig mit produktiver Arbeit beschäftigen, werden manchmal die Hazda (aus den Regenwäldern Tansanias) genannt. Die Kinder der Hazda suchen sich einen nicht unerheblichen Teil ihres Essens selbst. Allerdings ergab eine Studie über Hazda-Kinder auch, dass sie lediglich zwei Stunden pro Tag mit der Suche nach Essen verbrachten, dabei in der üppigen Vegetation in der Nähe des Lagerplatzes blieben und auch während der Suche ihr Spiel nicht unterbrachen.[43]

Obwohl Erwachsene in Jäger-und-Sammler-Kulturen nicht versuchen, das Lernen der Kinder zu kontrollieren, zu lenken oder anzuregen, unterstützen sie die Selbstbildung der Kinder, indem sie auf ihre Wünsche eingehen.[44] Sie erlauben Kindern, mit den Werkzeugen der Erwachsenen zu spielen, sogar mit möglicherweise gefährlichen, wie Messern und Äxten, weil sie verstehen, dass Kinder mit solchen Objekten spielen müssen, um zu lernen, sie geschickt zu benutzen. Sie trauen Kindern zu, so vernünftig zu sein, sich dabei nicht zu verletzen. Einige Grenzen gibt es jedoch, so werden zum Beispiel giftgetränkte Pfeile außerhalb der Reichweite kleiner Kinder aufbewahrt.[45] Als Spielzeuge für die kleinen und kleinsten Kinder bauen die Erwachsenen Miniaturausgaben von Pfeil und Bogen, Grabstöcken, Körben und andere Gerätschaften. Kinder dürfen grundsätzlich bei allen Tätigkeiten der Erwachsenen zuschauen und mitmachen, wie es ihnen gefällt. Die Kinder drängen sich häufig um die Erwachsenen; die Jüngeren klettern Erwachsenen auf den Schoß, um ihnen beim Kochen zuzuschauen oder zu »helfen«, um Musikinstrumente zu bauen oder Jagdwaffen und andere Werkzeuge herzustellen – und die Erwachsenen scheuchen sie nur selten davon. Patricia Draper beschreibt eine typische Szene:

»Eines Nachmittags schaute ich zwei Stunden lang zu, wie ein Vater [der Ju/'hoansi] das Metall für einige Pfeilspitzen hämmerte und formte. Während dieser Zeit rempelten sein Sohn und sein Enkel (beide noch keine vier Jahre alt) ihn an, saßen auf seinen Beinen und versuchten, ihm die Pfeilspitzen unter dem Hammer wegzuziehen. Wenn die Finger der Jungen dem Aufschlagpunkt zu nahe kamen, wartete er bloß, bis die kleinen Hände sich ein wenig entfernt hatten, bevor er wieder zu hämmern begann. Obwohl der Mann die Jungen ermahnte, wurde er nicht böse oder jagte sie davon; seinen Warnungen, mit dem Stören aufzuhören, folgten sie nicht. Schließlich, nach etwa fünfzig Minuten, bewegten sich die Jungen ein paar Schritte weiter und gesellten sich zu einigen Jugendlichen, die im Schatten lagen.«[46]

Wenn Kinder Erwachsene bitten, ihnen zu zeigen, wie etwas geht, oder ihnen dabei zu helfen, kommen die Erwachsenen dieser Bitte nach. Eine Gruppe von Ethnologen drückte es so aus: »Teilen und Geben sind Kernwerte der Wildbeuter, daher ist das Wissen der einzelnen für alle offen verfügbar; wenn ein Kind etwas lernen möchte, sind andere verpflichtet, das Wissen oder die Fähigkeit weiterzugeben.«[47] Jäger und Sammler geben Wissen auch weiter, indem sie Geschichten erzählen – über Abenteuer beim Sammeln und Jagen, über ihre Besuche bei anderen Gruppen und über bedeutende Ereignisse der Vergangenheit. Thomas stellte fest, dass in den Gruppen, die sie beobachtete, die sechzig- bis achtzigjährigen Frauen besonders gute Erzählerinnen von Geschichten aus der Vergangenheit waren.[48] Die Geschichten werden nicht in erster Linie den Kindern erzählt, aber die Kinder hören zu und erfassen deren Bedeutung. Obwohl die Kinder von Jägern und Sammlern ihr Lernen selbst steuern und bestimmen, können sie dabei sowohl auf die Erwachsenen der Gruppe als auch auf die anderen Kinder als Ressourcen zurückgreifen.

Technische Fähigkeiten und Wissen

Anzunehmen, dass Kinder in Jäger-und-Sammler-Kulturen weniger zu lernen hätten als unsere Kinder, nur weil diese Kulturen »einfacher« als unsere sind, wäre ein Fehler. Die wildbeuterische Lebensweise erfordert außergewöhnlich viel Wissen und viele Fähigkeiten. Aufgrund der relativ gering ausgeprägten Arbeitsteilung muss sich jedes Kind im Wesentlichen alle Kulturtechniken erwerben, zumindest jedoch den seinem oder ihrem Geschlecht entsprechenden Teil.

Bereits das Jagen erfordert immenses Wissen und Können. Anders als Raubtiere wie Löwen, Tiger und Wölfe sind wir Menschen nicht dafür gemacht, Wildtiere durch Schnelligkeit und Kraft zu erlegen; wir müssen uns stattdessen auf Verstand und Geschick verlassen. Die Männer der Jäger und Sammler – und in den Kulturen, wo Frauen ebenfalls jagen, auch die Frauen – haben ein umfangreiches Wissen über die Gewohnheiten der zweihundert bis dreihundert verschiedenen Säugetier- und Vogelarten, die sie jagen. Sie können jedes Tier nicht nur am Aussehen, sondern auch an seinen Geräuschen und Spuren erkennen. Vor einigen Jahren hat Louis Liebenberg ein ganzes Buch über die hochentwickelte wissenschaftliche Denkweise geschrieben, die dem Fährtenlesen der Jäger und Sammler zugrundeliegt.[49] Jäger benutzen die Spuren, die sie in Sand, Schlamm oder Laub erkennen, als Anhaltspunkte und kombinieren sie mit ihrem angesammelten Wissen, um Hypothesen über Größe, Geschlecht, körperliche Verfassung, Geschwindigkeit, Entfernung und andere Merkmale der verfolgten Tiere zu entwickeln und zu überprüfen. Derartiges Fährtenlesen ist nicht nur erforderlich, um Wild aufzuspüren und sich ihm auf Schussdistanz zu nähern, sondern auch um angeschossene Tiere zu verfolgen. Jäger und Sammler jagen typischerweise mit kleinen Pfeilen oder Wurfpfeilen, deren Gift nicht sofort wirkt. Manchmal muss ein großes Tier tagelang verfolgt werden, bevor es stirbt und ins Lager zurückgebracht werden kann.

In seiner Schilderung der Fähigkeiten der Ju/'hoansi schreibt der Anthropologe Alf Wannenburgh: »Alles wird bemerkt, bedacht und diskutiert. Die Knickstelle eines zertretenen Grashalms, die Richtung der Einwirkung, die den Zweig eines Busches abbrechen lies, die Tiefe, Größe, Form und Anordnung der Spuren selbst: Sie alle enthüllen

Informationen über den Zustand des Tiers, die Richtung, in die es sich bewegt, seine Geschwindigkeit und über seine voraussichtlichen späteren Bewegungen.«[50] Zum selben Thema schreibt Elizabeth Marshall Thomas: »Die Spuren [eines bestimmten Kudus, welches angeschossen wurde] zu erkennen, das mit sechs oder sieben anderen Kudus ähnlicher Größe unterwegs ist, ist ein Kunststück, das man gesehen haben muss, um es würdigen zu können, insbesondere weil keine der Spuren klare Fußabdrücke sind. Sie sind Vertiefungen im Sand zwischen vielen anderen verscharrten Vertiefungen, die von anderen Kudus stammen. [...] Auch noch das kleinste Indiz, wie zum Beispiel die Spuren eines Käfers, die den Fußabdruck des Beutetiers überlagern, war für die Jäger von Bedeutung, insbesondere wenn es ein Käfer einer besonderen Art war, die erst bei einer bestimmten Tagestemperatur aktiv wird.«[51]

Die Jagdwerkzeuge – darunter Pfeile und Bögen, Blasrohre und Giftpfeile, Speere, Fallstricke und Netze – müssen fehlerlos angefertigt werden, wozu großes Können vonnöten ist. Auch der Gebrauch dieser Werkzeuge erfordert großes Geschick. Kein Anthropologe hat bisher vermeldet, mit den Werkzeugen der Jäger und Sammler auch nur annähernd so gut jagen zu können wie diese selbst.[52] Die meisten Forscher sprechen mit Ehrfurcht von den Fähigkeiten, die sie beobachtet haben. Quantitative Studien des Jagderfolgs haben gezeigt, dass die besten Jäger nicht Männer in ihren Zwanzigern sind, obwohl diese den Höhepunkt ihrer körperlichen Leistungsfähigkeit erreicht haben, sondern Männer von dreißig, vierzig, fünfzig oder mehr Jahren.[53]

Es überrascht nicht, dass Kinder, die in einer Kultur aufwachsen, in der Jagen so hoch geschätzt, so viel beredet und als so schwierig anerkannt wird, auf eine Weise spielen und erkunden, die ihnen dabei hilft, geschickte Jäger zu werden. Alle Forscher, die an unserer Befragung teilnahmen, gaben an, dass die Jungen in der von ihnen untersuchten Kultur enorm viel Zeit mit spielerischem Verfolgen und Jagen verbrachten. Die beiden Befragten, die die Agta erforschten – eine Kultur, in der sowohl Frauen als auch Männer jagen –, hatten beobachtet, dass sich Mädchen und Jungen in dieser Kultur gleichermaßen am spielerischen Jagen beteiligen.

Selbst dreijährige Kinder von Jägern und Sammlern verfolgen und belauern kleine Tiere und auch einander in ihrem Spiel.[54] Mit ihren kleinen Bögen schießen sie kleine Pfeile auf feststehende Ziele oder auf Schmetterlinge und Kröten. Mit acht oder neun Jahren erlegen sie bereits kleine, essbare Lebewesen, die sie dann vielleicht an einen Stock binden und zurück ins Lager tragen und damit nachahmen, wie ihre Väter große Tiere transportieren. Mit zehn Jahren steuern sie manchmal bereits kleine Mengen an Fleisch zur täglichen Lebensmittelversorgung des Lagers bei. Als junge Teenager erlaubt man ihnen dann vielleicht, die Erwachsenen auf die echte Großwildjagd zu begleiten, so dass sie das Jagen durch Beobachtung erlernen, und mit etwa sechzehn Jahren nehmen sie als vollwertige Teilnehmer an solchen Expeditionen teil, die nach wie vor von einer spielerischen Geisteshaltung durchdrungen sind.

Die Beschaffung pflanzlicher Nahrungsmittel erfordert ein ebenso hohes Maß an Wissen und Können. Anders als unsere Affenverwandten, sind wir Menschen nicht daran angepasst, uns von leicht verfügbarem Blattwerk zu ernähren. Vielmehr sind wir auf nährstoffreiches Pflanzenmaterial angewiesen, das ausfindig gemacht, herausgelöst und verarbeitet werden muss. Die Frauen – und auch die Männer – der Jäger und Sammler müssen wissen, welche der unzähligen Wurzeln, Knollen, Nüsse, Samen, Früchte und Blätter in ihrer Gegend essbar und nahrhaft sind, wann und wo sie zu finden sind, wie man sie ausgraben oder die essbaren Teile auf effiziente Weise herauslösen kann, und in einigen Fällen auch, wie man sie so bearbeitet, dass sie essbar oder noch nahrhafter werden.[55] Neben durch jahrelange Übung erworbenem körperlichen Geschick umfassen diese Fähigkeiten auch das Vermögen, sich des immensen kulturell geteilten und mündlich überlieferten Wissensschatzes über Nahrungsmittel zu erinnern, zu bedienen, ihn zu erweitern und zu verändern. Die Forschung hat gezeigt, dass die Fertigkeiten der Jäger-und-Sammler-Frauen bei der Suche und Verarbeitung von Lebensmitteln bis etwa zu ihrem vierzigsten Lebensjahr zunimmt, genau wie dies auch bei den Jagdkünsten der Männer der Fall ist.[56]

Kinder von Jägern und Sammlern lernen den Umgang mit pflanzlicher Nahrung auf dieselbe Weise, auf die sie auch das Jagen lernen. Sie hören Geschichten. Sie begleiten ihre Mütter und andere Erwachsene beim Sammeln. Sie schauen den Erwachsenen zu, wenn diese im Lager Lebensmittel verarbeiten, und »helfen«, wo sie können. Aus völlig eigenem Antrieb spielen sie mit Grabstock oder Mörser und Stößel, und sie entwickeln Spiele, die das Auffinden und Bestimmen von Pflanzenarten beinhalten. Manchmal bitten sie Erwachsene um mündliche Anleitung und bekommen diese auch. In Interviews erzählten Aka-Frauen aus ihrer Kindheit, wie ihre Mütter verschiedene Pilz- und Süßkartoffelarten vor ihnen ausgelegt und ihnen die Unterschiede zwischen den Essbaren und den Ungenießbaren erklärt hätten.[57]

Wie in allen anderen Kulturen gruppieren sich Jungen und Mädchen auch in Jäger-und-Sammler-Kulturen für einen Teil ihres Spiels nach Geschlechtern. Jungen spielen häufiger als Mädchen Jagen und andere Tätigkeiten, die überwiegend von Männern ausgeübt werden. Mädchen spielen häufiger als Jungen Sammeln, Nahrungszubereitung, Gebären, Kinder pflegen und andere Tätigkeiten, die überwiegend von Frauen ausgeübt werden. Jungen und Mädchen spielen zusammen die vielen Aktivitäten nach, die in der Regel von Männern wie Frauen ausgeübt werden. All ihre Spiele finden in altersgemischten Gruppen von etwa vier Jahren bis zum mittleren Teenageralter statt. Durch Spiel lernen die jüngeren Kinder Fähigkeiten von den älteren, und die Älteren üben, Führungs- und Fürsorgeaufgaben zu übernehmen, indem sie sich um die Jüngeren kümmern. Obwohl Kinder auch vieles von Erwachsenen lernen, sind ihre Lehrerinnen und Lehrer üblicherweise die Kinder, mit denen sie spielen.

Die Forscher, die an unserer Befragung teilnahmen, gaben an, dass Kinder der Jäger und Sammler außer Jagen und Sammeln viele weitere wichtige Erwachsenentätigkeiten in ihrem Spiel nachahmten, etwa Strickleitern bauen, Säuglingspflege, auf Bäume klettern, Hütten bauen, Werkzeuge herstellen, Flöße bauen, Feuer machen, Kochen, sich gegen die Angriffe imaginärer Raubtiere verteidigen, Tiere nachahmen (ein Mittel, sie bestimmen zu lernen und ihre Gewohnheiten zu verinnerlichen), Musik machen, tanzen, Geschichten erzählen und diskutieren. Jäger-und-Sammler-Gemeinschaften haben eine reiche Tradition des Musizierens, Tanzens und Geschichtenerzählens, und so überrascht es nicht, dass die Kinder im Spiel Musikinstrumente bauen, Lieder singen, Tänze vollführen und Geschichten erzählen. Je nach Kultur fertigen sie Stickbilder oder andere Kunstwerke an.

Das Leben der Jäger und Sammler im Freien erfordert, dass Menschen jeden Alters und beiderlei Geschlechts körperlich gesund und agil bleiben, auch um sich vor Raubtieren verteidigen oder fliehen zu können. In Ackerbau- und Industriegesellschaften sind es eher die Jungs, die sich an stark körperbetontem Spiel beteiligen. In Jäger-und-Sammler-Kulturen hingegen beteiligen sich beide Geschlechter fast gleichermaßen an einer Vielzahl solcher Spiele.[58] Sie jagen einander umher und – je nach Beschaffenheit des Geländes – klettern sie auf Bäume, schaukeln, springen, schwimmen, tragen schwere Gegenstände und vollführen allerlei Akrobatik. Koordinierte und anmutige Bewegungen üben sie auch in ihren Tänzen. Tanzen und tänzerische Spiele sind in nahezu allen Jäger-und-Sammler-Kulturen beliebt; durch sie werden Kooperation und flüssige Bewegungsabläufe eingeübt.

Soziale Kompetenzen und Werte

Indem sie ihren Kindern unbegrenzte Zeit zum gemeinsamen Spielen lassen, ermöglichen Jäger und Sammler ihren Kindern unbegrenztes Einüben jener sozialen Kompetenzen und Werte, die für ihre Lebensweise von größter Bedeutung sind. Sozialspiel (also Spiele, an denen mehrere Spieler beteiligt sind) ist seinem Wesen nach eine fortlaufende Übung von Kooperation, Aufmerksamkeit für die Bedürfnisse der Mitspielenden und einvernehmlicher Entscheidungsfindung.

Spielen ist nichts, was man tun muss; Spielenden steht es jederzeit frei, aufzuhören. Beim Sozialspiel weiß jeder Spieler, dass Mitspieler, die unzufrieden sind, aufhören zu spielen, und dass das Spiel endet, wenn zu viele Spieler aufhören. Um das Spiel am Laufen zu halten, müssen die Spielenden also nicht nur ihre eigenen Wünsche befriedigen, sondern auch die der anderen Spieler. Der starke kindliche Trieb, mit anderen Kindern zu spielen, hat daher einen großen Einfluss darauf, dass Kinder lernen, den Wünschen anderer Beachtung zu schenken und Differenzen auszuhandeln. Die Forschung in unserer Kultur hat wiederholt gezeigt, dass schon Kindergartenkinder im Spiel überaus viel miteinander verhandeln und Kompromisse schließen (mehr dazu im achten Kapitel). Ein wichtiger evolutionärer Zweck des Sozialspiels liegt darin, dass es Kindern hilft zu lernen, einander trotz aller Unterschiede in Größe, Kraft und Können respektvoll und auf gleicher Augenhöhe so zu begegnen, dass die Bedürfnisse und Wünsche aller erfüllt werden. In Jäger-und-Sammler-Gesellschaften sind diese Fähigkeiten überlebensnotwendig – wertvoll sind sie aber in jeder Art von menschlicher Gesellschaft. Wir alle brauchen Hilfe und Unterstützung von anderen und um diese zu erhalten, müssen wir wiederum wissen, wie wir anderen Hilfe und Unterstützung geben können.

Wie bereits erwähnt, spielen die Kinder von Jägern und Sammlern immer in Gruppen, die eine große Altersspanne umfassen. Selbst wenn sie ausschließlich mit Altersgenossen spielen wollten, sie könnten es nicht. Da Jäger-und-Sammler-Gemeinschaften klein sind und Geburten sich in großen Abständen ereignen, kommt es selten vor, dass es mehr als zwei, drei Kinder im gleichen Alter gibt. Die Forschung in unserer Kultur zeigt, dass sich Spiel in altersgemischten Gruppen qualitativ von Spiel in altershomogenen Gruppen unterscheidet (siehe neuntes Kapitel).[59] Es ist fürsorglicher und weniger wettkampforientiert. Im altersgemischten Spiel gibt jedes Kind sein Bestes, aber es geht nicht oder nur kaum darum, die anderen zu schlagen. Unterscheiden sich Spielkameraden in Alter, Größe und Kraft deutlich voneinander, ist es wenig sinnvoll, die eigene Überlegenheit beweisen zu wollen. In Verbindung mit altersgemischtem Spiel trägt auch die egalitäre Grundhaltung der Jäger und Sammler dazu bei, dass das Spielen der Kinder äußerst kooperativ und nicht wettbewerbsorientiert ist.

In einem weltweiten kulturübergreifenden Spiele-Vergleich aus den 1950er und 60er Jahren kamen John Roberts und seine Kollegen zu dem Schluss, dass die einzigen Kulturen, die anscheinend keine wettbewerbsorientierten Spiele haben, jene der Jäger und Sammler sind.[60] In Übereinstimmung mit diesem Ergebnis betonten alle an unserer Umfrage beteiligten Forscher den nicht wettkampforientierten Charakter der von ihnen beobachteten Spiele. Der Anthropologe P. Bion Griffin gab beispielsweise an, dass die einzige gleichbleibende bei den Agta-Kindern beobachtbare Spielregel war, dass »keiner auf sichtbare Art und Weise gewinnen und andere schlagen sollte.« In der ausführlichsten Beschreibung der Spielweisen und Spiele einer Jäger-und-Sammler-Gruppe weist Lorna Marshall darauf hin, dass der Großteil des Spiels der Ju/'hoansi informell und nicht wettkampforientiert ist und selbst ihre formalisierten Spiele, die ausdrückliche Regeln haben und im Wettstreit gegeneinander gespielt werden könnten, nicht wettkampforientiert gespielt werden.[61] So spielen etwa die fünf- bis fünfzehnjährigen Jungen und Mädchen der Ju/'hoansi häufig ein Wurfspiel mit dem Zeni, einem Lederriemen von etwa zwanzig Zentimetern Länge mit einem Gewicht an einem und einer Feder am anderen Ende. Der Spieler schleudert es mit einem Stock so hoch wie möglich in die Luft, versucht es aufzufangen, wenn es heruntergeflattert kommt, und schleudert es dann von derselben Stelle aus wieder in die Höhe. Das Spiel wird von vielen mit großer Geschicklichkeit gespielt und obwohl man es leicht auch im Wettstreit gegeneinander spielen könnte – zum Beispiel indem man schaut, wer am höchsten werfen oder am häufigsten nacheinander fangen kann –, wird es Lorna Marshall zufolge nicht so gespielt. Die Spieler geben ihr Bestes, aber es werden keine Vergleiche zwischen den Spielenden angestellt.

Viele Spiele von Jägern und Sammlern beinhalten die enge Abstimmung der Bewegungen eines jeden Spielers mit denen der anderen Spieler. Dies trifft auf alle ihre Tänze und tänzerischen Spiele zu, gilt aber auch für andere Spiele. Beim spielerischen Jagen mit Netzen müssen beispielsweise die Netzsteller und die Buschklopfer ihre Handlungen ebensogut koordinieren, wie es die Erwachsenen bei der wirklichen Netzjagd tun. Ein weiteres Beispiel ist ein Schwingspiel, bei dem Kinder gemeinsam einen jungen Baum zu Boden zu biegen, und dann alle bis auf einen loslassen, so dass dieser eine in die Baumkrone geschleudert oder wild in die Luft gewirbelt wird.[62] Solche Spiele helfen Kindern anscheinend nicht nur dabei, zu lernen als Team zusammenzuarbeiten, sondern auch dabei, als Gemeinschaft emotional zusammenzuwachsen.

Collin Turnbull, der die zentralafrikanischen Mbuti erforscht hat, beschreibt zeremonielles Tauziehen, das von der gesamten Gemeinschaft jedes Jahr als Bestandteil ihrer Feier der Honigzeit gespielt wird. Männer und Jungen nehmen das eine Ende einer Liane, Frauen und Mädchen das andere, und dann singen sie einen Wechselgesang, während sie ziehen. Wenn die Männer und Jungen die Oberhand gewinnen, verlässt Turnbull zufolge »einer von ihnen die eigene Seite und schließt sich den Frauen an; dabei zieht er seinen Rindenschurz hoch, so dass er ihn nach Art der Frauen trägt, und macht sich durch übertriebene Pantomimik über die Frauen lustig.« Wenn dann die Frauen und Mädchen die Oberhand gewinnen, »rückt eine von ihnen ihre Rindenkleidung zurecht und lässt sie herunter, wechselt auf die Seite der Männer und stimmt – alle Männer spielerisch neckend – mit tiefem Bass in ihr Geschrei ein.« Turnbull fährt fort: »Jede Person, die die Seite wechselt, versucht den Spott der vorhergehenden noch zu übertreffen, was zu mehr und mehr Gelächter führt, bis die Wettkämpfer, wenn sie vor Lachen nicht mehr singen oder ziehen können, die Liane loslassen und sich geradezu hysterisch auf den Boden fallen lassen. Obwohl Jugendliche wie auch Erwachsene die Seiten wechseln, sind es vor allem die Jugendlichen, die die Verhöhnung auf die Spitze treiben. [...] Die Verhöhnung wird ohne Feindseligkeit vorgetragen und ist zumindest teilweise eher Ausdruck von Identifikation und Empathie. Mit Mitteln wie diesen wird die Gewalt und Aggressivität des ›Gewinnens‹ vermieden und die Dummheit des Wettbewerbsdenkens zur Schau gestellt.«[63]

Mehrere Forscher haben sich zu den Spielen des Gebens und Nehmens geäußert, die die Kleinkinder von Jägern und Sammlern mit älteren Kindern oder Erwachsenen spielen.[64] Schon Kinder im ersten Lebensjahr geben einen Gegenstand freudig ihrem älteren Spielkameraden, nehmen ihn wieder, geben ihn wieder her und so weiter. Die Freude bei dieser Art des Gebens scheint in den Instinkten aller normalen Menschenkinder angelegt zu sein. In einer wenig bekannten in den USA durchgeführten Versuchsreihe gab fast jedes von über einhundert Kleinkindern im Alter zwischen zwölf und achtzehn Monaten während der kurzen Versuchszeit in einem Laborraum spontan Spielzeuge an einen Erwachsenen.[65] In unserer Kultur wird dieses Verhalten nicht weiter kommentiert, in einigen Jäger-und-Sammler-Kulturen hingegen wird es gefeiert. Bei den Ju/'hoansi wird solches Geben bei Kleinkindern bewusst gefördert. Insbesondere die Großmütter führen Kleinkinder an die Kultur des Teilens und Gebens heran, indem sie die Kinderhände beim Geben von Perlen an andere führen.[66] Dies ist das einzige Beispiel systematischer und absichtlicher Einflussnahme von Erwachsenen auf das Spiel der Kinder, die ich in den Forschungsberichten über die Praktiken der Jäger und Sammler gefunden habe. Kein menschlicher Wesenszug ist für die wildbeuterische Lebensweise wichtiger als die Bereitschaft, zu geben oder zu teilen.

Um als erwachsener Jäger und Sammler erfolgreich zu sein, muss man nicht nur in der Lage sein, zu teilen und mit anderen zusammenzuarbeiten, sondern auch seine eigenen Bedürfnisse und Wünsche erfolgreich behaupten können, ohne dabei andere zu verärgern. Übung in solcher Selbstbehauptung findet im Sozialspiel ständig statt, während die Spieler die Regeln aushandeln und entscheiden, wer welche Rolle spielen darf. Zusätzlich dazu üben die Kinder der Jäger und Sammler diese Selbstbehauptung durchaus bewusst ein, indem sie die Auseinandersetzungen der Erwachsenen nachahmen. Turnbull beschreibt nachfolgend, wie beispielsweise die Kinder der Mbuti ab dem Alter von neun Jahren die Auseinandersetzungen, die sie bei den Erwachsenen gehört hatten, nachspielten und zu verbessern versuchten:

»Manchmal beginnt es mit dem Nachspielen einer echten Streitigkeit, deren Zeuge die Kinder vielleicht am Vorabend im Hauptlager geworden waren. Alle übernehmen Rollen und imitieren die Erwachsenen. Es ist beinahe eine Art von Beurteilung, denn wenn die Erwachsenen den Streit mit Worten beigelegt hatten, ist es wahrscheinlich, dass die Kinder die Sache auf sich beruhen lassen, sobald sie ihre Imitation einmal durchgespielt haben. Entdecken die Kinder jedoch Verbesserungsmöglichkeiten, werden diese erkundet; war die Auseinandersetzung unrund verlaufen und alle waren abends schlechtgelaunt zu Bett gegangen, dann versuchen die Kinder zu zeigen, dass sie es besser können; gelingt ihnen das nicht, versuchen sie es mit Spott, und machen sich so lange über die Situation lustig, bis sich alle hysterisch lachend auf dem Boden wälzen. Auf ebendiese Weise werden auch viele Streitigkeiten im Leben der Erwachsenen beigelegt, die andernfalls zu gefährlichen oder gewaltsamen Auseinandersetzungen führen könnten.[67]

Selbstbeherrschung

Forscher, die Jäger und Sammler untersuchen, äußern sich häufig zu deren außergewöhnlicher Heiterkeit und deren Gleichmut. So schrieb der Anthropologe Richard Gould, nachdem er einen anderen Forscher zur Heiterkeit von Jägern und Sammlern zitiert hatte: »Oft konnte ich die gleiche Freude und Bereitschaft, zu lachen und zu scherzen, unter den Menschen der Gibsonwüste [Jäger und Sammler in Australien] beobachten, auch wenn sie von Geschwüren, Hitze und Fliegen geplagt wurden und knapp an Lebensmitteln waren. Diese Heiterkeit scheint Teil einer disziplinierten Akzeptanz der häufigen Entbehrungen zu sein, die durch Beschwerden nur verschlimmert würden.«[68]

Jäger und Sammler scheinen die Launen des Schicksals hinzunehmen und das Beste daraus zu machen, anstatt sich zu beklagen. Ihre Haltung zu dem, was wir Mühsal nennen, hat Jean Liedloff in ihrem zum Klassiker avancierten Buch »Auf der Suche nach dem verlorenen Glück« gut dargestellt. Als junge, abenteuerlustige Frau hatte sich Liedloff zwei italienischen Entdeckern auf der Suche nach Diamanten und deren Expedition in den venezolanischen Regenwald angeschlossen. Einmal während dieser Reise kam es dazu, dass sie selbst, die beiden Italiener und mehrere eingeborene Helfer aus der Kultur der Tauripan, sich damit abmühten, ihr schweres, unhandliches Kanu in der prallen Sonne über tückische Felsen zu schleppen. Als Vorwand für einen Augenblick der Pause von dieser Mühsal, trat sie ein paar Schritte zurück, um die Szene zu fotografieren. Dies beobachtete sie aus ihrer relativ unbeteiligten Perspektive:

»Hier vor mir waren mehrere Männer mit ein und derselben Aufgabe beschäftigt. Zwei von ihnen, die Italiener, waren angespannt, verzogen das Gesicht und verloren bei allem die Beherrschung; sie fluchten ununterbrochen in der für Toskaner charakteristischen Art. Die übrigen, alles Indianer, unterhielten sich prächtig. Sie lachten über die Schwerfälligkeit des Kanus und machten ein Spiel aus dem Kampf, sie entspannten sich zwischen den Stößen, lachten über die eigenen Kratzer und waren besonders erheitert, wenn das Kanu beim Vorwärtsschwanken mal den einen, mal den anderen unter sich festnagelte. Der Betroffene, mit nacktem Rücken gegen den sengenden Granit gepresst, lachte aus Freude über seine Befreiung unweigerlich am lautesten, sobald er wieder atmen konnte. [...] Als ich mit dem Fotografieren fertig war und mich wieder der Gruppe anschloss, gab ich freiwillig die zivilisierte Haltung auf und genoss den letzten Teil des Transportes wirklich.«[69]

Später lebte Liedloff für einige Zeit unter den Tauripan und zwei anderen Gruppen südamerikanischer Ureinwohner. Am stärksten beeindruckten sie dabei deren Verspieltheit, deren unverkrampftes Lebensgefühl und die angenehme Art, in der sie auch in Zeiten der Not miteinander umgingen. Zu dem Zeitpunkt, als Liedloff diese Gruppen beobachtete, lebten diese nicht mehr ausschließlich als Wildbeuter, da sie zur Ergänzung ihrer Jagd- und Sammelbeute kleine Gärten hatten, aber dem Anschein nach hatten sie die für eine wildbeuterische Lebensweise kennzeichnenden Werte und Einstellungen bewahrt.

Die Fähigkeit der Jäger und Sammler, sich auch unter widrigen Umständen ihre Heiterkeit zu bewahren, ist für uns, die wir leicht ins Nörgeln verfallen, so überraschend, dass ich noch ein weiteres Beispiel dafür anführen möchte. In ihrem Buch über die Ju/'hoansi erzählt Elizabeth Marshall Thomas die Geschichte eines Mädchens, das weitab vom Lagerplatz ihrer Gruppe in eine versteckte Hyänen-Falle trat, die ein Wildtierbiologe aufgestellt hatte. Die Stahlzähne der Falle hatten sich durch ihren Fuß gebohrt, und da die Falle fest im Boden verankert war, konnte sie nichts tun, als auf dem anderen Fuß zu stehen und zu warten. Stunden später wurde sie von ihrem Onkel entdeckt, der in der Gegend jagte. Er ging zu ihr, um nachzusehen, was ihr fehlte. Da er die Falle nicht öffnen konnte, ging er zurück zum Lagerplatz, um Hilfe zu holen. Thomas kommentiert den Vorfall folgendermaßen:

»Ich werde nie ihre Gelassenheit vergessen, als wir sie zum Lager brachten und ihre Wunde verbanden. Viele Stunden hatte sie allein, hilflos und unter Schmerzen an einer von Hyänen frequentierten Stelle zugebracht, und doch tat sie, als sei nichts, überhaupt gar nichts geschehen. Vielmehr plauderte sie wie beiläufig über dies und das. Derartige Selbstbeherrschung schien mir unter solchen Umständen unmöglich zu sein, und ich weiß noch, dass ich mich fragte, ob das Nervensystem [der Ju/'hoansi] dem unseren nicht überlegen sei. Aber natürlich hatten sie dieselben Nervensysteme wie wir. Es war ihre Selbstbeherrschung, die der unseren überlegen war. [...] Der Nutzen dieses Verhaltens entspringt direkt der Wilbeuter-Tradition: Nichts wäre für ein Raubtier attraktiver als ein weinendes, kämpfendes Geschöpf, alleine und unfähig zu fliehen.«[70]

Um zu überleben, ist es manchmal von Vorteil, so zu tun, als fehlte uns nichts, anstatt uns zu ärgern und zu jammern und nicht nur für Hyänen wie ein Schwächling auszusehen, sondern auch für unsere Begleiter, die vielleicht gerade unsere Stärke brauchen. In Situationen, in denen wir mit besonderen Schwierigkeiten konfrontiert sind, kann solche Selbstbeherrschung dafür sorgen, dass es nicht noch schlimmer kommt. Sie kann es einem ermöglichen, Widrigkeiten mit Humor und vielleicht sogar mit Freude zu begegnen.

Wie entwickeln Jäger und Sammler ihre erstaunliche Fähigkeit zur Selbstbeherrschung? Niemand weiß es wirklich, und soweit ich beurteilen kann, hat auch noch niemand Vermutungen dazu angestellt. Meine persönliche These ist, dass sie diese Fähigkeit zumindest teilweise durch ausgiebiges Spielen entwickeln. In den 1930er Jahren argumentierte der große russische Psychologe Lew Wygotsky überzeugend, dass freies Spiel mit anderen Kindern das primäre Mittel sei, durch welches Kinder lernen, ihre Impulse und Emotionen zu kontrollieren. Der Spieltrieb der Kinder führt dazu, dass sie Unbehagen ignorieren und Impulse unterdrücken, damit sie sich weiter an die Spielregeln halten können, und diese Fähigkeiten übertragen sich schrittweise auch auf ihr Leben außerhalb des Spiels. In jüngerer Zeit legen Ergebnisse aus der Tierforschung (siehe achtes Kapitel) den Schluss nahe, dass Spiel unentbehrlich für die Entwicklung jener Teile des Gehirns ist, die für die Kontrolle von Angst und Wut und für wirksames Verhalten in Stresssituationen entscheidend sind. Daher ist es vielleicht kein Zufall, dass dieselben Kulturen, die ihren Kindern die größte Freiheit beim Spielen lassen, auch die Menschen hervorbringen, die allem Anschein nach die größte Fähigkeit zur Selbstbeherrschung besitzen.

»Na ja«, höre ich einige von Ihnen jetzt ausrufen, »für Jäger und Sammler mag das alles schön gut sein, aber welche Bedeutung hat es für die Bildung unserer Kinder, in unserer Kultur?«

Gute Frage. Obwohl unsere Kinder wohl nicht mehr lernen müssen als die Kinder von Jägern und Sammlern, müssen sie doch viele andere Dinge lernen als Jäger-und-Sammler-Kinder. Zunächst einmal kommen Lesen, Schreiben und höhere Mathematik in den Kulturen der Jäger und Sammler nicht vor. Darüber hinaus ist unsere Kultur deutlich vielfältiger als eine Jäger-und-Sammler-Kultur, und kein Kind kann alles kennenlernen. Es ist keinesfalls offensichtlich, dass die Lerninstinkte, die sich herausgebildet haben, um die Bildungsbedürfnisse von Jägern und Sammlern zu erfüllen, auch in unserer heutigen Kultur ein ausreichendes Maß an Bildung ermöglichen.

Aber lesen Sie weiter. In den kommenden Kapiteln präsentiere ich überzeugende Belege dafür, dass die natürliche Lernweise der Jäger und Sammler auch in unserer Kultur ein ausreichendes Maß an Bildung ermöglicht – wenn wir für Bedingungen sorgen, die denen entsprechen, die erwachsene Jäger und Sammler ihren Kindern bieten. Die Schaffung solcher Bedingungen erfordert ein gewisses Maß an Aufwand, aber dieser Aufwand ist geringer als der, den unser gegenwärtiges Zwangsschulsystem erfordert.

Zunächst wollen wir jedoch einen Blick in die Geschichte werfen, um die Herkunft unserer modernen Schulen besser zu verstehen.

3 WARUM SCHULEN SIND, WIE SIE SIND: EINE KURZE GESCHICHTE DES BILDUNGSSYSTEMS

Wie sind wir von Kwi zu Evan gelangt? Wie wurden aus Umständen, die Kindern selbstbestimmtes, freudiges Lernen ermöglichten, Umstände, in denen Kinder zum Lernen gezwungen werden, so dass viele von ihnen unter Hilflosigkeit, Angst und Depression leiden?

Alle Kinder sind heute gesetzlich zum Schulbesuch verpflichtet, fast alle Schulen sind gleich strukturiert, und für die Bereitstellung dieser Schulen nimmt unsere Gesellschaft erhebliche Kosten und Mühen auf sich. Deshalb gehen wir natürlich davon aus, dass es dafür eine gute, logische Erklärung gibt. Vielleicht würden sich Kinder in unserer heutigen Welt ja in der Tat zu unfähigen Erwachsenen entwickeln, wenn man sie nicht zum Schulbesuch zwingen würde oder wenn Schulen ganz anders strukturiert wären. Vielleicht wurde all dies von Bildungsexperten ja bereits hinreichend erforscht. Vielleicht wurden alternative Methoden, um Kindern Entwicklung zu ermöglichen, bereits erprobt und haben sich als unzureichend erwiesen.

Wie ich später zeigen werde, wurden solche alternativen Wege tatsächlich erprobt und haben sich als erfolgreich erwiesen. Der Selbstbildungstrieb der Kinder kann heute ebensogut funktionieren wie in früheren Zeiten. Kinder können auch in unserer modernen Welt fabelhaft selbstbestimmt lernen, wenn ihnen Freiheit und Gelegenheit dazu gegeben werden. Die Schulen, die heute gang und gäbe sind, sind nicht das Ergebnis von wissenschaftlichen Erkenntnissen und logischer Schlussfolgerung – sie sind ein Produkt der Geschichte. Geschichte ist nicht logisch, sie ist nicht zielgerichtet und sie führt nicht notwendigerweise zu Fortschritt im Sinn eines besseren menschlichen Daseins. Um zu verstehen, warum Schulen heute so sind, wie sie sind, müssen wir jedoch die historischen Hintergründe kennen, die zu ihrer Entstehung geführt haben.

Über Hunderttausende von Jahren lebten Menschen unter relativ stabilen Bedingungen als Jäger und Sammler. Unsere Instinkte waren an diese Lebensweise angepasst – dann kam der Ackerbau. Archäologen zufolge trat der Ackerbau erstmals vor 10 000 bis 11 000 Jahren im Fruchtbaren Halbmond, vor 9000 bis 10 000 Jahren im östlichen China, vor 5000 bis 6000 Jahren in Süd- und Mittelamerika und vor 3000 bis 4000 Jahren in Nordamerika auf.[71] Wir wissen nicht genau, wie der Ackerbau in den jeweiligen Regionen entstanden ist, aber es muss ein allmählicher Vorgang gewesen sein. Aufgrund ihres Einfallsreichtums fanden einige Menschen heraus, dass sie ein gewisses Maß an Kontrolle über das Nahrungsangebot der Natur erlangen konnten, etwa indem sie Gestrüpp beseitigten, um Raum für essbare Pflanzen zu schaffen, oder indem sie Bewässerungsgräben anlegten, um Pflanzen auch durch Trockenperioden hindurch versorgen zu können. All diese Verfahren führten letztlich zum Ernten und Wiederausbringen von Saaten und Wurzeln sowie zur Haustierhaltung, also einer voll entwickelten Landwirtschaft.

Als sich die Landwirtschaft erst einmal etabliert hatte, setzte sie einen Schneeballeffekt in Gang, der unsere Lebensweise grundlegend veränderte und auch zu einer dramatischen Veränderung unseres Denkens über Kinder und unserer Beziehung zu ihnen führte. Es folgt ein kurzer Überblick über die Chronologie dieses Wandels in der westlichen Welt.

Wie Landwirtschaft die Ziele des Elternseins veränderte

Die Landwirtschaft hielt viele Verbesserungen für das Leben der Menschen bereit. Sie sorgte für ein beständigeres Nahrungsangebot und verringerte dadurch zumindest anfänglich die Gefahr des Verhungerns. Sie ließ das stetige Umherziehen zum Zweck der Nahrungssuche unnötig werden und ermöglichte den Menschen, sich sesshaft niederzulassen und stabile Häuser zu bauen, um sich vor Raubtieren und Stürmen zu schützen. Allerdings zahlte die Menschheit für diese Entwicklung einen hohen Preis, der von jenen, die die ersten, unumkehrbaren Schritte weg von der wildbeuterischen Lebensweise machten, nicht hätte vorhergesehen werden können. Landwirtschaft veränderte die Lebensbedingungen der Menschen derart, dass es zu einem Rückgang von Freiheit, Gleichheit, Teilhabe und Spiel kam. Als wir in den Apfel namens Landwirtschaft bissen, verließen wir gewissermaßen den Garten Eden und betraten eine Welt, in der wir den Garten selbst bestellen mussten und in der nicht Spiel, sondern Mühsal den Tag beherrschte.

Die Lebensweise der Jäger und Sammler verlangte zwar ein hohes Maß an Wissen und Fähigkeiten, aber viel Arbeit verlangte sie nicht. Um als Jäger und Sammler erfolgreich zu sein, mussten sich die Menschen ein fundiertes Wissen über die Pflanzen und Tiere, auf die sie angewiesen waren, sowie über die Landschaften, in denen sie umherzogen, erwerben. Zudem mussten sie gute Fähigkeiten in der Herstellung und Anwendung von Jagd- und Sammelwerkzeugen entwickeln. Sie mussten kreativ sein, um Nahrung zu finden, Beutetiere aufzuspüren und sich gegen Raubtiere zu verteidigen. All dies jedoch erforderte keine langen Arbeitszeiten. Lange Stunden des Jagens und Sammelns wären sogar kontraproduktiv gewesen, da sie das natürliche Nahrungsangebot schneller dezimiert hätten, als die Natur es hätte erneuern können. Darüber hinaus war die Arbeit des Jagens und Sammelns auf- und anregend, nicht zuletzt, weil sie so viel Wissen und Fähigkeiten erforderte. Anthropologen berichten, dass Jäger und Sammler nicht zwischen Arbeit und Spiel unterschieden, so wie wir es tun. Schon als Kinder spielten sie Jagen und Sammeln und bewahrten sich eine spielerische Geisteshaltung, wenn sie dann allmählich tatsächlich zu jagen und sammeln begannen. Die Vorstellung von Arbeit als etwas Mühevollem war ihnen unbekannt.

Der Anthropologe Marshall Sahlins wurde damit bekannt, dass er die Jäger-und-Sammler-Gesellschaften zu einer »ursprünglichen Wohlstandsgesellschaft«[72] zusammenfasste. Sie lebten in Wohlstand, nicht, weil sie so viel besaßen, sondern weil sie so geringe Bedürfnisse hatten. Diese Bedürfnisse konnten sie mit relativ wenig Arbeit befriedigen und hatten daher sehr viel freie Zeit, die sie mit Aktivitäten wie dem »Singen und Ersinnen von Liedern, Musizieren, Sticken ausgefeilter Perlenmuster, Geschichtenerzählen, Spielen, Besuchen anderer Gruppen oder mit Herumliegen und Ausruhen«[73] verbrachten. Man könnte nun denken, genau das seien die Aktivitäten, denen glückliche, entspannte Menschen überall nachgehen.

Durch die Einführung der Landwirtschaft veränderte sich jedoch all dies nach und nach. Eine stabile Nahrungsversorgung ermöglichte den Menschen, mehr Kinder zu haben. Des weiteren ermöglichte – oder zwang – die Landwirtschaft Menschen, in permanenten Siedlungen in der Nähe ihrer Felder zu wohnen, anstatt als Nomaden umherzuziehen. Der Preis für diese Veränderungen war jedoch Arbeit. Während Jäger und Sammler mit viel Geschick das ernteten, was die Natur bereitstellte, mussten die Bauern pflügen, pflanzen, pflegen, ihre Herden hüten und so weiter. Landwirtschaftlicher Erfolg verlangte nach langen Stunden eintöniger Arbeit, die relativ wenig Geschick erforderte und vielfach von Kindern erledigt werden konnte. In den nunmehr größer gewordenen Familien mussten Kinder auf dem Feld arbeiten, um zur Ernährung ihrer jüngeren Geschwister beizutragen, oder mussten zuhause bei deren Betreuung mithelfen. Allmählich veränderte sich das Leben der Kinder: statt frei ihren eigenen Interessen nachzugehen, mussten sie nun zunehmend mehr Zeit mit Arbeit im Dienst der Familie verbringen.

Die Landwirtschaft schuf auch die Voraussetzungen, die zur Entstehung von Privateigentum und Klassenunterschieden sowie zum Zusammenbruch jener Gleichheit zwischen den Individuen führte, die Jäger-und-Sammler-Gesellschaften kennzeichnet. Da Jäger und Sammler immer umherziehen mussten, um den vorhandenen Beutetieren und essbaren Pflanzen zu folgen, hatte der Besitz eines Stücks Land oder materieller Güter, die über das hinausgingen, was man tragen konnte, keinen wirtschaftlichen Wert. Im Gegensatz dazu mussten bäuerliche Familien Ansprüche auf ihr Land erheben und diese verteidigen. Da sie bereits die Mühe des Pflügens, Pflanzens und Pflegens auf sich genommen hatten, konnten Bauern es sich nicht leisten, andere einfach hereinspazieren und die Ernte einsammeln zu lassen. Ihre Sesshaftigkeit ermöglichte ihnen, Nahrung zu lagern und andere materielle Güter anzuhäufen. Dies schaffte die Grundlage für die Entstehung von Statusunterschieden. Je mehr Land und Güter eine bäuerliche Familie besaß, desto wohlhabender war sie. Sie konnte mehr Kinder ernähren und diesen mehr Wohlstand und einen höheren Status vererben, was diesen wiederum dabei half, potenzielle Partner anzuziehen und ihre eigenen Felder abzustecken.

Auf diese Weise beförderte die Landwirtschaft Werte, die unter Jägern und Sammlern noch negativ besetzt gewesen waren: Mühsal, Kinderarbeit, Privateigentum, Habgier, Status und Wettbewerb.

Der vielleicht deutlichste Beleg dafür, dass der Übergang vom Jagen und Sammeln zur Landwirtschaft zu einer Zunahme von Arbeit und einer Abnahme von Spiel führt, findet sich in den Vergleichen von Jägern und Sammlern mit ihren nahen Verwandten und Nachbarn, die erst kürzlich mit dem Ackerbau begonnen hatten. In den 1960er Jahren beschrieb der Anthropologe James Woodburn, wie sich die wildbeutenden Hazda – obwohl sie von ackerbautreibenden Nachbarn umgeben waren und von den Regierungsbehörden dazu angehalten wurden – sträubten, selbst mit dem Ackerbau zu beginnen, da dieser zu viel Arbeit erfordere.[74] In einer vergleichenden Untersuchung stellte die Ethnologin Patricia Draper fest, dass sesshaft gewordene Ju/'hoansi, die erst vor kurzem mit Gartenbau und Tierzucht begonnen hatten, zwar einen höheren materiellen Lebensstandard hatten als die benachbarten nomadisch lebenden Ju/'hoansi, aber über viel weniger freie Zeit verfügten.[75] Kinder in der sesshaften Gruppe hatten mehr Hausarbeiten zu erledigen und weniger Zeit zum Spielen als Kinder in der nomadischen Gruppe, und es entstanden neue Unterschiede in der Behandlung von Jungen und Mädchen. Unter enger Aufsicht durch ihre Mütter oder andere erwachsene Frauen halfen Mädchen bei der Kinderbetreuung und bei Arbeiten im Haushalt, während die Jungen beim Hüten der Tiere halfen, wodurch sie sich oftmals weit von zu Hause entfernt aufhielten und fernab der Beeinflussung durch Erwachsene weiterhin spielen und erkunden konnten. In einer Untersuchung von Völkern in Botswana, die ihren Lebensunterhalt mit einer Mischung aus Jagen, Sammeln und Landwirtschaft bestritten, fanden John Bock und Sarah Johnson heraus: Je mehr eine Familie ihre Ernährung durch Jagen und Sammeln sicherstellte, desto mehr Zeit hatten die Kinder zum Spielen.[76]

Viele der sogenannten primitiven Kulturen, die von Anthropologen beschrieben wurden, sind keine Jäger-und-Sammler-Kulturen sondern primitive ackerbautreibende Kulturen. Diese unterscheiden sich auf vielfältige Weise von den Sozialstrukturen und Werten der Jäger und Sammler. Ein vielzitiertes Beispiel stellen die Yanomami des Amazonas-Regenwalds dar, die durch Napoleon Chagnons Buch mit dem Untertitel »Das kriegerische Volk« eine gewisse Berühmtheit erlangten. Obwohl Chagnon diese Kultur darstellte, als sei sie der unserer urzeitlichen Vorfahren ähnlich, waren die Yanomami damals tatsächlich schon seit Jahrhunderten keine wirklichen Jäger und Sammler mehr. Sie jagten und sammelten ein wenig, aber der Großteil ihrer Ernährung stammte aus eigenem Anbau, welcher hauptsächlich aus Bananen und Kochbananen bestand. Die Landwirtschaft hatte ermöglicht, dass ihre Bevölkerung auf das Zwei- oder Dreifache dessen, was durch eine rein wildbeuterische Lebensweise hätte aufrechterhalten werden können, angestiegen war.[77] Der Ackerbau begünstigte auch die Entstehung relativ dauerhafter Siedlungen und das Anhäufen von Besitztümern. Chagnon berichtete, dass es unter den Yanomami ausgeprägte Machthierarchien gab, in denen »starke Männer« Autorität über andere ausübten und Männer Frauen brutal unterdrückten. Auch befand er die Yanomami für recht kriegerisch, da er häufige Überfälle und Morde zwischen benachbarten Siedlungen beobachtete. Obwohl Spiel für sie von nicht geringem Wert war, ließen sie ihren Kindern – insbesondere ihren Töchtern – weniger Zeit dazu als Jäger und Sammler. Ab etwa zehn Jahren wurde von Mädchen erwartet, die Arbeit erwachsener Frauen zu verrichten.[78]

Ein weiteres Beispiel von verkümmertem Spieltrieb in einer primitiven Agrargesellschaft findet sich bei den papua-neuguineischen Baining. Jane Fajans zufolge, die einige Jahre mit ihnen lebte und sie erforschte, war Arbeit der Grundwert der Baining-Kultur und wurde von ihnen als Gegenteil des Spiels betrachtet.[79] »Wir sind Menschen, weil wir arbeiten« war eine geläufige Redensart der Baining. Wer nicht arbeitete, war ihrer Ansicht nach ein Tier. Die Tätigkeiten, die sie zu Menschen machten, bestanden darin, Gaben der Natur (Pflanzen, Tiere, Kinder) durch aufwändige Arbeit (Anbau, Haltung, disziplinierte Erziehung) in menschliche Erzeugnisse umzuwandeln (Kulturpflanzen, Nutztiere, anständige Menschen). Die Erwachsenen betrachteten kindliches Spiel abschätzig, und berichteten sogar teilweise davon, dass Kinder fürs Spielen bestraft würden. Die Erwachsenen bestraften die Kinder nicht nur, weil es diese von der Arbeit abhielt, sondern auch, weil sie es für schändlich hielten; schändlich, weil es natürlich war, und somit für Tiere angemessen, nicht aber für Menschen. Die Baining glaubten, dass Kinder alles, was sie wissen müssen, nicht durch Spiel, sondern durch Arbeit lernen. Als Fajans die Erwachsenen bat, über ihre eigene Kindheit zu berichten, sprachen diese häufig über ihr inneres Ringen, das Arbeiten anzunehmen und den kindlichen Spieltrieb zu überwinden. Die Baining lebten nach einem Weltbild, das im bewussten Gegensatz zu jenem der Jäger und Sammler steht: der Abkehr von der Natur.

Da Arbeit allein auch nicht glücklich macht, ist es nicht verwunderlich, dass die Baining den zweifelhaften Ruf haben, die vielleicht langweiligste Kultur zu sein, auf die Anthropologen jemals gestoßen sind. Der berühmte Anthropologe Gregory Bateson versuchte zu Beginn seiner Karriere in den späten 1920er Jahren die Baining über einen Zeitraum von vierzehn Monaten zu erforschen, fand sie jedoch so uninteressant, dass er seine Feldstudie abbrach. Später schrieb er, dass sie ein »trostloses und eintöniges Leben« führten.[80] Bateson und späteren Beobachtern zufolge schien es den erwachsenen Baining an Neugier, Vorstellungskraft und Verspieltheit zu fehlen, und im Gegensatz zu den meisten anderen Kulturen kannten sie keine Tradition des Geschichtenerzählens. In ihren Gesprächen ging es fast ausschließlich um Arbeit und alltägliche Notwendigkeiten.

Die kriegerischen Yanomami und die als langweilig beschriebenen Baining sind zwei extreme Beispiele von Kulturvarianten, die sich nach dem Aufkommen der Landwirtschaft entwickelt haben. Nicht alle primitiven Agrargesellschaften unterschieden sich in ihren Werten so drastisch von Jägern und Sammlern wie diese. Allerdings führte das Auftreten der Landwirtschaft scheinbar überall zu einer tendenziellen Abnahme kindlicher Freiheit sowie zu Erziehungsmethoden, in denen Strafen eine größere Rolle spielten. In einer oft zitierten Studie aus den 1950er Jahren stuften Herbert Barry, Irvin

Child und Margaret Bacon primitive Gesellschaften anhand von anthropologischen Dokumenten bezüglich ihrer Ansichten und Methoden der Kindererziehung ein.[81] Das eine Ende des Spektrums bildeten Kulturen, die Gehorsam betonten und in denen körperliche Züchtigung ein übliches Mittel zur Erreichung dieses Ziels war. Am anderen Ende fanden sich Kulturen, die die Selbstbehauptung von Kindern schätzten und ihre Kinder selten oder nie körperlich züchtigten. Die Forscher stellten fest, dass die Position einer Kultur innerhalb dieses Spektrums stark mit der Art, wie sie ihren Lebensunterhalt bestritten, zusammenhing. Je stärker eine Kultur von der Landwirtschaft abhängig war und je weniger sie vom Jagen und Sammeln lebte, desto wahrscheinlicher war es, dass in ihr Gehorsam geschätzt, kindliche Selbstbehauptung geringgeschätzt und zur Maßregelung von Kindern zu rigiden Mitteln gegriffen wurde. Folgestudien haben zu ähnlichen Ergebnissen geführt.[82]

Verschiedene Forscher haben darauf hingewiesen, dass sich dieser kulturelle Unterschied bei der Begleitung von Kindern erklären lässt, wenn wir die Charaktereigenschaften des idealen Bauern mit denen des idealen Jägers und Sammlers vergleichen.[83] Erfolgreiche Landwirtschaft besteht im Wesentlichen im Befolgen altbewährter Methoden. Kreativität ist sehr riskant, da ein Ernteausfall die Nahrungsversorgung eines ganzen Jahrs gefährden kann. Da unter Bauern das Teilen von Nahrung, anders als bei Jägern und Sammlern, nicht auf der Tagesordnung steht, ist eine Familie, die ihre Ernte verliert, vom Hungertod bedroht. Darüber hinaus sind landwirtschaftlich geprägte Gesellschaften üblicherweise hierarchisch aufgebaut, so dass Gehorsam gegenüber den Reicheren, Ranghöheren und Mächtigeren unerlässlich für den gesellschaftlichen und wirtschaftlichen Erfolg ist. Der idealtypische Bauer verhält sich somit folgsam, konservativ und regelkonform; die strenge Disziplinierung von Kindern scheint die Kultivierung dieser Eigenschaften zum Ziel zu haben.

Im Gegensatz dazu erfordert erfolgreiches Jagen und Sammeln eine fortwährende, kreative Anpassung an sich ständig verändernde, unberechenbare natürliche Bedingungen. Zur täglichen Nahrungsversorgung tragen in Jäger-und-Sammler-Gemeinschaften unterschiedliche Individuen und Gruppen die Früchte ihrer Streifzüge zusammen, bei denen sie auf je eigene Art und Weise und nach bestem Wissen und eigenem Urteilsvermögen nach Nahrung gesucht haben. Die Methodenvielfalt stellt in Verbindung mit dem Teilen der Nahrung unter allen Mitgliedern der Gemeinschaft sicher, dass niemand verhungern muss. Darüber hinaus hängt der soziale Erfolg von Jägern und Sammlern nicht vom Gehorsam gegenüber Obrigkeiten ab, sondern von der Fähigkeit, die eigenen Gedanken und Bedürfnisse gegenüber Gleichen geltend zu machen und somit als Mittel nicht Drohung und Unterwerfung, sondern Verhandlung und Kompromiss einzusetzen. Daher ist der ideale Jäger und Sammler durchsetzungsstark, eigensinnig, kreativ und risikobereit; der freiheitliche Erziehungsstil der Jäger und Sammler war gut geeignet, die Entwicklung dieser Eigenschaften zu fördern.

In jüngerer Zeit haben vergleichende Forschungen den systematischen Zusammenhang zwischen der Struktur einer Gesellschaft und deren Umgang mit Kindern deutlich gemacht. Carol und Melvin Ember haben in einer Studie enorme Datenmengen von über zweihundert verschiedenen Gesellschaften untersucht, um festzustellen, welche gesellschaftlichen Merkmale am stärksten mit dem Einsatz körperlicher Züchtigung in der Kindererziehung zusammenhängen.[84] Ihre Ergebnisse sind wenig überraschend: Je gewalttätiger eine Gesellschaft als Ganze ist, desto wahrscheinlicher ist es, dass Eltern ihre Kinder körperlich züchtigen. Das Schlagen von Kindern korreliert positiv mit der Häufigkeit häuslicher Gewalt gegen Ehefrauen, mit harten Strafen für Verbrecher, mit Kriegen und anderen Anzeigern gesellschaftlicher Gewalt. Unabhängig davon wurde jedoch ebenfalls ein starker Zusammenhang zwischen dem Schlagen von Kindern und dem Grad sozialer Schichtung deutlich. Je größer die Machtunterschiede zwischen den Mitgliedern einer Gesellschaft sind, desto häufiger bestrafen Eltern ihre Kinder körperlich. Auf der Grundlage dieser Ergebnisse wiesen die Forscher auf die Möglichkeit hin, dass Eltern letztlich zu körperlicher Bestrafung greifen, um ihren Kindern die Anerkennung bestehender Machtverhältnisse einzubläuen: Einige Menschen seien mächtiger als andere und man habe sich ihnen widerspruchslos unterzuordnen.

Schließlich möchte ich einen weiteren Grund vorschlagen, warum sich die Erziehungsmethoden der Jäger und Sammler von denen späterer Gesellschaften unterscheiden.[85] Die Landwirtschaft eröffnete dem Menschen nicht nur neue Wege der Nahrungsbeschaffung. Sie führte auch zu einer neuen Sichtweise auf die Beziehung zwischen Mensch und Natur. Jäger und Sammler verstanden sich als Teil der natürlichen Welt; sie lebten mit der Natur, nicht gegen sie. Sie akzeptierten die Launen der Natur als unausweichlich und passten sich so gut wie möglich daran an.[86] Landwirtschaft hingegen besteht aus der ständigen Ausübung von Kontrolle über die Natur; dazu gehören das Zähmen und Kontrollieren von Pflanzen und Tieren, um dem Menschen diese einst gleichberechtigten Partner der natürlichen Welt dienstbar zu machen. Mit der Landwirtschaft, so mein Argument, begannen die Menschen, diese Vorstellung der Kontrolle über die Natur auf andere Aspekte der natürlichen Welt auszuweiten, unter anderem auf Kinder.

Auch unsere eigenen Vorstellungen von Kindererziehung und Bildung werden von landwirtschaftlichen Metaphern geprägt: Wir sprechen vom Auf- und Großziehen der Kinder, ebenso wie wir davon sprechen, Hühner oder Tomaten auf- und großzuziehen. Wir sprechen davon, Kinder zu erziehen, ebenso wie wir davon sprechen, Hunde oder Pferde zu erziehen. So, wie wir über Elternschaft reden und denken, könnte man meinen, wir besäßen unsere Kinder so, wie wir Pflanzen und Haustiere besitzen, und wir seien die Beherrscher der Entwicklung und des Verhaltens unserer Kinder. Ebenso wie wir Pferde dazu abrichten, die Aufgaben zu erledigen, die wir von ihnen verlangen, erziehen wir Kinder dazu, die Aufgaben zu erledigen, von denen wir glauben, sie seien für ihre erfolgreiche Zukunft unerlässlich. Wir tun dies unabhängig davon, ob das Pferd oder das Kind eine solche Erziehung wünscht oder als Individuum davon profitiert. Erziehung erfordert, dass der Wille des Zöglings gebrochen wird; sie setzt eine Vorstellung der Disziplinierung anderer voraus, die Jägern und Sammlern gänzlich fremd war.

Jäger und Sammler hatten natürlich keine landwirtschaftlichen Metaphern. In ihrer Welt waren alle Pflanzen und Tiere wild und frei. In der Natur wachsen alle jungen Pflanzen und Tiere von selbst heran, geleitet von ihren inneren Kräften und eigenen Entscheidungen. Selbstverständlich ist jeder junge Organismus von seiner Umwelt abhängig; die Art und Weise, wie diese Umgebung genutzt wird, kommt jedoch von innen. Der Setzling braucht und nutzt die Erde, aber die Erde unterweist den Setzling nicht darin, wie er sie zu nutzen habe. Die Umwelt eines jungen Fuchses schließt seine beiden Eltern ein, die gemeinsam für Milch, Fleisch und Geborgenheit sorgen und dem Nachwuchs kontinuierlich Beispiele für Fuchsverhalten vorleben; jedoch ist es der Welpe – und nicht die Eltern –, der bestimmt, wann und wie er das Angebot an Milch, Fleisch, Geborgenheit und Beispielen nutzt. Wie der Boden für den Setzling, so bilden auch die Eltern für den Welpen einen Teil des Nährbodens, den er auf eigene Weise und für eigene Zwecke nutzt. Dies kennzeichnet auch die allgemeine Herangehensweise von Jägern und Sammlern an die Begleitung und Bildung von Kindern: Sie üben keine lenkende Macht aus, sondern bilden einen Teil der Humusschicht, auf dem sich ihre Kinder entwickeln.

Die Auswirkungen von Feudalismus und Industrialisierung

Mit der Ausdehnung der Landwirtschaft auf fast alle urbaren Flächen in Europa und Asien wurde Landbesitz gleichbedeutend mit Macht und Reichtum. Menschen ohne Land gerieten in Abhängigkeit von denen, die Land besaßen. Landbesitzer erkannten, dass sie ihren Reichtum vergrößern konnten, indem sie andere Menschen für sich arbeiten ließen. Um Landbesitzer mit Arbeitern zu versorgen, entstanden Systeme der Sklaverei, Leibeigenschaft und Lohnarbeit. Um die Herrschaft über Land und Arbeitskräfte wurden Kriege geführt. In diesem gesellschaftlichen Kontext wuchsen auch die Kinder auf.

Ab etwa dem 9. oder 10. Jahrhundert v. Chr. war der Feudalismus in Europa und weiten Teilen Asiens die vorherrschenden Sozialstruktur. In einem prototypischen Feudalsystem (von dem es allerdings viele Varianten gab), besaß ein König das gesamte Land in seinem Reich, übertrug jedoch Teile davon an mächtige Adlige, die ihrerseits Teile an weniger mächtige Adlige übertrugen. Das untere Ende dieser Pyramide bildeten die Leibeigenen. Sie stellten den größten Teil der Bevölkerung dar, und ihnen wurden kleine Parzellen zugewiesen, auf denen sie ihre eigenen Lebensmittel anbauten. Als Gegenleistung schuldeten die Leibeigenen ihren adligen Herren Abgaben und Frondienste. Für gewöhnlich waren Leibeigene und deren Kinder durch das System der Leibeigenschaft derart an ihre Grundherren gebunden, dass es ihnen unmöglich war, ihre Grundstücke zu verlassen, selbst wenn andere Arbeit verfügbar war. Sie waren faktisch Sklaven. Die Kinder der Leibeigenen, selbst die sehr jungen Kinder, arbeiteten von früh bis spät auf den Feldern. Andere arbeiteten als Diener in den herrschaftlichen Häusern der Adligen oder in Klöstern; wer es besser traf, arbeiteten jahrelang als Lehrling und erwarb sich so Fähigkeiten, die ihm als Erwachsenem ein gewisses Maß an Unabhängigkeit ermöglichten.[87]

Für die meisten Menschen des Mittelalters war die wertvollste Eigenschaft der Gehorsam: Gehorsam gegenüber dem Vater (innerhalb der Familie), gegenüber dem Gutsherrn (innerhalb des Guts), dem König (innerhalb des Königreichs) und Gehorsam gegenüber Gott im Himmel, der als »König der Könige« galt. In der mittelalterlichen Gesellschaft bestand der Lebensinhalt der niederen Schichten darin, den Obrigkeiten zu dienen und zu gehorchen. So kam es, dass Bildung zunehmend als gleichbedeutend mit »Erziehung zum Gehorsam« aufgefasst wurde. Eigensinn und Freiheitssinn mussten den Menschen ausgeprügelt werden, um sie zu untertänigen Dienern zu machen. Kinder wurden nicht nur von ihren Eltern geprügelt, sondern von allen, die Macht über sie hatten. In einem Schriftstück, das auf das Ende des 14. Jahrhunderts datiert wird, empfiehlt ein französischer Graf, dass adlige Jagdleute sich »als Diener einen Jungen von gerade sieben oder acht Jahren wählen. [...] Dieser Junge sollte so lange geschlagen werden, bis er eine rechte Furcht davor hat, den Befehlen seines Herrn nicht Folge zu leisten.«[88]

In Frankreich, Spanien und England wurden die Feudalsysteme im 15. Jahrhundert durch absolute Monarchien ersetzt, da Könige an Macht gewonnen und die adligen Oberschichten Macht eingebüßt hatten. In einer absoluten Monarchie dient das Volk dem König direkt, nicht indirekt durch die Dienstbarkeit gegenüber Adligen. Weiter östlich jedoch überlebte der Feudalismus deutlich länger: Russland blieb beispielsweise bis zur Oktoberrevolution von 1917 eine feudale Gesellschaft. Die Kraft, die letztlich fast überall für ein Ende des Feudalismus sorgte, war die Verbindung von Industrialisierung und Kapitalismus.

Auch im Mittelalter hatte nicht jeder seinen Lebensunterhalt damit verdient, eigenes Land zu bestellen. Einige sicherten ihr Auskommen, indem sie die ständig wachsende Nachfrage nach materiellen Gütern bedienten, die durch die bäuerliche Lebensweise aufgekommen war. Sie stellten landwirtschaftliches Gerät, Hausrat und Kleidung her und sie verarbeiteten Getreide und andere Agrarprodukte, die sie von Bauern gekauft hatten. Um diesen Austausch von Waren und Dienstleistungen zu erleichtern, entstanden Geldwirtschaft, Kreditinstitute und Kapitalismus. Im Lauf der Zeit ermöglichten neue Erfindungen neue, effizientere Mittel zur Produktion von Waren und Erbringung von Dienstleistungen. Diese Mittel konnte jedoch nur erwerben, wer viel Geld besaß oder sich dieses leihen konnte. Menschen, die über Geld verfügten, gründeten Unternehmen und ließen jene ohne Geld für sich arbeiten. In England entstanden Mitte des 18. Jahrhunderts viele Fabriken, in denen Massenproduktion betrieben werden konnte. Kapitalismus und Industrialisierung breiteten sich in der Folge im übrigen Europa aus und führten zum Aufstieg eines neuen Kaufmannsstands und schließlich zum Sturz der Monarchien. Unternehmer, die nicht dem Adelsstand angehörten, aber über wirtschaftliche Macht verfügten, verlangten Mitspracherecht in öffentlichen Angelegenheiten und erhielten dies.

Sowohl Unternehmer als auch Landbesitzer waren auf Arbeiter angewiesen, und es war ein einträgliches Geschäft, aus ihnen möglichst viel Arbeit für möglichst wenig Lohn herauszupressen. Die Ausbeutung, zu der es in der Folge kam, ist allgemein bekannt – in nicht wenigen Teilen der Welt gibt es sie immer noch. Um zu überleben, arbeiteten die Menschen, darunter auch kleine Kinder, sechs oder sieben Tage in der Woche während des Großteils des Tags unter oftmals abscheulichen Bedingungen. Die Kinderarbeit wurde von Feldern, wo die Sonne schien, ein frischer Wind wehte und sich zumindest manchmal Möglichkeiten zum Spielen ergaben, in dunkle, überfüllte und schmutzige Fabriken oder Kohlebergwerke verlagert. In England wurden die Waisen und die Kinder der Armen häufig an Fabriken gegeben, wo sie wie Sklaven behandelt wurden. Tausende starben jedes Jahr an Krankheit, Hunger oder Erschöpfung. Die Industrialisierung erreichte auch die Vereinigten Staaten und führt dort zu ähnlichen Folgen. 1832 waren zwei Drittel aller Angestellten der Fabriken Neuenglands Kinder zwischen sieben und siebzehn Jahren, und ein typischer Arbeitstag ging an sechs Tagen in der Woche von Tagesanbruch bis acht Uhr abends.[89]

Wir müssen diese geschichtlichen Hintergründe im Kopf behalten, wenn wir über die Herkunft der Schulen, die wir heute kennen, nachdenken.

Die frühen konfessionellen Schulen: Indoktrination und Erziehung zum Gehorsam

Religiöse Überzeugungen sind ein Spiegel der politischen und wirtschaftlichen Realitäten und dienen häufig den Absichten der Mächtigen. Die Religionen der Jäger und Sammler waren undogmatisch und spielerisch. Ihre Gottheiten, die üblicherweise Naturgewalten darstellten, waren einander relativ gleichgestellt, hatten wenig bis gar keine Autorität über Menschen und waren eine Quelle von Erheiterung, Inspiration und Verständnis.[90] Als jedoch die Landwirtschaft entstand und die Gesellschaften hierarchischer wurden, folgten die Religionen ihrem Beispiel. Die Götter wurden furchterregender, verlangten Anbetung und Gehorsam, und mit der Zeit galten einige Götter als mächtiger als andere. Diese Entwicklung gipfelte in der Entstehung der monotheistischen Religionen: Judentum, Christentum und Islam. Jede von diesen beruht auf der Vorstellung eines klar hierarchischen Kosmos, an dessen Spitze ein allmächtiger Gott steht und unablässig nach Verehrung und Anbetung verlangt.

Der Katholizismus und die hierarchische Kontrolle des Lernens

Im Europa des Mittelalters war die römisch-katholische Ausprägung des Christentums vorherrschend. Die klar hierarchische Struktur dieser Kirche – von Gott über den Papst zu den Kardinälen, Bischöfen, Priestern bis hin zu den Gemeindemitgliedern – war ein Abbild der feudalen Gesellschaftspyramide. Genau wie in der weltlichen Hierarchie die zum Leben notwendigen materiellen Güter von oben nach unten verteilt wurden, verteilte die Kirche Wissen und Seelenheil von oben nach unten. Die Menschen an der

Spitze waren die Träger der Wahrheit. Diejenigen im unteren Bereich hatten die Aufgabe, zu lernen, zu wiederholen – und zu folgen.

Während des gesamten Mittelalters gelang es der römisch-katholischen Kirche, in Europa ein Wissensmonopol aufrechterhalten. Die Kirche kümmerte sich nicht nur um die Bewahrung und Auslegung der Bibel, sondern auch der klassischen Werke der griechischen und römischen Gelehrten und sie unterband neue wissenschaftliche oder philosophische Entwicklungen. Jeder, der eine neue Idee veröffentlichte, riskierte, auf dem Scheiterhaufen zu enden. Im frühen 17. Jahrhundert entkam Galileo Galilei nur knapp Folter und Hinrichtung, indem er seine »ketzerische« Behauptung widerrief, die Erde drehe sich um die Sonne. Er hatte Glück, dass er den Rest seiner Tage unter Hausarrest zubringen durfte – anderen erging es schlechter. Wissen ist Macht, und der Klerus unterdrückte neues Wissen und ging sogar bei der Verkündung der eigenen Lehren mit Bedacht vor. Um ihr Wissen zu schützen, verbreitete die Kirche es nur auf Latein. Jeder, der die Mittel, den Wunsch und die offizielle Erlaubnis zum Eintritt in eine der höheren Professionen hatte und Theologe, Jurist oder Arzt werden wollte, musste Latein lernen und an einer kirchlichen Universität studieren. Die Kirche entwickelte die Universitäten nicht zum Zweck der freien Forschung, sondern zum Zweck der Formulierung und Überwachung ihrer Glaubenslehre.

Eine Lektion, die die Kirche den Massen nicht vorenthielt, war der Wert der körperlichen Züchtigung von aufsässigen oder ungehorsamen Kindern. Die hierarchische Struktur der mittelalterlichen Gesellschaft und der Kirche selbst erforderten unbedingten Gehorsam, der mit allen verfügbaren Mitteln, von Schlägen über Folter, Hinrichtung und Androhung von Höllenqualen, durchgesetzt wurde. Die Lehre von der Erbsünde rechtfertigte menschliches Leiden – und das Schlagen von Kindern rechtfertigte sie allemal. Es sei besser, Peitsche oder Rute zu erleiden oder gar dadurch zu sterben, als für alle Ewigkeit in der Hölle zu leiden. Hier sind drei typische Beispiele für die Erziehungsratschläge, die die Bibel bereithält: »Torheit steckt dem Knaben im Herzen; aber die Rute der Zucht treibt sie ihm aus.« (Spr 22,15) »Wenn jemand einen widerspenstigen und ungehorsamen Sohn hat, der der Stimme seines Vaters und seiner Mutter nicht gehorcht und auch, wenn sie ihn züchtigen, ihnen nicht gehorchen will, so sollen ihn Vater und Mutter ergreifen und zu den Ältesten der Stadt führen und zu dem Tor des Ortes ... So sollen ihn steinigen alle Leute seiner Stadt.« (Dtn 3,18–21) »Denn Gott hat geboten: ›Du sollst Vater und Mutter ehren; wer aber Vater und Mutter flucht, der soll des Todes sterben.‹« (Mt 15,4)

Aufstieg des Protestantismus und Ursprung der Schulpflicht

Die veränderten wirtschaftlichen Bedingungen veränderten auch die Religion. Der Aufstieg von Handwerk und Gewerbe ab dem 16. Jahrhundert brachte Unternehmer hervor, die zur Sicherung ihres Lebensunterhalts nicht auf die feudale Hierarchie angewiesen waren. Ihrer Ansicht nach hatten sie sich am eigenen Schopf – bzw. durch ihre gottgegebenen Fähigkeiten und harte Arbeit – aus dem Sumpf gezogen. Diese Betrachtungsweise, angeregt durch die Schriften Martin Luthers, Johannes Calvins und anderer Denker führte zur Reformation, die die Hierarchie der römisch-katholischen Kirche in Frage stellte.

Bekanntermaßen wies Max Weber in seinem Werk »Die protestantische Ethik und der Geist des Kapitalismus« darauf hin, dass die von protestantischen Glaubensgemeinschaften befürworteten Werte in hohem Maße mit denen des Kapitalismus übereinstimmen.[91] Einer dieser Werte war die Verantwortung des Einzelnen für den eigenen Erfolg oder Misserfolg. Der protestantischen Lehre zufolge ist es die Pflicht eines jeden Menschen, das Wort Gottes selbst auszulegen (also die Bibel zu lesen und zu verstehen) und direkt zu Gott zu beten. In ihrer Beziehung zu Gott sind demnach alle Menschen gleichberechtigt. Ein weiterer Wert war »harte Arbeit«. Frühe protestantische Kirchenführer lehrten, dass sich die Gnade Gottes in der Hingabe und dem Erfolg zeigt, mit dem Menschen ihrer irdischen Berufung ihrem erwählten Beruf nachgehen. Unabhängig davon, ob sie reich oder arm waren, war das Leben für fromme Lutheraner, Calvinisten und Puritaner eine ernste Angelegenheit. Das Ziel ihrer Arbeit und ihres weltlichen Erfolgs bestand nicht in unmittelbarem Vergnügen, sondern darin, den Beweis ihres Gnadenstands vor Gott zu erbringen, also zu den Auserwählten zu gehören, denen auf Ewigkeit ein Platz im Himmel, nicht in der Hölle sicher war.

Diese Einstellung passte gut zum Geist des Kapitalismus. Um als Unternehmer erfolgreich zu sein, musste man schwer arbeiten und den Gewinn nicht ausgeben, sondern wieder investieren. Der Protestantismus kam in Gestalt des Puritanismus nach Nordamerika, und mehr noch als die Europäer übernahmen die amerikanischen Siedler dessen Wesensart. Die protestantische, kapitalistische Ethik ersetzte – zumindest in der Theorie – den Gehorsam gegenüber menschlichen Herrschern mit dem Gehorsam gegenüber einer Reihe strenger Regeln, die den Weg zu einer besseren Zukunft im Leben vor und nach dem Tod wiesen. Faktisch waren Prügelstrafen besonders für Kinder weiterhin an der Tagesordnung, aber theoretisch war anstelle der Züchtigung anderer nun Selbstzucht das neue Ziel.

Weit stärker als die Katholiken trieben die Protestanten die Idee einer »Bildung für alle« voran. Luther zufolge beruhte die Erlösung des Menschen auf seinem eigenen Studium und Verständnis der Bibel. Wie auch Luther nicht verborgen blieb, bedingte dies logischerweise, dass jeder Mensch lesen lernen musste. (Außerdem sollte jeder lernen, dass die heilige Schrift die absolute Wahrheit darstellt.) Luther und andere Wortführer der Reformation unterstützten die Bildung für alle als christliche Pflicht, um Seelen vor der ewigen Verdammnis zu retten. Bis zum Ende des 17. Jahrhunderts waren in weiten Teilen Europas und in den amerikanischen Kolonien protestantische Schulen entstanden.

1642 machte Massachusetts als erste amerikanische Kolonie zumindest ein gewisses Maß an Schulbildung verpflichtend – in Schulen, die von puritanischen Geistlichen geleitet wurden. Das ausdrückliche Ziel war es, Kinder zu guten Puritanern zu erziehen. Ab 1690 lernten die Kinder in Massachusetts und den angrenzenden Kolonien das

Lesen mit Hilfe des »New England Primer«, einer Fibel, die im Volksmund auch »Die kleine Bibel Neuenglands« genannt wurde.[92] Sie enthielt eine Reihe kurzer Verse zum Erlernen des Alphabets: Von A wie »Bei Adams Fall, sündigten wir all« bis Z wie »Zachäus klein, erklomm den Hain, beim Herrn zu sein«. Die Fibel enthielt auch das Vaterunser, das Apostolische Glaubensbekenntnis, die Zehn Gebote und verschiedene Lektionen, die den Kindern Gottesfurcht einflößen und eine starkes Pflichtgefühl gegenüber Älteren lehren sollten. Die Schüler mussten zudem schauerliche Sprüche auswendig lernen und vortragen, die ihrer moralischen Bildung dienen sollten. Hier ist ein Beispiel eines solchen Kinderreims aus der Feder des puritanischen Pfarrers James Janeway:

Gottes Wohlgefallen finden,
Die artig stets die Wahrheit sagen,
Wo jedoch Lügenmäuler sind,
Wird er sie in die Hölle jagen.

Drum will ich meine Lippen hüten,
Auf dass der Teufel mich nicht suche,
Denn jedes Kindermundes Lüge
Steht in Gottes großem Buche.[93]

Die vorrangige Unterrichtsmethode in den frühen protestantischen Schulen war das Auswendiglernen. Das Ziel war, Belehrung zu erteilen, nicht Wissbegierde zu wecken. Die Schulen waren außerdem auf die Durchsetzung der protestantischen Arbeitsethik hin ausgerichtet. Lernen wurde nicht als Spiel, sondern als Arbeit verstanden. In einigen Schulen wurden den Kindern Pausenzeiten gewährt, um spielen und sich austoben zu können, aber Spiel wurde nicht als Vehikel des Lernens verstanden. Im Klassenzimmer galt das Spiel als der Feind des Lernens. Die vorherrschende Haltung der protestantischen Schulleiter zeigt sich in den Regeln, die John Wesley für wesleyanische Schulen aufstellte, beispielsweise in der folgenden Aussage: »Ebensowenig wie wir Tage des Spielens haben, gestatten wir Zeit des Spielens an jedwedem Tage; denn wer als Kind spielt, wird auch als Mann spielen.«[94]

Das Wiederholen und Auswendiglernen vorgegebener Lektionen ist tatsächlich eine mühsame Arbeit für Kinder, deren Instinkte sie eigentlich unentwegt dazu drängen, zu spielen, frei zu denken, sich ihre eigenen Fragen zu stellen und die Welt auf ihre eigene Weise zu erkunden. Deshalb erstaunte es die damaligen Erwachsenen auch wenig, dass die Kinder sich nicht gut an den verpflichtenden Schulbesuch anpassten und vielfach rebellierten. Die Vorstellung, dass die Vorlieben der Kinder selbst irgendeinen Wert hatten, war zu jener Zeit fast völlig in Vergessenheit geraten. Die rohe Gewalt, mit der Kinder auf den Feldern und in den Fabriken schon seit langem zur Arbeit angetrieben wurden, fand nun auch in den Klassenzimmern Anwendung, um Kinder zum Lernen zu bringen. Einige der unterbezahlten und schlecht ausgebildeten Schulmeister waren regelrechte Sadisten. Ein Lehrer in Deutschland führte Buch über alle Strafen, die er in seinen einundfünfzig Berufsjahren ausgeteilt hatte. Hier eine unvollständige Aufstellung: »911 527 Schläge mit der Rute, 124 010 Hiebe mit dem Rohrstock, 20 989 leichte Schläge mit dem Lineal, 136 715 Schläge mit der Hand, 10 235 Schläge auf den Mund, 7905 Ohrfeigen, und 1 118 800 Schläge nach dem Kopf.«[95] Zweifelsohne war er stolz auf all die Erziehungsmaßnahmen, die er den Kindern hatte angedeihen lassen.

John Bernard, ein bekannter Pfarrer im Massachusetts des 18. Jahrhunderts, beschreibt in seiner Autobiographie voller Zustimmung, wie er selbst als Kind regelmäßig von seinem Schulmeister gezüchtigt wurde.[96] Er wurde wegen seines unaufhaltsamen Spieltriebs geschlagen; er wurde geschlagen, wenn er nicht lernte; er wurde sogar geschlagen, wenn seine Mitschüler nicht lernten. Aufgrund seiner Intelligenz hatte man ihm die Verantwortung übertragen, den anderen beim Lernen zu helfen, und er wurde geschlagen, wenn diese eine Lektion nicht fehlerfrei aufsagen konnten. Er klagte einzig darüber, dass einer seiner Klassenkameraden vorsätzlich seinen Unterricht störte, um ihm Schläge einzuhandeln. Dieses Problem bekam er schließlich in den Griff, indem er dem Klassenkameraden nach Schulschluss eine Tracht Prügel verpasste und ihm weitere Prügel androhte. – So war sie, die gute, alte Zeit!

Die konzertiertesten und umfangreichsten Bestrebungen, allen Kindern eine protestantische Schulbildung zukommen zu lassen, wurden ab dem späten 17. Jahrhundert in Preußen unternommen. Die wichtigste protestantische Religionsgemeinschaft in Preußen war der Pietismus, eine reformierte Version des Luthertums. Der Anführer der pietistischen Schulbewegung war August Hermann Francke, der ein Schulsystem einführte, dass dem heutigen nicht unähnlich war. Er entwickelte einen standardisierten Lehrplan, der hauptsächlich aus religiösen Katechismen bestand, und eine Methode der Ausbildung und Examinierung von Lehrkräften, die dann anhand dieses Lehrplans unterrichteten. Er sorgte dafür, dass in jedem Klassenzimmer Stundengläser vorhanden waren, damit alle einem durch die Zeit vorgegebenem Stundenplan folgten – auch dies war essenzieller Bestandteil der protestantischen Arbeitsethik. Er sprach sich dafür aus, sich nach Möglichkeit »sanfter« Erziehungsmethoden zu bedienen: Der Rohrstock sollte nur zur Bestrafung von Fehlverhalten eingesetzt werden, nicht aber im Fall fehlerhaft vorgetragener Übungen.

Allerdings macht er deutlich, dass das oberste Ziel seiner Schulen darin bestand, den Willen der Kinder zu brechen, um ihn danach wieder aufzubauen. Er schrieb: »Die wahre Gemüths-Pflege gehet auf den Willen und Verstand. [...] Am meisten ist wohl daran gelegen, daß der natürliche Eigen-Wille gebrochen werde. [...] Wer nur deswegen die Jugend unterrichtet, daß er sie gelehrter mache, siehet zwar auf die Pflege des Verstandes, welches gut aber nicht genug ist. Denn er vergisset das beste, nemlich den Willen unter den Gehorsam zu bringen, und wir deswegen finden, daß er ohne wahre Frucht gearbeitet.«[97]

Francke glaubte, der wirksamste Weg, den Willen der Kinder zu brechen, sei, in der Schule für dauerhafte Aufsicht und Überwachung zu sorgen:

»Weil auch die Jugend sich selbst nicht zu guberniren [verwalten] weiß, und daher, wenn sie allein oder bey ihres gleichen ohne Aufsicht gelaßen wird, zum Müßiggang und zu Ausübung vieles bößen Anlaß nimmt, wodurch sie nicht allein an der Seelen, sondern auch zuweilen an der Gesundheit und am Leben in Gefahr und Schaden gerahten können; so ist bey dieser Einrichtung [Franckes Schule] eines von denen vornehmsten Haupt-Stücken, daß die Untergebenen stets in der Gegenwart und Aufsicht derer Informatorum [Lehrkräfte] gehalten werden: wodurch nicht allein verhindert wird, daß die innerliche Boßheit äußerlich nicht ausbrechen kann; sondern weil ihnen alle Gelegenheit abgeschnitten wird, werden auch die innerlichen Begierden nach und nach geschwächt.«[98]

Dieselben Vorstellungen werden auch von zeitgenössischen Pädagogen wieder und wieder zum Ausdruck gebracht. Auch wenn sich die heutige Wortwahl freilich etwas von der damaligen unterscheidet, ist der Glaube an die Unfähigkeit junger Menschen, sinnvolle Entscheidungen für sich selbst zu treffen, einer der Grundpfeiler unseres durch ständige Beaufsichtigung und Kontrolle gekennzeichneten Systems der Zwangsbeschulung.

Obwohl Preußen ein protestantisches Königreich war, gab es neben den pietistischen auch einige katholische Schulen. Friedrich II. tolerierte diese hauptsächlich deshalb, weil diese noch mehr Wert auf die Ergebenheit gegenüber den Herrschenden legten als die protestantischen Schulen. In einem Handbuch, das Johann Ignaz von Felbiger 1768 für katholische, preußische Schulmeister verfasste, findet sich folgender Katechismus, den die Schüler auswendig zu lernen hatten (die Erläuterungen in Klammern stammen aus dem Original):

»*F:* Wer soll der obrigkeitlichen Gewalt unterthänig sein?
A: Jede Seele. (Erl.: Oder jedermann)
F: Was soll jedermann dem thun, der obrigkeitliche Gewalt hat?
A: Unterthan muß jedermann dem sein, der obrigkeitliche Gewalt hat.
F: Warum muß jedermann der Obrigkeit unterthan sein?
A: Es ist keine Gewalt als von Gott.
F: Woher kömmt die Gewalt, welche Obrigkeiten haben?
A: Von Gott kömmt die Gewalt.
F: Was ist von Gott verordnet?
A: Alles, was Gewalt hat. (Erl.: Da alles, was Gewalt hat, von Gott verordnet ist, so muß man auch heidnischen Obrigkeiten, folglich auch Obrigkeiten, die nicht unsers Glauben sind, unterthänig, d. i. ihnen ergeben, treu und gehorsam sein. Als Paulus dies schrieb, lebte er wirklich unter heidnischen Obrigkeiten, den römischen Kaisern und deren Landpflegern.)
F: Was thut der, welcher der Obrigkeit widerstrebt?
A: Wer der Obrigkeit widerstrebt, widerstrebt der Anordnung Gottes.
F: Was geschieht denen, die der Obrigkeit widerstreben?

A: Sie werden sich selbst die Verdammnis erwerben. (Erl.: Diese Verdammnis ziehen sich die, welche widerstreben, sowohl von Gott als von der strafenden Obrigkeit selbst zu.)
F: Wer muß denn die fürchten, welche das Regiment haben?
A: Nicht die, welche gute, sondern die, welche böße Werke thun, müssen sich fürchten.
F: Wovor müßen sich die, welche Bößes thun, fürchten?
A: Vor denen, die das Regiment führen.
F: Wer führt denn das Regiment?
A: Die Obrigkeiten.
F: Was muß man thun, um von der Obrigkeit nichts zu fürchten?
A: Gutes muß man thun.
F: Was haben die von der Obrigkeit zu erwarten, welche Gutes thun?
A: Sie haben Lob von ihr zu erwarten.
F: Was sind Obrigkeiten?
A: Obrigkeiten sind Diener Gottes.«[99]

Wie Schulen zu Dienern des Staats wurden

Anfang des 19. Jahrhunderts hatte die Kirche in ganz Europa an politischer Macht verloren und die Bildung junger Menschen wurde zunehmend von Staaten übernommen.[100] Das Ziel dieser neuen staatlichen Schulen war nicht hauptsächlich die Vermittlung von Lese- und Schreibfähigkeit. Zu jener Zeit war das geschriebene Wort bereits allgegenwärtig und die Alphabetisierung in Europa und Nordamerika bereits weit fortgeschritten. Kinder, deren Eltern des Lesens mächtig waren, konnten relativ einfach zu Hause lesen lernen. Zu Beginn des 19. Jahrhunderts waren etwa drei Viertel der Bevölkerung der Vereinigten Staaten, einschließlich Sklaven, lese- und schreibkundig; in weiten Teilen Europas war der Alphabetisierungsgrad ähnlich hoch.[101] Auf beiden Seiten des Atlantiks war der Anteil der lese- und schreibkundigen Bevölkerung weit höher als der Anteil der Arbeitsplätze, für die diese Fähigkeiten gebraucht wurden. Die Spitzen aus Regierung und Industrie verfolgten mit ihren Bemühungen um die Bildung nicht in erster Linie das Ziel, dass die Menschen lasen; es ging ihnen vielmehr darum, zu kontrollieren, was die Menschen lasen, was sie dachten und wie sie sich verhielten. Die weltlichen Entscheidungsträger des Bildungswesens vertraten die Auffassung, der Staat könne jede neue Generation von Bürgern zu idealen Patrioten und Arbeitern heranziehen, wenn die Schulen staatlich kontrolliert würden und eine Schulpflicht eingeführt würde.

Genau wie einige deutsche Königreiche führend in der Entwicklung protestantischer Schulen gewesen waren, wurden diese auch zu Vorreitern der Entwicklung staatlicher Schulen. Im Verlauf des 18. Jahrhunderts brach das deutsche Feudalsystem zusammen, bei dem jeder Grundherr die Kontrolle über die an seine Ländereien gebundenen Bauern gehabt hatte. Es wurde zunehmend schwierig, die Kontrolle über die Bauern zu behalten, häufig kam es zu Aufständen und es wurde offen über Revolution gesprochen. Die führenden Kräfte des deutschen Bildungswesens setzten sich in erster Linie deshalb für verpflichtende staatliche Schulbildung ein, um aus den Bauern ergebene und anständige deutsche Bürger zu machen. So erschien beispielsweise im Jahr 1757 in einer preußischen Wirtschaftsfachzeitschrift ein Artikel, der folgende Vorhersage enthielt:

»[Durch solche Schulbildung] wird ein doppelter Endzweck erhalten werden. Erstlich wird eine innerliche Zufriedenheit den Schweiß des Landmanns abtrocknen: zum anderen werden Bewegungsgründe zu löblichen und der ganzen menschlichen Gesellschaft ersprießlichen Handlungen entstehen. [...] Untreue, Faulheit, Müßiggang, Widerspenstigkeit, Unordnung und Schinderey würden auf einmal wegfallen [...].«[102]

Im Jahr 1794 erklärte der preußische König Friedrich Wilhelm II. offiziell, dass die Bildung der Kinder von nun an Aufgabe des Staats, nicht mehr die der Eltern oder der Kirchen sei. Schulen wurden überall dort gebaut, wo es noch keine gab, und die Gesetze zur Schulbesuchspflicht wurden so konsequent durchgesetzt, dass in den späten 1830er Jahren rund 80 Prozent aller preußischen Kinder staatliche Grundschulen besuchten.[103] Andere deutsche Staaten folgten dem Beispiel Preußens. Das wesentliche Thema der deutschen Lehrpläne war der Nationalismus. Der Historiker James Melton drückte es folgendermaßen aus: »Keine Religion wurde wohl je mit mehr Leidenschaft verfochten als jene der Vaterlandsliebe im Deutschland Wilhelms des II. Den Kindern wurde das Gefühl vermittelt, die deutsche Sprache sei die perfekteste aller Sprachen und die deutsche Literatur die bedeutendste von allen. [...] Im Heimatkundeunterricht wurde den Kindern beigebracht, dass Deutschland im Norden, Süden, Osten und Westen von Feinden umgeben sei.«[104]

Andere Länder folgten diesem Beispiel. Schulbildung wurde als Aufgabe des Staats betrachtet, die für die nationale Sicherheit von ähnlich grundlegender Bedeutung war wie die Armee. Die Macht des Staats, Kinder zwangsweise in Schulen einzuberufen, verstand man als vergleichbar mit der Macht des Staats, junge Männer zum Wehrdienst einzuberufen. In Frankreich betrachtete Napoleon den Schulbesuch als erste Stufe der militärischen Ausbildung.

England, wo die Industrialisierung am weitesten fortgeschritten war, war eines der letzten Länder, in dem ein System der allgemeinen Schulpflicht eingeführt wurde. Eine wichtige Kraft, die der Einführung entgegenwirkte, war die weitverbreitete Kinderarbeit. Die Industriellen wollten arme Kinder weiterhin als Arbeitskräfte in ihren Fabriken einsetzen, und die Eltern verzichteten nur ungern auf das kleine, aber überlebenswichtige Einkommen, das ihre Kinder verdienten. Außerdem gab es in England Anfang des 19. Jahrhunderts ein breites und recht erfolgreiches Netzwerk aus kirchlichen und privaten Schulen. Kinder, die in Fabriken arbeiteten, beschäftigten sich in Sonntagsschulen mit Religion und übten sich dort auch im Lesen und Schreiben. Es entstand eine große Vielfalt an konfessionsunabhängigen Privatschulen, die das alte System der Lehrlingsausbildung ergänzten oder ersetzten. Die herrschenden Schichten in England hatten kein Interesse daran, dass die Lese- und Schreibfähigkeit der Massen noch weiter zunahm. Sie hätten die Alphabetisierung sogar am liebsten aufgehalten, wenn dies in ihrer Macht gestanden hätte. Bereits zu Beginn des 19. Jahrhunderts lasen und begeisterten sich die einfachen Leute für so aufrührerische Werke wie Thomas Paines Traktat über »Die Rechte des Menschen« und William Godwins Untersuchung über politische Gerechtigkeit »Enquiry Concerning Political Justice«.

Erst 1870 verabschiedete das britische Parlament den »Education Act«, mit dem ein staatliches Grundschulsystem und eine Schulpflicht für Kinder zwischen fünf und dreizehn eingeführt wurden. Das Gesetz war unter anderem von Reformern erkämpft worden, denen das Wohl der Kinder ein aufrichtiges Anliegen war. Sie glaubten, wenn man Kinder aus den Fabriken befreite und auf Schulen schickte, könnte der Kreislauf der Armut unterbrochen und den Kindern der Armen ein sozialer Aufstieg ermöglicht werden. Die Verbündeten der Reformer waren Mitglieder der herrschenden Klassen, die, ebenso wie die deutschen Herrscher, Bildung als Mittel sahen, um die Massen zu kontrollieren. Zu den einflussreichsten Befürwortern einer Schulpflicht an öffentlichen Schulen in Großbritannien gehörte der bedeutende Theologe und Historiker John Brown. Er schrieb: »Um also einen guten Bürger zu formen, ist es vonnöten, schon dem Kleinkind gewisse Gewohnheiten einzuprägen und den Geist, wenn man so will, durch heilsame Vorurteile zu fesseln die eine Konformität des Denkens und Handelns mit jenen bewährten Prinzipien herbeiführt, auf denen ihre heimatliche Gesellschaft aufbaut.«[105]

In den USA war Massachusetts – stets führend in der amerikanischen Bildungslandschaft – der erste Bundesstaat, der die Schulpflicht einführte. Unter der Leitung von Horace Mann, dem Sekretär der ersten staatlichen Schulbehörde, schrieb Massachusetts ab 1852 allen Kommunen vor, den kostenlosen Besuch öffentlicher Schulen zu ermöglichen und alle Kinder zwischen acht und vierzehn Jahren zum Schulbesuch von wenigstens zwölf Wochen pro Jahr zu verpflichten.[106] Mann war ein früher Verfechter des preußischen Schulsystems. Er sah die Schulpflicht als Mittel an, um Kinder auf eine Weise zu bilden, die sowohl im Interesse der Industrie als auch des Staats war.[107] Die anderen Staaten zogen nach, zuletzt Mississippi, das schließlich 1918 das Gesetz zur Schulpflicht verabschiedete.

Der Geist der Schulpflicht in den Vereinigten Staaten zeigt sich in den Schriften von Edward Ross, einem der Begründer der amerikanischen Soziologie. Ende des 19. Jahrhunderts veröffentlichte er eine Reihe von Artikeln, die später in dem Band »Social Control. A Survey of the Foundations of Order« (Soziale Kontrolle. Eine Untersuchung der Grundlagen der Ordnung) gesammelt wurden. Ross befürwortete den verpflichtenden Besuch öffentlicher Schulen als Mittel zur Aufrechterhaltung der gesellschaftlichen Ordnung. Die Aufgabe der öffentlichen Schule bestand seinen Worten zufolge darin, »kleine Klumpen menschlichen Teiges aus den Privathaushalten einzusammeln und sie auf dem sozialen Knettisch zu formen.«[108] Edward Ross verstand, dass Kinder von ihrer Umgebung und insbesondere von den Menschen in ihrem Umfeld lernen, und wollte die Gleichförmigkeit dieser Umgebung sicherstellen. Er glaubte, Kinder seien leicht beeinflussbar und imitierten erwachsene Vorbilder. Er schrieb: »Nachahmen wird das Kind in jedem Fall, und wenn man ihm seinen Lehrer anstelle seines Vaters zur Imitation gibt, so hat man den Vorteil, dass ersterer im Gegensatz zu letzterem eine ausgewählte Person ist.«[109] Ja, der Lehrer war eine ausgewählte Person – ausgewählt und zertifiziert vom Staat, um die richtigen und nicht die falschen Ideen zu unterrichten. Wie schon Friedrich II. von Preußen vor ihm betrachtete auch Ross die Schulpflicht als weltlichen Religionsersatz, der zur Aufrechterhaltung der gesellschaftlichen Ordnung diente. Er schrieb: »Die Kulturtechnik des Glaubens und der Religion wird schon seit Jahrtausenden verstanden, die Kulturtechnik der Bildung ist jedoch eine Entdeckung von gestern, oder sollte ich besser sagen: von morgen?«[110] Zustimmend zitierte er Daniel Websters Verständnis der öffentlichen Schule als »weises und liberales Kontrollsystem, durch das Eigentum und Frieden gewahrt werden«.[111]

Die zunehmende Macht und Normierung von Schulen

Als Schulpflicht und Staatsschulen erst einmal etabliert waren, wurden sie in Inhalt und Methodik zunehmend vereinheitlicht. Aus Gründen der Effizienz wurden Kinder nach Altersstufen auf verschiedene Klassenzimmer verteilt und, wie Produkte auf einem Fließband, von Klasse zu Klasse weitergereicht. Die Aufgabe eines jeden Lehrers bestand darin, dem Produkt, einem bestimmten Zeitplan folgend, kleine Einheiten offiziell genehmigten Wissens einzupflanzen und das Produkt danach zu prüfen, bevor es an die nächste Station weitergereicht wurde.

Zunehmend ersetzten nun weibliche Lehrkräfte die Männer in den Klassenzimmern, hauptsächlich weil sie zu geringerem Lohn angestellt werden konnten, aber auch, weil Frauen das Bild von Schule abmilderten, weniger körperliche Züchtigung einsetzten und Schulbildung auch zartbesaiteten Eltern akzeptabler erscheinen ließen.[112] Zunächst wurden die Lehrerinnen jedoch »Assistentinnen« genannt. Sie assistierten der Schulleitung, die fast immer männlich war. Insbesondere in Grundschulen ist es noch heute so, dass die Lehrkräfte überwiegend weiblich, die Schulleitungen jedoch meist männlich und verantwortlich dafür sind, dass das Lehrpersonal den Vorgaben des Lehrplans entsprechend unterrichtet und die Schüler ihnen gehorchen. In mancherlei Hinsicht wurde die Schule zu einer polygamen Version der hierarchischen Familie des beginnenden 20. Jahrhunderts, mit dem Mann als Autoritätsperson und der Frau in unmittelbarer Beschäftigung mit den Kindern, die am unteren Ende dieser Hierarchie standen. Damals wie heute hatten die Schüler pünktlich und gehorsam zu sein, hatten dem Lehrer zuzuhören, Aufgaben rechtzeitig zu erledigen sowie Lehrstoff auswendigzulernen und wiederzugeben, ohne die vorgegebenen Inhalte oder Unterrichtsmethoden zu hinterfragen.

Als die Schulpflicht in Massachusetts in der Mitte des 19. Jahrhunderts eingeführt wurde, dauerte das vorgeschriebene Schuljahr nur zwölf Wochen und nur Kinder von acht bis vierzehn Jahren mussten die Schule besuchen. Im Lauf der Zeit wurde das

Schuljahr dort wie andernorts verlängert und weitere Schuljahre kamen hinzu. Wie bereits im ersten Kapitel beschrieben, wird die erste Hälfte des 20. Jahrhunderts als »das Goldene Zeitalter des freien Kinderspiels« bezeichnet, weil die meisten Kinder nicht mehr so viel auf Bauernhöfen oder in Fabriken arbeiten mussten und die Schule noch nicht so belastend war, wie sie es später wurde. Je länger Schultag, Schuljahr und Pflichtschulzeit wurden, je mehr Hausaufgaben zu erledigen waren und je standardisierter und entscheidender die Prüfungen für die Versetzung der Kinder wurden, desto mehr übernahm die Schule allmählich die Kontrolle über das Leben der Kinder und deren Familien.

Für die meisten Menschen stellen Kindheit und Schulbesuch heute eine untrennbare Einheit dar. Wir setzten Kinder ihren Schulnoten gleich. Ganz automatisch stellen wir uns Lernen als Arbeit vor, zu der Kinder an besonderen, nach dem Vorbild von Fabriken gestalteten Arbeitsplätzen, genannt Schulen, gezwungen werden müssen. All dies erscheint uns völlig normal, da wir es überall so erleben. Selten halten wir inne und denken darüber nach, wie neu und unnatürlich all dies – im größeren Zusammenhang der menschlichen Evolution betrachtet – eigentlich ist und wie es aus einer düsteren Zeit unserer Geschichte entspringt, die von Kinderarbeit und dem Glauben an die angeborene Sündhaftigkeit der Kinder geprägt war. Weil wir vergessen, dass Kinder von Natur aus bestens dafür ausgestattet sind, durch eigenverantwortliches Spielen und Entdecken zu lernen, berauben wir sie zunehmend ihrer Freiheit auf selbstbestimmtes Lernen und setzen sie stattdessen den mühsamen und schmerzhaft langwierigen Lehrmethoden aus, die von den schulischen Entscheidungsträgern ersonnen wurden.

4 ERZWUNGENE BILDUNG: SIEBEN SÜNDEN DES SCHULSYSTEMS

In der Regel mögen Kinder Schule nicht. Als ob diese Beobachtung einer Bestätigung bedürfte, ergab eine großangelegte Studie vor einigen Jahren, dass Kinder in der Schule unglücklicher sind als in jedem anderen Umfeld, in dem sie jede Woche einen erheblichen Teil ihrer Zeit verbringen.[113] Wenn Kinder die Schule doch mögen, liegt dies meist nicht am Unterricht, sondern an den Freunden, die sie dort treffen. Dass Kinder nicht gern zur Schule gehen, ist überall dort ein beliebter Witz, wo Kinder per Gesetz zum Schulbesuch verpflichtet sind. So gehört es zum Standardrepertoire von Comicstrips, dass der erste Tag des neuen Schuljahrs stets ein Tag der Trauer für die Kinder und ein Tag der Freude für die Eltern ist, denen man unterstellt, die Gegenwart ihrer Kinder Leid zu sein – genau andersherum funktioniert die Pointe am letzten Schultag. Niemand fände es jedoch witzig, wenn Erwachsene so behandelt würden wie Kinder in der Schule.

Vor kurzem las ich das Buch »Why Don't Students Like School?« (Warum mögen Schüler die Schule nicht?) des Kognitionswissenschaftlers Daniel T. Willingham. Es hatte glänzende Kritiken von Menschen, die ins Schulsystem involviert sind, erhalten, aber wie ich feststellen musste, bleibt es eine Antwort auf die im Titel gestellte Frage schuldig. Willingham stellt darin die These auf, Schüler würden die Schule nicht mögen – und dort auch nicht viel lernen –, weil Lehrer kein umfassendes Verständnis bestimmter kognitiver Grundlagen hätten und deshalb schlechteren Unterricht machten, als sie dies eigentlich könnten. Das Lehrpersonal präsentiere den Lehrstoff nicht auf eine optimal auf die Aufnahmefähigkeit der Schüler abgestimmte Weise; würden die Lehrer hingegen Willinghams Ratschläge befolgen und die neuesten Erkenntnisse der Kognitionswissenschaften in ihrem Unterricht berücksichtigen, dann würden die Kinder die Schule vermutlich lieben. Bücher dieser Art gibt es seit Jahrzehnten, zuerst von Behavioristen, dann von den Anhängern Piagets und zuletzt von Kognitionsforschern und Neurologen, die allesamt der Überzeugung sind, die neuesten Moden und Ergebnisse ihres jeweiligen Forschungsfelds würden das Schulproblem ein für allemal lösen.

Wie die anderen Autoren solcher Bücher tut auch Willingham so, als würde er das riesige Problem, das vor unser aller Augen die Kinder erdrückt, nicht sehen: Kinder gehen deshalb nicht gern zur Schule, weil die Schule für sie – so wage ich zu behaupten –

ein Gefängnis ist; Kinder gehen nicht gern zur Schule, weil sie wie alle Menschen nach Freiheit dürsten und in der Schule nicht frei sein dürfen.

Dieses offensichtliche Problem wird nicht nur in Willinghams Buch, sondern auch in unserer Kultur als Ganzes geleugnet. Jeder, der einmal in der Schule war, weiß, dass Schule ein Gefängnis ist, aber fast niemand, der aus dem schulpflichtigen Alter heraus ist, spricht darüber. Es gehört sich einfach nicht. Wir alle verschließen unsere Augen vor dieser unbequemen Wahrheit, denn, würden wir sie uns eingestehen, erschienen wir selbst als äußerst grausam und müssten die Arbeit von Menschen infrage stellen, die in bester Absicht tun, was sie für unerlässlich halten. Wie könnte es auch sein, dass all diese wohlmeinenden Menschen ihre Kinder ins Gefängnis stecken oder sogar selbst dort arbeiten?! Wie könnte es auch sein, dass in unserem demokratischen Staat, der auf den Prinzipien von Freiheit und Selbstbestimmung beruht, Gesetze gelten, die Kinder und Jugendliche zwingen, einen beträchtlichen Teil ihres Tags im Gefängnis zu verbringen?! Wie die meisten Menschen, die ich kenne, habe auch ich die vorgeschriebene Anzahl an Schuljahren an öffentlichen Schulen absolviert. Meine Mutter hat einige Jahre als Lehrerin gearbeitet. Meine Schwester, zwei Cousinen und viele liebe Freunde von mir stehen oder standen im öffentlichen Schuldienst. Wie nur kann ich diesen guten Menschen, die Kinder lieben und sich mit viel Herzblut deren Unterstützung verschrieben haben, unterstellen, sie seien Mittäter in einem System, das Kinder gefangenhält?

Jeder Ort, an dem man unfreiwillig eingesperrt und in seiner Freiheit eingeschränkt wird, ist nach allgemeiner Definition ein Gefängnis. Wie die Insassen eines Gefängnisses für Erwachsene erhalten auch die Insassen einer Schule genaue Anweisungen und werden bestraft, wenn sie sich nicht daran halten. Genau genommen müssen Schüler sogar mehr Zeit mit der genauen Erfüllung von Anweisungen verbringen, als dies in Strafvollzugsanstalten der Fall ist. Ein weiterer Unterschied besteht freilich darin, dass Erwachsene nur dann im Gefängnis landen, wenn sie Straftaten begangen haben, während wir Kinder schlichtweg aufgrund ihres Alters in die Schule stecken.

Manchmal verwenden wir das Wort Gefängnis als Metapher für Situationen, in denen wir uns an Regeln halten oder Dinge tun müssen, die uns unangenehm sind. In diesem Sinn sprechen manche Erwachsene von ihrem Arbeitsplatz oder sogar von ihrer Ehe als einem Gefängnis. Dies ist jedoch keine wörtliche Verwendung des Begriffs, denn in diesen Beispielen handelt es sich nicht um unfreiwillige, sondern freiwillige Einschränkungen. In den Vereinigten Staaten und anderen demokratischen Ländern verstößt gegen das Gesetz, wer eine Person zwingt, eine Arbeit zu verrichten, die diese nicht ausüben möchte, oder jemanden zu heiraten, den er oder sie nicht heiraten möchte. Eltern hingegen verhalten sich gesetzeswidrig, wenn sie ihr Kind, das nicht in die Schule gehen möchte, nicht zum Schulbesuch zwingen. Es stimmt zwar, dass einige Eltern Mittel und Wege finden, Homeschooling oder den Besuch alternativer Schulen zu ermöglichen, die sowohl für die Kinder als auch für den Staat annehmbar sind – aber das stellt in der heutigen Gesellschaft nicht den Normalfall dar. Arbeitsplatz und Ehe mögen sich in einigen traurigen Fällen wie Gefängnisse anfühlen: Schule, wie wir sie gemeinhin kennen, *ist* hingegen ein Gefängnis.

Diese Tatsache sollte angesichts der im dritten Kapitel skizzierten Entstehungsgeschichte unserer Schulen keine Überraschung sein. Ausgehend von der Annahme, Kinder seien von Natur aus voll der Sünde, hatten die protestantischen Reformer Schulen als regelrechte Besserungsanstalten gegründet. Um sie vor der Hölle zu bewahren, mussten Kinder zur Schule gehen, wo ihr sündhafter Wille gebrochen und dann in Einklang mit der protestantischen Lehre gebracht wurde. Im Lauf der Zeit ging die religiöse Rhetorik verloren, aber die Idee blieb dieselbe: Kinder seien weder kompetent noch zuverlässig und bedürften des Korrektivs der Zwangsbeschulung, um sie zu jener Art von Mensch zu formen, zu der sie aus Sicht der gesellschaftlichen Eliten gemacht werden sollen.

»Schulanwesenheitszwang« ist ein weiterer Begriff, den man sich einmal auf der Zunge zergehen lassen sollte. Er mag ähnlich brutal wie der Begriff »Gefängnis« klingen. Aber es ist nun einmal so, dass mit der Schulpflicht der Schulanwesenheitszwang einhergeht. Und das Wort »Zwang« kann nichts anderes bedeuten, als dass die gezwungene Person keine Wahl hat.

In der Tat lohnt es sich folgende Frage zu diskutieren: Ist die Schulpflicht – und die dafür erforderliche Inhaftierung von Kindern – eine gute oder eine schlechte Sache? Die meisten Menschen sind offenbar der Meinung, sie sei alles in allem eine gute, vielleicht sogar eine notwendige Sache. Ich bin da anderer Meinung. In diesem Kapitel skizziere ich daher die sieben aus meiner Sicht größten Sünden unseres Zwangsschulsystems. In den folgenden Kapiteln werde ich dann reichlich Belege dafür liefern, dass Kinder aus freien Stücken und auf ihre je ureigene Weise ganz wunderbar lernen, wenn wir ihnen – ohne jeden Zwang – nur die Möglichkeit dazu bieten.

Die erste Sünde: Freiheitsberaubung ohne triftigen Grund und ohne faires Gerichtsverfahren

Dies ist die offensichtlichste Sünde der Schulpflicht und bildet die Grundlage, auf der die anderen Sünden erst möglich sind. Einer der Grundsätze unseres demokratischen Wertesystems ist, dass niemand ohne triftigen Grund oder faires Gerichtsverfahren der Freiheit beraubt werden darf. Um einen Erwachsenen zu inhaftieren, muss ein Gericht feststellen, dass diese Person ein Verbrechen begangen hat oder eine ernsthafte Gefahr für sich oder andere darstellt. Unsere Kinder jedoch inhaftieren wir aufgrund ihres Alters. Gemäß unseres demokratischen Wertesystems sollte es als unmoralisch gelten, Kinder aus Altersgründen zu inhaftieren, solange nicht der Beweis erbracht wurde, dass Kinder – also alle Kinder einer bestimmten Altersgruppe – ohne eine solche Inhaftierung eine Gefahr für sich oder andere darstellen. Einen solchen Beweis gibt es nicht. Wie ich jedoch zeigen werde, gibt es viele Belege, die das Gegenteil nahelegen.

Die zweite Sünde: Beeinträchtigung der Entwicklung von Eigenverantwortung und Selbststeuerung

Als David Glascow Farragut, einer der Helden des Amerikanischen Bürgerkriegs, neun Jahre alt war, wurde er zum Fähnrich zur See der US-Marine befördert. Mit zwölf Jahren wurde er 1812 im Britisch-Amerikanischen-Krieg zum Kapitän eines eroberten britischen Schiffs ernannt und führte so zeitweise eine Marineeinheit an, in der auch Erwachsene dienten, die zwei- bis viermal so alt waren wie er.[114]

Der große Erfinder Thomas Edison verließ die Schule nach nur drei Monaten wieder. Von seinem Lehrer war er mit seinen acht Jahren aufgrund seines »wirren Geists« für nicht schulreif erklärt worden – heute würde die Diagnose in seinem Fall wohl ADHS lauten. Edison fing daraufhin an, sich systematisch selbst zu bilden. Mit zwölf Jahren war sein Einkommen aus den verschiedenen Unternehmen, die er gegründet hatte, bereits mit dem eines Erwachsenen vergleichbar. 1862 war er mit zwölf Jahren alleiniger Herausgeber einer erfolgreichen Zeitung.[115]

Farragut und Edison waren außergewöhnliche Menschen, aber dass Kinder die Verantwortlichkeiten von Erwachsenen übernahmen, war Anfang und Mitte des 19. Jahrhunderts, vor Einführung der staatlich durchgesetzten Schulpflicht, durchaus keine Seltenheit. Heute wird dem typischen Zwölfjährigen, der in einem Mittelschichtsvorort aufwächst, nicht einmal zugetraut, auf jüngere Kinder aufzupassen oder ohne Begleitung von Erwachsenen von der Schule nach Hause zu gehen. Wir haben uns zu einer Gesellschaft entwickelt, in der Kinder allein aufgrund ihres Alters für verantwortungslos und unfähig gehalten werden. Der Glaube, Kinder und sogar Jugendliche seien zu rationaler Entscheidungsfindung nicht in der Lage, ist eine sich selbst erfüllende Prophezeiung. Indem wir den Radius der Kinder auf Schulen und andere von Erwachsenen geleitete schulähnliche Umgebungen begrenzen und indem wir sie ihre Tage mit sinnlosen und unproduktiven Beschäftigungen verbringen lassen, nehmen wir Kindern die Zeit und die Möglichkeiten, die sie brauchen, um sich in Selbststeuerung und Eigenverantwortung zu üben. So kommt es, dass die Kinder selbst (wie auch ihre Eltern und Lehrer) zu glauben beginnen, sie seien unfähig. In dem Maß, in dem die Schulpflicht auf immer weitere Altersstufen ausgedehnt wurde, wurde im Lauf der Zeit auch der Glaube an die eigene Unfähigkeit über einen immer längeren Zeitraum hinweg kultiviert.

Eine implizite und mitunter ausdrückliche Botschaft unseres Systems der Zwangsbeschulung ist diese: »Wenn du in der Schule tust, was dir gesagt wird, dann wird aus dir etwas werden.« Kinder, die an diese Botschaft glauben, hören auf, Verantwortung für ihre eigene Bildung zu übernehmen. Sie nehmen fälschlicherweise an, jemand anderes habe herausgefunden, was sie tun und wissen müssen, um erfolgreiche Erwachsene zu werden. Wenn es in ihrem Leben einmal nicht so gut läuft, sehen sie sich als Opfer der Umstände: »Meine Schule (meine Eltern, die Gesellschaft) sind schuld, dass es mir so schlecht geht.« Diese Opferhaltung, die in der Kindheit geprägt wurde, wirkt manchmal ein Leben lang. Dadurch, dass die Schule einen immer bedeutenderen Stellenwert im Leben junger Menschen einnahm, hat, wie im ersten Kapitel beschrieben, auch das Gefühl der eigenen Hilflosigkeit in unserer Gesellschaft zugenommen. Marc Twain sagte gerne: »Ich habe nie zugelassen, dass sich die Schule in meine Bildung einmischt.« Aufgrund der Ausweitung des Zwangsschulsystems seit Twains Tagen ist es heutzutage leider immer schwerer geworden, nach dieser Maxime zu leben.

Die dritte Sünde: Schwächung der intrinsischen Lernmotivation – Lernen wird zu Arbeit gemacht

Vergegenwärtigen wir uns noch einmal: Von Geburt an brennen Kinder darauf, zu lernen. Sie sind von Natur aus neugierig und spielerisch. Sie entdecken und spielen auf eine Weise, die ihnen etwas über die soziale und physische Welt beibringt, an die sie sich anpassen müssen. Sie sind regelrechte Lernmaschinen. Ohne jede Anleitung saugen Kinder etwa bis zum fünften Lebensjahr eine unglaubliche Menge an Informationen und Fähigkeiten auf: Sie lernen laufen, rennen, springen und klettern. Sie lernen die Sprache der Kultur, in die sie hineingeboren werden, zu verstehen und zu sprechen. Sie lernen, sich durchzusetzen, sich anzufreunden, sich zu streiten, zu scherzen, zu stören und Fragen zu stellen. Sie erwerben sich einen unglaublichen Schatz an Wissen über ihre materielle und soziale Umwelt. Gelenkt wird all dies von ihren angeborenen Instinkten und Trieben. Diese enorme Lernlust und dieser Bildungstrieb werden nicht etwa von Natur aus mit ihrem fünften oder sechsten Geburtstag abgeschaltet; wir sind es, die sie mit unserem System der Zwangsbeschulung abschalten. Denn die nachhaltigste Lektion, die Schule erteilt, ist, dass Lernen Arbeit sei, die nach Möglichkeit vermieden werden sollte, und nicht etwa freudvolles Spiel, wie die Kinder andernfalls annehmen könnten.

Es liegt in der Natur der Zwangsbeschulung, dass sie Lernen in Arbeit verwandelt. Lehrer scheuen sich nicht einmal, es so auszudrücken: »Erst die Arbeit, dann das Vergnügen.« Aber egal wie Lehrer es auch nennen mögen, Lernen in der Schule wird immer Arbeit bleiben. Alles, was ein Mensch nach von anderen vorgegebenen Zeitplänen und Methoden tun muss, ist Arbeit. Bereits der Versuch, kindliches Lernen steuern zu wollen, verwandelt Lernfreude in Arbeit. Albert Einstein, der leidenschaftlich gern mit Mathematik spielte, aber Mathe in der Schule hasste, ist einer der vielen großen Denker, die auf die schädliche Wirkung von Zwangsbeschulung hinwiesen. In seiner Autobiografie schrieb er:

»Es ist eigentlich wie ein Wunder, dass der moderne Lehrbetrieb die heilige Neugier des Forschens noch nicht ganz erdrosselt hat; denn dieses delikate Pflänzchen bedarf neben Anregung hauptsächlich der Freiheit; ohne diese geht es unweigerlich zugrunde. Es ist ein großer Irrtum, dass Freude am Schauen und Suchen durch Zwang und Pflichtgefühl gefördert werden könne.«[116]

An anderer Stelle seiner Autobiografie schrieb Einstein über seine formale Bildung: »Man musste [für diese Prüfungen] all diesen Wust in sich hineinstopfen, ob man nun wollte oder nicht. Dieser Zwang wirkte so abschreckend, dass mir nach überstandenem Endexamen jedes Nachdenken über wissenschaftliche Probleme für ein ganzes Jahr verleidet war.« Einstein war deshalb ein Genie, weil er es schaffte, die Beschulung zu überleben, ohne für immer seine Fähigkeit zu verlieren, zu forschen und mit Ideen zu spielen.

Wenn kindliches Lernen bewertet wird und man Schüler mit anderen vergleicht, wie es in der Schule permanent geschieht, wird Lernen nicht nur zu Arbeit, sondern auch zu einer Quelle der Angst. Schüler, die Lesen lernen und dabei ein wenig langsamer sind als der Rest, haben Angst davor, in der Gegenwart anderer zu lesen. Prüfungen und die Angst vor dem Scheitern führen bei jedem, der die Schule ernstnimmt, zu Unbehagen. Auch in den Statistikkursen an meiner Universität, die durchaus strenge Zugangsbedingungen hat, leidet ein großer Teil der Studierenden an Matheangst, die allem Anschein nach in jenen Demütigungen gründet, die sie im Mathematikunterricht in der Schule erfahren haben. Ein grundlegendes psychologisches Prinzip, das im siebten Kapitel erläutert wird, ist, dass Angst das Lernen hemmt. Am leichtesten lernt man aus einem spielerischen Geisteszustand heraus – Angst hemmt eine solche spielerische Haltung.

Die vierte Sünde: Schulische Bewertung fördert Scham, Überheblichkeit, Zynismus und Betrug

Es ist nicht einfach, Menschen zu etwas zu zwingen, das sie nicht tun wollen. Zu Beginn war der Rohrstock das Mittel der Wahl, um solchen Zwang in der Schule durchzusetzen. Eine weitere frühe Methode war das öffentliche Bloßstellen. Nicht selten machten Schulmeister unartige oder leistungsschwache Schüler vor ihren Klassenkameraden lächerlich, manchmal mit Worten, manchmal, indem sie einen Spotthut tragen und den Tag über auf einem Narrenstuhl sitzen mussten.

Heute ist der Spotthut verschwunden und auch der Rohrstock ist kaum noch in Gebrauch, wenngleich körperliche Züchtigung noch in zwanzig Staaten der USA erlaubt ist. Das Bloßstellen hingegen ist nicht verschwunden. Wir verlassen uns heute in erster Linie auf ein System des unablässigen Prüfens, Benotens und Einstufens von Kindern, um diese dazu zu bringen, ihren schulischen Pflichten nachzukommen. Auf diese Weise sorgt man dafür, dass Kinder sich schämen, also sich unterlegen fühlen, wenn sie schlechtere Leistungen als andere erbringen, und stolz auf sich sind, also sich überlegen fühlen, wenn sie bessere Leistungen erzielen. Die Beschämung führt bei einigen Schülern dazu, dass sie sich innerlich von allen Bildungsambitionen verabschieden oder von ständigen Minderwertigkeitsgefühlen geplagt werden. Andere entwickeln aufgrund des Lobs, das sie für durch oberflächliche Leistungen erworbene Einsen und andere Auszeichnung erhalten, übermäßigen Stolz; mitunter werden sie arrogant und blicken nicht nur verächtlich auf die Masse derer herab, die in den Tests weniger gut abschneiden, sondern letztlich auch auf demokratische Werte und Prozesse.

Unser System, das Anreize durch Benotung und Einstufung schafft, scheint wie geschaffen dafür, Zynismus und Betrug zu fördern. Wieder und wieder hören Schüler Predigten über den Nutzen guter Zensuren. Von ihnen hängt das Vorwärtskommen innerhalb des Systems wie auch letztendlich die Befreiung von ihm ab. Verständlicherweise entwickeln Schüler die Überzeugung, dass gute Noten das A und O ihrer Schulaufgaben sind. Mit elf oder zwölf Jahre haben die meisten Schüler einen realistischen Zynismus gegenüber der Idee entwickelt, dass die Schule ein Ort sei, an dem es im Wesentlichen ums Lernen gehe. Sie erkennen, dass vieles von dem, was ihnen abverlangt wird, sinnlos ist, und dass sie das meiste von dem, was in Tests abgefragt wird, schon kurz darauf wieder vergessen haben werden.

Mit der Zeit erkennen die Schüler auch, dass die Regeln, die bestimmen, was als Schummeln gilt und was nicht, willkürlich sind und wenig bis gar nichts mit dem Ziel des Lernens zu tun haben. Wenn man sich einen Spickzettel mit Fachbegriffen und Definitionen macht und diesen bei einem Test benutzt, dann ist das Schummeln. Wenn man sich hingegen einen solchen Spickzettel macht, seinen Inhalt im Kurzzeitgedächtnis abspeichert und bald nach dem Test wieder vergisst, dann ist das kein Schummeln. Wenn man eine Hausarbeit erstellt, indem man große Teile von anderen abschreibt und neu zusammensetzt, dann ist das Schummeln. Wenn man aber eigentlich genau das Gleiche macht, die übernommenen Teile dann jedoch in eigenen Worten umschreibt, dann ist das kein Schummeln.

Schüler verstehen, dass die Regeln, nach denen in der Schule das Schummeln vom Nicht-Schummeln unterschieden wird, wie die Regeln eines Spiels sind. Aber sie haben sich nie dafür entschieden, dieses Spiel zu spielen. Sie haben wenig oder gar keinen Einfluss darauf, was gelernt wird, wie sie geprüft werden oder welche Regeln für das Schummeln gelten. Unter diesen Bedingungen fällt es schwer, die Regeln zu respektieren. Es überrascht daher nicht, dass das Schummeln in Schulen allgegenwärtig ist. In anonymen Umfragen geben 95 Prozent der Schülerinnen und Schüler ein gewisses Maß an Schummeln zu; etwa 70 Prozent gestehen ein, immer wieder auf unverfrorene Weise zu schummeln, etwa indem sie ganze Tests oder Aufsätze von anderen Schülern abschreiben.[117]

Die Umfragen zeigen auch eine generelle Zunahme des Schummelns in den letzten Jahren und eine Veränderung bei denjenigen, die es am häufigsten tun. In der Vergangenheit mogelten am häufigsten die »schlechten Schüler«; sie taten es aus Verzweiflung. Heute jedoch finden sich die höchsten festgestellten Mogelraten unter den »besten Schülern«, also denjenigen, die sich an den besten Universitäten und Graduiertenschulen bewerben und daher unter dem höchsten Leistungsdruck stehen.[118] Ein Abiturient drückte es in seinem Anruf bei einer Radiosendung so aus: »In der Oberstufe wählte ich fast ausschließlich Kurse mit erhöhtem Leistungsniveau, weil ich an den besten Unis angenommen werden wollte; und in diesen Kursen haben alle geschummelt. Wir brauchten die Noten, um an den besten Unis angenommen zu werden.«[119] Ganz ähnlich schrieb mir ein junger Erwachsener, der einen meiner Aufsätze über das Schummeln in der Schule gelesen hatte:

»Obwohl ich nicht stolz darauf bin, war ich einer der vielen Schüler, die in der Schule und auf der Uni geschummelt haben. Ich wurde nie erwischt. Sogar der Jahrgangsbeste meiner High School war ein chronischer Schummler. Ich bekam Noten, die über dem Durchschnitt lagen, aber ich wäre ein durchschnittlicher Schüler gewesen, wenn ich nicht permanent geschummelt hätte. Zum Durchschnitt zu gehören kam bei mir zu Hause nicht in Frage. Ich fühlte mich immer unter Druck gesetzt, noch schlauer zu sein – und leider war es irgendwie besser ›schlau‹ zu sein, als ›ehrlich‹ zu sein. Der Druck führt letztlich dazu, dass es sich für Schüler lohnt, unehrlich zu sein, was wirklich sehr traurig ist.«

Lehrer erzählen ihren Schülern häufig, dass sie sich selbst um ihre Bildung betrügen, wenn sie in der Schule schummeln. Dieses Argument stimmt aber nur, wenn das, was man ohne Schummeln gelernt hätte, von größerem Wert ist, als das, was man mit der durch Schummeln gesparten Zeit gemacht hat. Wenn man beim Thema X schummelt und dadurch mehr Zeit hat, sich wirklich mit Thema Y auseinanderzusetzen – ob das nun ein Schulfach ist oder nicht –, dann hat man sich wahrlich nicht um Bildung betrogen. Schüler und Studierende können dieses Argument gut nachvollziehen. Aus Gesprächen mit Schülern weiß ich, dass für sie das stärkste Argument gegen das Schummeln ist, dass man damit Schülern schadet, die nicht schummeln. Die meisten Schüler wollen anderen Schülern nicht schaden. Sie sehen das System als Feind an und haben keine Bedenken, es auszutricksen, aber sie betrachten die anderen Schüler in der Regel nicht als Feinde. Tatsächlich fliegen Schummler hauptsächlich deshalb auf, weil sie mit anderen darüber sprechen und auf diese Weise irgendwann auch die Lehrkräfte davon erfahren. Das durch den Schulzwang beförderte Grundverständnis einer Gegnerschaft zwischen Schülern und Schule führt zu endlosen schwerwiegenden Problemen. So wird beispielsweise der ehrliche Schüler, der das Schummeln meldet, als Petze beschimpft.

Im Übrigen stellt das Schummeln nach Ansicht vieler Schüler die für alle Beteiligten beste Lösung dar: Sie selber wollen gute Noten haben, ihre Eltern wollen, dass sie gute Noten haben, und auch ihre Lehrer wollen, dass sie gute Noten haben. Da bessere Ergebnisse – besonders im Fall standardisierter Tests – auch die Lehrer gut dastehen lassen, geben sich diese üblicherweise keine besondere Mühe, Schummeln zu unterbinden, und ignorieren es häufig sogar, falls sie es doch bemerken. Aufgrund der großen Bedeutung zentraler Vergleichsarbeiten und der Rechenschaftspflicht des Schulpersonals für die Ergebnisse ihrer Schützlinge hört man besonders in den Vereinigten Staaten vermehrt von Fällen, in denen Lehrer und Schulleiter die Testergebnisse ihrer Schüler künstlich aufbessern, um ihre eigenen Arbeitsplätze zu sichern. Viele Eltern reagieren wiederum auf das Schummeln ihrer Kinder nicht etwa mit Bedauern oder Missbilligung, sondern gehen lieber mit juristischen Mitteln gegen jene Lehrer vor, die es wagen, ihr Kind des Schummelns zu bezichtigen.

Eine der Tragödien unseres Schulsystems ist, dass es Schülern beibringt, das Leben sei eine Abfolge von Prüfungen, die man irgendwie bestehen müsse, auch wenn man sich dabei verbiegt, und dass Erfolg nicht aus echten, um ihrer selbst willen erbrachten Leistungen bestehe, sondern immer von der Bewertung anderer Menschen abhängig sei. Viele schaffen es ganz oder zumindest teilweise, sich von dieser Vorstellung zu lösen, sobald sie die Schule verlassen und mehr Freiheit zu erfahren beginnen. Viele andere jedoch bleiben in dieser Vorstellung verhaftet und verhalten sich fortwährend wie Schüler: immer eher daran interessiert, andere zu beeindrucken, als wirklich etwas zu erreichen. Dies sind auch die Menschen, die weiterhin betrügen – ob in Wissenschaft, Wirtschaft, Politik oder anderen Berufsfeldern. Die in der Schule ausgebildete Gewohnheit des Mogelns bleibt ihnen ihr Leben lang erhalten.

Die fünfte Sünde: Die Entwicklung von Kooperation wird behindert, Mobbing wird gefördert

Wir sind eine überaus soziale Spezies und neigen von Natur aus zu Kooperation. Selbst in der Schule schaffen es Kinder, einander zu helfen. Zwar mag Hilfsbereitschaft in der Schule als Tugend gepriesen werden, tatsächlich wirkt die Schule diesem Verhalten jedoch entgegen. Schule ist darauf angelegt, Kinder zu Egoisten zu erziehen. Das erzwungene Konkurrenzdenken wie auch die unablässige Benotung und Bewertung der Schüler vermitteln die unausgesprochene Botschaft, die Aufgabe eines jeden Schülers bestehe darin, sich um sich selbst zu kümmern und besser zu sein, als die anderen. Tatsächlich gilt es ja sogar bereits als Schummeln, wenn ein Schüler einem anderen zu sehr hilft. Wenn man anderen hilft, schadet man sich womöglich am Ende selbst, da ein höheres Leistungsniveau zu einem besseren Bewertungsmaßstab und schlechteren Noten für einen selbst führen kann. Manche Schüler, die am stärksten an die Versprechungen der Schule glauben, verinnerlichen diese Logik soweit, dass sie eine rücksichtslose Leistungsorientierung entwickeln und andere lieber besiegen als ihnen zu helfen.

Alterstrennung und mangelnde Möglichkeiten zu freiem Spiel sind weitere Faktoren, die der Entwicklung von Kooperation, Empathie und Fürsorglichkeit in der Schule entgegenwirken. Normalerweise entwickeln Kinder diese Fähigkeiten in freiem, selbstgesteuertem Sozialspiel; sie lernen dabei auch, Meinungsverschiedenheiten beizulegen und auf die Bedürfnisse anderer zu achten, damit das Spiel weitergehen kann (siehe achtes Kapitel). Altersgemischtes Spiel ist in dieser Hinsicht besonders wertvoll. Forscher haben herausgefunden, dass die Gegenwart jüngerer Kinder die fürsorglichen Instinkte älterer Kinder auf natürliche Weise aktiviert (siehe neuntes Kapitel). Beim Spielen helfen ältere Kinder den Jüngeren und lernen auf diese Weise, Führung zu übernehmen und sich um andere zu kümmern; dabei entwickeln sie außerdem ein Selbstbild von Reife und Einfühlsamkeit. In der Schule kann sich jedoch nur wenig davon ereignen, da Kinder dort gezwungen sind, ausschließlich mit Gleichaltrigen zu interagieren, und freies, unbeaufsichtigtes Spiel dort selten oder nie vorkommt. Es überrascht daher nicht, dass Psychologen im Verlauf der vergangenen Jahrzehnte – in denen die Schule einen immer größeren Stellenwert im Leben der Kinder eingenommen hat und altersgemischtes Spiel seltener geworden ist – eine konstante Zunahme von Narzissmus feststellten (Narzissmus wird als übermäßige Selbstbezogenheit und Mangel an Einfühlungsvermögen definiert).[120]

Zusammen mit der Tatsache, dass Schüler keine wirkliche Mitsprache in schulischen Angelegenheiten haben, bereitet eine altersgetrennte und wettbewerbsorientierte Schulatmosphäre den idealen Nährboden für die Entstehung von miteinander im Wettstreit stehenden Gruppen, also Cliquen, die wiederum die Grundlage für Mobbing bilden. Auf Kindern, die von keiner der dominierenden Cliquen aufgenommen werden, wird teils erbarmungslos rumgehackt – ihre Situation erscheint oft aussichtslos.

Stellen Sie sich nur einmal vor, wie es sein muss, jeden Tag in der Schule gepiesackt zu werden, wie es für viele Kinder Alltag ist. Nehmen wir an, Sie sind fünfzehn, dreizehn oder elf Jahre alt und aus irgendeinem Grund, der sich völlig ihrer Kontrolle entzieht, haben ihre Mitschüler gerade Sie zum Gegenstand ihres Spotts und ihrer Demütigungen auserkoren. Jeder Schultag ist für Sie ein Tag in der Hölle. Man nennt Sie »Schlampe«, »Opfer«, »Hurensohn«, »Schwuchtel«, »Weichei«, »Abschaum« oder Schlimmeres. Auf dem Flur werden Sie absichtlich angerempelt, damit Ihnen die Bücher aus den Händen fallen. Beim Mittagessen setzt sich niemand zu Ihnen, und wenn doch, dann wird auch derjenige gemobbt, bis er damit aufhört. All dies ist nicht das Werk von brutal aussehenden Fieslingen, die man aus Comics kennt, die keiner mag und die anderen Kindern das Brötchengeld abnehmen. Die Mobber gehören zu den beliebten Kindern – es sind sportliche, umgängliche, ansehnliche Kinder, die nicht nur bei ihren Mitschülern beliebt sind, sondern auch bei den Lehrern, der Schulleitung und anderen Erwachsenen im weiteren Umfeld.

Stellen Sie sich weiterhin vor, Sie sind von Gesetzes wegen zum Schulbesuch verpflichtet, unabhängig davon, wie Sie behandelt werden. Sie gehören nicht zu der Minderheit, deren Eltern willens und in der Lage sind, Sie auf eine freie Alternativschule zu schicken oder das Schulamt zu überzeugen, dass sie Sie zu Hause angemessen unterrichten können. Sie haben keine Wahl – Was tun Sie? Wenn Sie wie die meisten der Hunderttausenden gepiesackten Kinder sind, die dies jeden Tag in der Schule erleiden, dann stehen Sie es klaglos durch. Sie werden härter im Nehmen und überleben es irgendwie. Vielleicht kennt niemand außer Ihnen das ganze Ausmaß Ihres Leidens. Vielleicht haben Sie schon darüber nachgedacht, sich selbst umzubringen; vielleicht malen Sie sich manchmal sogar aus, wie Sie gewaltsam an der ganzen Schule Rache nehmen; aber wenn Sie wie die meisten Kinder sind, verbleiben solche Gedanken im Reich der Fantasie. Dann und wann kommt es jedoch dazu, dass sich bei einer besonders anfälligen Person die Wut oder die Verzweiflung (oder auch beides) in Gewalt entlädt, entweder gegen sich selbst oder gegen die ganze Schule, und erst dann interessiert sich das weitere Umfeld für das Thema Mobbing.

In ihrem Buch »The Scarred Heart« (Das vernarbte Herz) erzählt Helen Smith eine dieser Geschichten, die des Selbstmords der dreizehnjährigen April Michelle Himes aus Richland, Washington:

»Die anderen Kinder in der Schule nannten sie fett, warfen Dinge nach ihr und schubsten sie herum. Sie verspotteten sie und streuten das Gerücht, sie würde sich den BH mit Taschentüchern ausstopfen. Sie versuchte, sich umzubringen. Ihre Eltern wiesen sie in die geschlossene Psychiatrie ein und ließen sich beraten, aber nach Aussage der Eltern hätte das alles nichts gebracht. Nachdem sie dreiundfünfzig der erforderlichen einhundertachtzig Schultage verpasst hatte, sagte man ihr, sie müsse wieder zur Schule gehen, andernfalls würde sie mit einer Schulversäumnisanzeige erst vor Gericht und dann wahrscheinlich im Jugendgefängnis landen. Sie hielt es für die bessere Alternative, sich in ihrem Schlafzimmer mit einem Gürtel zu erhängen [...]. Früher hätte sie einfach die Schule schmeißen können, aber heute sitzen Kinder wie sie in der Schulpflichtfalle.«[121]

Immer wenn so etwas passiert, nehmen Schulsysteme das Thema Mobbing – zumindest für einige Zeit – ernst. Für gewöhnlich wird dann ein für alle Schüler verpflichtender Anti-Mobbing-Kurs entwickelt. Noch ein Pflichtkurs: Das ist die reflexartige Antwort unserer Kultur auf jedes Problem, das wir bei Kindern feststellen. Viele derartige Kurse wurden in den vergangenen zwei, drei Jahrzehnten in den USA und anderswo ausprobiert und viele Evaluationsstudien wurden durchgeführt, um herauszufinden, ob sie funktionieren. Bislang hat sich noch keines dieser Programme als langfristig wirksam erwiesen.[122] Keines der Programme packt das Problem an der Wurzel an; und das können sie auch nicht, ohne die grundlegende Struktur der Schule radikal zu verändern.

Mobbing kommt in allen Institutionen vor, in denen Menschen, die keine politische Macht haben und bloße Befehlsempfänger sind, diesem Umfeld von Gesetzes wegen oder aus wirtschaftlicher Notwendigkeit nicht entkommen können. Es ist sowohl in Jugend- als auch in Erwachsenengefängnissen an der Tagesordnung. Die Opfer des Mobbings können nicht entkommen. Sie können die geltenden Regeln nicht beeinflussen und haben keine Möglichkeiten, gerichtlich gegen die Täter anzugehen. In ihrem hochgelobten Buch »Zur Lage der chinesischen Bauern« beschreiben Chen Guidi und Wu Chuntau die weite Verbreitung von Schikanierung und Drangsalierung im ländlichen China. Die Bauern dürfen ihren Wohnort nicht wechseln und werden von Verwaltungsbeamten gegängelt. Da die Bauern keine politische Macht und keinen Zugang zu fairen Gerichtsverfahren haben, gilt das Faustrecht des Stärkeren. Ist es denn wirklich so überraschend, dass einige Schulkinder auf räumliche Beschränkung und diktatorische Führung auf dieselbe Weise reagieren, wie erwachsene Gefängnisinsassen oder chinesische Bauern?

Indem wir Kinder nach Alter trennen, indem wir sie einsperren, so dass sie denen, die sie belästigen, nicht aus dem Weg gehen können, indem wir sie in einer Umgebung unterrichten, in der Wettbewerb und Sieg über andere als die höchsten Werte gelten, und indem wir ihnen kein nennenswertes Mitspracherecht bei der Leitung der Schule geben, schaffen wir den idealen Nährboden für Mobbing.

Die sechste Sünde: Kritisches Denken wird verhindert

Es ist wohl unstrittig, dass die Förderung von kritischem Denken eines der großen, allgemeinen Ziele von Bildung ist. Trotz aller Lippenbekenntnisse, die man von Pädagogen in dieser Sache hört, lernen die meisten Schüler eher, kritisches Nachdenken über ihre schulischen Pflichten zu vermeiden. Sie lernen, dass ihre Aufgabe in der Schule darin besteht, gute Noten zu bekommen, und dass kritisches Denken dabei stört. Um eine gute Note zu bekommen, muss man herausfinden, was der Lehrer hören möchte, und es dann sagen. In Gesprächen außerhalb des Unterrichts habe ich diese Meinung sowohl von Studierenden als auch von Schülern unzählige Male gehört. Ich habe beträchtliche Anstrengungen unternommen, um kritisches Denken auf Universitätsebene zu fördern.[123] Aber das System der Benotung, das in unserem gesamten Bildungssystem den Hauptanreiz darstellt, verhindert aufrichtige Diskussionen und wirkt kritischem Denken mit aller Macht entgegen. In einem System, in dem wir Lehrende auch für die Benotung zuständig sind, werden nur wenige Schüler unsere Ideen und Vorschläge wirklich hinterfragen – und wenn wir versuchen, Kritik aus ihnen herauszulocken, indem wir sie dafür benoten, wird dies allenfalls zu geheuchelter Kritik führen.

Kritisches Denken erfordert Freiheit und Motivation, eigene Ideen und Fragen zu äußern. In der Schule lernen Schüler jedoch, dass ihre eigenen Ideen und Fragen nicht zählen. Was einzig zählt, ist ihre Fähigkeit, die »richtigen« Antworten auf Fragen zu geben, die sie sich selbst nie gestellt haben und die sie nicht wirklich interessieren. Die »richtigen« Antworten sind freilich jene, die die Lehrer oder die Prüfungskommission hören wollen, nicht unbedingt jene, die die Schüler wirklich verstehen oder für wichtig, nützlich oder tatsächlich richtig halten.

Eine Oberstufenschülerin, der ich bei den Mathehausaufgaben zu helfen versuchte, brachte es auf den Punkt: Nachdem sie ein paar Minuten lang höflich so getan hatte, als würde sie meiner Erklärung lauschen, warum ein bestimmter Lösungsweg bei bestimmten Gleichungen funktionierte und ein anderer nicht, rief sie: »Vielen Dank für deine Bemühungen, aber ich muss nicht wissen, warum die Methode funktioniert – und es ist mir auch egal! Ich muss nur wissen, wie ich die Schritte hinkriege und die Antworten rausbekomme, die die Lehrerin sehen möchte.« Die junge Frau war weithin als »gute« Schülerin bekannt, und mir schien es, als hätte sie stellvertretend für die große Mehrzahl solcher Schüler gesprochen.

Schüler wissen, dass es unmöglich ist, sich wirklich tiefgehend mit den Inhalten ihrer Schulfächer zu befassen, selbst wenn sie wollten. Dafür fehlt die Zeit, die Stunden- und Stoffverteilungspläne der Schule müssen eingehalten werden. Darüber hinaus sind viele Schüler zu der Überzeugung gelangt, dass sie an einer gewissen Anzahl bestimmter außerschulischer Aktivitäten teilnehmen müssen, um unter Beweis zu stellen, dass sie zu den rundum gebildeten Persönlichkeiten gehören, auf die es die Eliteuniversitäten abgesehen haben. Schüler, die sich erlauben würden, ihrer Liebe zu einem Thema zu folgen, würden damit ihren Erfolg in anderen Fächern aufs Spiel setzen. Um erfolgreich zu sein, müssen Schüler sich lediglich das begrenzte Wissen und oberflächliche Verständnis erwerben, das für gute Prüfungsergebnisse erforderlich ist.

Ein weiterer wichtiger Faktor, der das kritische Denken in der Schule behindert, ist die Angst. Die andauernde Beurteilung von Schülern hemmt das kritische Denken nicht nur deshalb, weil sie Schüler dazu verleitet, dem Lehrer nach dem Mund zu reden, sondern auch, weil sie Angst befördert. Kritisches Denken bedarf der Kreativität, und Kreativität bedarf immer einer gewissen Verspieltheit (siehe siebtes Kapitel). Kritisch Denkende spielen mit Ideen – probieren sie aus, stellen sie auf den Kopf, um zu schauen, was dabei herauskommt, und erforschen mögliche Folgen. Angst unterbindet solcherlei Spiel und zwingt die Gedanken auf ausgetretene Pfade zurück. Angst unterstützt die Wiedergabe von Auswendiggelerntem, aber sie hemmt die Entwicklung neuer Ideen oder Erkenntnisse.

Die siebte Sünde: Reduzierung der Vielfalt von Fähigkeiten und Wissen

Indem wir allen Schulkindern denselben Lehrplan aufzwingen, nehmen wir ihnen viele Möglichkeiten, eigene Wege zu gehen. Der schulische Lehrplan deckt nur einen kleinen Ausschnitt der Fähigkeiten und des Wissens ab, die in unserer Gesellschaft heute wichtig sind. Niemand kann heutzutage mehr als einen Bruchteil all dessen erlernen, was insgesamt an Wissen verfügbar ist. Warum sollten wir dann jeden dazu zwingen, denselben Bruchteil zu lernen? Im nächsten Kapitel werde ich zeigen, dass Kinder vielfältige und unvorhersehbare Wege einschlagen, wenn sie ihren Interessen folgen dürfen. Sie entwickeln leidenschaftliche Interessen, arbeiten fleißig und sorgfältig, um in Bereichen, die sie faszinieren, zu Experten zu werden, und finden dann Mittel und Wege, um mit ihren Fähigkeiten, Kenntnissen und Leidenschaften ihren Lebensunterhalt zu verdienen. Schüler, die an kurzer Leine durch den üblichen Lehrplan geführt werden, haben viel weniger Zeit, ihren eigenen Interessen nachzugehen, und viele verinnerlichen die Lektion, dass das eigene Interesse keine Rolle spiele, ein wenig zu gut. Einige überwinden die Begrenzungen von Schule und Lehrplan und gehen eigene Wege, aber allzu vielen gelingt dies nicht.

In der wirklichen Welt außerhalb der Schule werden Wissensvielfalt und vielfältige Persönlichkeiten geschätzt. Zu den Aufgaben Heranwachsender gehört es, Nischen zu finden, die am besten zu ihrer Persönlichkeit passen. Im modernen Klassenzimmer gibt es jedoch nur eine Nische, und alle, deren Persönlichkeit nicht dazu passt, werden als Versager oder als »psychisch gestört« betrachtet. Anstatt sich auf die Vielfalt an Persönlichkeiten einzustellen, versuchen Schulen, häufig unter Zuhilfenahme von Medikamenten, Persönlichkeiten so zu verändern, dass sie zur Schule passen. Das offensichtlichste gegenwärtige Beispiel hierfür ist der hohe Anteil an Schulkindern, bei denen ADHS diagnostiziert wird.

Einige Kinder sind von Natur aus lebhafter und impulsiver als andere und geraten deshalb in der Schule in Schwierigkeiten. Für sie ist es noch schwerer als für durchschnittliche Kinder, jeden Tag stundenlang stillzusitzen, sich mit Aufgaben zu beschäftigen, die sie nicht interessieren und Langeweile auszuhalten. In der heutigen Hochdruckschule werden diese Kinder mit der Diagnose ADHS als verhaltensauffällig oder psychisch gestört abgestempelt. Den zuverlässigsten Daten zufolge, die derzeit verfügbar sind, wurde in den Vereinigten Staaten bei etwa 12 Prozent der Jungen und 4 Prozent der Mädchen im schulpflichtigen Alter ADHS festgestellt.[124] Die große Mehrzahl dieser Diagnosen werden durch die Beschwerden von Lehrern ausgelöst. Das muss man sich einmal vorstellen! 12 Prozent der Jungen, also jeder achte, werden als psychisch gestört bezeichnet, weil sie nicht fähig oder willens sind, sich über lange Zeiträume mit Schulaufgaben zu beschäftigen, die sie langweilig finden. Das ist an sich schon eine Sünde. Man hört heute zunehmend von Drei- und Vierjährigen, bei denen ADHS diagnostiziert wird und die mit Medikamenten ruhiggestellt werden, weil sie im Kindergarten nicht stillsitzen können oder wollen!

Als ich vor Jahrzehnten in der Grundschule war, schienen die Erwachsenen zu wissen, dass stundenlanges Sitzen und Studieren für Kinder nicht natürlich ist. Wie im ersten Kapitel beschrieben, hatten wir damals eine halbstündige Pause am Morgen, eine einstündige Mittagspause und eine weitere halbe Stunde Pause am Nachmittag – und fast nie gab es Hausaufgaben. Unser sechsstündiger Schultag bestand aus zwei Stunden Spielen an der frischen Luft und vier Stunden im Klassenzimmer. Ich will damit nicht sagen, dass damals in der Schule alles toll war, es war nur noch nicht so schlimm, wie es heute ist. Grundschulen sorgen heute nicht mehr für so lange Pausen. Stattdessen verpasst man Kindern, die sich nicht an die Eintönigkeit der Schule anpassen können, die Diagnose ADHS und starke Psychopharmaka, deren unmittelbare Wirkung die Reduzierung ihrer Spontanität ist, damit sie dem Unterricht folgen und stumpfsinnige Aufgaben erledigen können. Niemand kennt bislang die langfristigen Auswirkungen dieser Medikamente auf das menschliche Gehirn. Tierversuche legen jedoch nahe, dass eine Auswirkung darin bestehen könnte, dass sie die normale Entwicklung jener Verbindungen im Gehirn beeinträchtigen, die dafür sorgen, dass Kinder mit zunehmendem Alter kontrollierter und weniger impulsiv werden.[125] Vielleicht ist das auch eine Erklärung dafür, warum ADHS heute immer öfter bis ins Erwachsenenalter hinein diagnostiziert wird. Wie bei vielen anderen Psychopharmaka, besteht auch bei den Medikamenten, die zur Behandlung von ADHS eingesetzt werden, die Gefahr dauerhafter Abhängigkeit.

Unlängst befragte ich Eltern, die ihr Kind von der Schule genommen und mit Homeschooling begonnen hatten, nachdem bei ihm ADHS diagnostiziert worden war. Den Berichten der Eltern zufolge waren die Medikamente in der großen Mehrzahl der Fälle abgesetzt worden, was zu keinerlei besonderen Problemen beim Freilernen zuhause führte.[126] Sobald sie ihren eigenen Interessen nachgehen konnten, anstatt auf vorgefertigten Lernpfaden zu trotten, und sobald sie nach Herzenslust spielen konnten, hatten die meisten mit dem Lernen keine Schwierigkeiten und brauchten auch keine Psychopharmaka mehr.

Die hier zusammengestellten Sünden sind nicht neu. Viele Lehrerinnen und Lehrer, mit denen ich gesprochen habe, sind sich der schädlichen Auswirkungen erzwungener Bildung bewusst, und viele versuchen mit großem Einsatz, ihnen entgegenzuwirken. Einige versuchen innerhalb der Grenzen des Systems ein möglichst großes Gefühl von Freiheit und Spiel zu vermitteln; viele tun, was sie können, um Scheitern nicht als eine Schande darzustellen und den Kindern Angst zu nehmen; die meisten versuchen trotz aller Widrigkeiten, Kooperation zuzulassen und Mitgefühl unter den Schülern zu befördern; und viele tun, was sie können, um kritisches Denken zuzulassen und zu fördern. Aber das System arbeitet mit aller Macht gegen sie, besonders jetzt, wo wir immer mehr auf den logischen Endpunkt des Systems zusteuern. Gerechterweise könnte man sogar sagen, dass Lehrer in unserem Schulsystem ebensowenig die Freiheit haben, zu unterrichten, wie es ihnen gefällt, wie Schüler die Freiheit haben, zu lernen, wie es ihnen gefällt. Ein Lehrer schrieb als Reaktion auf eine frühe Arbeitsfassung dieses Kapitels: »Nicht ich entscheide, was ich unterrichte; das entscheidet der Staat für mich. Lehrer wissen eine Unmenge darüber, wie Kinder lernen, aber wir dürfen uns nicht entsprechend verhalten. [...] Ich behalte meine Stelle nur dann, wenn genügend meiner Schüler die [staatlich vorgeschriebenen] Prüfungen bestehen.« – Im Gegensatz zu Schülern steht es Lehrern jedoch frei, zu kündigen.

Ich muss noch hinzufügen, dass Menschen und insbesondere junge Menschen erstaunlich anpassungsfähig und einfallsreich sind. Viele Schüler schaffen es, die von der Zwangsbeschulung ausgelösten Widerstände zu überwinden und sich auf das zu konzentrieren, was positiv ist. Sie kämpfen gegen die Sünden des Schulsystem an. Sie finden Mittel und Wege, zu kooperieren, zu spielen, Mobbing auszuhebeln und kritisch zu denken; sie helfen einander dabei, mit Scham umzugehen und falschen Stolz in seine Schranken zu weisen. Mitunter schaffen sie es tatsächlich, sich trotz des schulischen Gegenwinds ihren wirklichen Interessen zu widmen. Es erfordert jedoch große Anstrengung, all dies zu tun und gleichzeitig den Anforderungen des Zwangsschulsystems gerecht zu werden – und viele schaffen es auch nicht. In jedem Fall ist es so, dass den Schülern die Zeit, die sie mit der Erledigung sinnloser Aufgaben und dem Befolgen von Aufträgen verschwenden, nicht mehr zur Verfügung steht, um ihre eigene Bildung selbst in die Hand zu nehmen.

Ich habe in diesem Kapitel sieben Sünden erzwungener Bildung beschrieben, aber ich habe der Versuchung widerstanden, sie »die« sieben Sünden zu nennen. Vielleicht wollen Sie ja noch weitere hinzufügen. Ein Leser schlug vor, ich sollte die Störung des Familienlebens als achte Sünde mit aufnehmen. Schule nimmt den Familien Zeit, die sie gemeinsam und mit selbstgewählten Aktivitäten verbringen könnten. Schule stört auch die Harmonie innerhalb der Familie, weil Eltern als Hausaufgabenkontrolleure gefordert sind, weil sie mit den negativen Auswirkungen der Schule auf Stimmung und Verhalten ihrer Kinder umgehen müssen und weil sie in manchen Fällen tägliche Kämpfe ausfechten müssen, um ihre Kinder zum Schulbesuch zu bewegen.

Kürzere Schultage, weniger Hausaufgaben, Pausen von einer Länge, die bis vor einigen Jahrzehnten noch der Normalfall war: All dies würde helfen, die Symptome zu lindern, aber es wäre nicht die Lösung des Problems. Um uns von den Sünden freizumachen, die ich in diesem Kapitel beschrieben habe, müssten wir uns von den Denk- und Handlungsweisen verabschieden, die noch aus jener dunklen Zeit in der Geschichte stammen, in der Kinder von Geburt an für Sünder gehalten wurden und in der das oberste Ziel von Bildung der Gehorsam gegenüber Herren und Meistern war. Wir müssten das System als Ganzes abschaffen und ganz neu darüber nachdenken, wie wir Kindern helfen können, auf ihre eigene Weise selbstbestimmt zu lernen, anstatt darüber, wie wir sie zwingen können, das zu lernen, was sie nach dem Dafürhalten anderer lernen sollten. Dies wäre ein großer, wunderbarer Schritt zurück und zugleich nach vorn. Jäger und Sammler haben es schon richtig gemacht, und ihre Auffassung, dass Kinder Freiheit brauchen, um sich selbst zu bilden, trifft in unserem heutigen kulturellen Umfeld nicht weniger zu als in ihrem damaligen.

5 LERNEN VON SUDBURY VALLEY: MODERNE BILDUNG IM EINKLANG MIT DER NATUR

Anfang bis Mitte der 1960er Jahre war der damals junge Daniel Greenberg Professor an der Columbia University in New York, zunächst für Physik, dann für Geschichte. Er galt als aufstrebender Forscher in der neuentstehenden Disziplin der Wissenschaftsgeschichte, dem eine glänzende Akademikerkarriere bevorzustehen schien. Auch als Hochschullehrer war Greenberg äußerst beliebt und im Rahmen seiner Lehrtätigkeit fing er an, über etwas nachzudenken, das ihm sogar noch wichtiger erschien, als die Neuübersetzung von Aristoteles, an der er gearbeitet hatte. Obwohl die Studierenden behaupteten, dass sie seine Seminare liebten, kam er nicht umhin, die passive Haltung zu bemerken, mit der sie an ihr Studium herangingen. Selbst an dieser Eliteuniversität schienen die Studierenden der Physik oder Geschichte zu versuchen, möglichst gute Noten zu bekommen, ohne dabei mehr als nötig über das Fach zu lernen. Warum, so fragte er sich, belegten sie Seminare in diesen Fächern, wenn es ihnen nicht wirklich darum ging, etwas zu lernen? Weiter fragte er sich: Was stimmt nicht mit unserem Bildungssystem, und was hält Schüler und Studierende davon ab, leidenschaftliche Interessen zu entwickeln und diese auf ihrem Bildungsweg zu verfolgen?

Meiner Erfahrung nach stellen die meisten intelligenten jungen Professorinnen und Professoren das Bildungssystem einige Zeit lang in Frage. Irgendwann werfen sie diese Sorge aber ein für alle Mal über Bord. Sie unterrichten sodann jahrein, jahraus unter der Annahme, ihre Aufgabe bestehe darin, unmotivierte Studierende anzutreiben, sich an die offizielle Lernchoreographie zu halten und in Klausuren gute Zensuren zu bekommen. Greenberg ist jedoch niemand, der Bedenken einfach so beiseitewischt. Mehr und mehr sah er die Universität als Komplizin in einem Bildungssystem, das er nicht länger akzeptieren konnte. Er erkannte, dass es sogar die Universitäten waren, die mit ihren Fakultäten für Erziehungswissenschaften eine Art von Schule beförderten, die er verurteilte. Dann traf er eine Entscheidung, die alle schockierte. Er gab seine Professur auf und zog mit seiner Frau Hanna in die Gegend des Sudbury River im östlichen Massachusetts, die ihnen als »Wildnis« erschien, um über das Wesen von Bildung nachzudenken und zu schreiben.

Eine von Greenbergs frühen Schriften aus jener Zeit ist die Abhandlung »Outline of a New Philosophy«, in der er die Theorie, wonach Wissen aus bestimmten feststеhenden Wahrheiten bestehe, in Frage stellte.[127] Greenberg argumentierte, dass Wissen beweglich ist. Die Wahrheiten von heute sind die Mythen oder Halbwahrheiten von morgen. Zwei Gedanken, die sich logisch widersprechen, können, von verschiedenen Standpunkten aus betrachtet und zu verschiedenen Zwecken benutzt, beide wahr sein. Wir sollten das, was gemeinhin als Wissen bezeichnet wird, eher als Modelle oder Erklärungsversuche verstehen, mit deren Hilfe sich die Menschen einen Reim auf die Welt um sie herum machen können. Aus dieser Perspektive betrachtet, sollte Wissen weniger aufgrund seines Wahrheitsgehalts, als aufgrund seiner Nützlichkeit beurteilt werden. Gute Ideen zeichnen sich dadurch aus, dass sie einer Person helfen, einen Teil ihrer sozialen oder materiellen Umgebung besser zu verstehen, so dass sie sich besser in dieser Welt zurechtfindet.

Diese Auffassung von Wissen steht im Widerspruch zum Nutzen eines starren Lehrplans. Am wichtigsten ist demnach, dass Menschen frei sind, ihre eigenen Modelle und Konzepte zu entwickeln, um erklären zu können, was sie erklären müssen oder möchten, und sich dabei aller Hilfsmittel zu bedienen, die ihnen dabei nützlich erscheinen. Dazu zählen auch, aber nicht ausschließlich, die Schriften und Lehren anderer. Von Natur aus wollen Menschen die Welt um sich herum verstehen. Greenberg zufolge ist dies der Kern menschlicher Neugier. Menschen, die Fragen aus einem tiefen, authentischen Interesse heraus zu beantworten versuchen, sind von sich aus motiviert, alle Ressourcen, die ihnen dabei helfen können, zu nutzen. Eine Frage, die für eine Person interessant ist, kann jedoch für eine andere uninteressant sein, und die Ressourcen, die einer Person helfen, sind nicht notwendigerweise auch für eine andere hilfreich.

Greenberg beschäftigte sich auch eingehend mit den demokratischen Prinzipien der Demokratie der Vereinigten Staaten und ihrer Bedeutung für Bildung. In dem Buch »The Crisis in American Education« stellten er und eine Gruppe anderer Reformer, mit denen er später eine neue Schule gründen sollte, fest: »Das heutige Bildungssystem in unserem Land ist die unamerikanischste Institution, die wir haben.«[128] Sie wiesen darauf hin, dass die Demokratie der Vereinigten Staaten auf drei Grundgedanken beruhe: (1) Menschen haben gewisse Grundrechte; (2) alle Menschen, die von einer Entscheidung betroffen sind, sollten bei der Entscheidungsfindung mitreden können; und (3) alle Menschen sollten die gleichen Chancen haben, im Leben erfolgreich zu sein. Außer in Form von Lippenbekenntnissen fänden diese Grundgedanken in der Schule keine Anwendung. Das Recht auf freie Meinungsäußerung und Versammlungsfreiheit, die Freiheit, über den eigenen Weg zum Glück entscheiden zu dürfen, und das Recht auf ein gerechtes Verfahren im Fall einer Anklage wegen Fehlverhaltens – all dies würde Schülern vorenthalten. Schülerinnen und Schüler dürften bei der Entstehung der Schulregeln nicht mitwirken und kaum mitentscheiden, wie sie ihren Schultag verbringen. Das Versprechen der Chancengleichheit werde von einem System untergraben, in dem Schüler aufgrund ihrer Fortschritte auf von der Schule vorgegebenen Pfaden versetzt oder nicht versetzt würden und das keine Unterstützung für Schüler bereithalte, deren Neigungen sie auf andere Pfade führten. Greenberg zufolge sollte es ein wichtiges

Ziel von Schule in einer Demokratie sein, die Menschen auf die Möglichkeiten und die Verantwortlichkeiten als Bürger eines demokratischen Gemeinwesens vorzubereiten. Dieses Ziel jedoch könne nicht wirksam erreicht werden, wenn man den Schülern in ihrer Entwicklung diese Möglichkeiten und Verantwortlichkeiten vorenthalte.

In demselben Buch legen Greenberg und seine Mitstreiter dar, warum eine demokratische Schule ein »freier Marktplatz der Ideen, wo jeder aus freien Stücken seine Talente einbringt«,[129] sein sollte. Schüler sollten frei sein, jede Idee zu verfolgen, die ihr Interesse weckt, und sollten sich in einer Umgebung, in der sie alle Aspekte einer Fragestellung beleuchten können, ihre eigene Meinung bilden dürfen. In einer Demokratie sollte die Schule kein Ort der Indoktrination sein, sondern ein Ort des Erforschens und Entdeckens.

Eine wahrhaft demokratische Schule

Eine solche Schule wurde 1968 von Greenberg und seiner Frau Hanna zusammen mit einer Gruppe anderer Eltern schulpflichtiger Kinder gegründet. Sie nannten sie die »Sudbury Valley School«. Die Schule ist seitdem in Betrieb, und zum gegenwärtigen Zeitpunkt arbeiten beide Greenbergs dort noch mit. In jedem der vergangenen sechsundvierzig Jahre sind sie von der Schulversammlung als Mitarbeiter wiedergewählt worden.

Seit mehr als vier Jahrzehnten ist Sudbury Valley das bestgehütete Geheimnis der amerikanischen Bildungslandschaft. Die meisten Studierenden der Bildungs- und Erziehungswissenschaften haben noch nie davon gehört. Von Pädagogikprofessoren wird sie ignoriert, jedoch nicht aus böser Absicht, sondern weil sie sich der Einordnung in die gängigen erziehungswissenschaftlichen Denkmodelle widersetzt. Aber längst ist die Schule kein Geheimtipp mehr – wozu die Absolventen der Schule und andere, die direkte Erfahrungen mit ihr gesammelt haben, maßgeblich beigetragen haben. Heute gibt es etwa drei Dutzend Schulen auf der Welt, die explizit nach dem Vorbild der Sudbury Valley School aufgebaut sind. Ich sage voraus, dass das Sudbury-Valley-Modell in spätestens fünfzig Jahren in jedem Standardlehrbuch über Bildung zu finden sein wird und in vielen, wenn nicht gar in allen, öffentlichen Schulsystemen in der einen oder anderen Form zur Anwendung kommen wird. In fünfzig Jahren, so meine Voraussage, werden Pädagogen die heutige Herangehensweise an Schulbildung als barbarisches Relikt der Vergangenheit betrachten.

Um sich die Sudbury Valley School vorstellen zu können, müssen Sie all ihre Vorstellungen über traditionelle Schulen, einschließlich deren fortschrittlicheren Varianten, ablegen. Sudbury Valley ist keine Montessori-Schule, keine Laborschule und keine Reformschule. Schulen dieser Art mögen einige Methoden benutzen, die den natürlichen Lernwegen der Kinder besser entsprechen als dies an typischen herkömmlichen Schulen der Fall ist, aber noch immer schmeißen dort die Lehrer den Laden. Auch an diesen Schulen sind die Lehrer bestrebt, die Schüler die vorgegebenen Inhalte nach einem vorgegebenen Zeitplan lernen zu lassen und ihre Schützlinge dabei zu beurteilen. Sudbury Valley ist ganz anders. Um die Schule verstehen zu können, muss man sich Folgendes vor Augen halten: Die Erwachsenen kontrollieren die Bildung der Kinder dort nicht – die Kinder bilden sich selbst.

Sudbury Valley ist eine private Tagesschule und liegt in einem Vorort der Stadt Framingham. Das Alter der Schülerinnen und Schüler liegt zwischen vier und achtzehn Jahren. Für die Aufnahme an der Schule spielen Testergebnisse oder sonstige schulische Fähigkeitsnachweise keine Rolle. Die einzigen Aufnahmekriterien sind ein Vorgespräch und eine Probewoche, mit Hilfe derer sichergestellt werden soll, dass die angehenden Schüler und ihre Eltern die Schule verstehen, bevor sie sich anmelden. In den vergangenen Jahren bestand die Schulgemeinschaft aus zwischen 130 und 180 Schülern sowie neun bis elf erwachsenen Mitarbeitenden. Das Schulgeld ist relativ niedrig, und die Kosten pro Schüler liegen etwa halb so hoch wie die umliegender öffentlicher Schulen und weit unter denen anderer Privatschulen. Sudbury Valley ist also keinesfalls eine Eliteschule. Wenn alle Schulen in den Vereinigten Staaten dem Sudbury-Modell folgten, könnten jährlich Steuergelder in Milliardenhöhe eingespart werden.

Die Schule ist in erster Linie eine demokratische Gemeinschaft. Das oberste Entscheidungsgremium ist die Schulversammlung, in der alle Schüler und Mitarbeiter unabhängig von ihrem Alter mit je einer Stimme wahlberechtigt sind. Die Schulversammlung trifft sich einmal in der Woche und verabschiedet alle Verhaltensregeln, stellt Mitarbeiter ein und entlässt diese, trifft alle größeren Entscheidungen über Ausgaben aus dem Schulbudget und trägt insgesamt die volle Verantwortung für die Leitung der Schule. Wie in den meisten Demokratien gibt es keine Pflicht, sich am Regierungsgeschehen zu beteiligen. Die meisten Mitarbeitenden und eine ganze Reihe von Schülern nehmen an jeder oder fast jeder Versammlung teil, während andere, insbesondere die jüngsten Schüler, sich nur beteiligen, wenn die Tagesordnung für sie von direktem Interesse ist. So wird zum Beispiel der Vorschlag, das Spielzimmer wegen Unordnung zu sperren, eine Schar Vier- bis Siebenjähriger anziehen, die ansonsten nur selten an den Schulversammlungen teilnehmen. Die überwiegende Mehrzahl aller Schüler nimmt jedoch an den jährlichen Mitarbeiterwahlen teil, die immer im Frühjahr stattfinden und die die Grundlage für die Einstellungen und Entlassungen von Mitarbeitenden für das kommende Schuljahr bilden.

Die Schulregeln werden vom Justizkomitee durchgesetzt. Komiteemitglieder wechseln regelmäßig, bestehen jedoch immer aus einem Mitarbeiter, zwei gewählten Schülern, die den Vorsitz führen, sowie fünf weiteren Schülern, die so ausgewählt werden, dass das gesamte Altersspektrum der Schule vertreten ist. Wenn ein Schüler oder Mitarbeiter von einem anderen Schulmitglied einer Regelverletzung beschuldigt wird, müssen Kläger und Angeklagter vor dem Justizkomitee erscheinen. Das Komitee verhört Zeugen, holt wenn nötig weitere Beweise ein, befindet über Schuld oder Unschuld und legt gegebenenfalls eine angemessene Strafe fest. Die Fälle reichen von Lautsein in einem ausgewiesenen Ruheraum (die Strafe in einem solchen Fall könnte beispielsweise ein zeitweiliges Verbot sein, diesen Raum zu betreten) bis zu seltenen Fällen von Diebstahl, Vandalismus oder illegalem Drogenkonsum (die Strafe könnte hier eine Suspendierung sein oder, was sehr selten vorkommt, nach wiederholten Suspendierungen: ein Schulverweis). Strittige und schwerwiegende Fälle werden zur Revision vor die Schulversammlung gebracht.

Alle Mitarbeiter der Sudbury Valley School, auch jene Gründerinnen und Gründer, die noch an der Schule mitarbeiten, haben Einjahresverträge, die jährlich von der Schulversammlung erneuert werden müssen. Da auf jeden Mitarbeiter etwa fünfzehn Schüler kommen, bewähren sich im Auswahlprozess nur jene Mitarbeiter durch jährliche Wiederwahl, die von den Schülern geschätzt und bewundert werden. Es sind freundliche, kompetente Menschen mit hohen ethischen Werten, die die Schule durch wichtige Beiträge bereichern – Erwachsene, die von den Schülern als Vorbilder betrachtet werden.

Auf den Punkt gebracht, besteht die Aufgabe der Mitarbeiter darin, erwachsene Mitglieder der Schulgemeinschaft zu sein. Sie sind dazu da, um die Sicherheit der Schüler zu gewährleisten und um Trost zu spenden, wo Trost gebraucht wird. Sie übernehmen – immer im Auftrag der Schulversammlung – viele Aufgaben, die für den effizienten und rechtmäßigen Betrieb der Schule nötig sind und schützen diese vor Übergriffen von außen. Außerdem stellen sie ihre Fähigkeiten, ihr Wissen und ihre Ideen jenen Schülern zur Verfügung, die davon profitieren möchten. Ein Mitarbeiter, den ich gut kenne, trägt beispielsweise die Hauptverantwortung für das reibungslose Funktionieren der Schulcomputer, aber er wird auch viel von Schülern in Beschlag genommen, die seine Begeisterung für Rollenspiele, Politik, Theologie, Literatur, Alte und Neuere Geschichte sowie Psychologie teilen. Wie die anderen Mitarbeiter ist auch er mit der Umsetzung vieler Entscheidungen der Schulversammlung betraut. Die Mitarbeiter nennen sich nicht »Lehrer«, da sie anerkennen, dass die Schüler mehr voneinander und durch ihr eigenes Spielen und Entdecken lernen, als von den erwachsenen Mitgliedern der Schulgemeinschaft. Die Schulregeln gelten für Mitarbeiter ebenso wie für Schüler, und wenn Mitarbeiter einer Regelverletzung bezichtigt werden, kommt es zu genau dem gleichen Verfahren wie bei Schülern auch. Niemand steht über dem Gesetz.

Die Schüler können sich den ganzen Tag allein oder mit anderen frei in den Schulgebäuden – einem großen viktorianischen Gutshaus und einer ausgebauten Scheune – und auf dem vier Hektar großen Campus bewegen. Sie werden weder Gruppen noch Orten zugewiesen. Es gibt keine »Erstklässler«, keine »Orientierungsstufe« und keine »Oberstufenschüler«. Die Wände vieler Räume sind von Büchern gesäumt und die Computer sind für alle zugänglich. Die gesamte Ausstattung und die Erfahrung der Mitarbeiter stehen zur Verfügung, um das Lernen einer großen Bandbreite von Themen und Fertigkeiten zu ermöglichen, aber es steht Schülern jederzeit frei, sich dieser Ressourcen zu bedienen oder auch nicht. Ab acht Jahren dürfen Schüler das Schulgelände jederzeit verlassen, allerdings ist ihnen dies bis zum Alter von dreizehn Jahren nur in Begleitung eines anderen Schülers erlaubt, und sie müssen sich abmelden, damit man in der Schule weiß, wo sie sind und wann sie voraussichtlich zurück sein werden. Ein häufiges Ziel ist das große, unmittelbar ans Schulgelände angrenzende Waldgebiet. Kurse in bestimmten Fächern werden angeboten, wenn Schüler darum bitten, aber niemand wird dazu verpflichtet oder auch nur ermuntert, an Kursen teilzunehmen, und viele Schüler belegen nie einen. Kurse haben keinen formellen Status und dauern nur so lange, wie das Interesse der Schüler anhält.

Die Schule ist auf der bildungsphilosophischen Prämisse aufgebaut, dass jeder Mensch für seine eigene Bildung selbst verantwortlich ist. An der Schule gibt es keinen Lehrplan, keine Prüfungen, keine Zensuren oder anderweitige Bewertungen. Es gibt jedoch zwei Ausnahmen vom Grundsatz des Nicht-Bewertens: Zum einen müssen sich Schüler, die teure oder möglicherweise gefährliche Gerätschaften benutzen möchten – zum Beispiel Computer, Küchengeräte oder Holzwerkzeuge –, für den Gebrauch dieser Geräte »zertifizieren« lassen, indem sie unter Beweis stellen, dass sie damit angemessen umgehen können. Zum anderen müssen Schüler, die einen High-School-Abschluss erhalten möchten, eine Präsentation vorbereiten und darin erklären, warum sie bereit sind, die Schule zu verlassen und wie sie sich auf ein Leben als verantwortliche Erwachsene außerhalb der Schule vorbereitet haben. Die Abschlusspräsentationen werden von externen Prüfern bewertet, die die Philosophie der Schule kennen. Sie werden bewusst nicht von den Mitarbeitern der Schule bewertet, um die nicht-urteilende, partnerschaftliche und unterstützende Beziehung zwischen Mitarbeitern und Schülern nicht zu gefährden.

Insgesamt funktioniert die Schule auf eine Weise, die beinahe das exakte Gegenteil der Regelschule ist. Besucher, die irgendwann im Lauf des Schultags ankommen und nur wissen, dass Sudbury Valley eine Schule ist, würden annehmen, dass sie während einer Pausenzeit angekommen sind. Sie würden Schüler sehen, die spielen, sich unterhalten, miteinander abhängen und einer Vielzahl selbstbestimmter Aktivitäten nachgehen. Draußen würden Besucher vielleicht Gruppen sehen, die gemeinsam auf dem Rasen zu Mittag essen, auf Bäume klettern, im Mühlteich angeln, Basketball spielen, mit Spielschwertern fechten, Rad und Einrad fahren oder auf dem Spielplatz schaukeln und rutschen. Drinnen würden sie vielleicht auf Schüler treffen, die kochen, Karten spielen, Computerspiele spielen, Software programmieren, Gitarre spielen und sich Lieder ausdenken, raufen und kämpfen (im Rahmen der Schulregeln), über einen Film oder den neuesten Teenager-Vampirroman diskutieren, tratschen und klatschen, sich Musikvideos anschauen, mit Lego bauen, ein Buch lesen oder es jüngeren Kindern vorlesen, im Kunstraum malen oder Kuchen verkaufen, um Geld für eine Schulaktion zu sammeln. Die Besucher würden kaum etwas finden, das nach akademischer Schularbeit aussieht – vielleicht eine Handvoll Schüler und einen Mitarbeiter in einem Geschichtsseminar, ein paar Teenager, die Matheaufgaben lösen und ein junges Mädchen, das, offenbar zu ihrem eigenen Vergnügen, konzentriert und gewissenhaft das Alphabet an eine Tafel schreibt und dabei einen älteren Schüler in der Nähe um Hilfe bittet, wenn sie selbst nicht weiterweiß.

Die Schule erfüllt tatsächlich alle Aspekte der Vision aus den frühen Schriften Daniel Greenbergs und der anderen Schulgründer. Sie ist eine vollkommen demokratische Gemeinschaft, in der die Schüler die ganze Zeit die Freiheiten genießen und die Verantwortung übernehmen, die mit Demokratie einhergehen. Sie ist ein Ort, an dem Schüler ihre Bildung komplett selbst in die Hand nehmen, an dem alle Gedanken frei ausgedrückt werden können und an dem alle Unterfangen gleichermaßen wertgeschätzt werden, sofern sie nicht andere verletzen oder den Schulfrieden stören. Aber funktioniert es denn auch? Lernen die Schüler dort, was sie wissen müssen, um in unserer Kultur erfolgreich zu sein?

Die Schule als Bildungsinstitution

Wie ich bereits im Prolog erzählt habe, fing ich an, mich für die Sudbury Valley School zu interessieren, als mein damals zehnjähriger Sohn Scott dort vor vielen Jahren Schüler wurde. Schon bald wurde deutlich, dass die Schule ihn glücklich machte, was wiederum mich glücklich machte. In seinen Augen war Sudbury Valley so, wie ein Schule sein sollte. Aber ich hatte durchaus Bedenken. Die Schule unterscheidet sich radikal von der Norm, und alles, was nicht normal ist – was abnormal ist –, ist für jene von uns, die ihr Leben lang mehr oder weniger das getan haben, was andere von ihnen erwarten, beängstigend. Schränkt er durch den Besuch einer solchen Schule vielleicht seine Zukunftsoptionen ein? Würde er später studieren können? Verbaut er sich vielleicht einige mögliche Berufswege? Mitarbeiter und Eltern ehemaliger Schüler beruhigten mich und erzählten mir Anekdoten von Absolventen, die erfolgreich verschiedene Lebenswege eingeschlagen hatten, aber als Wissenschaftler und gewissenhafter Vater war ich nicht restlos überzeugt. Zur gleichen Zeit fing ich an, mich auch aus wissenschaftlicher Sicht für die Schule zu interessieren. Ich wollte so viel wie möglich über sie und ihre Abläufe erfahren. Bis zu diesem Zeitpunkt hatte ich alle meine Forschungen im Labor meiner Universität an Ratten und Mäusen durchgeführt, um die Hormon- und Gehirnmechanismen zu verstehen, die bei Säugetieren bestimmten Trieben und Emotionen zugrundeliegen. Nun jedoch fing ich an, mich für das Spiel, das Erkunden und die natürlichen Lernwege menschlicher Kinder zu interessieren.

Um mich mit meiner elterlichen Besorgnis auseinanderzusetzen und einen ersten Schritt zur Befriedigung meiner akademischen Neugier zu unternehmen, entschloss ich mich, eine systematische Umfrage unter den Absolventen der Schule durchzuführen. Es stellte sich heraus, dass David Chanoff – Autor von Biographien und damals als Teilzeit-Mitarbeiter an Sudbury Valley tätig – ebenfalls Interesse an einer solchen Befragung hatte, also arbeiteten wir zusammen. Wir führten die Studie unter der Trägerschaft der Universität, an der ich arbeitete, durch.

Unser Ziel war es, alle Absolventen zu befragen, die die Schule vor wenigstens einem Jahr abgeschlossen hatten. Zu den »Absolventen« zählten wir Schüler, die die Schule mit High-School-Abschluss verlassen hatten oder die Schule im Alter von sechzehn oder mehr Jahren ohne High-School-Abschluss verlassen hatten, aber keinen Besuch einer weiteren Sekundarschule anstrebten. Zum Zeitpunkt unserer Studie war die Schule erst fünfzehn Jahre alt und viel kleiner als heute. Aus den Akten der Schule ging hervor, dass 82 ehemalige Schülerinnen und Schüler unseren Kriterien entsprachen, von denen vier ohne High-School-Abschluss abgegangen waren. Wir konnten 76 dieser Absolventen ausfindig machen, und 69 von ihnen sagten zu und nahmen an der Studie teil. Dies entspricht einer Antwortquote von 91 Prozent der ausfindig gemachten Absolventen bzw. 84 Prozent aller Absolventen. Die meisten der Teilnehmenden antworteten, indem sie einen ausführlichen schriftlichen Fragebogen ausfüllten, den wir ihnen zugeschickt hatten, aber einige beantworteten dieselben Fragen in einem Telefoninterview. Einige wenige befragten wir persönlich. Wir baten die Absolventen, sich an die Tätigkeiten, denen sie in der Schule nachgegangen waren, zu erinnern und diese zu beschreiben. Wir stellten detaillierte Fragen über ihren weiteren Bildungs- bzw. Berufsweg, seitdem sie Sudbury Valley verlassen hatten. Und wir baten sie, zu beschreiben, ob und wie der Besuch einer so ungewöhnlichen Schule ihnen in verschiedenen Lebensbereichen seitdem genützt oder geschadet hatte. Wir fragten auch nach ihrem familiären Hintergrund und danach, warum sie sich ursprünglich für den Besuch der Sudbury Valley School entschieden hatten.

Die Ergebnisse der Studie, die wir im »American Journal of Education«[130] veröffentlichten, überzeugten mich davon, dass die Schule ihre Funktion als Bildungsinstitution sehr gut erfüllt. Jene Absolventen, die ein Studium aufgenommen hatten (etwa 75 Prozent aller Befragten), berichteten dass sie keine besonderen Schwierigkeiten damit gehabt hatten, an der Universität ihrer Wahl angenommen zu werden, und dass sie sich dort gut machten. Manche, darunter auch einige, die nie zuvor an formellem Unterricht teilgenommen hatten, waren auf sehr renommierte Colleges und Universitäten gegangen und dort erfolgreich gewesen. Unabhängig davon, ob sie studiert hatten oder nicht, war es allen Absolventen mit Erfolg gelungen, eine Beschäftigung zu finden, die sie interessierte und mit der sie ihren Lebensunterhalt sichern konnten. Sie waren erfolgreich in einer Vielzahl von Berufsfeldern tätig, darunter Handel, Kunst, Wissenschaft, Medizin sowie verschiedene Dienstleistungs- und Handwerksberufe.

Auf unsere Frage, wie der Besuch einer so ungewöhnlichen Schule sie vielleicht benachteiligt haben könnte, antwortete die Mehrheit (71 Prozent), dass sie keinerlei Nachteile erfahren hätten. Jene, die Nachteile angaben, sagten, dass sie diese leicht hätten überwinden können. So berichteten etwa einige, die ein College besucht hatten, dass sie sich zunächst in einigen der üblichen Fächer, die ihre Kommilitonen in der Schule gehabt hatten, unwissend gefühlt hatten. Sie hätten dann jedoch keine Schwierigkeiten gehabt, dort aufzuholen, wo tatsächlich Wissenslücken bestanden. Eine Erkenntnis, die mich damals überraschte, war, dass keiner der Absolventen von Schwierigkeiten berichtete, sich auf die formale Struktur von Universität oder Arbeitsplatz einzustellen. Wenn wir in den Interviews näher darauf eingingen, erzählten uns die Absolventen typischerweise, dass sie sich selbst dafür entschieden hätten, ihre Ausbildung fortzusetzen oder eine bestimmte Arbeit auszuüben, dass sie ihrer Tätigkeit mit Freude nachgingen und sie die Tatsache verstünden und akzeptierten, dass ihre Bestrebungen mit gewissen zu befolgenden Regeln einhergingen. Auch jene, die vor ihrem Besuch von Sudbury Valley gegen Schularbeiten aufbegehrt hatten, rebellierten nicht gegen die Anforderungen von College und Arbeitsplatz, da sie diese Orte selbst gewählt hatten. Sie wiesen außerdem darauf hin, dass Universität und Arbeitsplatz ihnen weitaus mehr Freiheit in der Gestaltung ihrer Stunden und Tage ließen, als dies an den herkömmlichen Schulen, die sie besucht hätten, der Fall gewesen wäre.

Die überwiegende Mehrheit (82 Prozent) der Befragten gab an, dass der Besuch der Sudbury Valley School ihnen auf ihrem weiteren Bildungs- und Berufsweg genützt habe. Die meisten der genannten Vorteile lassen sich in vier Kategorien einteilen:

In der ersten Kategorie ging es um Verantwortung und Selbstbestimmung. Die Absolventen erklärten, dass sie in Sudbury Valley immer selbst hätten entscheiden müssen, wie sie ihre Zeit verbrachten, dass sie niemanden außer sich selbst für ihre Fehler hätten verantwortlich machen können, und dass sie sich für alle Veränderungen, die sie in der Schule angestrebt hätten, durch die demokratischen Prozesse hätten durcharbeiten müssen. Das daraus entstandene Verantwortungsbewusstsein sei ihnen erhalten geblieben und sei ihnen bei ihrer weiteren Ausbildung und am Arbeitsplatz zugute gekommen.

In einer zweiten Kategorie von Vorteilen, die eng mit der ersten verbunden sind und gleich häufig genannt wurden, ging es um die hohe Motivation, in ihren gewählten Berufsfeldern zu arbeiten und sich weiterzubilden. Ihre Erfahrung in einer Umgebung, in der Lernen immer Spaß bedeutetet hatte, führte dazu, dass sie weiterhin lernen wollten. Sie berichteten davon, neugierig und sehr wissbegierig zu sein, wenn es um Tätigkeiten oder Ideen ging, für die sie sich stark interessierten. Darüber hinaus gaben die meisten Absolventen an, dass sie sich ihre Aufgaben und Unterfangen selbst ausgesucht hätten und ihre Motivation daher sehr hoch sei. Ein Absolvent, der die Sudbury Valley School ab dem Alter von neun Jahren besucht hatte und inzwischen sein Studium mit Bestnoten absolvierte, drückte es folgendermaßen aus: »Viele der Menschen hier [am College] haben in einigen der wesentlichen Fachgebieten mehr Erfahrungen gesammelt. Aber meine Einstellung ist anders, und die scheint es mir zu ermöglichen, schnell aufzuholen. Die wesentlichen Dinge lassen sich sehr leicht erarbeiten. [...] Meine Einstellung ist, dass ich zum Vergnügen hier auf dem College bin, und ich habe fest vor, hier eine schöne Zeit zu verbringen und alle möglichen Angebote wahrzunehmen. Viele Studenten scheinen zu denken, sie würden auf die Uni gehen, weil man sie hier irgendwie eingesperrt hätte. Es ist ihnen nie in den Sinn gekommen, dass sie ebensogut auch etwas anderes tun könnten.«

In einer dritten Kategorie von Vorteilen ging es um spezielle Fähigkeiten und Kenntnisse, die die Absolventen sich angeeignet hatten. Durch ihr Spiel und ihr eigenmotiviertes Erforschen an Sudbury Valley haben sich viele von ihnen ungewöhnliche Fähigkeiten und ein tiefgehendes Verständnis ihrer jeweiligen Interessen erworben, und haben sich auch für berufliche Tätigkeiten oder eine weitere Ausbildung in diesen Bereichen entschieden. Darüber werde ich weiter unten noch mehr berichten.

In der vierten Kategorie häufig genannter Vorteile ging es um das Fehlen von Angst vor Autoritätspersonen. Dies führen die Absolventen auf ihre respektvollen Beziehungen zu den Erwachsenen an der Sudbury Valley School zurück sowie auf ihre Erfahrungen damit, in der Schulversammlung und im Justizkomitee Ausdruck zu verleihen. Die Absolventen gaben an, gute Beziehungen zu ihren Professoren und Arbeitgebern zu haben, mühelos mit ihnen zu kommunizieren und keine Schwierigkeiten zu haben, sie bei Bedarf um Hilfe oder Rat zu bitten. Zum Beispiel erzählte uns ein Absolvent, der seinen Bachelor in Wirtschaftswissenschaften an einer renommierten Privatuniversität gemacht hatte: »Ich hielt mich viel im Fakultätsgebäude auf, genau wie ich mich an Sudbury Valley viel im Büro aufgehalten hatte. Ich trieb mich einfach herum und unterhielt mich mit den Professoren. Ich hatte immer das Gefühl, dasselbe Recht zu haben, dort zu sein, wie jeder andere auch. Die meisten Studierenden fühlten einen gewaltigen Abstand zwischen sich und den Professoren – sie waren es nicht gewohnt, auf diese Weise mit dem ›Feind‹ umzugehen. Dieses Gefühl hatte ich nicht.« Dieser Absolvent beschrieb dann einen regelmäßigen Stammtisch, den er organisiert hatte, um Studierende und Dozenten zusammenzubringen.

Als Antwort auf die letzte Frage unserer Studie sagte keiner der Absolventen, dass es ihr oder ihm besser gehen würde, wenn sie statt Sudbury Valley eine gewöhnliche Schule besucht hätte. Bis auf zwei, die die Frage ausgelassen hatten, gaben alle an, »froh« (elf Antworten) oder »sehr froh« (sechsundfünfzig Antworten) zu sein, dass sie auf die Sudbury Valley School gegangen waren anstatt auf eine gewöhnlichere Schule. Als Gründe nannten viele die bereits erwähnten Vorteile, die mit der Vorbereitung auf das Leben nach dem Schulabschluss zu tun hatten. Zusätzlich sagten viele, dass sie froh waren, die Schule besucht zu haben, weil diese ihnen ermöglicht hätte, ihre Kindheit zu genießen, frei zu sein, und sich als Individuen anerkannt und wertgeschätzt zu fühlen. Einige gingen insbesondere darauf ein, welche Bedeutung das demokratische Schulklima und die demokratischen Verfahren der Schule für sie gehabt hätten. Ein Absolvent schrieb etwa: »Die Art und Weise, wie sich die demokratische Philosophie der Schule ausdrückte, insbesondere die Debatten über die Verantwortung der einzelnen, hat einen tiefen Eindruck bei mir hinterlassen. Ich versuche weiterhin gewissenhaft, zu verstehen, worin meine Verantwortlichkeiten liegen, und diese dann wahrzunehmen. Und das hat mir natürlich in jedem Bereich meines Lebens geholfen.«

Seit unserer ursprünglichen Studie hat die Schule selbst zwei weitere systematische Umfragen unter Absolventen durchgeführt und in Buchform veröffentlicht.[131] Zum Zeitpunkt dieser späteren Studien hatte die Schule viel mehr Absolventen als zu jener Zeit, in der Chanoff und ich unsere Umfrage durchführten, und der durchschnittliche Absolvent hatte seit dem Besuch von Sudbury Valley mehr Jahre an Lebenserfahrung gesammelt. Im Großen und Ganzen fallen diese Ergebnisse jedoch ähnlich aus wie unsere. Die Absolventen sind weiterhin erfolgreich auf ihren jeweiligen Bildungs-

und Berufswegen und die große Mehrheit von ihnen führt einen erheblichen Teil ihres Erfolgs auf die Fähigkeiten, Einstellungen und Werte zurück, die sie sich während ihrer Jahre an der Sudbury Valley School erworben haben.

Wie lässt sich der Erfolg der Absolventen erklären?

Sudbury Valley steht im deutlichen Widerspruch zu dem, was in unserer Kultur über Bildung gedacht wird. Die meisten Menschen glauben, Kinder müssten unterrichtet werden und sich in der Schule abmühen, um im Leben Erfolg zu haben. Wer etwas anderes behauptet, macht sich fast schon der Blasphemie schuldig. Auch wenn einige Kinder sich beschweren oder rebellieren, auch wenn man einigen starke Medikamente verabreichen muss, damit sie sich auf ihre Schulaufgaben konzentrieren können, halten die meisten das harte Arbeiten in der Schule für notwendig.

Die meisten Menschen, die vom Erfolg der Sudbury-Absolventen hören, suchen verständlicherweise nach Erklärungen, ohne ihre bisherigen Überzeugungen in Frage stellen zu müssen. Einige meinen, dass die Erwachsenen hinter den Kulissen doch Unterricht erteilten. Vielleicht würden die Kinder ja zu Hause von ihren Eltern unterrichtet oder vielleicht seien die Mitarbeiter der Schule besonders gewiefte Pädagogen, die die Kinder dahingehend manipulierten, dass diese tun wollen, was sie tun sollen.

Ich kann Ihnen versichern, dass keine dieser Vorstellungen zutreffend ist. Ein paar wenige Eltern schicken ihre Kinder auf die Sudbury Valley School und nehmen sich vor, sie zu Hause zu unterrichten, geben diese Idee aber schnell wieder auf. Der Versuch, zu Hause einen Lehrplan durchzusetzen, steht in einem so großen Widerspruch zur Philosophie von Sudbury Valley, dass die Eltern entweder den Heimunterricht beenden oder ihre Kinder von der Schule abmelden. Die Mitarbeiter der Schule sind sehr kompetent und ohne Zweifel beeinflussen sie das Lernen der Schüler durch die Vorbildwirkung ihres Verhaltens und durch ihre Gespräche mit diesen, aber sie haben kein Interesse daran, die Kinder dahingehend zu manipulieren, dass sie bestimmte Lektionen lernen. Sie sind der festen Überzeugung, dass Kinder am besten lernen, wenn die Initiative von ihnen selbst ausgeht und sie frei in der Wahl ihrer Mittel und Wege sind, und dass man einem Kind beim Lernen am besten hilft, indem man es in Ruhe lässt, es sei denn, es bittet selbst um Hilfe oder Rat. Und selbst dann, so glauben sie, sollte die Hilfe oder der Rat klar auf das beschränkt bleiben, wonach gefragt wurde.

Andere versuchen, sich den Erfolg der Schule mit der Auswahl der Schülerinnen und Schüler zu erklären: Es sei von vornherein eine besondere Gruppe, die sich unabhängig von der Art der Beschulung gut machen würden. Obwohl die Schule keine besonderen Aufnahmekriterien kenne, würden sich nur einige wenige, selbstselektierte Schüler anmelden bzw. Eltern haben, die ihnen die Anmeldung erlauben. Aber denken wir einmal darüber nach: Wer sind die Schüler, die sich für den Besuch dieser Schule entscheiden? Was sind ihre »besonderen« Eigenschaften? Insgesamt sind sie nicht unbedingt jene Menschen, denen Pädagogen großartige Erfolge vorhersagen würden, obwohl manche sicher auch in diese Kategorie fallen. In unserer Studie der Absolventen berichtete etwas mehr als die Hälfte der Befragten, sie hätten vor ihrer Zeit an Sudbury Valley ernsthafte Probleme an öffentlichen Schulen gehabt. Zu diesen gehörten pausenloses Rebellieren, Sitzenbleiben und in einigen Fällen diagnostizierte Lernbehinderungen. Die anderen waren seit Beginn ihrer Schulzeit auf die Sudbury Valley School gegangen, weil ihre Eltern an das Konzept glaubten, oder kamen erst später an die Schule, weil sie die Schule attraktiv fanden, obwohl sie sich an ihren öffentlichen Schulen gut oder zumindest nicht schlecht machten.

Meine eigenen Beobachtungen haben mich davon überzeugt, dass es keinen bestimmten Persönlichkeitstypus gibt, für den die Sudbury Valley School unpassend wäre: Einige Schüler sind abenteuerlustig, andere eher vorsichtig. Einige sind sehr eigenständig, andere in hohem Maße gruppenbezogen. Einige haben ein umgängliches Wesen, andere geraten wiederholt mit dem Justizsystem der Schule in Konflikt. Einige sind akademisch interessiert, andere sind es nicht. Einige bevorzugen eine stark strukturierte Umgebung, die sie sich an der Schule selbst schaffen, andere ziehen relatives Chaos vor. In einem Umfeld, in dem Schüler ihre eigenen Entscheidungen treffen können, strukturieren sie ihren Tagesablauf auf eine Weise, die ihren einzigartigen Bedürfnissen und Wünschen entspricht. Niemand wird in eine Form gepresst, stattdessen formen die Schüler ihre Umgebung so, dass sie zu ihnen passt und während sie wachsen und sich entwickeln, verändern sie diese Form weiter.

Die Idee, dass die Sudbury Valley School nur für bestimmte, besondere Schüler geeignet sei, ergibt für mich gar keinen Sinn. Die einzigen Schüler, die an der Schule nicht erfolgreich sind, sind meinen Beobachtungen und den Berichten der Mitarbeiter zufolge jene sehr wenigen, deren Verhalten so dauerhaft und massiv störend ist, dass sie in einem fairen Verfahren von Justizkomitee und Schulversammlung der Schule verwiesen werden, oder die aufgrund einer ernsthaften geistigen Behinderung nicht in der Lage sind, durch soziale Interaktion und freies Spiel zu lernen. Kinder, bei denen ADHS diagnostiziert wurde, machen sich an der Schule gut, aber ein stark autistisches Kind, bei dem der Antrieb zu spielen oder mit anderen Menschen zu interagieren nicht oder nur schwach ausgeprägt ist, wäre an der Schule nicht besonders gut aufgehoben. Für mich ist klar, dass die Schule für jedes normale Kind gut funktioniert, weil sie die Bedingungen schafft, unter denen die natürlichen Instinkte der Kinder, Kontrolle über ihr eigenes Leben zu übernehmen, soziale Bindungen zu entwickeln und zu lernen, was sie für ein erfolgreiches Leben in ihrer Kultur wissen müssen, optimal zur Geltung kommen können. Sie funktioniert, weil sie in unserer heutigen Zeit das funktionale Äquivalent einer Jäger-und-Sammler-Gruppe ist.

Warum Sudbury Valley wie eine Jäger-und-Sammler-Gruppe ist[132]

Die Gründer der Sudbury Valley School hatten nie vor, sich am Vorbild einer Jäger-und-Sammler-Gruppe zu orientieren. Ihr Ziel war es, eine Schule zu gründen, die den

Grundsätzen der US-amerikanischen Demokratie entspricht. Mir erscheint jedoch, dass die Schule genau jene Elemente einer Jäger-und-Sammler-Gruppe aufweist, die am wichtigsten dafür sind, dass die Selbstbildungstriebe der Kinder gut funktionieren. Vielleicht ist das kein Zufall. Viele Anthropologen haben übrigens darauf hingewiesen, dass Jäger-und-Sammler-Gesellschaften die ursprünglichen Demokratien gewesen seien.[133] Im Folgenden möchte ich jene Bedingungen aufzählen, die aus meiner Sicht die Fähigkeiten der Kinder, sich erfolgreich selbst zu bilden, auf optimale Weise zum Tragen kommen lassen. Diese Bedingungen sind sowohl in Jäger-und-Sammler-Gruppen als auch an der Sudbury Valley School vorhanden.

Zeit und Raum zum Spielen und Entdecken

Selbstbildung durch Spielen und Entdecken erfordert enorm viel unverplante Zeit, in der man – ohne Druck, Bewertung oder Einmischung durch Autoritätspersonen – tun kann, was immer man gerade tun möchte. Man braucht diese Zeit, um Freundschaften zu schließen, mit Ideen und Gegenständen zu spielen, Langeweile zu erleben und auszuhalten, von seinen eigenen Fehlern zu lernen und Leidenschaften zu entwickeln. In Jäger-und-Sammler-Gruppen stellten die Erwachsenen wenig bis keine Anforderungen an die Kinder und Jugendlichen, unter anderem weil sie erkannten, dass junge Menschen selbständig entdecken und spielen müssen, um sich zu kompetenten Erwachsenen zu entwickeln. Dasselbe gilt auch für Sudbury Valley.

Selbstbildung erfordert auch Raum: Raum, um umherzuschlendern, sich zurückzuziehen und um zu erkunden. Der Raum sollte idealerweise eine Reihe an Umgebungen aufweisen, die für die Kultur, in die man hineinwächst, von Bedeutung sind. Erwachsene Jäger und Sammler vertrauten ihren Kindern, mit gesundem Menschenverstand zu entscheiden, wie weit sie sich von anderen entfernen und sich in möglicherweise gefährliche Gebiete vorwagen wollten. An der Sudbury Valley School wird den Kindern innerhalb eines gewissen Rahmens, den die Klugheit in unserer modernen, klagewütigen Gesellschaft gebietet, ebendieses Vertrauen entgegengebracht. Sie können die umgebenden Wälder, Felder und Bäche erforschen, in die Geschäfte und Museen im Ort gehen oder sich überall dorthin begeben, wo sie ihren Interessen nachgehen möchten, solange sie andere wissen lassen, wo sie hingehen und angemessene Sicherheitsvorkehrungen treffen.

Freie Altersmischung von Kindern und Erwachsenen

Wie ich bereits im zweiten Kapitel beschrieben habe, spielten die Kinder von Jägern und Sammlern notwendigerweise in altersgemischten Gruppen, da es nicht genügend Kinder einer Altersgruppe gab, um in nach Alter getrennten Gruppen zu spielen. An der Sudbury Valley School gibt es so viele Kinder, dass die Schüler ausschließlich mit annähernd altersgleichen Kindern spielen könnten – aber sie tun es nicht. Forschungsarbeiten haben gezeigt, dass die Schüler an Sudbury Valley regelmäßig und aus freien Stücken über große Altersdifferenzen hinweg miteinander spielen.[134] Wie ich im neunten Kapitel erklären werde, ermöglicht altersgemischtes Spiel den jüngeren Kindern, bestimmte Fähigkeiten und komplexe Denkweisen von den älteren Kindern zu lernen. Gleichzeitig lernen die älteren Kinder, wie man fördert, führt und was alles dazugehört, die Rolle der reifen Person in einer Beziehung einzunehmen.

Zugang zu kenntnisreichen und fürsorglichen Erwachsenen

In Jäger-und-Sammler-Gruppen war die Welt der Erwachsenen nicht von der Welt der Kinder getrennt. Kinder sahen, was Erwachsene taten, und integrierten dies in ihr Spiel. Sie lauschten auch den Geschichten, Diskussionen und Debatten der Erwachsenen und lernten von dem, was sie hörten. Wenn sie Hilfe von Erwachsenen benötigten oder Fragen hatten, auf die andere Kinder keine Antwort wussten, konnten sie sich an jeden Erwachsenen der Gruppe wenden. Alle Erwachsenen kümmerten sich um sie. Viele der Erwachsenen waren sogar ihre leiblichen Onkel und Tanten. An Sudbury Valley gibt es ebenfalls keine Trennung zwischen Kindern und Erwachsenen, auch wenn das zahlenmäßige Verhältnis zwischen Erwachsenen und Kindern weitaus geringer ist als in einer Jäger-und-Sammler-Gruppe. In der gesamten Schule gibt es keinen Ort, wo Mitarbeiter hingehen, die Schüler jedoch nicht erwünscht sind. Die Schüler können allen Diskussionen der Erwachsenen lauschen, sie können beobachten, was die Erwachsenen tun, und sie können dabei mitmachen, wenn sie möchten. Schüler, die Hilfe irgendeiner Art benötigen, können sich an jeden Mitarbeiter wenden. Die Kinder wissen, welcher Erwachsene ihr Bedürfnis am besten erfüllen kann, wenn sie Zuwendung brauchen, wenn sie sich ausweinen möchten, wenn sie einen persönlichen Rat benötigen, die Antwort auf eine Sachfrage suchen und diese alleine nicht haben finden können oder – was gelegentlich vorkommt – wenn sie umfangreichere Unterstützung in Form eines Tutoriums oder Kurses benötigen. Die Erwachsenen verhalten sich ganz wie Onkel und Tanten. Sie kennen alle Schüler und sind stolz auf die Fortschritte, die diese im Lauf der Jahre machen. Da die Mitarbeiter jedes Jahr von allen Schülern der Schule wiedergewählt werden müssen, sind sie zwangsläufig Menschen, die von Kindern gemocht werden, die Kinder mögen und die die Bedürfnisse der Kinder tatsächlich erfüllen.

Freier Zugang zu Ressourcen aller Art und die Freiheit, mit ihnen zu spielen

Um die Werkzeuge einer Kultur nutzen zu lernen, braucht man Zugang zu diesen Werkzeugen. Die Kinder von Jägern und Sammlern spielten mit Messern, Grabstöcken, Pfeil und Bogen, Fallen, Musikinstrumenten, Einbäumen und ähnlichen Werkzeugen. An der Sudbury Valley School haben die Kinder Zugang zu einer großen Bandbreite an jenen Gerätschaften, die für die Menschen in unserer Kultur den insgesamt größten Nutzen haben, wie Computer, Küchengeräte, Holzwerkzeuge, Kunstmaterialien, Musikinstrumente, verschiedene Sportgeräte sowie Wände voller Bücher. Darüber hinaus haben sie Zugang zu weiteren Ressourcen, da sie das Schulgelände jederzeit verlassen dürfen.

Freier Austausch von Ideen

Intellektuelle Fähigkeiten können sich besonders gut in einem Umfeld entwickeln, in dem Menschen ihre Gedanken frei miteinander teilen können, ohne durch Zensur oder Angst vor Ächtung eingeschränkt zu sein. Den Berichten von Anthropologen zufolge pflegten Jäger und Sammler selbst in religiösen Fragen undogmatische Überzeugungen.[135] Man konnte sagen, was man dachte, und Ideen, die für die Gruppe von Bedeutung waren, wurden endlos diskutiert. Dasselbe gilt auch für Sudbury Valley. Die Schule unterlässt es mit Bedacht, irgendeine bestimmte politische oder religiöse Weltanschauung zu vertreten. Alle Ideen werden gehört. In einer solchen Umgebung ist eine Idee etwas, über das nachgedacht und diskutiert wird, nicht etwas, das auswendig gelernt und in einer Arbeit wiedergekäut werden muss. Kinder, die zu Hause vielleicht nicht viele Unterhaltungen über Politik, Religion oder Philosophie mitbekommen, erleben diese in der Schule, wo sie zudem zu jedem Thema verschiedenste Betrachtungsweisen zu hören bekommen.

Freiheit von Mobbing

Um frei entdecken und spielen zu können, muss man sich beschützt und sicher vor Belästigung und Mobbing fühlen. In Jäger-und-Sammler-Gruppen war dies in außergewöhnlich hohem Maß gegeben – nicht anders ist es an der Sudbury Valley School. Anthropologen zufolge waren die äußerst engen persönlichen Beziehungen, die Altersmischung und die nicht wettkampforientierte, egalitäre Gesinnung der Jäger-und-Sammler-Kulturen ein wirksamer Schutz vor Mobbing.[136] Wenn ein Kind ein anderes zu drangsalieren schien, waren schnell ältere Kinder zur Stelle, um weitere Schikane zu unterbinden. Dasselbe geschieht an der Sudbury Valley School. Untersuchungen an der Schule deuten darauf hin, dass die bloße Gegenwart kleiner Kinder eine beruhigende Wirkung auf ältere Kinder hat (siehe achtes Kapitel). Darüber hinaus verhindern die demokratisch erarbeiteten Regeln und das Rechtssystem an der Sudbury Valley School ernsthaftes Mobbing. Ein Schüler, der sich auf irgendeine Art belästigt fühlt, kann den Täter »hochnehmen«, worauf der Fall vor dem Justizkomitee verhandelt wird, das aus Schulmitgliedern aller Altersgruppen besteht. Da Schüler die Regeln machen und für deren Durchsetzung verantwortlich sind, respektieren sie diese in einem weitaus höherem Maß als Schüler an herkömmlichen Schulen.

Einbindung in eine demokratische Gemeinschaft

Jäger-und-Sammler-Gruppen und die Sudbury Valley School sind faktisch Basisdemokratien. Wie ich bereits beschrieb, hatten Jäger-und-Sammler-Gruppen keine Häuptlinge, die Entscheidungen für die Gruppe trafen. Stattdessen wurden Gruppenentscheidungen durch lange Diskussionen erzielt, bis alle, denen es wichtig war, zu einer Einigung gelangten. Sudbury Valley wird auf der Grundlage eines formalen demokratischen Prozesses verwaltet, der Diskussionen und Abstimmungen in der Schulversammlung beinhaltet. Die Teilhabe am demokratischen Prozess vermittelt allen Beteiligten ein Verantwortungsgefühl, das ihrer Bildung sehr zuträglich ist. Wenn meine Stimme zählt, wenn ich also tatsächlich Einfluss darauf habe, was die Gruppe tut und auf welche Weise sie sich organisiert, dann bin ich motiviert, Entscheidungen sorgsam zu durchdenken und wohlüberlegt zu sprechen. Ich bilde mich nicht nur um meiner selbst willen, sondern auch zum Wohl meiner Gemeinschaft.

Die schulischen Tätigkeiten der Schüler hängen unmittelbar mit ihrem weiteren Berufsweg zusammen

In den folgenden vier Kapiteln werde ich noch detaillierter darauf eingehen, wie sich Kinder an der Sudbury Valley School und in anderen Umgebungen, in denen sie frei spielen und entdecken dürfen, selbst bilden. Zunächst jedoch möchte ich ein Thema aufgreifen, das sich in Interviews mit den Absolventen der Schule als zentral herausgestellt hat: die Kontinuität zwischen ihren Tätigkeiten an der Schule und ihrem weiteren beruflichen Weg. Beim Spielen und Erforschen entdecken die Schüler Tätigkeiten, die ihnen Freude machen, entwickeln ihre Fähigkeiten in diesem Bereich weiter und können später oftmals – immer noch aus einer spielerischen Geisteshaltung heraus – ihren Lebensunterhalt aus diesen und ähnlichen Tätigkeiten bestreiten. Es folgen einige Beispiele von Absolventen, bei denen diese Kontinuität am deutlichsten ist. Wenn nicht anders angegeben, stammen die folgenden Zitate aus dem Buch »Kingdom of Childhood«, in dem einunddreißig ehemalige Schülerinnen und Schüler der Sudbury Valley School ihre Erfahrungen an der Schule beschreiben:[137]

- Carl war zweiundzwanzig, als er an David Chanoffs und meiner ersten Absolventenstudie teilnahm. Zu diesem Zeitpunkt war er bereits Gründer und Geschäftsführer einer Software-Entwicklungsfirma mit einem Umsatz von über einer Million Dollar im Jahr. Er war nach der siebten Klasse mit einem schlechten Zeugnis von einer öffentlichen Schule an die Sudbury Valley School gewechselt und hatte dort ein leidenschaftliches Interesse für Computer und deren Programmierung entwickelt – zu einer Zeit, in der die Heimcomputer-Industrie noch in den Kinderschuhen steckte. Aufgrund seines Interesses daran, die Schule mit Computern auszustatten, wurde er zum Vorsitzenden des Computerkomitees gewählt und lernte in dieser Rolle viel über unternehmerische Angelegenheiten. Als er seinen Schulabschluss machte, war er nicht nur ein erfahrener Softwareentwickler, sondern verstand hervorragend, wie Unternehmen funktionieren und wie man mit Menschen in der Geschäftswelt umgeht. In unserem Interview mit ihm merkte er ironisch an, dass einer seiner Kunden ebenjener Schulbezirk war, der ihm noch ein paar Jahre zuvor ungenügende Leistungen attestiert hatte. Zwischen einem jungen Menschen, der unter erzwungener Unterweisung leidet oder dagegen rebelliert, und demselben Menschen, der seinen wirklichen Interessen nachgehen kann, liegt ein Unterschied wie Tag und Nacht.
- Carol, die später Kapitänin eines Kreuzfahrtschiffs wurde, entwickelte ihre Liebe zu Schiffen während ihrer Zeit an Sudbury Valley. Mit kleinen Booten spielte sie auf

dem Mühlteich, der sich auf dem Schulgelände befindet. Als Teenager machte sie ausführlich von der Regelung Gebrauch, das Schulgelände während der Schulzeit verlassen zu dürfen, und verbrachte so viel Zeit wie möglich an der nahegelegenen Küste, wo sie Segeln und Navigieren lernte.

- Fred, der nie auf eine andere Schule als Sudbury Valley gegangen war, wurde später Professor für Mathematik an einer großen Universität. In einem Interview, geführt, kurz nachdem er an Sudbury Valley seinen Schulabschluss gemacht hatte, erzählte er, dass er sich als kleines Kind brennend für Science Fiction interessierte, dass sich daraus eine ebenso starke Leidenschaft für Physik und Mathematik entwickelte und dass er sich diesen Themen in seinen späteren Schuljahren hauptsächlich alleine widmete. Die Verbindung zwischen Science Fiction und Mathe kommentierte er folgendermaßen: »Bei Science Fiction geht es in der Regel um Dinge, die sich im Grenzbereich des tatsächlich Möglichen befinden. Gute Science Fiction versucht, eines von zwei Dingen zu tun: Entweder versucht sie, keinen bekannten Tatsachen zu widersprechen, oder sie versucht, eine Annahme zu verändern und damit weiterzuarbeiten, was irgendwie ähnlich ist wie die Arbeit mit mathematischen Konzepten.«[138]
- Fran wurde Schnittmachermeisterin und Leiterin eines Betriebs in der Modebranche. Als Kind war sie von Stoffen und deren Verarbeitung fasziniert. Zunächst nähte sie Puppenkleider, als Teenager stellte sie dann Kleidung für sich und ihre Freunde her. In einem Interview sagte sie: »Als Alexis und ich verstanden hatten, wie unterschiedlich Ärmel bei Männern und Frauen geschnitten waren, fing ich wirklich an, etwas über Schnittmuster zu lernen. [...] Ich nähte für andere Leute. Ich machte Hemden für meinen Freund. Ich machte Lederwesten für andere Leute. Ich verdiente Geld mit Stickarbeiten. Ich trug ausschließlich Jeans, aber die hatte ich mit schönen Stickereien versehen. Dann machte ich mich daran, meine Garderobe für später zu schneidern, wenn ich mal einen Arbeitsplatz haben würde.« Die Schule half ihr dabei, einen Ausbildungsplatz bei einem Modedesigner in Boston zu bekommen, und von da an ging es mit ihrer Karriere steil bergauf.
- Wer hätte gedacht, ein Kind könnte den Wunsch entwickeln, Bestatter zu werden? Aber so war es Henry ergangen, offenbar weil er die tröstende Rolle erlebt hatte, die ein Bestatter bei einem Todesfall in seiner Familie gespielt hatte. An Sudbury Valley ging er diesem Interesse nach, unter anderem indem er tote Tiere sezierte. In dem Interview berichtete er über seine Erfahrungen, nachdem er als junger Teenager an die Sudbury Valley School gekommen war: »Sobald ich andere, die sich auch für Naturwissenschaft und Biologie interessierten, gefunden hatte, suchten wir die Umgebung nach toten Tieren ab und sezierten sie gemeinsam. Eine meiner schönsten Erinnerungen ist es, gemeinsam mit Melanie in der Gegend herumzufahren und tote Tiere von der Straße aufzulesen. Wir sammelten sie mit Müllsäcken ein und die Leute schauten uns an, als wären wir krank. [...] Wir entfernten das Fleisch und behielten die Schädel, um sie zu betrachten und zu vergleichen. [...] Ich glaube nicht, dass mich irgendeine andere Schule hätte Skelette auskochen lassen. [...] ›Richtige‹

Schulen erlauben einem nicht, dass man Waschbären auf dem Küchentisch seziert.« Inzwischen ist Henry erfolgreicher Bestattungsunternehmer und Vermögensnachfolgeberater.

- Helen ist Ärztin geworden. Sie wechselte als Teenager gegen den Willen ihrer Eltern an die Sudbury Valley School und bezahlte den Großteil ihres Schulgelds selbst, indem sie die Frühschicht in einem Restaurant übernahm. Im Interview sagte sie: »Der gemeinsame Nenner zwischen der Schule, mir und meinem Medizinstudium ist wohl der Idealismus. Ich habe mir immer angeschaut, warum Sachen nicht funktionierten, wie man sie reparieren könnte und wie sie eigentlich sein sollten. Als ich dreizehn war, las ich ›Siddhartha‹. Ich interessierte mich damals für östliche Religion, machte Yoga und meditierte auch. Ich wusste, dass etwas nicht stimmte und wollte es richten; und es scheint beinahe so, als würde alles, was ich getan habe, irgendwie auf diesem Pfad liegen. [...] Ich habe immer schon viel gelesen. Ich erinnere mich, dass Carla mir Ina May Gaskins Buch ›Spiritual Midwifery‹ über spirituelle Geburtshilfe schenkte. [...] Fast jedes Buch, das mir jemand schenkte, hatte etwas mit Gesundheit zu tun. Es war ein frühes Interesse. [...] Sehr wichtig war mir auch, etwas darüber zu lernen, wie man Kinder großzieht. Ich erfuhr Dinge, die sich sehr von dem unterschieden, worüber ich bisher nachgedacht hatte, etwa dass einige Leute ihre Kinder sehr lange stillen oder mit ihren Kindern in einem Bett schlafen, bis sie größer sind – solche Sachen. Von allein wäre ich nie darauf gekommen, aber als ich davon hörte, fand ich es spannend. Für die Entwicklung meiner Ansichten und meines Weltbilds oder einfach nur für die Erweiterung meines Horizonts waren die Mitarbeiter deshalb sehr wichtig für mich – nein, richtiger muss ich sagen: Die Mitarbeiter und die Schüler.«
- Tom ist heute Schlossermeister und entwickelt Industriemaschinen. Ich räume seiner Geschichte – der letzten Geschichte dieses Kapitels – etwas mehr Platz ein als den vorhergehenden, da er mit seinen eigenen Worten genau das auf den Punkt bringt, worum es bei der Sudbury Valley School geht:

  »Meine Eltern haben mich unterstützt, als ich an der öffentlichen Schule in Schwierigkeiten geriet. Ich war in der sechsten Klasse und tat, was ich nur konnte, um gegen das System zu rebellieren. So lernt man aber nicht viel. [...] Sobald ich an die Sudbury Valley School kam, merkte ich, dass es nichts mehr gab, gegen das ich rebellieren konnte. Deshalb gab es auch keinen Grund mehr, all die Dinge zu tun, mit denen ich gerade anfing, zum Beispiel das Rauchen. Wenn dir keiner etwas vorschreibt, gegen das du dann rebellieren möchtest, dann ist es plötzlich sinnlos, zu rebellieren. Also spielten wir einfach nur. [...]

  Eine der wahrscheinlich intensivsten Erfahrungen, die ich je gemacht habe, war das Spielen mit Knetmasse. Es gab Tage, an denen [meine Freunde und ich] gleich morgens in den Kunstraum gingen, uns bis Mittags ohne Pause damit beschäftigten, das Mittagessen an unserem Arbeitstisch aßen und dann weiterspielten, bis wir die Schule abends verlassen mussten; und nie, nie verließen wir den Raum. [...]

Manchmal bauten wir eine Goldgräbersiedlung, manchmal Städte mit Hotels und Saloons. Meistens brauchten wir dafür viele Gebäude, viele Fahrzeuge und viele Menschen – all das bauten wir. Dann spielten wir verschiedene Szenen damit nach. [...] Aber hauptsächlich bauten wir. Wir bauten einfach einen Tanker oder ein Flugzeug nach dem anderen. Ich tat genau das, was ich jetzt auch tue, mit dem Unterschied, dass ich es jetzt im wirklichen Leben tue. Ansonsten war es genau das Gleiche. Und sehr intensiv. Tagein, tagaus. Außer, dass man als Kind nicht so vielen Komplikationen begegnet wie als Erwachsener.

Ich baute viele Unternehmen aus Knete auf. Ich knetete viele Fabriken. Einmal baute ich eine Konservenfabrik. Ich konnte sie mir vorstellen, ich hatte mir Filme und Bücher angesehen, in denen Abfüllanlagen und solche Dinge zu sehen waren. Alles musste realistisch sein. [...] Wir hatten nur eine begrenzte Menge an Knete und der Spaß bestand im Bauen. Danach war das einzige, was man damit tun konnte, alles zu zerstören und von neuem zu beginnen. Es war ein ständiges Aufbauen und Einreißen. [...]

Dann gab es noch die Projekte. Wir [meine Freunde und ich] versuchten, aus alten Rädern und anderen Sachen Gokarts zu bauen. Wir gingen oft in den Keller und brachten Zeugs wieder in Ordnung, das Leute gespendet hatten, Fahrräder und solche Dinge. [...] Außerdem machten wir öfter Ausflüge zur Müllhalde der Gemeinde, zu der wir uns von Mitarbeitern oder anderen Schülern bringen ließen. Es gab bestimmte Gegenstände, nach denen wir immer Ausschau hielten, zum Beispiel alles, was nur im entferntesten mit Fahrrädern oder Dreirädern zu tun hatte. Diese Teile nahmen wir mit zurück und bauten neue. Es war wie ein kleines Unternehmen. Wir reparierten diese Gefährte und manchmal malten wir sie auch an. Wir brachten Preisschilder an – 50 Cent, 75 Cent – und dann verkauften wir sie.

Niemand in der Schule hatte viel Ahnung von dem, was mich interessierte, aber alle konnten mir beibringen, wie ich an Informationen kommen konnte. Wenn ich also etwas suchte, zeigten sie mir zum Beispiel, wie ich den Bibliothekskatalog benutzen oder mich mit jemanden [außerhalb der Schule], der die Antwort kennt, unterhalten konnte. Ich denke, in der Schule habe ich besser zu lernen gelernt, als wenn ich nur zu Hause gewesen wäre. [...]

Wenn ich in der Schule mit Alkohol zu tun hatte, dann nur deshalb, weil ich eine Destille aufbaute. [...] Es gibt einen großen Unterschied zwischen einem Kind, das eine Flasche Whiskey in die Schule schmuggelt, und einem, das über drei, vier Monate hinweg eine Destille baut, sein eigenes Getreide mahlt und selbst Whiskey herstellt; außerdem habe ich diesen Whiskey noch nicht einmal getrunken. Was mich faszinierte, war, wie man dieses Zeug herstellt. Ich hatte also Whiskey in der Schule, weil ich ihn dort auch hergestellt hatte, und das war mir erlaubt worden, weil ich alle dazugehörigen Schritte unternommen hatte. Hätte ich einfach nur gesagt, ich möchte in der Schule Whiskey haben, hätten alle gesagt: ›Vergiss es, das ist gegen das Gesetz. Kinder dürfen in der Schule keinen Whiskey haben.‹ [...]

Dann war da noch die Sache mit dem Spritzer. Es war der 1. April. In der Schulküche gab es ein altes Bedienfeld mit Kontrollleuchten. [...] Einige der Kabel waren noch intakt und einige führten in den Keller. Ich schloss die Pumpe einer Scheibenwischanlage an eine Batterie im Keller an und setzte ein kleines Spritzventil darauf, das auf einen bestimmten Ort ausgerichtet war. Ich wartete, bis sich jemand auf den Platz setzte, auf den das Ding zielte, drückte einen dieser kleinen, bereits vorhandenen Knöpfe, und die Person bekam einen Spritzer ab. [...]
Ich bin heute dieselbe Person, die ich damals war. [...] Hat mich die Schule zu dem gemacht, der ich heute bin? Diese Frage habe ich mir oft gestellt. Ich weiß es nicht, aber es würde mich nicht überraschen, wenn es so wäre. Sie hat sicherlich dazu beigetragen. Sie hat mich von den Bauchschmerzen [unter denen ich an der öffentlichen Schule gelitten hatte] befreit, und sie hat mich davor bewahrt, meine Zeit damit zu verschwenden, aus Protest Dummheiten zu begehen.«

6 DER SELBSTBILDUNGSTRIEB DES MENSCHEN

Am 29. Januar 1999 begann Sugata Mitra, damals wissenschaftlicher Leiter einer Firma für Bildungstechnologie in Indien, ein faszinierendes Experiment über die Fähigkeit von Kindern zur Selbstbildung. Er schaltete einen Computer an, den er an der Außenmauer seines Firmengebäudes angebracht hatte. Die Mauer grenzte unmittelbar an einen der ärmsten Slums Neu-Delhis, eine Gegend, in der die meisten Kinder weder lesen noch schreiben konnten, nicht zur Schule gingen und noch nie zuvor einen Computer gesehen hatten. Mitra schaltete den Computer an und sagte den Kindern, die sich um ihn geschart hatten, sie könnten damit spielen. Mit Hilfe einer festinstallierten Videokamera überwachte er dann, was um den Computer herum passierte.

Die Kinder, größtenteils zwischen sieben und dreizehn Jahre alt, begannen sofort, dieses merkwürdige Gerät zu erforschen, das für sie irgendwie nach einem Fernsehapparat aussah. Sie berührten einige der Teile, und zufällig entdeckten sie, dass sie einen Zeiger auf dem Bildschirm bewegen konnten, indem sie mit ihren Fingern über das Touchpad strichen. Dies führte zu weiteren aufregenden Entdeckungen. Der Zeiger wurde zur Hand, wenn er über bestimmte Bereiche des Bildschirms bewegt wurde. Indem sie auf das Touchpad drückten, wenn der Zeiger eine Hand war, konnten die Kinder den Bildschirm verändern. Sie machten sich eifrig daran, ihre Freunde zu suchen, um ihnen von dieser faszinierenden Maschine zu erzählen. Jede neue Entdeckung, die ein Kind oder eine Gruppe machte, wurde mit den anderen geteilt. Ohne Anleitung durch Erwachsene benutzten innerhalb weniger Tage Dutzende von Kindern den Computer, um Musik zu hören, Spiele zu spielen, mit einem Malprogramm zu zeichnen und viele weitere Dinge zu tun, die Kinder überall auf der Welt tun, wenn sie Zugang zu einem Computer haben.

In der Folgezeit wiederholten Mitra und seine Kollegen das Experiment in anderen ländlichen und städtischen Gegenden Indiens und immer erzielten sie im Wesentlichen dasselbe Ergebnis: Sobald ein Computer öffentlich zugänglich gemacht wurde, scharten sich schnell Kinder darum, erkundeten den Apparat, begannen damit zu spielen, und entdeckten ohne Hilfe von außen spannende Nutzungsmöglichkeiten.[139] Die Kinder erdachten Namen zur Benennung des Computers, seiner Teile, der verschiedenen Bildschirmsymbole und der Aktivitäten, die man damit ausführen konnte. Eine Gruppe bezeichnete den Mauszeiger in ihrer Muttersprache Hindi als »Nadel« und die Dateiorder als »Schränke«.

Dort, wo die Computer mit dem Internet verbunden waren, lernten die Kinder ins Internet zu gehen. Der Computer verschaffte ihnen Zugang zum Wissen der ganzen Welt. Kinder, die nicht lesen konnten, begannen durch ihren Umgang mit dem Computer, lesen zu lernen; jene, die lesen konnten, fanden interessante Artikel in Sprachen, die sie lesen konnten – also meist in Hindi oder Marathi – und luden sich diese manchmal auch herunter. Kinder, die nur wenig Englisch konnten, lernten viele Wörter durch die Interaktion mit dem Computer und indem sie mit anderen darüber sprachen. In einem abgelegenen indischen Dorf lernten Kinder, die zuvor nichts über Mikroorganismen gewusst hatten, durch ihren Umgang mit dem Computer etwas über Bakterien und Viren, und fingen an, dieses neue Wissen sinnvoll in ihre Alltagsgespräche einzuflechten.[140]

Mitra schätzt, dass durch jeden Computer, den er und seine Kollegen installiert hatten, innerhalb von drei Monaten dreihundert Kinder den Umgang mit dem Computer erlernten. Das sind insgesamt 30 000 Kinder, die in drei Monaten gelernt hatten, mit dem Computer umzugehen. »Mit dem Computer umgehen können« heißt für Mitra, dass sie die meisten oder alle der folgenden Aufgaben erledigen konnten: »Alle Grundfunktionen des Betriebssystems Windows nutzen (wie klicken, ziehen, öffnen, schließen, Größe ändern, minimieren, Menüs bedienen, navigieren usw.); zeichnen und malen mit dem Computer; Dateien öffnen und speichern; Spiele spielen; Lernsoftware und andere Programme ausführen; im Internet suchen und surfen (falls eine Internetverbindung vorhanden ist); E-Mail-Konten einrichten; E-Mails senden und empfangen; online an Chatrooms teilnehmen; einfache Fehler selbst beheben, zum Beispiel wenn die Lautsprecher nicht funktionieren; Medien herunterladen oder streamen; Spiele herunterladen.«[141] Mitra und seine Kollegen bezeichnen ihre Versuchsanordnungen als Beispiele »minimalinvasiver« Bildung, ein aus der Chirurgie entlehnter Begriff. Es ist Bildung, die sich nur minimal in das Leben der Kinder einmischt.

Sugata Mitra zeigt mit seinen Experimenten, wie drei Kernaspekte unserer menschlichen Natur – Neugier, Verspieltheit und Geselligkeit – sich auf schöne Weise verbinden können, um dem Ziel der Bildung zu dienen. Neugier lockte die Kinder an den Computer und motivierte sie, ihn zu erforschen; ihre Verspieltheit motivierte sie, viele Fähigkeiten am Computer einzuüben; und Geselligkeit sorgte dafür, dass sich das Wissen eines Kindes wie ein Lauffeuer unter Dutzenden anderer Kinder verbreitete. In den vorhergehenden Kapiteln habe ich von den menschlichen »Bildungstrieben« gesprochen, einige Andeutungen über deren Wesen gemacht und Beweise dafür vorgebracht, dass diese Triebe auch in unserer heutigen Kultur als Grundlage von Bildung dienen können, ebenso wie sie es damals bei den Jägern und Sammlern taten. In diesem Kapitel möchte ich nun diese hochwirksamen Triebfedern menschlicher Selbstbildung etwas genauer beleuchten.

Aus evolutionärer Sicht lässt sich sagen, dass wir Menschen vor allem lernfähige Tiere sind. Der Grad unserer Lernfähigkeit ist weitaus größer als der jeder anderen Spezies. Bildung, so wie ich sie im zweiten Kapitel definiert habe, ist kulturelle Überlieferung. Sie besteht aus einer Reihe von Prozessen, durch die jede neue Menschengeneration die Fähigkeiten, das Wissen, die Rituale, die Vorstellungen und Werte der vorhergehenden Generationen erwirbt. Dieser Definition zufolge ist Bildung eine besondere Form des Lernens. Alle Tiere lernen, aber Menschen lernen in besonders hohem Maß von ihren Artgenossen und gestalten, überliefern und erweitern ihre Kultur dadurch von Generation zu Generation.

Vor wenigstens zwei Millionen Jahren begann unsere menschliche genetische Linie, sich entlang eines evolutionären Pfads zu bewegen, auf dem kulturelle Überlieferungen eine immer wichtigere Rolle spielten. Um zu jagen, zu sammeln, Nahrung zu verarbeiten, uns vor Raubtieren zu schützen, zu gebären, Säuglinge zu pflegen und Krankheiten zu heilen, entwickelten wir im Lauf der Zeit Mittel und Wege, die detailliertes Wissen und hochentwickelte Fertigkeiten erforderten. Derlei Wissen und Fertigkeiten gingen weit über das hinaus, was einzelne oder Gruppen alleine hätten entdecken können. Unser Überleben hing daher zunehmend von den gesammelten Errungenschaften früherer Generationen ab, die ihrerseits wiederum die Errungenschaften ihrer Vorfahren zur Grundlage genommen hatten. Zunehmend wurden wir auch abhängig von unserer Fähigkeit, innerhalb und über Gruppen hinweg zu kooperieren und zu teilen, was die Überlieferung sozialer Normen, Regeln, Rituale, Geschichten sowie kultureller Vorstellungen und Werte erforderte – kurzum: Wir wurden abhängig von Bildung.

Wenn sie Bildung hören, denken die meisten Leute heutzutage an Schule. Mit anderen Worten: Sie stellen sich Bildung als etwas vor, was Kindern von Erwachsenen gegeben wird. Bildung ist jedoch weitaus älter als jede Schule, und selbst heute findet der überwiegende Teil der Bildung außerhalb der Schule statt. Wenn ich sage, dass wir das lernfähige Tier sind, will ich damit auch ausdrücken, dass in uns Instinkte angelegt sind, die uns antreiben, uns die Kultur, in die wir hineingeboren werden, zu erwerben und darauf aufzubauen. In den Köpfen der meisten Menschen ist Bildung eine Sache der Erwachsenen, die auch dafür verantwortlich sind, dass Kinder sich gewisse Teile der Kultur aneignen, ob die Kinder dies nun wollen oder nicht. Während der gesamten Menschheitsgeschichte war es jedoch so, dass Bildung in Wirklichkeit die Sache der Kinder selbst war – und so ist es auch heute noch. Kinder kommen nicht nur mit den instinktiven Trieben, das zu essen und zu trinken, was sie zum Überleben brauchen, zur Welt, sondern auch mit dem instinktiven Trieb, sich selbst zu bilden, also das zu lernen, was sie benötigen, um erfolgreiche Mitglieder der Kultur, die sie umgibt, zu werden und dadurch zu überleben. Diese instinktiven Triebe sind im Wesentlichen Neugier, Verspieltheit und Geselligkeit.

Natürliche Selektion funktioniert hauptsächlich, indem sie auf bereits bestehenden Strukturen und Instinkten aufbaut und diese verändert. Alle Säugetiere sind zu einem gewissen Grad neugierig, verspielt und gesellig. Bei unserer Spezies sind diese Merkmale jedoch stärker ausgeprägt und auf eine Weise entwickelt, die unserem einzigartigen und überlebenswichtigen Bildungsdrang entspricht.

Neugier: Der Drang, zu erkunden und zu verstehen

Immer wenn Mitra und seine Kollegen einen Computer in einer Gegend aufstellten, in der Computer weitgehend unbekannt waren, versammelten sich sofort viele Kinder darum, weil sie neugierig waren. Sie wollten wissen, was dieses komische Ding ist und wie es funktioniert. Insbesondere wollten sie wissen, was sie damit tun konnten. Im 4. Jahrhundert v. Chr. begann Aristoteles die »Metaphysik«, seine große Abhandlung über den Ursprung des wissenschaftlichen Denkens, mit den Worten: »Alle Menschen streben von Natur aus nach Wissen.«[142] Nichts könnte offensichtlicher sein. Schon wenige Stunden nach ihrer Geburt betrachten Säuglinge neue Gegenstände länger als solche, die sie bereits gesehen haben. Menschen, die im Sterben liegen, unternehmen bisweilen riesige Anstrengungen, um – manchmal unter großen Schmerzen – ein wenig länger am Leben zu bleiben, weil sie neugierig darauf sind, was als nächstes passieren wird. In all unseren wachen Stunden zwischen Geburt und Tod sind unsere Sinne darauf gepolt, Veränderungen in unserer Umgebung wahrzunehmen – fortwährend wird unsere Neugier erregt. Eine Person in einer unveränderlichen (soweit das möglich ist) Umgebung festzuhalten, in der es nichts Neues zu entdecken, nichts Neues zu lernen gibt, wird überall als grausame Strafe angesehen, selbst wenn alle anderen Triebe befriedigt sind. Bei einem gesunden Menschen wird der Wissensdurst niemals völlig gestillt sein.

Natürlich sind Menschen nicht die einzige Spezies, die den Antrieb haben, ihre Umwelt zu erkunden. Jeder Organismus sondiert seine Umgebung, um das zu finden, was er zum Überleben braucht. Bei einigen Tieren besteht das Erkunden einfach aus willkürlichen oder scheinbar willkürlichen Bewegungen. Eine Amöbe bewegt sich solange ziellos, bis sie in Kontakt mit chemischen Molekülen kommt, die auf die Nähe von Nahrung hindeuten, und bewegt sich dann in dieselbe Richtung weiter, bis sie die Nahrung aufnehmen kann. Ameisen entfernen sich auf der Nahrungssuche auf zufälligen Wegen vom Nest ihrer Kolonie und hinterlassen dabei schwache chemische Spuren.[143] Wenn eine Ameise eine Nahrungsquelle findet, kehrt sie zum Nest zurück und hinterlässt dabei eine stärkere Spur, der die anderen Ameisen ihrer Kolonie folgen können. Säugetiere gehen beim Erkunden gezielter vor als Urtierchen oder Insekten, ihr Vorgehen scheint wie dafür gemacht zu sein, verschiedene Arten von Informationen über ihre Umgebung zu erlangen. Durch das Erkunden erhalten sie Informationen über die generelle Beschaffenheit ihres Winkels der Welt: Nahrungsquellen, Raubtiere, Fluchtwege, mögliche Verstecke, sichere Orte zum Schlafen oder zur Aufzucht der

Jungen sowie die Gegenwart oder Abwesenheit anderer Mitglieder ihrer Gattung, egal ob Feinde, Freunde oder potenzielle Sexualpartner.[144]

Die systematischsten Untersuchungen des Erkundungsverhaltens wurden an Laborratten durchgeführt. Wenn eine Ratte in eine neue Umgebung gesetzt wird – meist eine große Wanne oder ein Labyrinth mit vielen Gegenständen, Wegen und Hindernissen – ist anfänglich die Angst der stärkste Trieb. Das Tier kauert bewegungslos in einer Ecke. Allmählich jedoch nimmt die Angst ab, und der Erkundungstrieb kommt zum Vorschein: Die Ratte fängt an, kurze Ausflüge zu machen. Bei jedem dieser Ausflüge stellt sie sich vielleicht auf die Hinterbeine, schaut sich um und schnüffelt, bevor sie zurück in die Ecke huscht. Mit der Zeit wird die Ratte mutiger, und der Radius ihrer Erkundungen wird größer, dabei schnüffelt sie überall und befühlt Gegenstände mit ihren Schnurrhaaren und Vorderpfoten. Auch nachdem sie die gesamte Umgebung erkundet hat, unternimmt die Ratte in regelmäßigen Abständen Kontrollgänge, um etwaige Veränderungen zu untersuchen. Wenn ein neuer Gegenstand in einer ansonsten bekannten Umgebung auftaucht, nähert sich die Ratte diesem zunächst vorsichtig und erkundet ihn, bis auch er wohlbekannt ist. Viele Experimente haben gezeigt, dass Ratten durch dieses Erkunden nützliche Informationen erhalten.[145] In einer Versuchsserie beispielsweise rannten Ratten, denen man zuvor die Möglichkeit gegeben hatte, ein komplexes Gelände zu erkunden, das über ein oder mehrere Verstecke verfügte, wesentlich schneller in ein Versteck, wenn man sie absichtlich erschreckte, als Ratten, die das Gelände zuvor nicht erkundet hatten.[146]

Der Großteil der Forschung zu menschlicher Neugier wurde mit Säuglingen, Kleinkindern und Vorschulkindern durchgeführt. In Hunderten von Experimenten wurde gezeigt, dass Säuglinge viel länger auf Szenen, die ihnen unbekannt sind, starren als auf solche, die sie bereits gesehen hatten. Diese Vorliebe für Neues ist so verlässlich, dass Forscher sie verwenden, um das Wahrnehmungs- und Erinnerungsvermögen von Säuglingen zu beurteilen. Säuglinge, die ein neues Muster oder Objekt erheblich länger anschauen als eines, das sie zuvor bereits gesehen haben, müssen den Unterschied zwischen beiden erkennen und sich auf irgendeiner Ebene daran erinnern, das alte bereits gesehen zu haben.[147] Auch schauen Babys viel länger Vorgängen zu, die den Gesetzen der Physik zuwiderzulaufen scheinen, als solchen, die diesen entsprechen.[148] Wenn sie die Möglichkeit haben, sowohl Gegenständen zuzuschauen, die nach unten fallen, als auch solchen, die nach oben fallen, wenn sie über die Kante eines Bretts geschoben werden, schauen bereits Babys im Alter von drei Monaten länger auf den ungewöhnlicheren Fall. In ihrem Streben, die Welt um sie herum zu verstehen, scheinen Babys eine Vorliebe für Ereignisse zu haben, die ihren Erwartungen zuwiderlaufen.

Mit etwa sechs Monaten fangen Babys an, sowohl ihre Augen als auch ihre Hände zum Entdecken zu benutzen. Sie greifen nach jedem neuen Gegenstand in ihrer Reichweite und halten ihn sich vor ihre Augen, wenden ihn von Seite zu Seite, nehmen ihn von einer Hand in die andere, reiben ihn, drücken ihn, ziehen an ihm, lassen ihn fallen, heben ihn wieder auf und gehen insgesamt so vor, als würden sie absichtsvoll die

Eigenschaften des Gegenstands untersuchen.[149] Diese Handlungen nehmen stark ab, wenn der Säugling sich mit einem bestimmten Gegenstand vertraut gemacht hat, kehren jedoch mit voller Stärke zurück, sobald der alte Gegenstand durch einen anderen, neuen ersetzt wird. Durch solche Handlungen lernen Babys die Eigenschaften und Möglichkeiten der Gegenstände in ihrer Umgebung rasch kennen. Sie lernen, wie man Gegenstände, je nach ihrer Beschaffenheit, zum Quietschen bringt, wie man sie auseinandernimmt, zu neuen Formen verbiegt, aufprallen lässt oder sie zerbricht. Während der Erkundungsphase ist das Gesicht des Babys ernst und angestrengt, wie das eines Gelehrten, der in ein Buch vertieft ist, oder eines Forschers, der fieberhaft mit Reagenzgläsern arbeitet; jede Entdeckung hingegen geht mit einem freudig überraschten Ausdruck von »Heureka!« einher. Wenn Sie die ungefilterten Gefühlsregungen der Neugier und der Erkenntnis sehen möchten, die sich auf dem Gesicht eines Forschers zeigen können, der seine Emotionen nicht versteckt, dann schauen Sie sich einfach ein normales neun Monate altes Baby an, das einen Gegenstand erkundet.

Wenn Kinder älter werden, nimmt ihre Neugier nicht etwa ab, sondern motiviert sie zu immer ausgefeilteren Methoden des Erkundens. Die Psychologin Laura Schulz und ihre Kollegen haben viele Experimente mit Kindern durchgeführt, die zeigen, wie Kinder versuchen, die Rätsel ihres Alltags zu lösen. In einem Experiment zeigten die Forscher Vierjährigen eine Kiste, aus der zwei Hebel herausragten.[150] Wenn man den einen Hebel drückte, tauchte durch eine Öffnung auf der Oberseite der Kiste eine Spielzeugente auf, bei Betätigung des anderen Hebels tauchte eine aus Strohhalmen gebastelte Puppe auf. Die Kiste wurde verschiedenen Kindern auf zwei unterschiedliche Weisen gezeigt. Bei der ersten Demonstrationsweise drückte die Experimentatorin jeden Hebel einzeln, so dass das Kind die Wirkung jedes Hebels sehen konnte. Bei der zweiten Demonstrationsweise drückte die Experimentatorin immer beide Hebel gleichzeitig, so dass das Kind nicht wissen konnte, welcher Hebel welchen Gegenstand steuerte. Dann erlaubte man den Kindern, mit der zweiarmigen Kiste oder einem anderen Spielzeug zu spielen. Das Ergebnis war, dass Kinder, die nur die gleichzeitige Vorführung der Hebel gesehen hatten, weitaus häufiger mit der Kiste spielten als mit dem anderen Spielzeug, während bei den anderen Kindern das Gegenteil der Fall war.

Die logische Schlussfolgerung ist, dass die Kinder, denen die Wirkung beider Hebel einzeln gezeigt wurde, nicht mehr so viel Interesse an der Kiste hatten, da es nur noch wenig für sie zu lernen gab. Im Gegensatz dazu wollten diejenigen, die nur die gleichzeitige Vorführung der Hebel gesehen hatten, die Kiste erkunden, um durch Ausprobieren der einzelnen Hebel herauszufinden, ob ein Hebel nun die Ente, die Puppe oder beide bewegte. Die Kinder wurden durch ihre Neugier dazu angeregt, zu erforschen, wie die Kiste funktioniert; großes Interesse an der Erzeugung bekannter Effekte hatten sie nicht. Das Experiment zeigt auch, dass Vierjährige zu einem recht differenzierten Ursache-Wirkungs-Denken in der Lage sind. Sie erkannten, dass sie, um die Funktionsweise der Kiste ganz zu verstehen, sehen mussten, was jeder Hebel einzeln bewirkte, und dass es nicht reicht, die Hebel gleichzeitig in Aktion zu sehen.

In einer anderen Versuchsreihe zeigten Schulz und ihre Kollegen, dass Unterricht das Erkunden beeinträchtigen kann.[151] Vier- und fünfjährigen Kindern wurde erlaubt, ein Spielzeug zu erkunden, das je nach Behandlungsweise vier verschiedene Effekte hervorbringen konnte. Es quietschte, wenn eine Röhre aus einer anderen herausgezogen wurde; es leuchtete auf, wenn ein kleiner Knopf betätigt wurde, der am Ende einer Röhre auf der Innenseite versteckt war; es spielte eine paar Töne, wenn ein bestimmter Teil eines kleinen gelben Kissens gedrückt wurde; und es zeigte das invertierte Bild eines Kindergesichts, wenn das Kind in eine der Röhren hineinschaute. Den Kindern in der Unterrichtsgruppe zeigte und erklärte der Versuchsleiter, wie sie einen der Effekte – das Quietschen – auslösen könnten. In der Versuchsleiter-Spiel-Gruppe quietschte der Versuchsleiter mit dem Spielzeug, aber er tat nicht so, als wolle er dem Kind etwas beibringen, sondern als brächte er es einfach nur aus Freude zum Quietschen. In der Kontrollgruppe tat der Versuchsleiter nichts mit dem Spielzeug, bevor er es dem Kind gab. Das Ergebnis war, dass die Kinder in der Kontrollgruppe und der Versuchsleiter-Spiel-Gruppe anschließend viel mehr Zeit mit dem Erkunden des Spielzeugs verbrachten und mehr Effekte entdeckten als die Kinder in der Unterrichtsgruppe. Offenbar kamen die Kinder in der Unterrichtsgruppe häufiger zu dem Schluss, dass das Spielzeug nichts als Quietschen könne, da dies alles war, was der Versuchsleiter ihnen gezeigt hatte. Jene in den nicht unterrichteten Gruppen hatten keinen Grund zur Annahme, der Versuchsleiter habe ihnen alles gezeigt, was man über das Spielzeug wissen könne, und deshalb untersuchten sie es eingehender, um dessen Möglichkeiten zu erforschen.

Es besteht Grund zur Annahme, dass der hemmende Effekt von Unterricht auf Neugier auch in Schulen ständig auftritt. Ein Lehrer zeigt Schülern einen Lösungsweg für ein mathematisches Problem, und die Schüler gehen davon aus, dies sei der einzige Weg. Sie suchen nicht nach alternativen Lösungswegen (auch wenn sie es dürften, was häufig nicht der Fall ist), und lernen daher nicht, die gesamte Dimension des Problems zu erfassen und die ganze Kraft mathematischer Operationen zu schätzen. Letztlich beraubt man sie der Freude des eigenen Entdeckens in der Welt der Zahlen, und sie lernen nicht, über das hinauszudenken, was ihnen beigebracht wurde.

Verspieltheit: Der Drang, zu üben und zu erschaffen

Auch die Verspieltheit (der Spieltrieb) dient dem Erwerb von Bildung und ergänzt sich somit mit der Neugier. Während Neugier Kinder dazu motiviert, neues Wissen und neue Erkenntnisse zu erlangen, motiviert Verspieltheit sie dazu, neue Fertigkeiten zu üben und auf kreative Weise einzusetzen. Neugier führte die Kinder in Mitras Experimenten zum Computer und ließ sie diesen ausprobieren, um dessen Eigenschaften kennenzulernen. Verspieltheit brachte sie dann dazu, sich Geschicklichkeit im Umgang mit diesen Eigenschaften zu erwerben und diese für ihre eigenen, kreativen Zwecke zu nutzen. Nachdem sie beispielsweise das Malprogramm des Computers kennengelernt hatten, spielten die Kinder ausführlich damit und malten Bilder damit, die nicht auf programmierten Eigenschaften des Computers basierten, sondern ihre eigenen Werke waren. Gleichermaßen nutzten viele Kinder das Textverarbeitungsprogramm, nachdem sie sich damit vertraut gemacht hatten, um nur zum Spaß eigene kurze Texte zu schreiben. Dabei verfeinerten sie ihre Fähigkeiten im Malen und Schreiben am Computer.

In einer Reihe klassischer Forschungsarbeiten dokumentierten die britischen Entwicklungspsychologinnen Miranda Hughes und Corrine Hutt die Verhaltensunterschiede zwischen Erkundung und Spiel bei Zweijährigen.[152] Ein typisches Kind, dem man in dieser Studie ein neues, kompliziertes Spielzeug gab, untersuchte dieses zunächst eingehend und zeigte dabei ein ernstes Gesicht, wobei das Kind das Spielzeug mit den Augen fixierte. Während das Kind das Spielzeug manipulierte, um dessen Eigenschaften zu entdecken, blieb es weiterhin fokussiert und konzentriert; manchmal, wenn neue Entdeckungen gemacht wurden, kam auch Freude dazu. Erst nachdem es das Spielzeug für eine Weile erkundet hatte, fing das Kind damit zu spielen an, indem es wiederholt bekannte Effekte produzierte oder es in ein Fantasiespiel einbezog. Der Übergang von Erkundung zu Spiel war gekennzeichnet durch die Veränderung von einem fokussierten, ernsthaften Gesichtsausdruck hin zu einem entspannteren, lächelnden Ausdruck. Der Übergang zeigte sich auch durch eine Veränderung der Herzschlagfrequenz. Während der Erkundungsphase war die Herzfrequenz langsam und gleichmäßig, was auf höchste Konzentration hindeutet; während des Spiels wurde sie variabel, was auf eine entspanntere Haltung schließen lässt. Während der Erkundungsphase blendete das Kind die Forscherin und andere mögliche Ablenkungen aus, während des Spiels war das Kind eher bereit, mit der Forscherin zu interagieren und andere Ereignisse und Gegenstände ins Spiel einzubeziehen.

Spiel ist unter Tieren nicht so weit verbreitet wie Erkundungsverhalten, aber es scheint bei allen Säugetierarten sowie bei einigen Vogelarten vorzukommen. Biologisch und evolutionär betrachtet, ist Spiel die Art und Weise, wie die Natur sicherstellt, dass junge Säugetiere, so auch junge Menschen, jene Fähigkeiten einüben und entwickeln, die sie zum Überleben und Gedeihen in ihrer natürlichen Umgebung brauchen. Die Einübungstheorie des Spiels wurde vor mehr als einem Jahrhundert von dem deutschen Philosophen und Naturforscher Karl Groos in den beiden Büchern »Die Spiele der Tiere« (1896) und die »Spiele der Menschen« (1899) formuliert, belegt und weiterentwickelt.

Was sein Denken über Evolution und Spiel betrifft, war Groos seiner Zeit voraus. Er verstand die Schriften Charles Darwins und hatte ein differenziertes modernes Verständnis von Instinkten. Er erkannte, dass Tiere, insbesondere Säugetiere, erst in unterschiedlichem Maß lernen müssen, ihre Instinkte zu benutzen. Junge Säugetiere kommen mit den biologischen Trieben und Tendenzen (Instinkten), sich auf bestimmte Weise zu verhalten, auf die Welt; um jedoch erfolgreich zu sein, müssen diese Verhaltensweisen erst geübt und verfeinert werden. Das Spiel von Tieren ist Groos zufolge im Wesentlichen ein Instinkt zur Einübung anderer Instinkte. Er schrieb: »Nun tritt der

Gedanke hervor, dass möglicherweise die Jugendzeit um der Spiele willen da ist. Die Thiere würden dann nicht, wie man früher dachte, spielen, weil sie jung und fröhlich sind, sondern man müsste sagen: die Thiere haben eine Jugendzeit, damit sie spielen können; denn nur so ist es ihnen möglich, die – sich allein ungenügenden – ererbten Bahnen durch individuelle Erfahrung rechtzeitig so zu vervollkommnen, dass sie den Aufgaben des Lebens gewachsen sind.«[153] In Einklang mit seiner Theorie teilte Groos das Spiel von Tieren in Kategorien ein, die der Art von Fähigkeiten entsprechen, die das Spiel fördert, darunter »Bewegungsspiele« (Rennen, Springen, Klettern, in Bäumen schwingen usw.), »Jagdspiele«, »Kampfspiele« und »Pflegespiele« (spielerisches Versorgen von Jungtieren). Zunächst einmal erklärt die Theorie von Groos, warum jüngere Tiere mehr spielen als ältere: Sie spielen mehr, weil sie noch mehr lernen müssen. Sie erklärt auch, warum Säugetiere mehr spielen als andere Tiergruppen. Insekten, Reptilien, Amphibien und Fische kommen mit eher starren Instinkten zur Welt. Angesichts ihrer Lebensweise müssen sie nicht viel lernen, um zu überleben, und es gibt wenig bis keine Belege dafür, dass sie spielen. Säugetiere hingegen haben anpassungsfähigere Instinkte, die erst noch durch das im Spiel stattfindende Lernen und Üben ergänzt und angepasst werden müssen.

Groos' Theorie erklärt auch die Unterschiede verschiedener Tierordnungen und Tierarten hinsichtlich ihrer Verspieltheit. Jene Tiere, die in ihrer Lebensweise am wenigsten auf starre Instinkte und am meisten aufs Lernen angewiesen sind, sind auch am verspieltesten. Unter den Säugetieren müssen die Primaten (Affen und Menschenaffen) am meisten lernen, deshalb sind sie auch die verspielteste aller Tierordnungen. Unter den Primaten müssen Menschen, Schimpansen und Bonobos (eine Menschenaffenart, die eng mit Schimpansen und Menschen verwandt ist) am meisten lernen – und sie sind auch die drei verspieltesten Arten. Auch unter den Säugetieren ist es so, dass Fleischfresser (zum Beispiel die Hunde- und Katzenartigen) insgesamt verspielter sind als Pflanzenfresser, höchstwahrscheinlich, weil erfolgreiches Jagen mehr Lernen erfordert als erfolgreiches Grasen. Von den Säugetieren abgesehen, sind Vögel die einzige andere Tierklasse, in der Spiel häufig beobachtet wurde. Die verspieltesten Vögel sind die Rabenvögel (Krähen, Elstern und Raben), Greifvögel (Habichte und ihre Verwandten) sowie Papageien. All dies sind langlebige Vögel mit einem größeren Verhältnis von Gehirn- zu Körpergewicht als andere Vögel, und sie zeigen eine große Flexibilität und Intelligenz in ihrem Sozialleben sowie bei der Nahrungssuche.[154]

Der Gedanke, dass der Zweck von Spiel in der Förderung des Fähigkeitenerwerbs besteht, hilft uns auch zu verstehen, warum verschiedene Tierarten auf verschiedene Weise spielen. Man kann das Spiel eines Tiers in erheblichem Maße voraussagen, wenn man weiß, welche Fähigkeiten es braucht, um zu überleben und sich fortzupflanzen. Löwenjunge und die Jungen anderer Raubtiere spielen Anpirschen und Verfolgen. Zebrafohlen, junge Gazellen und andere Tiere, auf die Jagd gemacht wird, spielen Fliehen und Zurseitespringen. Junge Affen schwingen sich im Spiel von Ast zu Ast. Bei Arten, wo Männchen um Weibchen wetteifern, sind die jungen Männchen mehr an spielerischen Kämpfen beteiligt als die jungen Weibchen. Und zumindest bei einigen Primatenarten kümmern sich die jungen Weibchen, nicht aber die jungen Männchen im Spiel um den Nachwuchs.

In »Die Spiele der Menschen« erweiterte Groos seine Erkenntnisse über das Spiel der Tiere auf den Menschen.[155] In der Tat üben junge Menschen, wenn man sie sich selbst überlässt, auf spielerische Weise jene Fähigkeiten ein, die sie brauchen, um als Erwachsene erfolgreich zu sein. Groos wies auch darauf hin, dass Menschen in weit höherem Maß als der Nachwuchs irgendeiner anderen Art verschiedene Fähigkeiten erlernen müssen, je nachdem in welcher Kultur sie aufwachsen. Aus diesem Grund, so sein Argument, habe die natürliche Selektion bei menschlichen Kindern zu dem starken Trieb geführt, die Tätigkeiten der Älteren zu beobachten und diese Tätigkeiten in ihr Spiel zu integrieren. In jeder Kultur spielen Kinder sowohl jene Arten von Tätigkeiten nach, die für Menschen überall wesentlich sind, als auch die kulturspezifischen Variationen dieser Tätigkeiten, die nur in ihrer Heimatkultur auftreten.

Als Erweiterung von Groos' Theorie präsentiere ich an dieser Stelle meine eigene Liste kulturübergreifend auftretender Arten von Kinderspiel und erläutere den Zusammenhang zwischen jeder dieser Spielarten und den grundlegenden menschlichen Überlebensfähigkeiten, die sie fördern.

Bewegungsspiel

Wie alle Säugetiere brauchen auch wir Menschen einen kräftigen Körper und eine gute Koordination. Wir entwickeln diese mit Hilfe von Bewegungsspielen wie Laufen, Springen, Verfolgen sowie Kampf- und Tobespielen, die dem Spiel anderer Säugetiere ähneln. Von sich aus heben Kinder keine Gewichte und gehen keine Runde laufen, um fit zu bleiben. Nichts wäre stumpfsinniger und ermüdender. Stattdessen ringen sie miteinander, kämpfen mit Spielschwertern oder jagen einander voller Freude bis zur Erschöpfung nach – und das viele Male am Tag, wenn man ihnen die Möglichkeit dazu lässt. Während einige Varianten des Bewegungsspiels, etwa das Fangenspiel, in allen Kulturen auftreten, gibt es andere, wie den Schwertkampf oder das Fahrradfahren, nur in Kulturen, in denen die entsprechenden Gerätschaften und Vorbilder existieren.

Sprachspiel

Der Mensch ist das Tier, das spricht. Deshalb spielen wir mit Sprache, um sprechen zu lernen. Kindern muss man eine Sprache nicht beibringen. Sie lernen sie von selbst, indem sie spielen. Mit etwa zwei Monaten fängt ein Kind an, wiederholte, langgezogene, vokalähnliche Gurr-Laute von sich zu geben: »Uuh-uuh-uuh, iih-ahhh-iih-ahhh«. Mit vier oder fünf Monaten verwandelt sich das Gurren allmählich in ein Brabbeln, da das Baby nun Konsonanten und Vokale aneinanderzuhängen beginnt: »Ba-ba-buu-ba, ga-da-da-da-badada«. Eine solche sprachähnliche Lautproduktion ereignet sich nur, wenn das Baby glücklich ist, sie ist strukturiert und eigenmotiviert – und sie findet nicht statt, um irgendetwas zu erreichen, sondern nur um ihrer selbst willen. All dies macht sie zu Spiel. Mit der Zeit ähneln die gebrabbelten Laute zunehmend den Lauten der Muttersprache des Kindes, und mit etwa einem Jahr spricht das Kind die ersten Wörter, die es manchmal wieder und wieder auf spielerische Weise wiederholt. Ab diesem Zeitpunkt wird das Sprachspiel des Kindes immer ausgefeilter und nimmt Formen an, die zunehmend von der jeweiligen Sprachkultur geprägt werden, in der das Kind aufwächst. Der spielerische Umgang mit Sätzen, Wörtern, Reimen, Alliterationen und alternativen grammatikalischen Konstruktionen hilft Kindern dabei, ihr wachsendes Verständnis aller Aspekte ihrer Muttersprache zu festigen. Hört man einem Kleinkind zu, wie es ganz für sich oder in erfundenen Dialogen mit Sprache spielt, so wird man in vielen Fällen Zeuge davon, dass das Einüben sprachlicher Konstruktionen für die Kinder eine freudige Herausforderung ist. Wenn das Sprachspiel bis ins Erwachsenenalter erhalten bleibt, sprechen wir von Poesie.

Erkundungsspiel

Als Homo sapiens, das weise Tier, wollen wir die Welt verstehen; um dieses Verständnis zu fördern spielen wir das Erkundungsspiel, in dem sich Forschen und Spielen verbinden. Weiter oben habe ich zwischen Erkunden und Spielen differenziert, aber nun möchte ich ergänzen, dass sich bei unserer Spezies beides häufig vermischt. Ein großer, wenn nicht sogar der überwiegende Teil des Kinderspiels besteht sowohl aus Erkunden als auch aus Spiel. Während Kinder beim Spielen Fähigkeiten entwickeln, sind sie weiterhin offen für neue Entdeckungen. In Mitras Experimenten entdeckten die Kinder, die bereits mit dem einen oder anderen Programm auf dem Computer spielten, weiterhin neue Anwendungsmöglichkeiten der betreffenden Software. Immer wenn Kinder oder Erwachsene sich mit Vorstellungskraft und Kreativität ans Entdecken bestimmter Sachverhalte machen, kombinieren sie dabei, wie ich im siebten Kapitel beschreiben werde, Spiel und Erkundung. Bei Erwachsenen nennt man das Wissenschaft.

Konstruktionsspiel

Der Mensch ist das Tier, das überlebt, indem es baut: Hütten, Werkzeuge, Gerätschaften für Kommunikation und Transport usw. Durch Konstruktionsspiel lernen wir das Bauen. Im Konstruktionsspiel versucht ein Kind, ein Objekt herzustellen, das es im Sinn hat. Ein Kind, das eine Sandburg baut, aus Bausteinen ein Raumschiff entstehen lässt oder eine Giraffe malt, ist in konstruierendem Spiel begriffen. In vielen Fällen sind die beim Konstruktionsspiel hergestellten Objekte Miniaturausgaben »wirklicher« Gegenstände, die von den Erwachsenen der jeweiligen Kultur gebaut und benutzt werden. Die Kinder von Jägern und Sammlern bauen verkleinerte Versionen von Hütten, Pfeil und Bogen, Netzen, Messern, Steinschleudern, Musikinstrumenten, Grabstöcken, Flößen, Strickleitern, Mörser und Stößel sowie Körben. Durch diese Art von Spiel entwickeln sie ihr bauliches Geschick und lernen bis sie erwachsen sind, gut gearbeitete, wirklich nützliche Gegenstände herzustellen. Konstruktionsspiel geschieht sowohl mit Dingen als auch mit Worten und Klängen: Überall konstruieren Menschen jeden Alters in ihrem Spiel Geschichten, Gedichte und Melodien. Konstruktionsspiel ist sowohl mit den Händen als mit dem Kopf möglich.

Fantasiespiel

Der Mensch ist das erfinderische Tier. Er kann sich Dinge ausdenken, die es nicht gibt, und an Dinge denken, die gerade nicht da sind. Mit Hilfe von Fantasie- und Rollenspielen trainieren wir unser Vorstellungsvermögen und schaffen die Grundlage für die Entwicklung logischen Denkens. Im Fantasiespiel treffen Kinder gewisse Aussagen über die Beschaffenheit ihrer Spielwelt und folgen dann in ihrem Spiel der Logik dieser Aussagen. Dabei entwickeln und trainieren sie das Vorstellungsvermögen, das es Menschen ermöglicht, Dinge zu berücksichtigen, die nicht unmittelbar vorhanden sind. Ebendies tun wir alle, wenn wir Zukunftspläne schmieden, und ebendies tun Wissenschaftler, wenn sie Theorien entwickeln, um Ereignisse in der wirklichen Welt zu erklären oder vorauszusagen – mehr dazu im siebten Kapitel.

Sozialspiel

Wir sind eine äußerst soziale Spezies und müssen mit anderen kooperieren, um zu überleben. Deshalb kennen wir viele Formen des Sozialspiels, in denen wir Kooperation und die zur sozialen Akzeptanz nötige Impulskontrolle lernen. Wenn Kinder gemeinsam fantasievolle Spiele spielen, dann trainieren sie nicht bloß ihre Vorstellungskraft. Sie verkörpern Rollen und üben sich darin, sich an gemeinschaftlich vereinbarte Vorstellungen davon, was angemessen sei und was nicht, zu halten. Sie üben sich auch in der Kunst des Verhandelns. In Verhandlungen darüber, wer welche Rolle spielt, wer welche Gegenstände benutzen darf und welches Szenario sie spielen, müssen alle Spieler eine Einigung erzielen. Mit anderen zurechtzukommen und Vereinbarungen zu treffen, gehört sicher zu den wertvollsten Fähigkeiten, durch die das Überleben der Menschen sichergestellt wird – und Kinder üben diese Fähigkeiten in ihrem Sozialspiel unentwegt ein. Im achten Kapitel werde ich ausführlicher auf das Sozialspiel zu sprechen kommen.

Die vorstehend aufgeführten Spielarten schließen einander nicht aus. Es sind funktionsorientierte Kategorien, das heißt, sie beziehen sich auf die verschiedenen Funktionen, die Spiel haben kann. Auf jede Spielart kann mehr als eine Funktion zutreffen. Wenn eine Gruppe von Kindern draußen gemeinsam spielt, kann dies gleichzeitig Bewegungs-, Sprach-, Erkundungs-, Konstruktions-, Fantasie- und Sozialspiel sein. In der Gesamtheit seiner Varianten sorgt Spiel dafür, dass wir zu funktionsfähigen, wirksamen Menschen heranwachsen. Überall, wo man Kinder Freiheit und Zugang zu anderen Kindern gewährt, spielen Kinder auf all diese Arten. Die spezifischen Details unterscheiden sich jedoch von Kultur zu Kultur. Im Einklang mit Groos' Theorie spielen Kinder insbesondere jene Aktivitäten nach, die in ihrer Kultur besonders wertgeschätzt werden. Kinder in Jäger-und-Sammler-Kulturen spielen Jagen und Sammeln. Kinder in bäuerlichen Gemeinschaften hüten im Spiel Tiere und bauen Pflanzen an. Kinder in modernen westlichen Kulturen spielen Spiele, in denen Buchstaben und Zahlen eine Rolle spielen, und sie spielen mit Computern und anderen modernen technischen Geräten.

Ich würde sogar noch weiter gehen als Groos und hinzufügen, dass Kinder von Natur aus motiviert sind, nicht nur jene Fähigkeiten spielerisch einzuüben, die von den Erwachsenen in ihrer Umgebung häufig ausgeübt und hochgeschätzt werden, sondern auch und vor allem jene neuen Fähigkeiten, die in ihrer Kultur mit Innovation in Verbindung gebracht werden. Deshalb erlernen Kinder den Umgang mit neuen Techniken meist auch schneller als ihre Eltern. Aus evolutionärer Sicht ist dies kein Zufall. Intuitiv und genetisch bedingt erkennen Kinder, dass die wichtigsten Fähigkeiten, die sie sich erwerben können, jene sind, die in Zukunft von zunehmender Bedeutung sein werden, und dass die Fähigkeiten ihrer eigenen Generation sich durchaus von denen der Elterngeneration unterscheiden können. Der Wert dieser Affinität zu Neuem zeigt sich besonders in der heutigen Zeit, in der Technik und die Fähigkeiten, die zu ihrer Beherrschung erforderlich sind, so schnellem Wandel unterliegen.

Geselligkeit und der natürliche Trieb, Informationen und Ideen zu teilen

Bei den Versuchen, die Mitra in Indien durchführte, sorgte Neugier dafür, dass Kinder sich dem Computer näherten und ihn ausprobierten, Verspieltheit dafür, dass sie im Umgang mit ihm immer geschickter wurden, und Geselligkeit dafür, dass neues Wissen und neue Fähigkeiten in Windeseile von Kind zu Kind weitergegeben wurden.[156] Wenn ein Kind in Mitras Studie eine Entdeckung machte, etwa wie man Dokumente aus dem Internet herunterlädt, dauerte es nicht lange, bis alle Kinder in der Nähe von dieser Entdeckung wussten. Von einem dieser Kinder, das einen Freund in einer anderen Gruppe hatte, sprang der Funke der Erkenntnis dann zu dieser anderen Gruppe über – und so weiter, bis das Lauffeuer jedes einzelne der rund dreihundert Kinder, die den Computer zeitweise nutzten, erreicht hatte. Jede Entdeckung eines Kindes wurde zur Entdeckung aller Kinder im Netzwerk. Während ich diese Zeilen schreibe, arbeitet eine Allianz aus IT- und Medienkonzernen an einem Projekt namens »One Laptop per Child«, um weltweit die Alphabetisierungsrate voranzutreiben und Zugang zu Wissen zu schaffen. Mitra zufolge brauchen wir jedoch gar nicht einen Laptop pro Kind. Kinder lernen mehr, wenn sie sich einen Computer teilen und voneinander lernen.

Andere Forschungsarbeiten bestätigen Mitras Beobachtung, dass Kinder gemeinsam mehr lernen als allein. In diesem Kapitel habe ich bereits zwei Experimente beschrieben, mit denen Laura Schulz das Erkunden Vierjähriger untersucht hat. Hier ist ein weiteres:[157] Schulz und ihre Kollegin ließen Vierjährige ein Spielzeug erkunden, das zwei bunte Zahnräder hatte, die sich beide bewegten, wenn ein Schalter, der einen im Spielzeug versteckten Motor steuerte, umgelegt wurde. Um sie zum Erkunden zu animieren, wurde den Kindern vom Experimentator die Frage gestellt, was wohl die Drehung jedes

Zahnrads verursache. Treibe der Motor das Rad A an, welches dann Rad B drehe? Sei es genau umgekehrt? Oder treibe der Motor beide Zahnräder unabhängig voneinander an? Die Kinder konnten dieses Rätsel lösen, indem sie jeweils ein Rad abnahmen und schauten, was mit dem anderen Rad geschah, wenn sie den Schalter betätigten, aber sie mussten selbst auf diesen Lösungsweg kommen. Schulz und ihre Kollegin fanden heraus, dass Kinder, die zu zweit erkundeten, die Lösung mit sehr viel größerer Wahrscheinlichkeit fanden als Kinder, die alleine erkundeten. Zu zweit tauschten sie sich beim Erkunden über ihr Wissen aus, so dass die Erkenntnis eines Kindes beiden zur Verfügung stand.

Wir Menschen verfügen über viele biologische Anpassungsmechanismen, die dafür sorgen, dass wir ganz natürlich, ja sogar automatisch von anderen in unserer Nähe lernen. Einer dieser Anpassungsmechanismen ist das Blickfolgen (engl. *gaze following*), also das reflexartige Erkennen des Blickziels eines Gegenübers an dessen Blick. Wenn wir uns einer anderen Person zuwenden, richten wir unsere Augen reflexartig, also automatisch, auf denselben Punkt, auf den auch die andere Person blickt. Dieser Reflex hilft uns, zu verstehen, worüber andere nachdenken oder sprechen. Wenn jemand sagt: »Oh, das ist ja schön«, wissen wir deshalb meist sofort, was gemeint ist. Am ausführlichsten wurde das Blickfolgen bei Säuglingen und Kleinkindern erforscht. Mit etwa sechs Monaten beginnen Babys, alles anzuschauen, was ihre Betreuungsperson in der näheren Umgebung anschaut.[158] Dieser Reflex stellt sicher, dass Babys im Wesentlichen auf jene Gegenstände und Ereignisse in ihrer Umgebung blicken und achten, mit denen sich ihre Betreuungsperson befasst, da diese zu den möglicherweise wichtigsten Dingen gehören, die man in ihrer Kultur kennenlernen kann. Das Blickfolgen hilft Säuglingen auch beim Spracherwerb. Wenn ein Baby hört, wie seine Mutter ein neues Wort ausspricht, etwa »Tisch«, hat das Baby die Möglichkeit, zu lernen, was dieses Wort bedeutet, wenn es auf denselben Gegenstand blickt wie seine Mutter.[159]

Bei keinem Tier tritt das Blickfolgen so intensiv auf wie beim Mensch. Vielleicht ist die einzigartige Färbung unserer Augen sogar ein Resultat der natürlichen Auslese, das es uns ermöglicht, den Blicken unseres Gegenübers besser zu folgen und uns somit besser zu verständigen. Die relativ dunkle, runde, blaue, grüne oder braune Iris des menschlichen Auges wird durch das helle Weiß des restlichen sichtbaren Teils des Augapfels (der Sklera) hervorgehoben, wodurch unsere Blickrichtung für andere leicht erkennbar ist. Andere Primaten wie Schimpansen und Bonobos haben eine dunkle Sklera, die sich nicht von der Iris abhebt. Auch Schimpansen und Bonobos folgen der Blickrichtung ihres Gegenübers und können dadurch lernen, aber ihr Blickfolgen erfolgt weniger automatisch als das der Menschen. Es ist auch weniger präzise, da es nicht auf Augenbewegungen, sondern ausschließlich auf dem Verfolgen von Kopfbewegungen beruht.[160]

Die größte menschliche Anpassung zum Zweck sozialen Lernens ist zweifelsohne die Sprache. Der Spracherwerb findet bei Säuglingen und in der frühen Kindheit durch Sprachspiele statt, sodann benutzen wir Sprache für den Großteil unseres sozialen Lernens. Sprache ermöglicht uns nicht nur, uns über das Hier und Jetzt auszutauschen, sondern auch über Vergangenes, Zukünftiges, Entferntes und Hypothetisches – wozu kein anderes Tier in der Lage ist. Der Philosoph Daniel Dennet drückte es so aus: »Vergleiche zwischen unserem Gehirn und den Gehirnen von Vögeln oder Delphinen haben praktisch keinen Wert, da unsere Gehirne sich faktisch zu einem einzigen kognitiven System vereinen, das alle anderen in den Schatten stellt. Sie werden von einer Innovation verbunden, die einzig in unser Gehirn vorgedrungen ist: der Sprache.«[161]

Hört man Alltagsgesprächen von Menschen jeden beliebigen Alters mit derselben unvoreingenommen Haltung zu, mit der man den Gesprächen Außerirdischer lauschen würde, ist man verblüfft über die Kraft der Sprache und die Menge an Informationen, die in jeder Minute ausgetauscht werden. Mit fortschreitendem Alter wird der Sprachgebrauch von Kindern zunehmend komplexer, ebenso wie die Ideen, über die sie sich austauschen und die sie in ihren Gesprächen entwickeln. Für ihre Masterarbeit in Bildungswissenschaften zeichnete Rhonda Goebel die Alltagsgespräche von Schülern einer Schule in Illinois auf, die nach dem Vorbild der Sudbury Valley School gestaltet war, und analysierte sie.[162] Im Folgenden gebe ich einen Ausschnitt aus einem dieser Gespräche wieder. Wie bei den meisten nicht redigierten Gesprächen so ist es auch bei diesem etwas mühsam, der Unterhaltung zu folgen, ohne die unterstützenden Gesten zu sehen, aber Sie werden sich schon zurechtfinden. Während Sie den Ausschnitt lesen, bedenken Sie, welch komplizierte Ideen diese jungen Menschen mit relativ wenigen Worten ausdrücken und was sie dabei, ohne Anleitung durch einen Lehrer oder ein Lehrbuch und ohne Bewertung durch eine Prüfung, wohl lernen mögen. Latrice (sechzehn), Pete (zwölf), Deena (vierzehn) und Bethany (fünfzehn) unterhalten sich über Latrices Anliegen, die Pelzindustrie abzuschaffen (alle Namen wurden geändert):

Pete: Sagen wir mal so, ein Bauer hat eine Weide mit Kühen, und er hat ein paar Schweine, so lebt er. [...] Ich denke, genau so macht es der Bauer. Das ist sein Leben, das ist seine Arbeit.

Latrice: Wir reden hier nicht von der Fleischindustrie. Wir reden von der Pelzindustrie. Das sind zwei verschiedene Sachen.

Deena: Du kannst gern Fleisch essen, um zu leben, wenn du willst.

Latrice: Aber du trägst es als Mantel, um zu sagen: »Bin ich nicht etwas Besonderes?«

Pete: Ich würd's nicht machen.

Bethany: Ich versteh' nicht, worüber ihr euch streitet.

Latrice: Wir streiten uns darüber, dass Pete sagt, Leute, die Pelz tragen, und Leute, die Pelzfarmen haben – das ist ihre Sache und ihre Entscheidung, wenn sie das so wollen. Was komplett absurd ist, weil es nicht ihre Entscheidung ist, ein Tier zu töten. Ich denke, es sollte nicht ihre Entscheidung sein.

Pete: Du denkst, es sollte nicht so sein, aber es ist so.

Bethany: Es ist ja nur seine Meinung.

Latrice: Pete, nach dem Gesetz stimmt das, aber nach dem Gesetz ist auch Tiermisshandlung ein Verbrechen, also jetzt in Illinois. Ist es nicht irgendwie absurd,

> dass man eine Pelzfarm haben kann und die Tiere vergasen, ihnen das Genick brechen und sie mit Stromstößen töten kann – und das gilt dann nicht als Misshandlung?! Alles war mal gesetzlich erlaubt. Es war mal die persönliche Sache von jedem einzelnen, einen anderen Menschen als Sklaven zu haben, als Eigentum. Es war mal nur die Sache von Männern, wählen zu gehen. [...] Das Gesetz ist nur das, was gerade gesagt wird. Das sagt uns nichts darüber, was richtig und falsch ist. [...] Du vertrittst hier eine krasse Meinung, und ich erwarte, dass du sie irgendwie begründen kannst.

Im weiteren Verlauf des Gesprächs ging es dann um verwandte Themen wie den Zweck von Gesetzen, den Unterschied zwischen Gesetz und Moral sowie die Frage, welche Arten von Freiheit in einer Demokratie gelten oder eingeschränkt werden sollten. Es handelt sich um ganz normale Kinder, die hier miteinander sprechen, aber sie setzen sich mit abstrakten intellektuellen und moralischen Konzepten auseinander und fordern einander heraus, klarer zu denken und sich klarer auszudrücken. Kinder, die einfach »nur quatschen«. Das geschieht ständig und hat einen entscheidenden Anteil an der Bildung junger Menschen, insbesondere wenn diese ab etwa elf oder zwölf Jahren genauso motiviert sind, die Denkweisen anderer zu erkunden, wie Vierjährige motiviert sind, Spielzeuge mit ihren Händen zu erkunden.

Wie Schulen den Bildungstrieb der Kinder ausbremsen

Warum entfachen Schulstunden nicht dieselbe Begeisterung und warum breiten sich neue Erkenntnisse nicht auf die gleiche Weise aus, wie Mitra dies bei verarmten Kindern in Indien beobachtete, die mit öffentlichen Computern spielten? Ohne Weiteres fallen einem mögliche Antworten ein: Kinder dürfen in der Schule nicht ihren eigenen Interessen folgen oder diese Interessen nicht auf ihre eigene Weise verfolgen. Kinder werden in der Schule praktisch durchgängig bewertet, und das Bemühen, gute Noten zu erzielen und dem Lehrer zu gefallen – oder für manche auch das Bemühen dem Lehrer durch Rebellion zu missfallen – hat Vorrang vor der Möglichkeit, eigene Interessen zu entwickeln, und unterwandert diese. Kindern wird in der Schule häufig nur ein Lösungsweg für eine Aufgabe gezeigt und man macht sie glauben, andere Wege seien falsch. Dadurch beraubt man sie der Möglichkeit, selbst spannende Entdeckungen zu machen. Des weiteren verhindert, worauf Mitra selbst hinwies, die Alterstrennung der Kinder in der Schule die Vielfalt von Vorwissen und Fähigkeiten, die eine wesentliche Voraussetzung für selbstbestimmtes Lernen von anderen ist.[163]

Neugier, Verspieltheit und tiefe Gespräche werden in der Schule verhindert – denn dazu ist Freiheit notwendig. Die Psychologin Susan Engel und ihre Kollegen führten eine Beobachtungsstudie in den Klassenzimmern von Vorschülern und Fünftklässlern in den Vereinigten Staaten durch und stellten fest, dass die Kinder in keiner der Altersgruppen viel Neugier für irgendetwas zeigten, das sie lernen sollten.[164] Wenn die Kinder

Fragen stellten, dann fragten sie nach den Regeln und Anforderungen, zum Beispiel wie viel Zeit sie für eine Aufgabe hätten, nicht nach dem Gegenstand selbst. Fragen zum Unterrichtsgegenstand wurden fast ausschließlich von den Lehrkräften gestellt und die Aufgabe der Schüler bestand darin, die Antworten zu erraten, die die Lehrkräfte hören wollten. Wenn Schüler doch einmal einen Anflug von Interesse zeigten, bremste die Lehrkraft dieses Interesse häufig aus, um mit der Aufgabe weitermachen zu können.

Während beispielsweise zwei Vorschulkinder Buchstaben auf einem Arbeitsblatt nachzeichneten, hielten sie inne, um sich ein paar Eisstiele anzuschauen, auf die kurze Rätsel gedruckt waren und die zufällig auf dem Tisch lagen. Als die beiden Mädchen begannen, die Rätsel entziffern und lösen zu wollen, was sie ernsthaft interessierte, nahm ihnen die Lehrkraft die Stiele weg und sagte »Lasst uns die erstmal zur Seite tun, damit ihr eure Buchstaben fertig schreiben könnt.« Ein weiteres Beispiel stammt aus dem Unterricht einer fünften Klasse, Thema war die frühe Benutzung von Rädern im alten Ägypten zum Transport von Lasten. Die Lehrkraft gab jeder Kleingruppe eine Holzplatte, einige Blöcke, die auf der Platte transportiert werden sollten, eine Schnur, einige kleine Holzräder, ein Lineal und ein Aufgabenblatt, das beschrieb, was sie mit diesen Gegenständen tun sollten. Als eine Gruppe anfing, mit den Gegenständen auf eine Weise zu experimentieren, die nicht im Aufgabenblatt aufgeführt war, sagte die Lehrkraft ohne jeden Anflug von Ironie: »Kinder, ich gebe euch in der Pause Zeit zum Experimentieren. Jetzt ist die Wissenschaft dran.«

Das ist es im Wesentlichen, worum es in der Schule geht: Neugier und Begeisterung werden unterdrückt, damit Schüler ihre Aufgaben in der vorgegebenen Zeit erledigen können. Es ist kein Wunder, dass sich die Kinder umso weniger für die unterrichteten Themen interessieren, je länger sie in der Schule sind. Das mit jedem Schuljahr abnehmende Interesse für sämtliche Fächer, schulische Arbeit im Allgemeinen und Naturwissenschaften im Besonderen, wurde von vielen großangelegten Studien bestätigt.[165] Eine Studie deutet jedoch darauf hin, dass diese Interessensabnahme nicht unvermeidbar ist.[166] In dieser Studie wurde das Interesse für Naturwissenschaften von Fünft- bis Achtklässlern aus verschiedenen öffentlichen Schulen in Israel untersucht. Schüler an herkömmlichen öffentlichen Schulen zeigten den typischen Rückgang des Interesses, während dies bei Schülern an sogenannten demokratischen öffentlichen Schulen nicht der Fall war. Tatsächlich nahm an den demokratischen Schulen das Interesse für Naturwissenschaften von Jahr zu Jahr zu. In der achten Klasse war das naturwissenschaftliche Interesse an demokratischen Schulen substanziell und signifikant höher als an normalen Schulen. »Demokratische« Schulen in Israel sind bei weitem nicht so demokratisch oder offen für selbstbestimmtes Lernen wie die Sudbury Valley School, aber sie sind sehr viel flexibler in der Anwendung der Lehrpläne als die herkömmlichen Schulen. Beispielsweise erlauben die Lehrkräfte an diesen israelischen demokratischen Schulen den Schülern im naturwissenschaftlichen Unterricht mitunter, tatsächlich selbst zu experimentieren, statt nur den Schritten eines Arbeitsblatts zu folgen.

7 DER VERSPIELTE GEIST

Vor etwa dreißig Jahren führte ein Team von Psychologen unter der Leitung von James Michaels von der Virginia Polytechnic and State University ein einfaches Experiment in einem alltäglichen Umfeld durch. Die Forscher hielten sich in einer Billardhalle der Universität auf und schauten zu, wie die Studierenden dort zum Vergnügen ein paar Partien spielten. Zunächst schauten sie unauffällig zu und zählten bei jedem Spieler den Anteil der erfolgreichen Stöße, um die Spieler als Experten oder Anfänger kategorisieren zu können. Dann kamen sie näher an die Tische heran und beobachteten das Spiel auf eine Weise, die es für die Spieler offensichtlich machte, dass sie deren Leistung beurteilen wollten. Sie taten dies bei verschiedenen Spielern und verschiedenen Spielen. Das Ergebnis war, dass die Billard-Experten unter genauer Beobachtung noch besser spielten als ohne Beobachtung, während sich bei den Anfängern der gegenteilige Effekt zeigte. Insgesamt stieg die durchschnittliche Erfolgsrate der Experten unter Beobachtung von 71 auf 80 Prozent, während sie bei den Anfängern von 36 auf 25 Prozent sank.[167]

Andere Experimente haben bei einer großen Vielfalt beobachteter Tätigkeiten ähnliche Ergebnisse gezeitigt. Wenn die Forschungssubjekte glauben, ihre Leistung werde beobachtet und bewertet, werden die Erfahrenen besser und die weniger Erfahrenen schlechter. Die lähmende Wirkung von Beobachtung und Bewertung ist bei geistigen Aufgaben wie dem Lösen schwieriger Mathematikprobleme oder dem Formulieren von Gegenargumenten zu den Ansichten klassischer Philosophen sogar noch größer als bei körperlichen Tätigkeiten wie dem Billardspiel.[168] Wenn die Aufgabe kreatives Denken oder das Erlernen einer schwierigen Fertigkeit beinhaltet, hemmt die Gegenwart einer beobachtenden oder bewertenden Person fast alle Teilnehmenden.[169] Je höher der Status des Bewertenden und je folgenreicher die Bewertung, desto größer die Lernhemmung.

Vieles spricht dafür, dass dieses Prinzip, demzufolge Bewertung die Leistung der Geübten steigert und die Leistung der Lernenden hemmt, auch für Schüler in der Schule gilt. Schulen sollten doch eher Orte des Lernens und Übens sein als Orte, die der Prahlerei und Zurschaustellung von Wissen und Fähigkeiten dienen. Dennoch sind Schulen mit ihrer unablässigen Überwachung und Bewertung von Schülerleistungen wie dafür gemacht, leistungsstarke Schüler zu fördern, aber das Lernen ansonsten zu behindern. Diejenigen, die die schulischen Anforderungen bereits zu erfüllen gelernt haben, zu Hause etwa, erzielen in einer solchen Umgebung meist gute Leistungen, während die anderen in der Regel untergehen. Das Bewertungsregime treibt einen Keil zwischen jene, die bereits wissen, wie etwas geht, und jene, die dies nicht wissen: Erstere werden nach oben gezogen, letztere nach unten gedrückt. Bewertung hat diese schädliche Wirkung, weil sie eine Geisteshaltung hervorbringt, die das Gegenteil eines spielerischen Geisteszustands ist, der die optimale Grundlage für das Erlernen neuer Fertigkeiten, das Lösen neuer Probleme und jede kreative Tätigkeit ist. In diesem Kapitel geht es um die Kraft des Spiels. Zunächst werde ich vier allgemeine Einsichten der psychologischen Forschung erörtern, die meiner Ansicht nach die bildende Kraft des Spiels veranschaulichen. Danach stelle ich eine Definition von Spiel vor und erläutere, wie jedes der definierenden Merkmale zur Kraft des Spiels beiträgt.

Die Kraft des Spiels: vier Schlussfolgerungen

Die vier Schlussfolgerungen, die ich im Folgenden erörtere, sind jeweils durch eine Vielzahl von Experimenten belegt. Unter Psychologen, die sich mit Lernen und Leistung beschäftigen, sind sie zwar weithin bekannt, unter Bildungspraktikern jedoch eher nicht. In ihrer Gesamtheit zeigen sie, dass Lernprozesse, das Lösen von Problemen und Kreativität an sich durch Eingriffe, die Verspieltheit behindern, beeinträchtigt und durch Eingriffe, die Verspieltheit fördern, gesteigert werden.[170]

Leistungsdruck behindert das Lernen

Diese Schlussfolgerung wird durch Forschungsarbeiten wie der zu Beginn dieses Kapitels beschriebenen gestützt. Ein einfacher Weg, in einer Untersuchung Leistungsdruck zu erzeugen, besteht darin, die Leistung auf eine für die Ausführenden offensichtliche Weise zu beobachten und zu bewerten. Dutzende Experimente haben gezeigt, dass solcher Druck die Leistung bei jenen verringert, die noch nicht sehr kompetent in der Erledigung einer Aufgabe sind oder diese gerade erst erlernen. Jene, die sich spielerisch mit Billard, Matheproblemen oder philosophischen Gegenargumenten beschäftigen, schneiden besser ab als jene, die versuchen, eine bewertende Person zu beeindrucken – es sei denn, sie sind bereits sehr kompetent in der betreffenden Tätigkeit.

Der Druck, kreativ sein zu müssen, hemmt Kreativität

Die Psychologin Theresa Amabile hat den Großteil ihrer bemerkenswerten Karriere an der Brandeis University der Erforschung von Kreativität gewidmet. In einem für ihre Forschung typischen Experiment würde sie beispielsweise Gruppen von Kindern oder Erwachsenen bitten, innerhalb einer bestimmten Zeit eine kreative Aufgabe zu erledigen, etwa ein Bild zu malen, eine Collage zu erstellen oder ein Gedicht zu schreiben. In jedem ihrer Experimente versuchte sie zudem, die Motivation der Teilnehmenden mit Hilfe einer bestimmten Intervention zu erhöhen. Etwa erzählte sie nur einigen Teilnehmenden, dass das Ergebnis ihrer Bemühungen bewertet und eingestuft würde, dass es zu einem Wettbewerb eingereicht würde oder dass es für besonders kreative Arbeiten einen Preis gäbe – den anderen erzählte sie dies nicht.

Wenn die Teilnehmenden ihre Werke fertiggestellt hatten, ließ sie deren Kreativität von einer Jury bewerten, die nicht von den experimentellen Interventionen wusste. Kreativität ist schwer zu definieren, aber die Mitglieder der Jury zeigte einen erheblichen Grad an Übereinstimmung in ihren Bewertungen. Die höchsten Bewertungen vergaben sie für Exponate, die originell und überraschend waren, gleichzeitig jedoch auch überzeugend, bedeutsam und schlüssig wirkten.

Das übergeordnete Ergebnis dieser Experimente war dieses: Jede Intervention, die den Anreiz, kreativ zu sein, erhöhen sollte, führte dazu, dass Kreativität beeinträchtigt wurde.[171] In jedem Experiment wurden die kreativsten Exponate von jenen produziert, die nicht zusätzlich motiviert worden waren – also jenen, die davon ausgingen, dass ihre Exponate nicht bewertet oder an Wettbewerben teilnehmen würden, und denen man keine Preise versprochen hatte. Sie dachten, sie würden das Werk nur um seiner selbst willen anfertigen – in der Terminologie dieses Kapitels gesprochen: Sie spielten.

Wenn man Menschen dazu bewegen möchte, stärker an einem Seil zu ziehen oder mit mehr Ausdauer einer langweiligen, monotonen Tätigkeit wie Kartoffeln schälen oder Texte abschreiben nachzugehen, dann kann man dies erreichen, indem man ihnen Anreize bietet. Wenn man sie an einem Wettbewerb teilnehmen lässt, sie deutlich sichtbar beobachtet oder sie für hervorragende Arbeit gut bezahlt, steigert sich ihre Leistung. Bei Kreativität funktioniert das jedoch nicht. Hohe Anreize scheinen den Vorgang eher zu behindern als zu befördern. Man kann nicht kreativ werden, indem man sich einfach nur sehr, sehr stark bemüht. Kreativität ist ein Funke, der entsteht, wenn die geistigen Voraussetzungen genau richtig sind – und hohe Anreize scheinen diese Voraussetzungen durcheinanderzubringen.

Amabile selbst weist darauf hin, dass die Ergebnisse ihrer Forschung für Menschen, die ihren Lebensunterhalt damit verdienen, kreativ zu sein, nicht überraschend sind. Viele äußerst erfolgreiche Schriftsteller, Künstler, Musiker und Dichter berichten davon, dass sie, um kreativ denken und arbeiten zu können, vergessen müssten, dem Publikum und ihren Kritikern gefallen, Preise gewinnen oder Tantiemen verdienen zu wollen. All solche Gedanken würden ihre Kreativität ersticken. Stattdessen müssten sie sich voll und ganz auf das Werk konzentrieren, das sie zu erschaffen versuchen – so als erschafften sie es um seiner selbst willen. Als beispielsweise der berühmte Romancier John Irving gefragt wurde, ob er sich beim Schreiben darüber Gedanken machte, ob sich das Buch einmal gut verkaufen würde, antwortete er: »Nein, nein, oh nein. Das geht nicht, das geht überhaupt nicht! […] Wenn man schreibt, sollte man nur an das Buch denken.«[172]

Eine spielerische Stimmung erhöht Kreativität und Problemlösungsfähigkeit

In einem Experiment, das nach den meisten von Amabiles klassischen Untersuchungen durchgeführt wurde, zeigte Paul Howard-Jones mit seinem Team eine Möglichkeit auf, künstlerische Kreativität zu steigern. In ihrem Experiment wurden kleine Kinder gebeten, Collagen zu erstellen, die dann von einer Jury auf ihre Kreativität hin bewertet wurden. Vor dem Erstellen der Collagen versetzte man einige Kinder in eine spielerische Stimmung, indem man sie fünfundzwanzig Minuten lang frei mit Salzteig spielen ließ. Die anderen Kinder verbrachten fünfundzwanzig Minuten mit einer nichtspielerischen Aufgabe, sie schrieben einen Text ab. Das Ergebnis war, dass jene in der Spiel-Gruppe Collagen erstellten, die von der Jury als deutlich kreativer bewertet wurden, als jene in der Nichtspiel-Gruppe.[173]

Andere Forschende, insbesondere die Psychologin Alice Isen, die inzwischen an der Cornell University lehrt, haben die Wirkung der Stimmung auf die Fähigkeit, Einsichtsprobleme zu lösen, untersucht. Einsichtsprobleme erfordern eine Art kreativer Eingebung, die es einer Person erlaubt, das Problem plötzlich aus einem anderen Blickwinkel zu betrachten. Solche Probleme scheinen in der Regel unlösbar bis zum Moment der Einsicht, nach welchem die Lösung offensichtlich erscheint. Ein klassisches Beispiel eines solchen Problems, das seit seiner Entwicklung in den 1940er Jahren in zahllosen psychologischen Experimenten benutzt wurde, ist Duncans Kerzenproblem.

Bei dieser Aufgabe gibt man Probanden eine kleine Kerze, eine Packung Streichhölzer und eine Schachtel mit Reißnägeln und bittet sie dann, die Kerze an einem an der Wand hängenden Korkbrett so zu befestigen, dass die Kerze angezündet werden kann und das Wachs dabei nicht auf den Boden tropft. Dabei dürfen sie nichts außer den Gegenständen, die man ihnen gegeben hat, benutzen. Die Lösung des Problems besteht darin, dass die Schachtel mit Reißnägeln geleert und sodann am Korkbrett befestigt werden kann, um als Kerzenhalter zu dienen. In der typischen Testsituation scheitern die meisten Menschen, auch Studierende an Elitehochschulen, daran, das Problem innerhalb der vorgegebenen Zeit zu lösen. Sie sehen nicht, dass die Schachtel für etwas anderes als zur Aufbewahrung von Reißnägeln verwendet werden kann.

In einem Experiment zeigte Isen einigen der Studierenden einen fünfminütigen Ausschnitt aus einer Slapstickkomödie, bevor sie ihnen das Kerzenproblem zu lösen gab. Eine zweite Gruppe schaute einen fünfminütigen Dokumentarfilm über Mathematik, eine dritte Gruppe bekam keinen Film gezeigt. Das Ergebnis war dramatisch: 75 Prozent der Studierenden, die die Komödie gesehen hatten, aber nur 20 bzw. 13 Prozent der Studierenden der anderen beiden Gruppen, konnten das Rätsel erfolgreich lösen.[174] Nur fünf Minuten Komik, die zudem nichts mit dem Problem zu tun hatten, machten das Kerzenproblem für die Mehrzahl der Teilnehmenden lösbar.

In anderen Experimenten zeigten Isen und ihre Kollegen, dass die Beeinflussung der Stimmung das Einsichtsvermögen auch in vielen anderen Situationen verbessern kann, unter anderem auch in Situationen, in denen es um Leben und Tod geht. In einem solchen Experiment stellten die Forschenden wirklichen Ärzten den Fallbefund einer schwer zu diagnostizierenden Lebererkrankung vor. Der Fall enthielt einige irreführende Informationen, die es deutlich erschwerten, die tatsächlich relevanten Informationen zu identifizieren und die richtige Diagnose zu stellen. Die Stimmungsbeeinflussung erfolgte, indem man einigen der Ärzte zu Beginn des Experiments eine kleine Tüte mit Süßigkeiten überreichte. In Übereinstimmung mit Isens Erwartungen stellten jene, denen man die Süßigkeiten gegeben hatte, schneller die korrekte Diagnose als jene, die keine Süßigkeiten erhalten hatten. Sie waren flexibler in ihren Überlegungen, es fiel ihnen leichter, alle Informationen zu überblicken, und sie waren weniger anfällig dafür, sich in falschen Fährten zu verrennen als jene, die keine Süßigkeiten bekommen hatten.[175] Isen und andere Theoretiker, die sich auf ihre Arbeiten beziehen, sehen solche Experimente als Belege dafür an, dass eine »positive Stimmung« kreatives Denken, das zu ganz neuen Einsichten führt, verbessere. Ich würde an dieser Stelle gerne präziser sein und vorschlagen, dass die besondere Art der positiven Stimmung, die am wirksamsten ist, eine spielerische Stimmung ist. Ich vermute, dass die Slapstickkomödie in den Studierenden das Gefühl hervorrief: »Hey, bei diesem Experiment geht es darum, Spaß zu haben, nicht um einen Test«, und ich vermute, dass die kleine Tüte mit Süßigkeiten auf die Ärzte eine ähnliche Wirkung hatte. Natürlich besteht die wirkliche Kunst für Ärzte darin, diese Stimmung während einer so ernstzunehmenden Tätigkeit wie dem wirklichen Diagnostizieren beizubehalten.

Kleine Kinder lösen spielend Logikrätsel

In Experimenten, die sie in England durchführten, fanden M.G. Dias und P.L. Harris heraus, dass kleine Kinder in einem spielerischen Kontext Logikprobleme lösen konnten, wozu sie in einem ernsten Kontext nicht in der Lage waren.[176] Es handelte sich um Syllogismen, eine klassische Art von Logikproblemen, wie sie zuerst von Aristoteles beschrieben wurden. Ein Syllogismus erfordert das Kombinieren der Informationen aus zwei Prämissen, um zu entscheiden, ob eine bestimmte Schlussfolgerung wahr, falsch oder unbestimmt sei, also nicht aus den Prämissen hergeleitet werden kann. Syllogismen sind generell einfach zu lösen, wenn die Prämissen mit der Realität übereinstimmen, aber schwieriger, wenn die Prämissen kontrafaktisch sind, also der Realität widersprechen. Die vorherrschende Meinung zu der Zeit, als die britischen Forscher diese Experimente durchführten, war, dass die Fähigkeit, kontrafaktische Syllogismen zu lösen, auf einer Art des Denkens beruhe, die bei kleinen Kindern noch überhaupt nicht ausgebildet sei.

Hier ist ein Beispiel eines kontrafaktischen Syllogismus, der von den Forschern benutzt wurde: »Alle Katzen bellen (erste Prämisse). Muffins ist eine Katze (zweite Prämisse). Bellt Muffins?«

Die bisherige Forschung, darunter die Arbeiten des berühmten Schweizer Entwicklungspsychologen Jean Piaget, hatte gezeigt, dass Kinder bis zum Alter von etwa zehn oder elf Jahren in der Regel daran scheitern, solche Syllogismen korrekt zu lösen – oder zumindest nicht die Antworten gaben, die Logiker für die richtigen Antworten hielten. Wenn die britischen Forscher den Kindern solche Syllogismen in ernstem Ton vortrugen, antworten die Kinder so, wie Piaget und andere es erwarten würden. Zum Beispiel sagten sie: »Nein, Katzen machen Miau, sie bellen doch nicht.« Sie verhielten sich, als wären sie nicht in der Lage, über eine Prämisse nachzudenken, die nicht ihrer konkreten lebensweltlichen Erfahrung entsprach. Wenn die Forscher dieselben Rätsel jedoch in einem spielerischen Tonfall vorstellten und dadurch deutlich machten, dass sie über eine Fantasiewelt sprachen, konnten bereits Kinder ab einem Alter von vier Jahren die Rätsel regelmäßig lösen. Sie sagten: »Ja, Muffins bellt.«

Stellen Sie sich das einmal vor: Im Spiel lösten Vierjährige mühelos Logikprobleme, denen sie eigentlich erst ab einem Alter von zehn oder elf Jahren gewachsen sein sollten! Tatsächlich zeigten Folgeexperimente, dass in geringerem Maße sogar Zweijährige solche Rätsel lösen können, wenn sie ihnen auf deutlich spielerische Art und Weise vorgestellt werden.[177] Ich werde später erklären, warum diese Ergebnisse nicht so überraschend sind, wie sie vielen Menschen erscheinen mögen. Aber vielleicht erkennen Sie ja bereits, warum dies so ist.

All diese Forschungsergebnisse verraten uns etwas über die Kraft des Spiels. Lernen, Kreativität und Problemlösungsfähigkeit werden durch alles gefördert, was einen spielerischen Geisteszustand begünstigt; und sie werden durch Bewertung, die Erwartung von Belohnung und alles gehemmt, was einen spielerischen Geisteszustand zunichte macht. Dies wirft eine weitere, große Frage auf: Was genau ist Spiel, und welche seiner Eigenschaften sind dafür verantwortlich, dass es ein so entscheidender Faktor für das Lernen, die Entstehung von Kreativität und das Lösen von Problemen ist?

Was genau ist Spiel?[178]

»Spiel« ist ein Begriff, der uns bei genauerer Betrachtung vor viele Widersprüche stellt. Spiel ist ernst und unernst zugleich, es ist belanglos und tiefgehend, es ist sowohl fantasievoll und spontan als auch durch Regeln begrenzt und in der wirklichen Welt verankert. Es ist kindlich, und dennoch bildet es die Grundlage für viele der größten Errungenschaften der Erwachsenen. Aus evolutionärer Sicht ist Spiel das Mittel, mit dem die Natur sicherstellt, dass Menschenkinder und andere junge Säugetiere alles lernen, was sie für ihr Überleben und Wohlergehen brauchen. Aus einer anderen Sicht ist Spiel ein Geschenk Gottes, welches das Leben auf der Erde erst lebenswert macht.

Es ist nicht leicht, Spiel zu definieren, aber allein der Versuch lohnt sich, da die entscheidenden Merkmale des Spiels wichtige Anhaltspunkte zum Verständnis der bildenden Kraft von Spiel enthalten. Im Folgenden möchte ich auf drei allgemeine Punkte hinweisen, die wir nicht aus den Augen verlieren sollten.

Beim ersten Punkt gilt es zu beachten, dass die Merkmale von Spiel allesamt mit Motivation und innerer Haltung zu tun haben, nicht mit den sichtbaren Ausprägungen der jeweiligen Tätigkeit. Wenn zwei Menschen einen Ball werfen, Nägel einschlagen oder am Computer schreiben, ist es durchaus möglich, dass einer von beiden spielt und der andere nicht. Um sagen zu können, welcher von beiden spielt und welcher nicht, muss man von ihrem Ausdruck und den Details ihrer Verhaltensweise Rückschlüsse darüber ziehen, warum sie tun, was sie tun, und mit welcher Haltung sie an die Sache herangehen.

Der zweite Punkt zur Vorbereitung einer Definition ist, dass das Spiel nicht notwendigerweise etwas Ausschließliches nach dem Prinzip »ganz oder gar nicht« ist. Spiel kann sich in einem beliebigen Verhältnis – von 0 bis 100 Prozent – mit anderen Motivationen und Haltungen verbinden. Deshalb ist das Adjektiv »spielerisch«, das so verstanden wird, dass es in der Stärke seiner Ausprägung variieren kann, häufig nützlicher als das Substantiv »Spiel«, das meist als etwas Ausschließliches gedeutet wird. Menschen sind in unterschiedlichem Maß dazu in der Lage, an jede ihrer Tätigkeiten mit einer »spielerischen Haltung« oder einem »spielerischen Geist« heranzugehen. Insgesamt ist reines Spiel (eine Aktivität, die zu 100 Prozent spielerisch ist) bei Kindern häufiger als bei Erwachsenen. Bei Erwachsenen vermischt sich Verspieltheit meist mit anderen Motivationen und Haltungen, die mit den Verantwortlichkeiten von Erwachsenen zu tun haben. Es gibt keine Messverfahren für derlei Dinge, aber ich schätze, dass das Schreiben dieses Buchs für mich zu etwa 80 Prozent Spiel ist. Dieser Anteil verändert sich im Lauf der Zeit: Er nimmt ab, wenn ich mir Sorgen um Abgabetermine oder die Meinungen möglicher Rezensenten mache, und er nimmt zu, wenn ich mich nur auf die gegenwärtige Aufgabe des Recherchierens und Schreibens konzentriere.

Der dritte Punkt ist, dass Spiel nicht feinsäuberlich anhand eines einzelnen, prägenden Merkmals definiert werden kann. Vielmehr wird Spiel durch das gemeinsame Auftreten verschiedener Charakteristika definiert. Menschen, die vor mir zum Spiel geforscht und geschrieben haben, haben insgesamt etliche solcher Merkmale beschrieben. Aus meiner Sicht lassen sich diese auf die folgenden fünf reduzieren: (1) Spiel ist selbstgewählt und selbstbestimmt; (2) Spiel ist eine Aktivität, bei der dem Weg ein höherer Wert beigemessen wird als dem Ziel; (3) Spiel weist Strukturen oder Regeln auf, die nicht zwangsläufig von äußeren Notwendigkeiten vorgegeben werden, sondern dem Geist der Spielenden entspringen; (4) Spiel ist fantasievoll, bildhaft und gedanklich losgelöst von der Wirklichkeit oder vom »Ernst des Lebens«; und (5) Spiel erfordert eine aktive, wachsame, aber dennoch entspannte Geisteshaltung.[179]

Je deutlicher eine Tätigkeit alle diese Merkmale aufweist, desto mehr würden die meisten Menschen diese Tätigkeit als Spiel bezeichnen. Mit »die meisten Menschen« meine ich nicht nur Forscherinnen und Forscher. Sogar kleine Kinder bezeichnen mit dem Wort »Spiel« vor allem Tätigkeiten, bei denen diese fünf Merkmale möglichst deutlich ausgeprägt sind. Die Merkmale scheinen unser intuitives Verständnis dafür abzubilden, was Spiel ist. Man beachte, dass sich alle Merkmale immer auf die Motivation oder Haltung beziehen, mit der eine Person an eine bestimmte Tätigkeit herangeht. Im Folgenden möchte ich näher auf jedes dieser Merkmale eingehen und jeweils ein wenig ausführlicher erläutern, worin der besondere Wert des betreffenden Merkmals für ein spielerisches Verständnis von Bildung liegt.

Spiel ist selbstgewählt und selbstbestimmt

Spiel ist vor allen Dingen ein Ausdruck von Freiheit. Es ist das, was man tun möchte – nicht das, was man tun muss. Dies ist vielleicht das grundlegendste Merkmal, das die meisten Menschen mit Spiel assoziieren. In einer Untersuchung bezeichneten Vorschulkinder beispielsweise nur jene Aktivitäten als »Spiel«, die freiwillig waren – das, was sie in der Pause machten. Als »Arbeit« bezeichneten sie alles, was Teil des Lehrplans war, selbst wenn es dazu gedacht war, Spaß zu machen, wie etwa malen mit Fingerfarben, Staffellauf und Geschichten zuhören.[180]

Die Freude am Spiel ist im ekstatischen Gefühl der Freiheit begründet. Weder geht Spiel immer mit Lächeln und Lachen einher, noch sind Lächeln und Lachen immer Anzeichen von Spiel. Immer jedoch geht Spiel mit dem Gefühl einher: Ja, das ist genau das, was ich jetzt tun möchte. Spieler sind frei und ungebunden, nicht Schachfiguren im Spiel eines anderen. Die Spieler entscheiden sich nicht nur für oder gegen das Spiel, sie bestimmen auch ihre eigenen Handlungen während des Spiels. Wie ich unten argumentieren werde, beinhalten alle Spiele Regeln der einen oder anderen Art, jedoch müssen alle Spieler den Regeln aus freien Stücken zustimmen, und wenn die Regeln verändert werden, müssen alle Spieler diesen Änderungen zustimmen. Deshalb ist Spielen auch die demokratischste aller Aktivitäten. Im Sozialspiel (also Spiel, das mehr als einen Spieler umfasst) mag ein Spieler für eine gewisse Zeit die Führung übernehmen, aber nur nach dem Willen aller anderen. Jede Regel, die von einer solchen Führungsperson vorgeschlagen wird, muss, zumindest implizit, von allen anderen Spielern angenommen werden. Die ultimative Freiheit im Spiel ist die Freiheit, aus dem Spiel auszusteigen. Die Spieler haben ein Interesse daran, das Spiel fortzusetzen, und sie wissen, dass andere Spieler aufhören, falls sie unzufrieden mit dem Verlauf sind, und das Spiel dann enden würde. Deshalb lernt man im Spiel auf wirkungsvolle Weise, wie man andere zufriedenstellt und dabei zugleich für die eigene Zufriedenheit sorgt. Auf diesen Umstand habe ich bereits in vorhergehenden Kapiteln hingewiesen und werde ihn im achten Kapitel nochmals genauer ausführen.

Dieser Grundsatz, dass Spiel selbstgewählt und selbstbestimmt ist, wird, vielleicht aus Unwissenheit, von Erwachsenen ignoriert, die das Kinderspiel zu kontrollieren versuchen – und es dabei zerstören. Erwachsene können mit Kindern spielen und dabei manchmal auch die Führung übernehmen, aber dies erfordert zumindest dieselbe Sensibilität, die die Kinder selbst für die Bedürfnisse und Wünsche aller Mitspielenden an den Tag legen. Da Erwachsene häufig als Autoritätspersonen betrachtet werden, fühlen sich Kinder oftmals weniger imstande, mit dem Spiel aufzuhören oder den vorgeschlagenen Regeln zu widersprechen, wenn ein Erwachsener das Spiel anleitet, als wenn ein Kind die Führung übernimmt. Das Ergebnis ist dann häufig eines, das für viele Kinder gar nichts mehr mit Spiel zu tun hat. Wenn ein Kind sich genötigt fühlt, verflüchtigt sich der Geist der Spiels und mit ihm verschwinden alle Vorteile, die ein spielerischer Geist mit sich bringt. Mathespiele in der Schule oder von Erwachsenen angeleitete sportliche Aktivitäten mit Erwachsenenregeln sind für alle, die das Gefühl haben, daran teilnehmen zu müssen, kein Spiel. Von Erwachsenen angeleitete Spiele können Kindern, die sich aus freien Stücken dafür entschieden haben, viel Spaß machen, aber für Kinder, die diese Wahl nicht getroffen haben, können sie sich wie eine Strafe anfühlen.

Was für das Kinderspiel gilt, trifft auch auf den Spielsinn Erwachsener zu. Forschungsarbeiten haben wiederholt gezeigt, dass Erwachsene, die sehr frei darin sind, wie und wann sie ihre Arbeit erledigen, diese Arbeit üblicherweise als Spiel erleben, auch – oder genauer gesagt: besonders – wenn die Arbeit schwierig ist. Im Gegensatz dazu erleben Menschen, die den Anweisungen anderer folgen müssen und dabei selbst keinen kreativen Beitrag leisten, ihre Arbeit nur selten als Spiel.[181] Überdies haben Dutzende von Untersuchungen gezeigt, dass Menschen eine Arbeit gründlicher und effektiver erledigen, wenn sie sich selbst dafür entschieden haben, als wenn sie sich von anderen dazu genötigt fühlen, diese Arbeit zu tun.[182] Wenn wir zur Arbeit genötigt werden, neigen wir dazu, mit möglichst geringem Aufwand Dienst nach Vorschrift zu machen. Ich bin mir sicher, dass Sie diese Ergebnisse nicht sonderlich überraschen. Aber Sozialwissenschaftler unternehmen bisweilen erhebliche Anstrengungen, um Offensichtliches zu belegen. Es ist jedoch interessant, dass Menschen diese offensichtlichen Punkte so häufig vergessen, wenn es um Kinder geht. Völlig unabhängig von unserem Alter ziehen wir alle Freiheit und Selbstbestimmung der starren Kontrolle durch andere vor. Wenn wir Kinder in der Schule zum »Lernen« zwingen, dann neigen sie dazu, so wenig wie möglich zu lernen, um gerade noch so durchzukommen – genau wie Erwachsene es unter ähnlichen Umständen tun.

Beim Spiel ist der Weg das Ziel

Viele unserer Handlungen sind »freiwillig« in dem Sinn, dass wir nicht das Gefühl haben, andere Menschen würden uns dazu zwingen, aber in einem anderen Sinn sind sie nicht freiwillig oder werden zumindest nicht als freiwillig erfahren. Dies sind Handlungen, bei denen wir das Gefühl haben, sie tun zu müssen, um ein notwendiges oder gewünschtes Ziel zu erreichen. Wir kratzen uns, um ein Jucken loszuwerden, fliehen vor einem Tiger, um nicht gefressen zu werden, lesen in einem uninteressanten Buch, um eine gute Note in einer Prüfung zu bekommen, oder gehen einer langweiligen Arbeit nach, um Geld zu verdienen. Gäbe es weder Jucken, noch Tiger, noch Prüfungen, noch die Notwendigkeit, Geld zu verdienen, würden wir uns nicht kratzen, nicht fliehen, nicht uninteressante Bücher lesen oder langweiliger Arbeit nachgehen. In all diesen Fällen spielen wir nicht.

In dem Maß, in dem wir einer Tätigkeit nur nachgehen, um Ziele oder Zwecke zu erreichen, die außerhalb der Tätigkeit selbst liegen, ist diese Tätigkeit kein Spiel. Wenn wir nicht spielen, messen wir den Ergebnissen unserer Handlungen den größten Wert bei. Die Handlungen sind lediglich Mittel zum Zweck. Wenn wir nicht spielen, entscheiden wir uns in der Regel für den kürzesten, unaufwendigsten Weg zu unserem Ziel. Ein nicht-spielerischer Schüler lernt beispielsweise möglichst wenig, um die gewünschte gute Zensur zu erreichen, und sein Lernen ist direkt auf das Ziel ausgerichtet, im Test möglichst gut abzuschneiden. Alles Lernen, das nicht diesem Ziel dient, ist aus seiner Sicht verlorene Liebesmüh.

Beim Spiel ist es genau andersherum. Spielen ist eine Tätigkeit, die in erster Linie um ihrer selbst willen ausgeübt wird. Der spielerische Schüler erarbeitet sich das Thema gerne und nimmt den Test nicht wichtig. Beim Spiel gilt die Aufmerksamkeit dem Weg, nicht dem Ziel, und die Spieler suchen nicht notwendigerweise nach dem einfachsten Weg, um ihre Ziele zu erreichen. Denken Sie nur an den Unterschied zwischen einer Katze, die tatsächlich Mäuse jagt, und einer Katze, die zum Spiel Mäuse jagt. Erstere wird die Maus so schnell wie möglich töten. Letztere probiert verschiedene, mitunter auch weniger zielführende Wege aus, die Maus zu fangen, und lässt sie dann jedes Mal wieder laufen, um es erneut versuchen zu können. Die jagende Katze genießt das Ergebnis, die spielende Katze genießt die Wege, die dorthin führen. (Die Maus genießt selbstverständlich nichts von alledem.) Eine weitere Möglichkeit, all dies auszudrücken, ist zu sagen, Spiel sei intrinsisch motiviert, also durch die Tätigkeit selbst, und nicht extrinsisch motiviert, also durch einen von der Tätigkeit getrennten Anreiz.

Spiel hat häufig Ziele, aber die Ziele werden als wesentlicher Bestandteil des Spiels erlebt, nicht als einziger Grund, um sich an der Spielhandlung zu beteiligen. Im Spiel sind die Ziele den Mitteln untergeordnet. Beispielsweise ist Konstruktionsspiel (das spielerische Bauen von Dingen) immer auf das Ziel ausgerichtet, den Gegenstand herzustellen, den die Spielerin oder der Spieler im Sinn hat. Das vorrangige Ziel solchen Spiels liegt jedoch in der Erschaffung des Gegenstands, nicht in dessen Besitz. Kinder, die eine Sandburg bauen, würden sich nicht darüber freuen, wenn ein Erwachsener käme und sagte: »Ihr könnt aufhören, euch anzustrengen. Ich bau' die Sandburg für euch.« Das würde ihnen den Spaß verderben. Ebenso haben Kinder oder Erwachsene bei einem wettbewerbsorientierten Spiel das Ziel, Punkte zu erzielen und zu gewinnen. Wenn sie jedoch wirklich spielen, motiviert sie eher der Prozess des Punkteerzielens und Gewinnenwollens als die Punkte selbst oder das Ansehen, das mit dem Gewinnen einhergeht. Wenn jemand ebensogern durch Schummeln wie durch das Befolgen der Regeln gewinnt oder Sieg und Anerkennung ebensogern unter Umgehung der vereinbarten Regeln und Prozesse erlangt, dann spielt diese Person nicht.

Erwachsene können den Grad, zu dem ihre Arbeit Spiel ist, in Erfahrung bringen, indem sie sich selbst folgende Frage stellen: »Wenn ich dasselbe Gehalt bekäme, dieselben Aussichten auf zukünftiges Gehalt hätte, gleichviel Bestätigung von anderen Leuten erführe und wenn ich das Gefühl hätte, der Welt ebensoviel Gutes zu tun, wenn ich meiner Arbeit nicht nachginge, wie jetzt, wo ich ihr nachgehe – würde ich kündigen?« Wenn die Person bereitwillig kündigen würde, dann ist die Arbeit nicht Spiel. In dem Maß, wie die Person nur ungern oder gar nicht kündigen würde, ist die Arbeit Spiel. Dann ist sie etwas, an der die Person unabhängig von der extrinsischen Belohnung, die sie dafür erhält, Freude hat.

Der berühmte Verhaltensforscher B.F. Skinner, dessen Ansichten die Psychologie in der Mitte des 20. Jahrhunderts beherrschten, entwickelte eine ganze psychologische

Lehre, die auf der Idee aufbaut, dass alles Verhalten erfolgt, um bestimmte Konsequenzen, Belohnungen oder, in Skinners Terminologie, »Verstärker« herbeizuführen. Die Psychologie hat diese enge Sichtweise inzwischen hinter sich gelassen, aber in einer ihrer Varianten beherrscht sie noch immer die Wirtschaftswissenschaften. Ökonomen betrachten uns Menschen in der Regel als rationale Buchhalter, deren Denken darauf abzielt, mit minimaler Anstrengung den maximalen Ertrag an Geld oder Gütern zu erzielen. Die moderne ökonomische Theorie funktioniert, ganz ähnlich der antiquierten Skinner'schen Psychologie, recht gut, um zu erklären, wie man Menschen (und Ratten) dazu bringt, Dinge zu tun, die sie nicht tun wollen – aber sie bricht in sich zusammen wie ein Kartenhaus, sobald wir das Spiel berücksichtigen. Da das Spiel bis zu einem gewissen Grad die meisten unserer Tätigkeiten durchdringt, haben die Skinner'sche Psychologie und die moderne ökonomische Theorie nur einen begrenzten Nutzen für das Verständnis menschlichen Verhaltens.

Die Forschung hat gezeigt, dass Belohnungen in manchen Fällen sogar die Wahrscheinlichkeit senken, dass jemand eine Tätigkeit ausführt, da eine Belohnung mit der Vorstellung in Verbindung gebracht wird, die Handlung sei eher Arbeit als Spiel. Natürlich wusste Mark Twain, der das Verhalten der Menschen besser verstand als irgendein mir bekannter Verhaltensforscher, schon vor langer Zeit von diesem Prinzip zu berichten. Tom Sawyer brachte seinen Freund Ben nicht dazu, den Zaun zu streichen, indem er ihn dafür bezahlte, sondern indem er so tat, als müsse Ben eigentlich ihn für das Privileg, den Zaun streichen zu dürfen, bezahlen. In einem klassischen Experiment aus den frühen 1970er Jahren tat eine Forschergruppe an der University of Michigan genau das Gegenteil von dem, was Tom Sawyer tat: Bei einer Gruppe von Kindergartenkindern verwandelten sie eine vormals angenehme Tätigkeit in Arbeit, indem sie sie dafür belohnten.[183] Beobachtungen zu Beginn des Experiments zeigten, dass alle Kinder gerne mit Filzstiften malten, denn sie verbrachten einen guten Teil ihrer Freizeit damit. Im Experiment wurden die Kinder dann in drei Gruppen aufgeteilt. Jenen in der Erwartete-Belohnung-Gruppe erzählte man vorab, dass sie für das Malen eines Bildes mit Filzstiften eine hübsche »Gut gespielt!«-Urkunde erhalten würden. Jene in der Unerwartete-Belohnung-Gruppe wurden gebeten, ein Bild zu malen, und erhielten die Urkunde dann hinterher als Überraschung. Jene in der Keine-Belohnung-Gruppe wurden gebeten, ein Bild zu malen und erhielten nichts dafür. Das Experiment wurde so durchgeführt, dass die Kinder nicht wussten, was in den jeweils anderen Gruppen geschah.

Das Experiment brachte zwei Hauptergebnisse hervor: Erstens malten die Kinder in der Erwartete-Belohnung-Gruppe deutlich schlechtere Bilder als jene in den beiden anderen Gruppen, wobei die Bewertung der Bilder durch Juroren erfolgte, die nicht wussten, aus welcher Gruppe die Zeichnungen stammten. Zweitens verbrachten die Kinder der Erwartete-Belohnung-Gruppe in den folgenden Phasen freien Spiels nur etwa halb so viel Zeit mit dem Malen mit Filzstiften wie jene in den anderen beiden Gruppen. Zwischen den Kindern in der Unerwartete-Belohnung-Gruppe und der

Keine-Belohnung-Gruppe wurden keine Unterschiede festgestellt. Die Forscher interpretierten diese Ergebnisse als Beleg dafür, dass die erwartete Belohnung die Kinder in dieser Gruppe zu einer Umdeutung ihrer Sicht auf das Malen mit Filzstiften veranlasst hatte. Die Kinder begannen, das Malen als etwas zu betrachten, das man für eine Belohnung tut – nicht als etwas, das man zur Freude um seiner selbst willen tut. Deshalb strengten sie sich weniger an (gerade genug, um die Belohnung zu bekommen), wenn sie malen mussten, und neigten dazu, das Malen zu vermeiden, wenn es dafür keine Belohnung gab. Die unerwartete Belohnung hatte diesen Effekt nicht, da die Belohnung nicht als Anreiz hatte wirken können. Die Kinder in dieser Gruppe wussten nicht, dass sie eine Urkunde bekommen würden, und so konnten sie sich nicht denken: »Ich male dieses Bild nur, um eine Urkunde zu bekommen.« Dutzende weiterer Experimente dieser Art, sowohl mit Erwachsenen als auch mit Kindern und mit einer großen Vielfalt an Tätigkeiten und Belohnungen, haben zu ähnlichen Ergebnissen geführt.[184]

Die Bedeutung solcher Forschungsergebnisse ist offensichtlich. Es ist möglich, Spiel zu zerstören, wenn man die Aufmerksamkeit zu sehr auf Belohnungen und Ergebnisse lenkt. Dies passiert bei wettbewerbsorientierten Spielen, wenn das Ziel, zu gewinnen, wichtiger wird als das Ziel, einfach nur das Spiel zu genießen. Sobald ein Spiel hauptsächlich dazu dient, zu beweisen, dass man besser ist als andere, oder einem Team das gefühlte »Bedürfnis« nach einem Sieg zu erfüllen – ist es kein Spiel mehr. Alle möglichen Arten von Spiel können ruiniert werden, wenn man es so aussehen lässt, als wären Belohnungen der Hauptgrund, sich dieser Tätigkeit zu widmen. Ich vermute, dass viel mehr Menschen in Bereichen wie Geschichte, Mathematik, Wissenschaft oder Fremdsprachen spielen würden, wenn nicht die Schulen mit ihrem Versuch, sie durch Belohnungen und Strafen anzutreiben, diese potenziell angenehmen Tätigkeiten in Arbeit verwandelt hätten.

Spiel wird durch mentale Regeln gelenkt

Spiel ist eine frei gewählte Aktivität, aber sie ist nicht frei von jeder Form. Spiel weist immer Strukturen auf, die sich aus den Regeln im Geist des Spielers ergeben. Im Wirklichkeit ist dies eine Ergänzung zu den Wegen und Zielen des Spiels. Wenn der Weg wichtiger als das Ziel ist, dann sind die Spielregeln ein Mittel, um sich auf diesen Wegen zurechtzufinden. Spielen heißt, sich an selbstgewählte Regeln zu halten. Diese Regeln sind nicht wie die Gesetze der Physik oder wie biologische Instinkte, die automatisch befolgt werden. Vielmehr sind sie Vorstellungen im Geist der Spielenden, und häufig bedarf es bewusster Anstrengungen, um sich an sie zu erinnern und sie zu befolgen.

Eine Grundregel des Konstruktionsspiels lautet beispielsweise, dass man mit dem ausgewählten Medium auf die Herstellung oder Abbildung eines bestimmten Gegenstands oder Entwurfs hinarbeiten muss. Man stapelt die Bausteine nicht einfach wahllos aufeinander, man ordnet sie absichtsvoll in Übereinstimmung mit dem inneren Bild dessen an, was man herzustellen versucht. Sogar Kampf- und Tobespiele (also spielerisches Kämpfen und Verfolgen), die von außen betrachtet völlig frei und wild aussehen, werden durch Regeln begrenzt. Eine immerwährende Regel von Kampfspielen ist zum Beispiel, dass man alle Bewegungen wirklicher Kämpfe nachahmt, ohne dabei den Mitspieler tatsächlich zu verletzen. Man schlägt nicht mit ganzer Kraft zu (zumindest nicht, wenn man der stärkere Spieler ist), und man schlägt, beißt oder kratzt nicht. Spielkämpfe laufen in viel vorgegebeneren Bahnen ab als wirkliche Kämpfe; sie sind immer auch eine Übung in Zurückhaltung.

Was die Regeln betrifft, zählt das, was in der Forschung als soziodramatisches Spiel bezeichnet wird, zu den komplexesten Formen des Spiels. Es besteht aus dem spielerischen Ausagieren von Rollen oder Szenen, etwa wenn Kinder »Vater, Mutter, Kind« spielen oder wenn sie so tun, als seien sie Helden aus Büchern oder Filmen. Die grundlegende Regel hierbei ist, das man sich an sein eigenes und das von allen Spielern geteilte Verständnis der Rolle, die man spielt, halten muss. Wenn du bei »Vater, Mutter, Kind« der Hund der Familie bist, dann musst du auf allen Vieren herumlaufen und bellen, anstatt zu sprechen. Wenn du Pippi Langstrumpf bist und du und deine Spielkameraden glauben, dass Pippi Langstrumpf niemals weint, dann weinst du auch dann nicht, wenn du hinfällst und dir wehtust.

Um den regelbasierten Charakter von soziodramatischem Spiel zu veranschaulichen, beschrieb der russische Psychologe Lew Wygotsky zwei tatsächliche Schwestern im Alter von fünf und sieben Jahren, die manchmal spielten, sie wären Schwestern.[185] Als tatsächliche Schwestern dachten sie nur selten über ihre Schwesternschaft nach und legten im Umgang miteinander nicht kontinuierlich eine bestimmte Verhaltensweise an den Tag. Manchmal mochten sie sich, manchmal stritten sie miteinander, manchmal ignorierten sie einander. Wenn sie aber Schwestern spielten, verhielten sie sich stets gemäß ihres stereotypen Rollenverständnisses davon, wie Schwestern sich verhalten sollten. Sie zogen sich gleich an, sprachen auf die gleiche Weise, gingen Arm in Arm umher, unterhielten sich darüber, wie ähnlich sie einander doch seien und wie sehr sie sich von allen anderen unterschieden usw. Schwestern zu spielen brachte viel mehr Selbstbeherrschung, geistige Anstrengung und Regelbeachtung mit sich, als Schwestern zu sein.

Die Spielkategorie mit den klarsten Regeln beinhaltet jene, die man als »formale« Spiele bezeichnet. Dazu zählen Spiele wie Dame und Baseball, bei denen die Regeln wörtlich festgelegt sind, um Unklarheiten bei der Interpretation zu vermeiden. Die Regeln dieser Spiele werden häufig von einer Spielergeneration an die nächste weitergegeben. Viele formale Spiele in unserer Gesellschaft sind wettbewerbsorientiert, und ein Zweck der formalen Regeln ist, sicherzustellen, dass die Beschränkungen für alle Spieler gleichermaßen gelten. Im formalen Spiel machen sich die Spieler, wenn sie denn wirkliche Spieler sind, diese Regeln für die Dauer des Spiels zu eigen. Außer bei den »offiziellen« Varianten dieser Spiele kommt es natürlich regelmäßig vor, dass Spieler die Regeln gemäß ihrer eigenen Wünsche und Bedürfnisse anpassen, wobei jede Anpassung von allen Spielern bestätigt werden muss. Die Hauptsache ist hier, dass jede Form des Spiels eine erhebliche Menge an Selbstbeherrschung erfordert. Wenn sie nicht spielen, folgen Kinder (wie auch Erwachsene) häufig ihren unmittelbaren biologischen Bedürfnissen, Emotionen und Launen – im Spiel jedoch müssen sie sich auf eine Weise verhalten, die ihnen und ihren Spielkameraden als dem Spiel angemessen erscheint. Spiel lockt und fasziniert die Spielenden, gerade weil es durch Regeln strukturiert wird, die sie selbst erfunden oder akzeptiert haben.

Der Spielforscher, der den regelbasierten Charakter des Spiels am stärksten betont hat, war der oben erwähnte Lew Wygotsky. In einem Aufsatz über die entwicklungspsychologische Bedeutung des Spiels, der 1933 erstmals veröffentlicht wurde, kommentierte Wygotsky den scheinbaren Widerspruch zwischen der Idee von Spiel als spontaner und freier Aktivität und der Idee, dass sich Spieler an Regeln halten müssen, wie folgt:

»Das [...] Paradoxon besteht darin, dass das Kind im Spiel auf der Linie des geringsten Widerstandes handelt, das heißt, es macht das, was es am liebsten möchte, weil Spiel mit Lustgewinn zusammenhängt. Gleichzeitig lernt es, auf der Linie des größten Widerstandes zu handeln. Indem es sich den Regeln unterordnet, verzichtet es auf etwas, das es gern möchte, weil die Unterordnung unter die Regel und der Verzicht auf eine dem unmittelbaren Impuls folgende Handlung der Weg zu maximaler Lust ist. [...] Das Spiel stellt an das Kind fortwährend die Forderung, dem unmittelbaren Impuls entgegengesetzt, das heißt auf der Linie des größten Widerstandes, zu handeln. [...] Daraus geht hervor, dass solch eine Regel eine innere Regel ist, das heißt eine Regel der inneren Selbstbeschränkung, Selbststeuerung, Selbstbestimmung, wie Piaget es ausdrückt, und nicht eine Regel, der sich das Kind wie einem physikalischen Gesetz unterordnet. Kurz gesagt, das Spiel gibt dem Kind eine neue Form von Wünschen, das heißt es lehrt das Kind, zu wünschen und seine Wünsche auf das fiktive Ich zu beziehen, das heißt auf die Rolle im Spiel und auf die Spielregel. Deshalb erlangt das Kind im Spiel sehr große Errungenschaften, die morgen sein reales durchschnittliches Niveau, seine Moral darstellen.«[186]

Wygotsky spricht hier davon, dass der Wunsch des Kindes nach Spiel so stark ist, dass er zu einer treibenden Kraft für das Erlernen von Selbstbeherrschung wird. Das Kind widersteht Impulsen und Versuchungen, die den Regeln widersprechen, weil das größere Vergnügen darin besteht, Teil des Spiels zu bleiben. Ich würde zu Wygotskys Analyse hinzufügen, dass das Kind die Spielregeln nur akzeptiert und gutheißt, weil es ihm jederzeit freisteht, mit dem Spiel aufzuhören, wenn ihm die Regeln zu mühsam werden. Vor diesem Hintergrund kann das Paradoxon als oberflächlich betrachtet werden. Die wirkliche Freiheit des Kindes erfährt durch die Spielregeln keinerlei Einschränkung, da das Kind sich in jedem Moment dazu entschließen kann, das Spiel zu beenden. Dies ist ein weiterer Grund, warum die Freiheit, aufhören zu können, ein so wesentlicher Aspekt der Definition von Spiel ist. Ohne diese Freiheit wären Spielregeln unerträglich. Im wirklichen Leben nie weinen zu dürfen, nur weil Pippi Langstrumpf nicht weint, wäre schrecklich, jedoch im Spiel so zu tun als ob – wo es einem jederzeit freisteht, aus dem Spiel auszusteigen –, ist ein großer Spaß.

Spiel ist fantasievoll

Ein weiteres scheinbares Paradox von Spiel ist, dass es ernst und doch unernst, wirklich und doch unwirklich ist. Im Spiel betritt man einen Bereich, der sich in der wirklichen Welt befindet, sich der Requisiten der wirklichen Welt bedient, häufig von der wirklichen Welt handelt, von den Spielern als Wirklichkeit bezeichnet wird, und doch auf bestimmte Weise gedanklich von der wirklichen Welt entfernt ist.

Fantasie und Vorstellungskraft sind im soziodramatischen Spiel am offensichtlichsten, da die Spieler dort die Charaktere und die Handlung selbst erschaffen, aber in gewissem Maß kommen sie auch in allen anderen Formen menschlichen Spiels vor. In Kampf- und Tobespielen tut man nur so, als kämpfe man. Im Konstruktionsspiel sagen die Spieler, sie bauten eine Burg, aber sie wissen, dass es eine Spielburg und keine wirkliche Burg ist. In formalen Spielen akzeptieren die Spieler eine bereits etablierte, fiktive Situation, auf deren Grundlage das Regelwerk ansetzt. So kann sich etwa ein Turm in der wirklichen Welt gar nicht fortbewegen, in der Fantasiewelt des Schachs kann er entlang von Reihe und Linie bis zum Ende des Spielfelds bewegt werden.

Der Aspekt der Vorstellungskraft beim Spiel ist aufs engste mit dem regelbasierten Wesen des Spiels verknüpft. Da Spiel in einer Fantasiewelt stattfindet, muss es von Regeln gesteuert werden, die sich in den Köpfen der Spieler befinden, nicht von den Gesetzmäßigkeiten der Natur. In der Wirklichkeit kann man nur auf einem Pferd reiten, wenn tatsächlich ein leibhaftiges Pferd zur Verfügung steht – im Spiel jedoch kann man auf einem Pferd reiten, sooft die Spielregeln es erlauben oder erfordern. In der Wirklichkeit ist ein Besen nur ein Besen, im Spiel jedoch kann er zu einem Pferd werden. In der Wirklichkeit ist eine Schachfigur ein geschnitztes Stück Holz, aber beim Schach kann sie ein Läufer oder ein Springer sein und klar definierte Bewegungsmuster haben, die in dem geschnitzten Holzstück noch nicht einmal andeutungsweise enthalten sind. Die fiktive Situation diktiert die Spielregeln, die tatsächliche Umgebung, in der gespielt wird, ist zweitrangig. Im Spiel lernt das Kind, die Welt zu gestalten und nicht nur passiv auf sie zu reagieren. Im Spiel nimmt die mentale Vorstellung des Kindes den ersten Rang ein und das Kind setzt die in seiner Umgebung verfügbaren Elemente so zusammen, dass sie dieser Vorstellung entsprechen.

Spiel jeglicher Art hat Spielzeiten und Auszeiten, obwohl dies bei einigen Arten von Spiel offensichtlicher ist als bei anderen. Spielzeit ist die Zeit der Fiktion, der Fantasie. Auszeit ist die vorübergehende Rückkehr in die Wirklichkeit – um sich die Schuhe zu binden, zur Toilette zu gehen oder einen Mitspieler zu korrigieren, der sich nicht an die Regeln gehalten hat. Während der Spielzeit sagt man nicht »Ich spiel' doch nur«, genau wie Shakespeares Hamlet nicht von der Bühne herab verkündet, er tue doch nur so, als würde er seinen Stiefvater ermorden.

Erwachsene sind manchmal irritiert von der Ernsthaftigkeit des Spiels der Kinder und deren Weigerung, beim Spielen zu sagen, dass sie spielen. Sie machen sich unnötige Sorgen, Kinder könnten Fantasie und Realität nicht voneinander unterscheiden. Als mein Sohn vier Jahre zählte, war er mitunter länger als einen Tag Superman. Während dieser Phasen bestritt er mit Nachdruck, dass er nur vorgäbe, Superman zu sein, was seine Kindergartenerzieherin durchaus beunruhigte. Ich konnte ihr diese Sorgen nur teilweise nehmen, indem ich darauf hinwies, dass er noch nie versucht hatte, tatsächlich von hohen Gebäuden zu springen oder wirkliche Züge aufzuhalten, und dass er bislang noch jedesmal anerkannt hatte, gespielt zu haben, wenn er schließlich die Auszeit einläutete, indem er seinen Umhang abnahm. Anzuerkennen, dass Spiel Spiel ist, bereitet dem Zauber ein Ende und lässt aus Spielzeit automatisch Auszeit werden.

Es ist eine erstaunliche Tatsache der menschlichen Natur, dass schon Zweijährige zwischen Spiel und Wirklichkeit unterscheiden können.[187] Ein Zweijähriger, der eine Tasse mit fiktivem Wasser über einer Puppe umdreht und sagt »Oh oh, Puppe nass«, weiß, dass die Puppe nicht wirklich nass ist. Es wäre unmöglich, so jungen Kindern ein derart subtiles Konzept wie das des Vortäuschens zu erklären, und doch verstehen sie es. Anscheinend ist das fiktive Denken (sowie die Fähigkeit, dieses vom realitätsbezogenen Denken getrennt zu halten) ein integraler Bestandteil des menschlichen Geists. Diese angeborene Fähigkeit ist Teil der uns innewohnenden Veranlagung, zu spielen.

Der Fantasieanteil des Spiels ist beim Spiel von Erwachsenen häufig nicht so offensichtlich oder stark ausgeprägt wie beim Kinderspiel. Dies ist einer der Gründe dafür, warum das Spiel der Erwachsenen häufig kein reines, hundertprozentiges Spiel ist. Dennoch spielt Fantasie eine großen Rolle bei den meisten, wenn nicht gar allen Tätigkeiten von Erwachsenen und prägt unsere intuitive Vorstellung davon, was als Spiel bezeichnet werden kann und was nicht, erheblich. Wenn eine Architektin ein Haus plant, so plant sie ein tatsächliches Haus. Sie kommt dabei jedoch nicht ohne eine gehörige Portion Fantasie aus, um sich das Haus bildlich vorzustellen, um zu überlegen, wie die Menschen es nutzen könnten, und um es in Übereinstimmung mit Ästhetikkonzepten zu bringen, die sie im Kopf hat. Man kann wohl zurecht sagen, dass die Architektin zunächst spielerisch vor ihrem geistigen Auge und auf dem Papier ein Haus errichtet, bevor es dann tatsächlich gebaut wird. Ein Wissenschaftler, der Hypothesen entwickelt, um bestimmte Sachverhalte zu erklären, benutzt seine Fantasie, um über den Sachverhalt hinausdenken zu können. Einstein bezeichnete seine eigenen kreativen Errungenschaften in der Mathematik und theoretischen Physik als »Kombinationsspiel« und behauptete bekanntermaßen, er habe die Relativität verstanden, als er sich ausmalte, einen Lichtstrahl zu verfolgen und einzuholen, und sich dann die Konsequenzen vorstellte.[188] Genies sind wohl in der Regel jene Menschen, die sich die Vorstellungskraft kleiner Kinder bis ins Erwachsenenalter hinein bewahren. Bei uns allen hängt die Fähigkeit, abstrakt und hypothetisch zu denken, von der Fähigkeit ab, uns Situationen vorzustellen, die wir in Wirklichkeit noch nicht erlebt haben, und, ausgehend von diesen imaginierten Situationen, logische Schlüsse zu ziehen. Diese Fähigkeit wird von jedem normalen Kind im Spiel regelmäßig angewendet.

Wenn ich sage, dass das Schreiben dieses Kapitels für mich zu etwa 80 Prozent Spiel ist, dann berücksichtige ich dabei nicht nur mein Gefühl von Freiheit, meine Freude am

Prozess sowie die Tatsache, dass ich Regeln (denen des Schreibens) befolge, die ich als meine eigenen anerkenne, sondern auch, dass dabei eine gehörige Portion Fantasie mit im Spiel ist. Die Fakten erfinde ich nicht, aber ich überlege mir, wie ich sie aneinanderreihe. Außerdem stelle ich mir ständig vor, wie die Fakten wohl in die Gesamtstruktur passen, die ich zu errichten versuche, die als konkrete Wirklichkeit aber noch nicht existiert. Deshalb leitet und begleitet mich meine Fantasie beim Schreiben dieses Buchs, genau wie sie ein Kind leitet und begleitet, das eine Sandburg baut oder vorgibt, Superman zu sein.

Spiel ist also ein Bewusstseinszustand, der die Vorstellungskraft fördert. Aus einer spielerischen Stimmung heraus konnten sich die Studierenden in Isens Experimenten die Schachtel mit Reißnägeln auch als Kerzenhalter vorstellen. Spielerisch gestimmt, konnten sich die Vierjährigen in den Experimenten von Dias und Harris eine Welt vorstellen, in der alle Katzen bellen, und über diese Welt nachdenken. In einer spielerischen Stimmung, also ohne durch externe Anreize gestört zu werden, erdachten und erstellten die Teilnehmenden in Amabiles Experimenten deutlich kreativere Zeichnungen, Collagen, Gedichte oder Geschichten. Aus einer spielerischen Stimmung heraus konnte sich Einstein die Relativität von Bewegung und Zeit vorstellen. Was für ein Verbrechen es doch ist, Kinder in der Schule des Spiels zu berauben und dann von ihnen zu erwarten, hypothetisch zu denken und kreativ zu sein!

Eine verspielte Geisteshaltung ist wach, aktiv und entspannt

Dieses letzte Merkmal von Spiel ergibt sich auf natürliche Weise aus den anderen. Da Spiel die bewusste Kontrolle des eigenen Verhaltens sowie die Aufmerksamkeit für Abläufe und Regeln erfordert, braucht man zum Spielen einen aktiven, wachen Geist. Spieler nehmen Informationen aus ihrer Umgebung nicht nur passiv auf, sie reagieren auf Reize nicht nur reflexhaft und sie sind auch keine Sklaven ihrer Gewohnheiten – vielmehr müssen sie aktiv darüber nachdenken, was sie tun. Weil Spiel jedoch keine bloße Reaktion auf Forderungen von außen oder unmittelbare biologische Bedürfnisse ist, sind Spielende relativ frei von den starken Trieben und Emotionen, die als Druck empfunden werden. Und da sich die Aufmerksamkeit eines Spielenden mehr auf den Prozess als auf das Ergebnis richtet, und in der Spielwelt – im Gegensatz zur wirklichen Welt – alle Handlungen relativ folgenlos bleiben, ist der Geist von Spielenden nicht von Versagensangst abgelenkt. Ihr Geist ist wachsam, aber nicht gestresst.

Der Bewusstseinszustand, der sich im Spiel einstellt, wird von einigen Forschern als »Flow« bezeichnet.[189] Die Aufmerksamkeit richtet sich auf die Tätigkeit selbst, und das Bewusstsein von Selbst und Zeit nimmt ab. Der Geist ist völlig von den Ideen, Regeln und Handlungen des Spiels in Anspruch genommen und relativ unempfindlich gegenüber äußeren Störungen. Viele Wissenschaftler, die nicht von sich sagen würden, sich in ihrer Forschung mit Spiel zu beschäftigen, haben diesen Bewusstseinszustand als den idealen Zustand für Lernen und Kreativität beschrieben. Meiner Meinung nach erforschen sie Spiel.

Vor einigen Jahren entwickelte die Psychologin Barbara Fredrickson auf der Grundlage der Forschung, die ich zu Beginn dieses Kapitels beschrieben habe, ihre »Erweiterungs- und Aufbautheorie positiver Emotionen«.[190] Dieser Theorie zufolge erweitern positive Gefühle unsere Wahrnehmung und die Vielfalt unserer Gedanken, wodurch wir Dinge sehen, die wir vorher nicht gesehen hatten, Ideen neu miteinander kombinieren, neue Verhaltensweisen erproben – und auf diese Weise unseren Wissens-, Ideen- und Fähigkeitenschatz erweitern. Im Gegensatz dazu schränken negative Emotionen unsere Wahrnehmung und unser Denken derart ein, dass wir uns fast ausschließlich auf die größte Quelle der Bedrängnis konzentrieren: den furchteinflößenden Tiger, den verhassten Feind, den Prüfer oder die negativen Folgen eines Scheiterns. Solche Bedrängnis aktiviert auch unser autonomes Aktivierungssystem, das unsere Leistung bei jenen Aufgaben erhöht, die einen Ausbruch körperlicher Energie und einen engen Zielfokus erfordern, sich aber störend auf Kreativität, Lernen und Nachdenken auswirkt. Aus evolutionärer Perspektive betrachtet, entstanden negative Emotionen, insbesondere Angst und Zorn, um mit Notsituationen umgehen zu können – und Notsituationen sind nicht die beste Gelegenheit, um neue Denk- und Handlungsweisen auszuprobieren. In einem Notfall möchte man auf Bewältigungsmethoden zurückgreifen, die einem bekannt und vertraut sind, anstatt mit neuen Methoden herumzuexperimentieren.

Die Theorie von Fredrickson umfasst vieles von dem, was ich in diesem Kapitel geschrieben habe. Ich würde sie jedoch die »Erweiterungs- und Aufbautheorie des Spiels« nennen oder der Vollständigkeit halber: »Erweiterungs- und Aufbautheorie des Spiels und der Neugier«. Die positiven Bewusstseinszustände, die für Erweiterung und Aufbau bei den meisten, wenn nicht gar allen, von Fredricksons Beispielen verantwortlich sind, sind jene, die auch Spiel und Erkunden hervorbringen.

Die Kraft des Spiels liegt in seiner Belanglosigkeit

Viele Menschen sehen Spiel als etwas Unernstes und Belangloses an – und sie haben Recht. Wie ich bereits erläutert habe, ist Spiel eine Tätigkeit, die um ihrer selbst willen ausgeübt wird, nicht um ernsthafte Ziele in der Wirklichkeit zu erreichen, wie etwa Nahrung, Geld, Lob, einem Tiger zu entkommen oder eine weitere Stufe auf der Karriereleiter zu erklimmen. Es ist eine Tätigkeit, die zumindest teilweise in einer Fantasiewelt stattfindet. Sie ist also tatsächlich belanglos! Genau darin besteht jedoch die wunderbarste Paradoxie des Spiels: Die bildende Kraft des Spiels liegt gerade in seiner Belanglosigkeit.

Spiel dient dem ernsthaften Ziel der Bildung, aber die Spieler bilden sich nicht absichtsvoll. Die Spieler spielen zur Freude, Bildung ist eine Nebenwirkung. Wenn die Spieler mit einem ernsthaften Ziel vor Augen spielten, wäre es kein Spiel mehr und ein Großteil seiner bildenden Kraft ginge verloren.

Da sich ein spielendes Kind keine Sorgen um seine Zukunft macht und ein Scheitern im Spiel keinerlei Konsequenzen in der Welt außerhalb des Spiels nach sich zieht, hat ein spielendes Kind keine Angst vor dem Scheitern. Ein spielendes Kind fühlt sich frei, Dinge in einer Spielwelt auszuprobieren, die ihm in der wirklichen Welt als zu riskant oder unmöglich erscheinen würden. Da ein spielendes Kind keine Bestätigung von erwachsenen Richtern sucht, wird es nicht von der Sorge um Bewertung gehemmt. Angst und Sorge um Bewertung führen in der Regel dazu, dass Geist und Körper nur noch in begrenztem Rahmen handlungsfähig sind, der zwar für das Ausführen bereits bekannter, gewohnter Handlungsweisen geeignet ist, nicht aber für das Erlernen von Neuem und das Nachdenken darüber. Ohne sich Sorgen über Scheitern oder die Bewertungen von anderen machen zu müssen, können spielende Kinder ihre Aufmerksamkeit auf die Fertigkeiten richten, die sie sich spielerisch aneignen. Sie sind bestrebt, ihre Sache gut zu machen, weil dies ein intrinsisches Ziel allen Spiels ist, aber sie wissen auch, dass ein Scheitern keine ernsthaften, tatsächlichen Konsequenzen hätte.

Spiel ist belanglos, aber nicht einfach. Ein Großteil der Spielfreude liegt gerade in den Herausforderungen. Eine spielerische Tätigkeit, die zu einfach wird, verliert ihre Anziehungskraft und ist bald kein Spiel mehr. Der Spieler verändert die Tätigkeit dann, um sie herausfordernder zu machen, oder er beschäftigt sich mit etwas anderem. Kleinkinder, die gelernt haben, auf beiden Beinen zu gehen, widmen sich bald darauf anspruchsvolleren Bewegungsspielen wie dem Laufen, Springen oder Klettern. Jungtiere fordern sich in ähnlicher Weise selbst heraus, indem sie spielerisch zunehmend schwierigere Fertigkeiten entwickeln. In einer Untersuchung beobachtete man, dass wildlebende Ziegenlämmer, die auf geradem Untergrund bereits gut laufen konnten, ihre Laufspiele auf steile Hänge verlagerten, wo das Laufen schwieriger war.[191] Auf ähnliche Weise suchen sich junge Affen, die sich im Spiel von Ast zu Ast hangeln, Äste aus, die weit genug voneinander entfernt sind, um ihre Fertigkeiten zu trainieren, aber nah genug am Boden, um sich im Fall eines Sturzes nicht zu sehr zu verletzen.[192] Teenager erreichen in Videospielen eine Schwierigkeitsstufe nach der anderen – es würde keinen Spaß machen, immer dasselbe Level zu spielen. Einsteins Kombinationsspiel forderte seine geistigen Fähigkeiten fortwährend heraus und spornte ihn zu weiteren Höhenflügen an. Wenn Kinder frei spielen dürfen, spielen sie von Natur aus an der Grenze ihrer immer weiter fortschreitenden geistigen und körperlichen Fähigkeiten.

Ein weiterer Aspekt von Spiel, der es sehr geeignet für Bildungszwecke macht, sind dessen viele Wiederholungen. Die meisten Arten von Spiel beinhalten Wiederholungen. Eine Katze, die zum Spiel eine Maus jagt, lässt die Maus laufen, um sie erneut erhaschen zu können. Ein Baby, das spielerisch brabbelt, wiederholt immer wieder die gleichen Silben oder Silbenpaare und verändert dabei manchmal deren Reihenfolge, als würde es absichtlich deren Aussprache üben. Ein Kleinkind, das spielerisch laufen übt, läuft manchmal viele Male dieselbe Strecke hin und zurück. Kleine Kinder, die Lesen spielen, »lesen« mitunter wieder und wieder dasselbe (auswendig gelernte) Buch. Bei verschiedensten strukturierten Spielen, wie Fangen, Baseball oder »Ich sehe was, was du nicht siehst«, werden dieselben Handlungen oder Abläufe sehr häufig wiederholt. Eines der entscheidenden Merkmale von Spiel ist, dass der Fokus eher auf dem Weg als auf dem Ziel liegt; Wiederholungen sind eine Begleiterscheinung dieses Merkmals. Die Spieler führen dieselbe Handlung wieder und wieder aus, um sie wirklich zu beherrschen.

Das Wiederholen ist jedoch keine Routine. Da die Wiederholungen vom Spieler selbst gewählt sind, ist jede wiederholte Handlung ein kreativer Akt. Wenn jede dieser Handlungen genau wie die Vorhergehende aussieht, dann deshalb, weil der Spieler die exakte Wiederholung bewusst anstrebt. Meist jedoch unterscheidet sich jede »wiederholte« Handlung von der Vorhergehenden, da der Spieler die Handlung absichtlich dem Spielverlauf anpasst oder neue Wege ausprobiert, um dasselbe Ziel zu erreichen. Ein Nebeneffekt solcher Wiederholungen ist, dass neuerworbene Fähigkeiten perfektioniert und gefestigt werden. Manchmal scheint es Eltern und anderen Beobachtern aufgrund der Wiederholungen so, als lernten die Kinder nichts Neues – wenn dies jedoch stimmte, würde das Kind aufhören und etwas anderes machen.

Ein abschließender Gedanke: Stellen Sie sich vor, sie wären allmächtig und stünden vor der Herausforderung, wie man junge Menschen und andere junge Säugetiere dazu bekommt, die Fähigkeiten zu üben, die sie entwickeln müssen, um unter ihren jeweiligen Lebensbedingungen überleben und erfolgreich sein zu können. Wie könnten Sie dieses Problem lösen? Es ist schwer, sich eine effektivere Lösung vorzustellen, als deren Köpfe mit einem Mechanismus auszustatten, der dafür sorgt, dass sie genau diese Fähigkeiten üben wollen, indem er dieses Üben mit Empfindungen der Freude belohnt. Tatsächlich ist genau dies der Mechanismus, mit dem uns die natürliche Selektion ausgestattet hat, und das daraus resultierende Verhalten bezeichnen wir als Spiel. Vielleicht würde man Spiel mit mehr Respekt begegnen, wenn wir es beispielsweise »selbstmotiviertes Einüben lebenswichtiger Fähigkeiten« nennen würden, aber das würde dem Spiel seine Leichtigkeit nehmen und es dadurch in seiner Wirksamkeit einschränken. Wir sollten anerkennen, dass sich dieses Paradoxon nicht auflösen lässt. Wir müssen die Belanglosigkeit des Spiels akzeptieren, um seine Tiefgründigkeit zu erkennen. Vor fast dreihundert Jahren schrieb der englische Dichter Thomas Gray: »Wo Nichtwissen Seligkeit, ist es närrisch, klug zu sein.« Ich würde seine Worte umdrehen und sagen: »Wo Wissen und Fähigkeiten Seligkeit, ist es klug, närrisch zu sein.«

8 DIE BEDEUTUNG DES SPIELS FÜR DIE SOZIALE UND EMOTIONALE ENTWICKLUNG

Indem sie ohne Erwachsene mit anderen Kindern spielen, lernen Kinder, eigene Entscheidungen zu treffen, ihre Gefühle und Triebe zu kontrollieren und die Welt aus der Perspektive anderer zu sehen. Sie lernen, Meinungsverschiedenheiten zu überwinden und Freundschaften zu schließen. Kurzum, im Spiel lernen Kinder, die Kontrolle über ihr Leben zu erlangen.

Lektionen aus der Welt des informellen Sports

Stellen Sie sich ein gutes, altes Baseballspiel auf einem improvisierten Spielfeld vor. Ein paar Kinder lassen sich auf einer Freifläche blicken und hoffen, dort andere zum Spielen zu finden. Einige kommen zu Fuß, andere mit dem Fahrrad; einige allein, wieder andere mit Freunden. Einer hat einen Schläger dabei, ein anderer einen Ball (der vielleicht nicht einmal ein richtiger Baseball ist), wieder andere bringen Baseballhandschuhe mit. Es sind genug Leute für ein Spiel da, und so beschließen sie anzufangen. Die beiden, die für die besten Spieler gehalten werden, werden zu Kapitänen ernannt und wählen ihre Teams. Man nutzt Mützen, Frisbees oder andere Gegenstände von geeigneter Größe, um die Bases auszulegen. Es gibt nicht genug Spieler, um alle Positionen zu besetzen, deshalb wird improvisiert. Kein Erwachsener ist dabei, um den Kindern zu sagen, was sie tun sollen, oder um Streitigkeiten zu schlichten – das müssen die Kinder alles unter sich ausmachen. Diese Art des Baseballspiels ist tatsächlich Spiel. Sie ist eine Aktivität, die von den Spielern selbst gewählt und bestimmt wird und der nicht um irgendeiner Belohnung, sondern um ihrer selbst willen nachgegangen wird.

Und jetzt stellen Sie sich ein Spiel in einer Baseball-Jugendliga vor. Es wird auf einem gepflegten Feld gespielt, das wie eine Miniaturausgabe des Felds aussieht, auf dem professionelle Spiele stattfinden. Die meisten Kinder werden mit dem Auto hingebracht, zum Teil, weil das Spielfeld weit von zu Hause entfernt ist, zum Teil, weil ihre Eltern voll hinter dieser Aktivität stehen. Viele Eltern schauen sich das Spiel an, um ihre Unterstützung für ihre Schützlinge zum Ausdruck zu bringen. Die Teams sind festgelegt und Teil einer bestehenden Liga. Jedes Team hat einen erwachsenen Trainer, und ein erwachsener Schiedsrichter entscheidet über Punkte, Schlagfehler und Ausbälle. Es gibt einen offiziellen Punktestand, und die Ergebnisse werden über die Saison hinweg verfolgt, um das beste Team zu ermitteln. Einige der Spieler wollen tatsächlich da sein, andere sind anwesend, weil ihre Eltern sie dazu überredet oder gedrängt haben.

Die informelle, selbstbestimmte Art, Baseball oder irgendein anderes Spiel zu spielen, hält viele wertvolle Lernerfahrungen bereit – auf formelle, von Erwachsenen geleitete Spiele trifft das nicht zu. Die folgenden fünf zählen zu den wertvollsten Lektionen, die man im Leben lernen kann.

Lektion 1: Um das Spiel am Laufen zu halten, muss man dafür sorgen, dass alle zufrieden sind.

Die grundlegendste Freiheit bei jedem wirklichen Spiel ist die Freiheit aufzuhören. Bei einem informellen Spiel wird niemand zum Bleiben gezwungen und es gibt keine Trainer, Eltern oder andere Erwachsene, die man enttäuschen könnte, wenn man mit dem Spiel aufhört. Das Spiel dauert nur so lange, wie eine ausreichende Anzahl an Spielern sich dafür entscheidet. Deshalb müssen alle ihren Teil dazu beitragen, dass die anderen Spieler zufrieden sind, auch die Spieler der gegnerischen Mannschaft.

Das hat zur Folge, dass man, über die Begrenzungen der festgelegten Regeln hinaus, im informellen Spiel eine gewisse Zurückhaltung zeigen muss, die sich aus dem Verständnis der Bedürfnisse aller Mitspieler ergibt. Man rennt nicht mit voller Kraft in die Second Base, wenn der Spieler, der diese Station bewacht, kleiner als man selbst ist und dabei verletzt werden könnte, auch wenn dies in einem Jugendligaspiel für die strategisch richtige Entscheidung gehalten und vom Trainer eingefordert werden könnte. Diese Haltung ist auch der Grund dafür, warum Kinder sich in informellen Spielen weniger häufig verletzen als bei formellen Sportveranstaltungen – auch wenn die Eltern glauben, Sport unter der Anleitung Erwachsener sei sicherer.[193] Als Pitcher wirfst du den Ball dem kleinen Johnny sanft zu, weil du weißt, dass er deinen besten Wurf nicht würde schlagen können. Du weiß auch, dass sogar deine eigenen Teammitglieder es gemein fänden, wenn du mit aller Kraft auf einen so kleinen Spieler abfeuern würdest. Wenn dann jedoch der große, erfahrene Jerome an der Reihe ist, wirfst du den Ball so gut du kannst, nicht nur, um ihn zu schlagen, sondern auch weil alles andere eine Beleidigung für ihn wäre. Die goldene Regel des Sozialspiels lautet nicht: »Alles, was ihr von anderen erwartet, das tut auch ihnen«. Sondern sie lautet eher: »Alles, was andere von Euch erwarten, das tut auch ihnen«. Die Ebenbürtigkeit ist im Spiel keine Frage von Gleichheit, vielmehr entsteht Ebenbürtigkeit dadurch, dass den individuellen Bedürfnissen und Wünschen aller Spieler der gleiche Wert beigemessen wird.

Um ein guter Mitspieler in einem informellen Spiel zu sein, reicht es nicht, sich einfach blind an Regeln zu halten. Stattdessen muss man die Perspektive anderer einnehmen, verstehen, was andere wollen, und ihnen zumindest einiges davon geben. Andernfalls steht man schnell alleine da. Beim informellen Spiel ist es viel wichtiger, die Mitspielenden bei Laune zu halten, als zu gewinnen, und das gilt auch für das Leben insgesamt. Für einige Kinder ist diese Lektion nicht leicht zu lernen, aber der Antrieb, mit anderen zu spielen, ist so stark, dass die meisten es schließlich lernen, wenn sie genügend Zeit zum Spielen haben – also genügend Möglichkeiten zu scheitern, die Konsequenzen zu erleiden und es dann erneut zu versuchen.

Lektion 2: Die Regeln sind veränderbar und werden von den Spielern selbst gemacht.

Da es in einem informellen Spiel keine vorgegebenen Standards gibt, müssen sich die Spieler die Regeln so ausdenken und so verändern, dass sie an unterschiedliche Gegebenheiten angepasst sind. Sollte die Freifläche klein sein und der einzige verfügbare Ball aus Gummi und zu gut fliegen, dann einigen sich die Spieler vielleicht darauf, dass jeder Ball, der über die Grenze der Freifläche hinausgeschlagen wird, automatisch als Ausball zählt. Dies führt dazu, dass sich die Spieler darauf konzentrieren, ihre Schläge gezielt zu platzieren, anstatt mit voller Kraft zuzuschlagen. Eine andere Möglichkeit wäre, dass die stärksten Spieler einhändig mit ihrer schwächeren Hand oder mit einem Besenstiel anstelle des eigentlichen Schlägers schlagen müssen. Wenn sich im Spielverlauf die Gegebenheiten verändern, können auch die Regeln weiter angepasst werden. Nichts von alledem passiert in der Jugendliga, wo die offiziellen Regeln unantastbar sind und von einer erwachsenen Instanz ausgelegt werden. Im formellen Spiel müssen sich die Gegebenheiten den Regeln anpassen, nicht andersherum.

Der berühmte französische Entwicklungspsychologe Jean Piaget bemerkte schon zu Beginn der 1930er Jahre in einer klassischen Studie über Kinder, die Murmeln spielen, dass sich Kinder ein besseres Verständnis der Regeln erwerben, wenn sie selbstbestimmt spielen, als wenn Erwachsene das Spiel anleiten.[194] Die Anleitung durch Erwachsene führt zu der Annahme, dass die Regeln von einer äußeren Instanz festgelegt worden seien und daher nicht hinterfragt werden dürften. Wenn Kinder jedoch allein unter sich spielen, merken sie, dass Regeln lediglich Konventionen sind, die im Spiel für Spaß und Gerechtigkeit sorgen und die verändert werden können, um sich verändernden Gegebenheiten anzupassen. Dies zählt zu den wertvollsten Lektionen für das Leben in einer Demokratie.

Lektion 3: Konflikte werden durch Argumente, Verhandlungen und Kompromisse beigelegt.

Im informellen Spiel erschaffen und verändern die Spieler nicht nur die Regeln, sie treten auch als Schiedsrichter auf. Sie entscheiden, ob ein Schlag erlaubt oder unerlaubt war, ob ein Läufer es rechtzeitig zur nächsten Base geschafft hat oder raus ist, ob der Pitcher gemein zum kleinen Johnny war oder nicht und ob Julio seinen brandneuen Fanghandschuh mit jemandem aus der anderen Mannschaft teilen muss, der keinen Handschuh hat. Die Stimmen der beliebteren Spieler mögen in diesen Auseinandersetzungen ein größeres Gewicht haben, aber jeder kann mitreden. Alle, die eine Meinung haben, verteidigen diese mit so viel Logik und Eloquenz, wie sie nur aufbringen können, und schließlich wird ein Konsens erreicht.

Konsens bedeutet nicht notwendigerweise vollkommene Übereinstimmung. Konsens heißt lediglich, dass alle zustimmen: Sie sind bereit, die Entscheidung mitzutragen, damit das Spiel weitergehen kann. Konsens ist wichtig, wenn man möchte, dass das Spiel weitergeht. Die Notwendigkeit von Konsens im informellen Spiel ergibt sich nicht aus irgendeiner hochtrabenden Moralphilosophie, sondern aus der handfesten Wirklichkeit. Wenn eine Entscheidung bestimmte Spieler nicht zufriedenstellt, hören einige von ihnen vielleicht mit dem Spiel auf, und wenn zu viele aufhören, ist das Spiel vorbei (siehe Lektion 1). In informellen Spielen lernt man, dass man Kompromisse eingehen muss, wenn man weiterspielen möchte. Wenn man keinen König hat, der Dinge für einen entscheidet, muss man lernen, sich selbst zu regieren.

Einmal schaute ich zu, wie Kinder informell miteinander Basketball spielten. Sie verbrachten mehr Zeit damit, sich auf Regeln zu einigen und darüber zu streiten, ob ein bestimmter Spielzug nun erlaubt wäre oder nicht, als sie mit Spielen verbrachten. Ich hörte, wie ein Erwachsener in der Nähe sagte: »Schade, dass sie keinen Schiedsrichter haben, um diese Dinge zu entscheiden, dann müssten sie nicht so viel Zeit mit Diskutieren verbringen.« Ist das wirklich so schade? Was wird die wichtigere Fähigkeit in ihrem Leben sein – Körbe zu werfen oder erfolgreich zu verhandeln und zu lernen, Kompromisse zu schließen? Kinder, die informell Sport treiben, üben viele Dinge gleichzeitig. Der Sport selbst ist dabei vielleicht das Unwichtigste.

Lektion 4: Es gibt keinen wirklichen Unterschied zwischen der eigenen und der gegnerischen Mannschaft.

In einem informellen Spiel wissen die Spieler von Beginn an, dass ihre Aufteilung in zwei Teams willkürlich ist und nur dem Zweck des Spiels dient. Jedes Mal werden neue Mannschaften gewählt. Gestern war Billy vielleicht noch in der »feindlichen« Mannschaft, heute spielt er schon in der anderen. In Wirklichkeit verändert sich die Zusammensetzung der Teams sogar während des Spiels. Vielleicht fängt Billy im gegnerischen Team an, wechselt aber dann zum Ausgleich in dein Team, wenn zwei deiner Mitspieler zum Abendessen nach Hause gehen. Oder wenn beide Teams zu wenige Spieler haben, fängt Billy vielleicht für beide Teams. Die Vorstellung von »Feind« oder »Gegner« bezieht sich bei informellem Sport ganz klar auf das Spiel, nicht auf die Wirklichkeit. Sie ist zeitlich begrenzt und auf das Spiel selbst beschränkt. In diesem Sinn ähnelt ein informelles Spiel einem reinen Fantasiespiel, in dem Billy vorgibt, ein böser Riese zu sein, der dich zu fangen und fressen versucht.

Im Gegensatz dazu bleiben im formellen Ligabetrieb die Mannschaften im Saisonverlauf relativ unverändert, und die Ergebnisse haben bis zu einem gewissen Grad tatsächliche Auswirkungen, zum Beispiel Pokale oder das Lob von Erwachsenen. Das Ergebnis ist die Entwicklung einer dauerhaften Mannschaftsidentität und eines damit einhergehenden Gefühls, die eigene Mannschaft sei besser als andere – und dies sogar in Bereichen, die nichts mit dem Spiel zu tun haben sowie in Situationen außerhalb des Spiels. Ein wichtiges Forschungsthema in Sozialpsychologie und Politikwissenschaft sind Konflikte zwischen Eigen- und Fremdgruppe. Cliquen, Banden, ethnischer Chauvinismus, Nationalismus, Kriege – all diese Themen können im Licht unserer Tendenz betrachtet werden, Menschen, die wir als unserer Gruppe zugehörig betrachten, aufzuwerten und jene, die wir als Teil einer anderen Gruppe sehen, abzuwerten. Formeller Mannschaftssport begünstigt unseren Impuls, Menschen auf diese Weise nach Gruppenzugehörigkeit zu unterscheiden – auf eine Weise, wie dies auf informellen Sport nicht zutrifft.[195] Natürlich predigen aufgeklärte Trainer die Bedeutung von Sportlichkeit und Fairness gegenüber dem anderen Team, aber wir wissen alle, wie viel eine Predigt bei Kindern oder auch bei Erwachsenen zu bewirken vermag.

Lektion 5: Gut zu spielen und Spaß zu haben ist wichtiger, als zu gewinnen

Sätze wie »dabeisein ist alles« hört man von Jugendtrainern häufig nach Niederlagen, selten nach Siegen. Angesichts der Zuschauerhorden, angesichts der Trophäe, die es zu gewinnen gilt, und angesichts von so viel Aufmerksamkeit, die auf das Ergebnis gerichtet wird, fragt man sich doch, wie viele Spieler diesem Satz tatsächlich Glauben schenken, und wie viele insgeheim dem American-Football-Coach Vince Lombardi recht geben. Der ihm zugeschriebene Ausspruch »Gewinnen ist nicht alles, es ist das einzige, was zählt« wird mit steigender Alters- und Spielklasse immer wichtiger. Während sie die Leiter von den Kinderligen über Schul- und Universitätsteams bis zum Profisport erklimmen, schafft es eine immer geringere Anzahl von Spielern in die Mannschaften. Die anderen bleiben bis zu ihrem Lebensende Zuschauer und werden auf der Tribüne oder dem Sofa immer beleibter – es sei denn, sie lernen, informell zu spielen.

Im informellen Sport ist es tatsächlich wichtiger, gut zu spielen und Spaß zu haben als zu gewinnen. Das liegt auf der Hand und muss nicht durch langes Argumentieren belegt werden. Und man kann mitspielen, egal wie gut man ist. Der ganze Sinn eines informellen Spiels liegt ja gerade darin, Spaß zu haben und seine eigenen Fähigkeiten zu erweitern, mitunter auf neue und kreative Weise, die in einem formellen Spiel verboten wäre oder verspottet würde. Man kann zum Beispiel versuchen, den Baseball mit einem dünnen Stock zu schlagen, um einen besseren Blick zu entwickeln. Man kann aus einem einfachen Fang im Outfield einen schwierigen Fang machen, indem man den Ball im Laufen fängt. Wenn man besser spielt als seine Mitspieler, sind dies Möglichkeiten der Selbsteinschränkung, die das Spiel für alle interessanter machen. In einem formellen Spiel, bei dem es ums Gewinnen geht, könnte man solche Dinge niemals tun; man würde gleich beschuldigt, sein Team im Stich zu lassen. Natürlich muss man auch in einem informellen Spiel vorsichtig abwägen, wann und wo man diese kreativen Veränderungen der eigenen Spielweise vornimmt. Man muss wissen, wie man es anstellt, ohne andere damit zu verärgern oder wie ein Angeber zu wirken. Man muss, wie immer im informellen Spiel, seinen inneren sozialen Kompass befragen.

Sowohl als Spieler als auch als Beobachter habe ich die Erfahrung gemacht, dass die Spieler im informellen Sport viel mehr darauf bedacht sind, schön zu spielen als zu gewinnen. Die Schönheit kann etwa in neuen, kreativen Bewegungsabläufen liegen, die den Spielern ermöglichen, sich selbst auszudrücken und ihre körperlichen Fähigkeiten zu erweitern, während sie gleichzeitig ihre Handlungen so koordinieren, dass sie mit denen der anderen Spieler harmonieren. Im besten Fall ist ein informelles Spiel ein innovativer Gruppentanz, in dem die Spieler innerhalb der vereinbarten Regeln ihre eigenen Bewegungen erschaffen und gleichzeitig darauf achtgeben, einander nicht zu behindern. Ich habe selbst auch an formellen Spielen teilgenommen, bei denen es ums Gewinnen der Uni-Meisterschaften ging – dies waren beileibe keine kreativen Tänze. Wenn man diese Spiele gewinnen konnte, indem man dem Gegner unbemerkt ein Bein stellte, dann tat man das auch.

Was ist wohl die bessere Vorbereitung auf das wirkliche Leben: das formelle oder das informelle Spiel? Die Antwort scheint mir klar zu sein. Das wirkliche Leben ist ein informelles Spiel. Die Regeln können unendlich häufig verändert werden und man selbst muss seinen Teil dazu beitragen, sie zu erschaffen. Am Ende gibt es keine Gewinner und Verlierer, wir landen alle am selben Ort. Mit anderen zurechtzukommen ist weitaus wichtiger, als gegen sie zu gewinnen. Worauf es im Leben ankommt, ist, wie man spielt, wie viel Freude man dabei hat und wie viel Freude man anderen bereitet. Dies sind die Lektionen des informellen Sozialspiels und sie sind sehr viel wichtiger als das, was man vom Trainer darüber lernt, einen Curveball zu werfen oder in die Second Base hineinzurutschen. Ich bin nicht gegen formellen Sport, wenn Kinder ihn wirklich wollen. Wenn es jedoch darum geht, die Lektionen zu lernen, die wir alle lernen müssen, um ein befriedigendes Leben zu führen, dann ist formeller Sport kein Ersatz für informelles Spiel.

In einem Aufsatz über informellen Sport an der Sudbury Valley School drückt Michael Greenberg, ein ehemaliger Schüler der Schule und Sohn der Schulgründer, einige dieser Gedanken auf poetischere Weise aus:

»In all den Jahren, in denen wir [an Sudbury Valley] sehr körperbetonte Spiele wie American Football, Fußball und Basketball spielten, gab es nie Verletzungen, die über eine Prellung oder eine Platzwunde hinausgingen. Die Leute spielten in ihrer normalen Kleidung und ohne die Schutzausrüstung, die üblicherweise vorgeschrieben ist. Wie lässt sich das erklären, wo sich doch Spieler in Schutzkleidung erschreckend häufig gegenseitig verletzen? Es liegt daran, dass es in einer reglementierten, leistungsorientierten Betrachtungsweise von Sport (oder Leben) eher darauf ankommt, zu gewinnen, als darauf, einander nicht zu verletzen. Es ist also egal, wie viel von ›Fair Play‹ gesprochen wird oder wie viele Schutzpolster man trägt – die Leute werden sich trotzdem verletzen. Wenn man Sport (oder das Leben) als einen fröhlichen, aufregenden Prozess betrachtet, als etwas, das man um der reinen Freude und Schönheit willen tut, dann wird es zur höchsten Priorität, die anderen nicht zu verletzen oder nicht dabei zu behindern, den gleichen Prozess zu genießen. [...] An einer Aktivität teilzunehmen, bei der das Zusammenstoßen ungleicher Körper durch Zusammenarbeit, persönlichen Anspruch, Verantwortung und Zurückhaltung in eine Einheit gleicher Seelen verwandelt wurde, die gemeinsam nach bedeutungsvollen Erfahrungen strebten – dies war eine der tiefgreifendsten Erfahrungen meines Lebens. Ich bin mir sicher, dass es auf andere eine ähnliche Wirkung hatte.«[196]

Was wir vom soziodramatischen Spiel lernen können

Kinder machen nicht nur im informellen Sport, sondern bei vielen Arten freien Sozialspiels wertvolle Lernerfahrungen durch ihren Umgang miteinander. Zur Veranschaulichung stelle ich nachfolgend ein tatsächliches Beispiel der Art von Fantasiespiel vor, die Forscher als soziodramatisches Spiel bezeichnen, und in der Kinder in Rollen schlüpfen und gemeinsam Handlungsstränge spielerisch darstellen. Auf der ganzen Welt ist dies die vorherrschende Art des Spiels von Kindern im Alter zwischen drei und sechs Jahren.

Annie (fünf Jahre und elf Monate alt) und Beth (fünf Jahre und zwei Monate alt) wurden von den Wissenschaftlern Hans Furth und S.R. Kane dabei gefilmt, wie sie im Verkleidungsbereich ihres Schulhorts ein Fantasiespiel spielten.[197] Annie begann das Spiel, indem sie sagte: »Lass uns spielen, dass morgen ein großer Ball ist und wir schonmal alles vorbereiten.« Beth reagierte darauf, indem sie ein Kleid aufhob und sagte: »Das wird mein Kleid«, und somit ihre implizite Akzeptanz des Spielvorschlags sowie ihren Anspruch auf ihre Lieblingsrequisite zum Ausdruck brachte. Während der nächsten zwanzig Minuten suchten die beiden sich ihre Kleidung und ihre Accessoires zusammen und diskutierten, was wohl auf dem Ball passieren würde. Den Großteil dieser Zeit verbrachten sie damit, auszuhandeln, wer welche Rolle spielen und welche Requisiten benutzen würde. Sie zankten sich um schicke Kleidungsstücke, ein Telefon, einen Tisch, ein Fernglas und darum, wer in der Nacht vor dem Ball wo schlafen würde. Bei jedem der Streitpunkte gaben beide Mädchen Gründe dafür an, warum sie eine Rolle oder Requisite »brauchten« oder »haben sollten«, aber sie taten es taktvoll genug, um die Mitspielerin nicht zu vergrämen.

Als Annie und Beth schließlich in all diesen Punkten zu einer einigermaßen befriedigenden Einigung gelangt waren, kam Celia, ein anderes kleines Mädchen (vier Jahre und neun Monate alt), von draußen in den Verkleidungsbereich herein und fragte, ob sie mitspielen könne. Sie durfte mitspielen, und so begannen die drei eine neue Verhandlungsrunde, um auch Celia mit Rollen und Requisiten zu versorgen. Jedes der Mädchen hatte eine starke Meinung darüber, welche Kleidung beim Ball getragen würde, was genau dort passieren würde und wer im Spiel älter sein und den höheren Status haben sollte. Damit das Spiel weitergehen konnte, mussten sie bei jedem wichtigen Thema einen Konsens erzielen.

Zum Beispiel meinten sowohl Annie als auch Beth, dass Celia, die jüngste und kleinste der drei, die »kleine Schwester«, sein sollte, aber Celia wehrte sich vehement gegen diese Rolle. Um sie zu besänftigen, ließen Annie und Beth Celia die »große Schwester« sein und erhoben sich sodann in den Stand von Müttern, um ihren relativen Status zu erhalten. Sie lösten eine kleinere Diskussion darüber, ob Celia wirklich zwei Mütter haben könne, da »eine Person in Wirklichkeit nur eine Mutter haben kann«, so auf, dass sie eine von sich zur Stiefmutter erklärten. Alle drei Mädchen wollten Gloria heißen, und sie entschieden sich dafür, dass das in Ordnung sei. Alle drei Mädchen wollten den Prinzen heiraten und eine Königin werden. Beth und Annie erkannten zwar an, dass der Prinz im wirklichen Leben nur eine von ihnen würde heiraten können, aber sie entschieden, dass es »nur aus Spiel« in Ordnung sei, wenn er sie beide heirate. Die Idee allerdings, dass er auch Celia heiraten könnte, ging ihnen selbst im Spiel zu weit, und so lehnten sie Celias Ansinnen, dass der Prinz auch sie heiraten möge, ab. Um sie zu befrieden, werteten sie jedoch Celias Rolle weiter auf und ernannten sie zur »Prinzessin Große Schwester«.

Diese drei Mädchen waren bereits geübte Sozialspielerinnen, und es ist klar, dass sie ihre Fähigkeiten durch die Art des Übens, die aus der obigen Spielepisode hervorgeht, noch weiter verfeinern. Zu den größten Lektionen, die solche Spiele beinhalten, gehören Selbstbehauptung, Verhandlungskompetenz und Kompromissbereitschaft. Jedes Mädchen musste seine Argumente geschickt vorbringen, um seiner Wunschvorstellung so nahe wie möglich zu kommen, ohne die Mitspielerinnen zu verärgern. Durch ihre Ausdrucksweise zeigten die Mädchen, dass sie die Notwendigkeit verstanden, Konsens zu erreichen. Ihre Spielideen brachten sie beispielsweise zumeist als Vorschläge ein, nicht als Forderungen. Die meisten ihrer Vorschläge endeten mit Bestätigungsfragen wie »Okay?« oder »Einverstanden?« oder »Stimmt's?«.

In ihren Verhandlungen bezogen sich die Mädchen häufig auf bestimmte Regeln, die in ihrem Schulhort unter den Kindern aus Tradition zu regulären Spielregeln geworden waren. Eine war die Finderregel: Wer einen Gegenstand zuerst gefunden oder für sich reklamiert hatte, durfte ihn in der Regel auch benutzen. Eine noch wichtigere Regel, die Vorrang vor der Finderregel haben konnte, war die Fairnessregel: Es wäre nicht gerecht, wenn ein Kind alle oder die meisten der begehrten Gegenstände haben würde – sie mussten auf eine Weise aufgeteilt werden, die allen zumindest halbwegs fair erschien. Spieler bestehen bei jeder Art von Spiel eindringlich auf Fairness, auch wenn ihre Meinungen darüber, wie dieser Idealzustand aussieht und wie er erreicht werden kann, vielleicht auseinandergehen mag.

Eine andere Regel, die häufig angeführt wurde, würde ich Stimmigkeitsregel nennen. Das Spiel musste in sich stimmig sein. Als beispielsweise Annie, die es nicht mehr erwarten konnte, bis der Ball endlich losging, spontan ankündigte, dass der Ball gleich beginnen würde, erinnerte Beth sie daran, dass sie doch bereits entschieden hatten, dass der Ball erst am nächsten Tag stattfinden würde. Sie müssten erst so tun, als würden sie eine Nacht schlafen, bevor der Ball beginnen könne. Annie verstand das und gab ihr sofort recht. Das Spiel musste außerdem – zumindest zu einem gewissen Grad – mit dem Verständnis der Mädchen übereinstimmen, wie sich die Dinge in der wirklichen Welt verhielten. Manchmal konnte von dieser Regel abgewichen werden, zum Beispiel als sie entschieden, dass Annie und Beth beide den Prinzen heiraten könnten, aber solche Abweichungen erforderten Diskussion, Übereinkunft und in den meisten Fällen die explizite Anerkennung, dass so etwas in der wirklichen Welt nicht vorkomme. Während sie spielten, bestätigten und festigten die Mädchen ihr Verständnis bestimmter Konventionen und Regeln der wirklichen Welt. Der Analyse von Furth und Kane zufolge ist soziodramatisches Spiel ein Mittel, mit dessen Hilfe kleine Kinder mentale Modelle der Gesellschaft, in der sie leben, entwickeln und anwenden. Um es mit den Worten der Forscher auszudrücken: Kinder »konstruieren Gesellschaft« durch ihr Spiel.

Die drei kleinen Mädchen spielten und taten das, was sie tun wollten. Weil das, was sie tun wollten, jedoch ein ausgeklügeltes Fantasiespiel war, konnten sie nicht ganz genau das tun, was sie eigentlich tun wollten. Sie mussten sich auf Kompromisse einlassen und Absprachen treffen und sie mussten ihre Impulse kontrollieren, um sich an die Rollen und Handlungsstränge anzupassen, auf die sie sich geeinigt hatten. Darin liegt der Zauber des kindlichen Sozialspiels. Indem sie tun, was sie tun möchten, indem sie also mit anderen Kindern spielen, lernen Kinder, Kompromisse einzugehen und nicht genau das zu tun, was sie tun möchten. Celia wollte Königin werden, aber es war für sie in Ordnung, »Prinzessin Große Schwester« zu sein. Alle Mädchen beanspruchten die schönsten Verkleidungsstücke für sich, aber sie mussten sie auf eine Weise aufteilen, die ihnen allen ausreichend gerecht vorkam. Annie wollte irgendwann, dass der Ball sofort losgehen möge, da sie es kaum erwarten konnte, dass der Prinz um ihre Hand anhielt, aber sie konnte diesen Impuls nicht ausleben, um die Stimmigkeit der Erzählung, auf die sich die Mädchen bereits geeinigt hatten, zu bewahren. All diese Selbstbeherrschung und Kompromisse fanden ohne die Einmischung von Erwachsenen statt. Die Einmischung durch Erwachsene wäre sogar kontraproduktiv gewesen. Offensichtlich genossen die Kinder es, ihre eigene Macht, Intelligenz und Fähigkeit zur Selbstbeschränkung in den Verhandlungen untereinander einzusetzen – ohne jeden Beitrag von Erwachsenen.

Ich habe dieses Beispiel soziodramatischen Spiels ausgewählt, weil es gefilmt wurde und verfügbar war, aber es ist keinesfalls einzigartig. Schauen Sie sich jede Gruppe kleiner Kinder an, die miteinander spielen und ausgiebige Erfahrung mit dieser Art von Spiel haben, und Sie werden sehen, dass dort erstaunliche, soziale Wesen am Werk sind. Aber schauen Sie unauffällig aus einiger Entfernung zu. Wenn man Jungen zuschaut, könnte man vielleicht denken, dass diese bei ihren Verhandlungen nicht so taktvoll sind wie Annie, Beth und Celia. Aber auch sie finden in der Regel Wege, die gegenseitigen Bedürfnisse um des Spiels willen zu erfüllen.

Es ist unmöglich, langfristig angelegte Experimente durchzuführen, um zu erforschen, ob Kinder, denen mehr Gelegenheit zu dieser Art des Spielens gegeben wird, eine größere Sozialkompetenz entwickeln als Kinder, die weniger Gelegenheit zum Sozialspiel haben. Korrelationsstudien und kurzfristig angelegte Experimente legen diese Hypothese jedoch ebenso nahe wie der gesunde Menschenverstand. Es hat sich gezeigt, dass Kinder, die mehr Zeit mit soziodramatischem Spiel verbringen, überdurchschnittlich empathisch sind und besser als andere Kinder verstehen, was eine andere Person denkt, weiß oder wünscht.[198] Außerdem haben Kurzzeitexperimente in Kindergärten gezeigt, dass Kinder, denen zusätzliche Möglichkeiten geboten wurden, sich mit soziodramatischem Spiel zu beschäftigen, später in verschiedenen Indikatoren sozialen Verhaltens höhere Werte erzielten als Kinder in den Kontrollgruppen.[199]

Kinderspiel im Holocaust

Wir verlassen nun die süße Szene dreier kleiner Mädchen im Verkleidungsbereich eines Spielzimmers und wenden uns einer Szenerie des Schreckens zu: Kinder in den Konzentrationslagern der Nazis. Wenn Spiel ein Luxus wäre, hätten Kinder dort nicht gespielt. Aber Spiel ist kein Luxus. Spiel ist das Mittel der Kinder, um sich einen Reim auf ihre Umgebung zu machen und sich, unabhängig von der Art der Umgebung, an diese anzupassen, so gut sie können. In seinem bemerkenswerten Buch »Spielen im Schatten des Todes. Kinder im Holocaust« beschreibt der Historiker George Eisen auf der Grundlage von Tagebüchern und Interviews mit Überlebenden das Spiel jüdischer Kinder in den Ghettos und Konzentrationslagern der Nazis.[200]

In den Ghettos, der ersten Stufe der Konzentration, bevor die Gefangenen in Arbeits- und Vernichtungslager geschickt wurden, versuchten die Eltern verzweifelt, die Aufmerksamkeit ihrer Kinder von den Schrecken des Ghettos abzulenken und den Anschein unschuldigen Spiels, das die Kinder noch aus der Zeit davor kannten, aufrechtzuerhalten. Die Eltern errichteten provisorische Spielplätze und versuchten, mit den Kindern traditionelle Spiele zu spielen. Wenn die Erwachsenen selbst spielten, dann spielten sie auf eine Weise, die einen seelischen Ausweg aus der trostlosen Situation versprach. Ein Mann tauschte etwa einen Kanten Brot gegen ein Schachbrett ein, da er beim Schachspielen seinen Hunger vergessen konnte. Die Kinder jedoch wollten von alldem nichts wissen. Sie spielten Spiele, die darauf angelegt waren, dem Schrecken ins Auge zu sehen, anstatt ihm aus dem Weg zu gehen. Sie spielten Kriegsspiele: »Bunkersprengen«, »Abschlachten«, »Erfassung der Kleider der Toten« und Spiele des Widerstands. In Wilna spielten jüdische Kinder »Juden und Gestapo«, in denen die Juden ihre Peiniger überwältigten und sie mit deren eigenen Gewehren (Stöcken) schlugen.

Die Kinder, die noch gesund genug waren, um herumzulaufen, spielten sogar in den Vernichtungslagern. In einem Lager spielten sie ein Spiel namens »Leichen kitzeln«. In Auschwitz-Birkenau forderten sie einander heraus, den elektrischen Zaun zu berühren. Sie spielten »Gaskammer«, ein Spiel in dem sie Steine in eine Grube warfen und die Schreie sterbender Menschen nachahmten. Ein von ihnen selbst erdachtes Spiel war dem täglichen Zählappell nachempfunden und hieß »Klepsi-Klepsi«, was eine scherzhafte Bezeichnung für Stehlen war. Einem Mitspieler wurden die Augen verbunden, dann trat einer der anderen nach vorne und schlug ihm mit voller Härte ins Gesicht. Der Getroffene nahm sodann die Augenbinde ab und musste anhand des Gesichtsausdrucks oder anderer Anzeichen erraten, welcher seiner Mitspieler ihn geschlagen hatte. Um in Auschwitz zu überleben, musste man ein Meister im Vortäuschen sein – wenn es etwa um den Diebstahl von Brot oder die Mitwisserschaft von Flucht- oder Widerstandsplänen ging. Vielleicht diente Klepsi-Klepsi der Einübung dieser Fähigkeit.

Im Spiel, ob nun im idyllischen Spiel, das wir uns am liebsten vorstellen, oder in dem von Eisen beschriebenen Spiel, überführen Kinder die Realitäten der Welt in einen fiktiven Kontext, in dem es ungefährlich ist, ihnen zu begegnen, sie zu erfahren und Wege einzuüben, mit ihnen umzugehen. Einige Menschen fürchten, dass gewalttätiges Spiel gewalttätige Erwachsene hervorbringt, aber in Wirklichkeit ist das Gegenteil der Fall. Die Gewalt in der Welt der Erwachsenen bringt Kinder dazu, Gewalt nachzuspielen. Wie sollten sie sich auch sonst emotional, intellektuell und körperlich auf die Wirklichkeit vorbereiten? Es ist falsch, zu glauben, wir könnten die Welt verändern, indem wir das Spiel und das Lernen der Kinder kontrollieren. Wenn wir die Welt verändern wollen, müssen wir die Welt verändern: Die Kinder werden unserem Beispiel folgen. Die Kinder müssen – und werden – sich auf die Wirklichkeit vorbereiten, an die sie sich anpassen müssen, um zu überleben.

Dass Kinder Spiel benutzen, um Traumata zu verarbeiten, wurde auch in Situationen beobachtet, die weniger weit von unserer Lebenswirklichkeit entfernt sind. Zum Beispiel war eine Gruppe von Kindern sehr erschüttert, da sie hatten miterleben müssen, wie ein Mann vor dem Fenster ihres Kindergartens aus einer Höhe von sechs Metern auf den Boden fiel und sich dabei schwer verletzte. Noch monatelang spielten sie auf eigene Initiative Themen wie Fallen, Verletztsein, Krankenhaus und Tod nach.[201] Auch bei Kindern, die Terroranschläge auf sich oder ihre Eltern miterlebt haben, hat man Spiel beobachtet, welches das Nachstellen der erlebten Szenen mit irgendeiner Art von Linderung verband.[202] Die im Spiel erfahrene Linderung beinhaltet etwa das Heilen und Wiedergutmachen von Verletzungen, den Schutz und die Pflege der Hinterbliebenen oder den letztendlichen Sieg des Guten über das Böse.

Sogar Kinder, die (über die kleinen Traumata hinaus, die jeder erfährt) nie ein bestimmtes Trauma erfahren haben, beschäftigen sich häufig spielerisch mit emotionsgeladenen, traumatischen Szenen. Damit wappnen sie sich vielleicht für allerlei unvorhersehbare, aber unvermeidliche, unglückliche und schmerzhafte Ereignisse. Die Forscherin Gisela Wegener-Spöhring hat Beispiele solchen Spiels unter normalen, ausgeglichenen Vorschülern in Deutschland beschrieben.

Zum Beispiel beschreibt sie die Szene eines »Peitschenspiels«, in der ein beliebter Junge gefesselt auf einem Stuhl saß und von seinen Mitspielern mit relativ starken Hieben mittels eines Lederriemen gepeitscht wurde.[203] Um ihn zu trösten, während er geschlagen wurde, gaben ihm zwei Mädchen Bananenstücke zu essen. Die Jungen, die für das Peitschen zuständig waren, hielten von Zeit zu Zeit inne und taten so, als gäben sie ihm Wasser zu trinken. Dies schien für alle Teilnehmenden ein sehr angenehmes Spiel zu sein, und es handelte von den wichtigen Lebensthemen Schmerz und Linderung. Wegener-Spöhring zufolge fand die einzige tatsächliche Gewalt im Zusammenhang mit diesem Spiel statt, als die Vorschullehrerin herbeikam und das Spiel unterband, weil sie es für aggressiv hielt. Wegener-Spöhring argumentiert, dass die Unterbrechung von Spiel ohne guten Grund immer ein gewaltsamer Akt sei und tendenziell eine gewaltsame Reaktion hervorrufe. Als das Peitschenspiel zwangsweise unterbrochen wurde, bekamen die Kinder schlechte Laune. Sie fingen an, Stühle umzuschmeißen und auf andere Weise offenkundige Akte der Auflehnung zur Schau zu stellen.

Der Wert »gefährlichen« Spiels

Forscher, die sich mit Spiel bei Tieren beschäftigen, haben darauf hingewiesen, dass ein wichtiger evolutionärer Zweck von Spiel darin bestehen könnte, dass es Kindern hilft, zu lernen, wie man mit Notfällen umgeht.[204] Die Jungen aller Säugetierarten setzen sich in ihrem Spiel absichtlich und wiederholt misslichen, relativ gefährlichen und beängstigenden Situationen aus. Während sie spielerisch galoppieren, springen und einander umherjagen, wechseln sie ständig zwischen dem Verlust und dem Wiedererlangen von Körperkontrolle. Wenn Ziegenjungen springen, verdrehen und verbiegen sie sich dabei zum Beispiel auf eine Weise, die es ihnen schwer macht, zu landen. Junge Affen und Menschenaffen schwingen zwischen Ästen umher, die weit genug voneinander und vom Boden entfernt sind, um ein wenig Angst zu verursachen, aber nicht so hoch, dass ein Sturz ernsthafte Verletzungen zur Folge hätte. Junge Schimpansen scheinen sich im Spiel besonders gerne von hohen Ästen fallen zu lassen und sich dann im letzten Moment vor dem Aufprall an niedrigeren Ästen festzuhalten.

Die Jungen fast aller Säugetierarten spielen Verfolgungsspiele. Sie jagen einander nach und wechseln sich als Verfolger und Verfolgte ab. Anscheinend ist die beliebtere Position bei den meisten Varianten dieses Spiels die des Verfolgten.[205] Ein typisches Spiel – etwa zwischen zwei jungen Affen, Lämmern oder Eichhörnchen – beginnt damit, dass ein Jungtier das andere spielerisch angreift und dann wegläuft, während es zurückschaut um sicherzugehen, dass der provozierte Spielkamerad es auch verfolgt. Beobachter des Spiels von Affen haben gezeigt, dass das verfolgte Tier generell mehr Anzeichen von Spielfreude zeigt, etwa ein breites Spielgesicht (das Affen-Äquivalent eines Lächelns), als der Verfolger.[206] Offenbar ist die Belohnung für das Verfolgen die Möglichkeit, ebenfalls als Verfolgter an die Reihe zu kommen. Wenn der Verfolger den anderen fängt und »tickt« (üblicherweise mit einen spielerischen Kneifen), dreht er sich um und wird voller Freude vom Jäger zum Gejagten. Man beachte, dass die beliebteste Position jene der größeren Verletzbarkeit ist. Derjenige, der wegläuft, hat weniger Einfluss darauf, was passiert, weniger Möglichkeiten, anzuhalten und eine Pause zu machen, und er ist anfälliger für Stürze und Verletzungen als derjenige, der hinterherläuft. Die Verletzbarkeit selbst scheint ein wesentlicher Bestandteil des Nervenkitzels zu sein.

Junge Säugetiere, insbesondere die jungen Männchen, sind neben diesen Verfolgungsspielen viel mit spielerischem Kämpfen beschäftigt. Je nach Art stoßen sie mit den Köpfen aneinander, versuchen, sich gegenseitig zu Boden zu werfen oder festzuhalten und einander spielerische Stöße an bestimmte Körperstellen zu verpassen. Anders als in einem wirklichen Kampf, legt das größere und geschicktere Tier absichtlich eine gewisse Selbstbeschränkung an den Tag, um den Spielpartner nicht zu beherrschen. Detaillierte Studien der Kampfspiele jugendlicher Ratten legen nahe, dass es zumindest bei dieser Art des Spiels jedes Tier vorzieht, in der unterlegenen Position zu sein, da dies die größte körperliche und emotionale Herausforderung darstellt.[207] Eine Ratte zeigt eine Schwäche, um dem Spielpartner eine vorteilhafte Angriffsposition zu ermöglichen, und versucht dann, sich wieder freizukämpfen. Mit der Zeit wechseln sich die Spielpartner ab, so dass jeder üben kann, sich aus der prekären Position zu befreien.

Schon die beiläufige Beobachtung zeigt, dass Menschenkinder, wie andere junge Säugetiere auch, sich in ihrem Spiel absichtlich selbst in angsteinflößende, prekäre Situationen bringen. Sie tun dies, indem sie in Bäumen sehr hoch klettern, von hohen Türmen oder Klippen springen, über Felsspalten von Stein zu Stein springen, auf Spielplatzgeräten Kunststücke vollführen oder mit dem Skateboard das Treppengeländer runterfahren. Beim spielerischen Kämpfen wechseln sich kleine Kinder ebenso wie andere junge Säugetiere dabei ab, die unterlegene Position einzunehmen und sich aus ihr freizukämpfen.[208] Die stärkere Mitspielerin nimmt sich selbst zurück, um der schwächeren Mitspielerin zu ermöglichen, sich aus der Umklammerung zu befreien und selbst zur Angreiferin zu werden, damit beide den Nervenkitzel der unterlegenen Position und der Befreiung daraus erleben können. Bei alledem ähneln junge Menschen anderen Jungtieren, und sie lernen dabei offenbar dieselben entscheidenden Lektionen.

Denken Sie nur an die universelle Freude von Verfolgungsspielen. Das dreijährige Mädchen kreischt vor fast unerträglichem Vergnügen, während sie vor dem schrecklichen Monster davonläuft, das (in Form ihres Vater oder großen Bruders) sie zu fangen und zum Frühstück zu verspeisen droht. Bei allen menschlichen Verfolgungsspielen, die ich kenne, ist die Rolle des Verfolgten die beliebtere. In Alpträumen und im wirklichen Leben ist nichts schlimmer, als von einem Raubtier oder einem Monster verfolgt zu werden. Im Spiel jedoch ist nichts reizvoller.

Das universellste und einfachste aller menschlichen Verfolgungsspiele ist das Fangenspiel. Kinder auf der ganzen Welt spielen es, und immer ist das Ziel, so lange wie möglich der Gejagte und so kurz wie möglich der Jäger zu sein. Die Strafe fürs Gefangenwerden ist, dass man »ihn hat«, und dann solange Fänger sein muss, bis man jemand anderen fängt und dann wieder das Weglaufen genießen kann. Wenn die Kinder älter werden, spielen sie Varianten des Fangenspiels, die zunehmend anspruchsvoller sind und deren Regeln dem Spiel zusätzliche Strukturen verleihen. Ein typisches Beispiel ist »Fuchs und Gänse«, das meine Freunde mit Schlittschuhen auf in den Schnee gezogenen Pfaden eines zugefrorenen Sees in Minnesota spielten. Alle wollten lieber eine der Gänse als der Fuchs sein. Wurde man gefangen, musste man der Fuchs sein, bis man selbst jemanden fing und wieder eine Gans sein durfte. Verstecken und Völkerball sind zwar nicht Verfolgungsspiele im engeren Sinne, aber auch für sie gilt die Regel, dass man lieber der Gejagte als der Jäger ist. Wer gefunden oder vom Ball getroffen wird, wird zur Strafe zum Sucher oder Werfer.

Auch formelle Mannschaftssportarten wie Fußball, American Football, Basketball und Eishockey können als komplexe Varianten des Fangenspiels aufgefasst werden. Die Freude besteht darin, über ein Feld zu laufen und dabei einen Ball zu schießen, zu tragen, zu dribbeln oder einen Puck zu schieben, während man von einer Horde von »Feinden« verfolgt wird. Auch Baseball ist eine Art des Fangenspiels. Nachdem er den Ball geschlagen hat, versucht der Schlagmann eine bestimmte Runde von einem sicheren Standpunkt zum nächsten zu laufen, während die andere Mannschaft versucht, ihn zu »fangen«, indem sie ihm zuvorkommt. In all diesen Spielen wechseln sich die Mannschaften zwischen Angriff und Verteidigung ab. Die beliebtere Position dabei ist meist der Angriff, da man als Angreifer verfolgt wird, während man durch »gegnerisches Territorium« läuft.

In vielen dieser kraftvollen Spiele überprüfen Kinder sowohl ihre Ängste als auch ihre körperlichen Fähigkeiten. Die Kombination aus Angst und Freude ist ein Gefühl, das wir Nervenkitzel nennen. Bei solcherlei Spielen müssen Kinder selbst über ihre Gefühle bestimmen, weil nur sie wissen können, welche Dosis Angst für sie die richtige ist. Kinder, die schaukeln oder Bäume und Seile erklimmen, wissen, bei welcher Höhe sie einen Grad der Angst erreichen, der ihnen Aufregung verursacht, ohne ihnen einen zu großen Schrecken einzujagen. Kein Elternteil, Trainer oder Sportlehrer kann diese Einschätzung je für sie vornehmen. Im von Wegener-Spöhring beschriebenen »Peitschenspiel« hätte der Junge, der geschlagen wurde, das Peitschen mit einem Zeichen beendet, wenn es ihm zu schmerzhaft geworden wäre. Bei allen Arten von Kampf- und Verfolgungsspielen hat jedes Kind das Recht, eine Auszeit zu nehmen oder das Spiel zu beenden, wenn die emotionale oder körperliche Herausforderung zu groß wird. Ohne dieses Recht wäre die Aktivität kein Spiel mehr.

In unserer heutigen Kultur sind Eltern und andere Erwachsene übermäßig bemüht, Kinder vor möglichen Gefahren des Spiels zu bewahren. Wir unterschätzen die Urteilsfähigkeit der Kinder sowie deren Fähigkeit, sich um sich selbst zu kümmern, deutlich. In dieser Hinsicht unterscheiden wir uns nicht nur von Jäger-und-Sammler-Kulturen (wie im zweiten Kapitel beschrieben), sondern auch von allen traditionellen Kulturen, in denen Kinder frei spielten. Unser Unterschätzen wird zu einer selbsterfüllenden Prophezeiung: Indem wir Kinder ihrer Freiheit berauben, nehmen wir ihnen auch die Möglichkeiten, die sie brauchen, um zu lernen, wie sie ihr Verhalten und ihre Gefühle kontrollieren können.

Rückgang der Empathie und Aufstieg des Narzissmus

Wie ich bereits im ersten Kapitel dargestellt habe, geht der Rückgang des freien Spiels etwa seit Mitte der 1950er Jahre mit einer kontinuierlichen Zunahme von Angst, Depression und Hilflosigkeit bei jungen Menschen einher. Ebenfalls in Zusammenhang mit diesen Befunden stehen die Zunahme des Narzissmus und der Rückgang der Empathie.

Als »Narzissmus« bezeichnet man ein übersteigertes Selbstbild, welches das Selbst von anderen trennt und die Bildung bedeutungsvoller wechselseitiger Beziehungen verhindert. Seit den späten 1970er Jahren wird dieser bei Normgruppen von Studierenden mit Hilfe des »Narcissistic Personality Inventory« (NPI) erfasst, eines Fragebogens, der den Grad ermittelt, zu dem eine Person in erster Linie auf sich selbst bezogen ist, anstatt auf andere bezogen zu sein. Die »Empathie« ist mehr oder weniger das Gegenteil von Narzissmus. Sie bezeichnet die Neigung, emotional mit anderen in Kontakt zu treten, Dinge aus der Perspektive anderer zu sehen und Mitgefühl angesichts des Unglücks anderer zu zeigen. Sie wird ebenfalls seit den späten 1970er Jahren bei Normgruppen von Studierenden mit Hilfe eines Fragebogens erfasst, dem »Interpersonal Reactivity Index«. Die Ergebnisse dieser Fragebögen zeigen über die Jahrzehnte hinweg eine signifikante Zunahme von Narzissmus bei einer signifikanten Abnahme von Empathie.[209] Die Fragebogenergebnisse sind offenbar ein zuverlässiges Maß, die dem beobachtbaren Verhalten entsprechen. Beispielsweise wurde bei Menschen mit einem hohen Narzissmuswert festgestellt, dass sie ihre eigenen Fähigkeiten im Vergleich mit denen anderer überschätzen, bei Kritik ausfallend werden und mehr Wirtschaftsverbrechen begehen als der Rest der Bevölkerung.[210] Jene mit niedrigeren Empathiewerten sind bei Mobbing eher als Täter beteiligt und helfen Schutzbedürftigen weniger häufig als der Bevölkerungsdurchschnitt.[211]

Nach allem, was ich in diesem Kapitel bereits gesagt habe, sollte es kein Rätsel mehr darstellen, warum der Rückgang des Spiels mit einer Zunahme von emotionalen und sozialen Störungen einhergeht. Spiel ist der natürliche Weg, auf dem sich Kinder Problemlösungsfähigkeit, Impulskontrolle und Gefühlsregulation erwerben und auf dem sie lernen, die Perspektive anderer einzunehmen, mit Unterschieden umzugehen und anderen auf Augenhöhe zu begegnen. Als Mittel zum Erlernen dieser Fähigkeiten ist Spiel unersetzbar. Sie können einem nicht in der Schule beigebracht werden. Für das Leben in der wirklichen Welt sind die Lernerfahrungen, die aus persönlicher Verantwortung, Selbstbeherrschung und Geselligkeit heraus gemacht werden, weitaus wichtiger als irgendwelche Lektionen, die in der Schule vermittelt werden können.

Über die korrelativen Hinweise und logischen Argumente hinaus, die einen Rückgang des Spiels mit einer Einschränkung der emotionalen und sozialen Entwicklung in Verbindung bringen, gibt es auch experimentelle Belege für diesen Zusammenhang. Natürlich können wir keine Langzeitexperimente durchführen, in denen Kinder absichtlich aller Spielmöglichkeiten beraubt werden. Mit Tieren wurden solche Experimente jedoch durchgeführt. In einigen Versuchsanordnungen ließ man beispielsweise Rhesusaffen nur bei ihren Müttern aufwachsen und verglich sie dann mit Rhesusaffen, die ihrer Art entsprechend aufgewachsen waren, also Umgang sowohl mit ihren Müttern als auch mit Altersgenossen hatten.[212] Affenmütter interagieren auf vielfältige Weise mit ihren Jungen, aber sie spielen nicht mit ihnen, weshalb die Affenjungen in der ersten Gruppe während ihrer gesamten Entwicklung unter Spielentzug standen. Es überrascht deshalb nicht, dass die gerade ausgewachsenen Äffchen in Untersuchungen in vielerlei Hinsicht für abnormal befunden wurden. Sie waren übermäßig ängstlich und aggressiv. Wenn sie in eine unbekannte Umgebung gesetzt wurden, was bei normalen Affen einen geringen Grad an Angst auslösen würde, reagierten diese Affen mit großem Schrecken und passten sich im Lauf der Zeit nicht an ihre Umwelt an, wie dies ein normaler Affe tun würde. Wenn man sie zu ihren Altersgenossen setzte, reagierten sie nicht angemessen auf die sozialen Signale und Einladungen der anderen Tiere. Wenn ein Gleichaltriger sie beispielsweise zu lausen versuchte, wehrten sie sich aggressiv, anstatt das freundliche Angebot anzunehmen. Ebenfalls zeigten sie in der Gegenwart anderer Affen keine angemessenen aggressionsreduzierenden Signale und wurden daher häufiger angegriffen als normale Affen.

Vergleichbare Experimente wurden auch mit Ratten durchgeführt und führten zu ähnlichen Ergebnissen. Ratten, die ohne gleichrangige Spielgefährten aufwachsen, zeigen in verschiedenen Verhaltensuntersuchungen abnormal hohe Grade von Angst und Aggression.[213] In einer Untersuchungsreihe ließ man eine Gruppe junger Ratten, die ansonsten ohne Kontakt zu Gleichaltrigen aufwuchsen, für eine Stunde pro Tag mit einem verspielten Gleichaltrigen interagieren, während man eine andere Gruppe täglich eine Stunde lang mit einem Gleichaltrigen interagieren ließ, den man durch eine Dosis Amphetamin aller Verspieltheit beraubt hatte.[214] Amphetamin blockiert den Spieltrieb junger Ratten, ohne andere soziale Verhaltensweisen zu blockieren. Das Ergebnis war, dass jene Ratten, die Erfahrungen im Spiel mit Gleichaltrigen hatten sammeln können, sich im Erwachsenenalter weitaus normaler verhielten als jene, die die gleiche Zeit mit nicht-verspielten Gleichaltrigen verbracht hatten. Offenbar geschehen die für die normale emotionale und soziale Entwicklung wesentlichen Interaktionen im Spiel. In anderen Experimenten zeigten unter Spielentzug gesetzte Ratten abnormale Muster der Hirnentwicklung. Ohne Spiel entwickelten sich jene Nervenbahnen nur unzureichend, die für die Anbindung der vorderen Bereiche des Gehirns verantwortlich sind – Bereiche, von denen man weiß, dass sie für die Impuls- und Gefühlskontrolle entscheidend sind.[215]

Es mag grausam erscheinen, junge Affen oder Ratten zu wissenschaftlichen Zwecken unter Umständen aufwachsen zu lassen, in denen sie nicht frei mit ihren Altersgenossen spielen können. Wenn aber dies grausam ist, was soll man dann erst über unsere gegenwärtige, »normale« Praxis sagen, Kinder des freien Spiels mit anderen Kindern zu berauben – vorgeblich um ihrer Schutz und Bildung willen? Dies ist tatsächlich grausam – und es ist gefährlich.

Sag, wie hältst du's mit den Videospielen?

Die eine Art von Spiel, die in den letzten Jahrzehnten nicht zurückgegangen ist, sind die Videospiele. Einige Leute geben solchen Spielen zusammen mit dem Fernsehen die Schuld für den Rückgang des Draußenspiels. Sie argumentieren, dass das Fernsehen und Computerspielen so verführerisch sind, dass sie Kinder an den Bildschirm fesseln und sie von anderen Aktivitäten abhalten. Ich verstehe dieses Argument und sehe, warum es einigen so überzeugend erscheint, aber es passt weder zu meinen eigenen Beobachtungen noch zu auf systematischen Erhebungen basierenden Forschungsergebnissen.

An der Sudbury Valley School können Schülerinnen und Schüler so lange sie mögen und auf eine Art und Weise, die sie mögen, spielen und erkunden. Alle haben unbegrenzt Zugang zu Computern und Fernsehern und fast alle von ihnen spielen gerne Videospiele. Aber die meisten von ihnen verbringen auch viel Zeit damit, draußen die Wiesen und Wälder zu erkunden. Umfragen unter Videospielern in der Gesamtbevölkerung zeigen ebenfalls, dass Kinder, die sowohl draußen als auch mit Videospielen spielen dürfen, sich mit der Zeit für ein Gleichgewicht zwischen diesen beiden Möglichkeiten entscheiden.[216] Jene, die scheinbar süchtig nach Videospielen werden, sind in der Regel jene, für die andere befriedigende Formen von Spiel nicht verfügbar sind.[217] Wenn es um die freie Zeit der Kinder geht, scheint Computerspiel viel mehr mit dem Fernsehen zu konkurrieren als mit dem Draußenspiel. Insgesamt zeigen Umfragen, dass Computerspieler nicht weniger draußen spielen als Nicht-Computerspieler, jedoch weniger fernsehen.[218] Vor kurzem untersuchte eine großangelegte Studie in Holland, welche Faktoren das Draußenspiel von Kindern fördern. Die Studie zeigte – für einige durchaus überraschend –, dass Kinder, die einen Computer oder einen Fernseher im eigenen Zimmer hatten, signifikant mehr, und nicht weniger, draußen spielten als andere vergleichbare Kinder, die weder das eine noch das andere in ihrem Zimmer hatten.[219]

Mir scheint es, als sei der Rückgang im Draußenspiel der Kinder in erster Linie auf die größere Ängstlichkeit der Eltern und andere (im zehnten Kapitel näher beschriebene) gesellschaftliche Veränderungen zurückzuführen, die die Möglichkeiten, draußen frei zu spielen, eingeschränkt haben. Zur Zunahme von Computerspiel scheint es aus zweierlei Gründen gekommen zu sein. Erstens sind die Spiele tatsächlich unterhaltsam und werden immer unterhaltsamer, je weiter die Technik voranschreitet und je mehr Gedanken in die Produktion solcher Spiele fließen. Zweitens hat sich die virtuelle Welt zu einem Rückzugsort entwickelt, an dem viele Kinder noch frei sein können, während sie in der wirklichen Welt zunehmend von Erwachsenen überwacht und kontrolliert werden. Ein Neunjähriger, den man vielleicht nicht einmal allein bis zum Laden an der Ecke gehen lässt, darf sich in eine spannende virtuelle Welt voller Gefahren und Freuden begeben und darf sich dort frei bewegen.

Wenn man Kinder in Fokusgruppen oder Umfragen fragt, was ihnen an Videospielen gefällt, dann sprechen sie in der Regel über Freiheit, Selbstbestimmung und Können.[220] Im Spiel treffen sie ihre eigenen Entscheidungen und stellen sich Herausforderungen, die sie sich selbst ausgesucht haben. Mögen sie auch in der Schule und in anderen von Erwachsenen dominierten Kontexten als Idioten behandelt werden, die pausenloser

Anweisung bedürfen, im Spiel haben sie das Sagen und können schwierige Probleme lösen und ihre außergewöhnlichen Fähigkeiten zeigen. Im Spiel ist das Alter egal – es kommt nur auf die Fähigkeiten an. Auf diese Weise sind Videospiele wie alle anderen Formen wirklichen Spiels. Sie tragen keineswegs zum Anstieg von Angst, Depression und Hilflosigkeit in dieser Generation bei, eher scheinen sie eine Rolle bei der Linderung dieser Krankheiten zu spielen. Dies scheint seit der Entstehung sogenannter Massen-Mehrspieler-Online-Rollenspiele in jüngster Zeit in besonderem Maß zuzutreffen: Spiele wie »World of Warcraft« sind weitaus geselliger als frühere Computerspiele und sie bieten endlose Möglichkeiten, Kreativität zu entwickeln und Probleme zu lösen.[221]

In diesen Onlinespielen erschaffen sich die Spieler eine Rolle (einen Avatar), die über einzigartige körperliche und psychologische Eigenschaften und Vorzüge verfügt, und in dieser Rolle begeben sie sich in außergewöhnlich komplexe und aufregende virtuelle Welten, die gleichzeitig von vielen anderen Spielern bevölkert werden, die sich im wirklichen Leben an jedem beliebigen Ort dieser Erde aufhalten können. Spieler stellen sich innerhalb dieser virtuellen Welt Aufgaben und treffen auf ihrem Weg andere Spieler, die zu Freund oder Feind werden können. Spieler fangen mitunter als Einzelkämpfer an und vermeiden andere, aber um die höheren Levels zu erreichen, müssen sie sich mit Mitspielern anfreunden und mit anderen gemeinsame Aufgaben erledigen. Im Spiel Freundschaften zu schließen, erfordert im Prinzip dieselben Fähigkeiten, die es auch in der wirklichen Welt erfordert. Man darf nicht unhöflich sein. Man muss die Etikette der Kultur, in der man sich befindet, verstehen und sich an sie halten. Man muss die Ziele möglicher Freunde in Erfahrung bringen und ihnen dann helfen, diese Ziele zu erreichen. Je nachdem, wie man sich verhält, setzen Mitspieler einen auf die Freundes- oder auf die Ignorieren-Liste, und geben positive oder negative Informationen über einen an andere Mitspieler weiter. Diese Spiele bieten den Spielern unbegrenzte Möglichkeiten, verschiedene Persönlichkeiten und Verhaltensweisen in einer Fantasiewelt auszuprobieren, wo ein Scheitern keine tatsächlichen Auswirkungen im wirklichen Leben hat.

Die Spieler können sich bei diesen Spielen auch zu »Gilden« genannten Interessensgruppen zusammenschließen. Um ihnen beizutreten, müssen Spieler fast wie bei der Bewerbung um einen Arbeitsplatz ein Aufnahmegesuch abgeben und darin erklären, warum sie wertvolle Mitglieder der Gilde wären. Gilden sind ähnlich strukturiert wie Firmen in der wirklichen Welt, mit Führungspersonen, Vorständen und sogar mit Mitarbeitern, die für die Rekrutierung zuständig sind. Solche Spiele ähneln auf vielfältige Weise den fantasievollen soziodramatischen Spielen von Kindergartenkindern, jedoch werden sie in einer virtuellen Welt gespielt, in der zumeist textbasiert kommuniziert wird, und sie sind um einige Klassen ausgefeilter, um den Interessen und Fähigkeiten der älteren Kinder, Teenager und Erwachsenen gerecht zu werden, die sie spielen. Wie alle soziodramatischen Spiele sind sie fest im Verständnis der wirklichen Welt verankert und lehren einen Konzepte und Sozialkompetenzen, die wichtig für diese Welt sind. Eine vom IBM-Konzern in Auftrag gegebene Studie kam zu dem Ergebnis, dass die Führungsqualitäten, die in diesen Spielen trainiert werden, im Wesentlichen die gleichen sind, die auch zum Führen einer modernen Firma in der wirklichen Unternehmenswelt benötigt werden.[222]

Ein Großteil der frühen Forschung zu Videospielen war von Befürchtungen motiviert, der gewalttätige Inhalt einiger Spiele würde zu einer Zunahme von gewalttätigem Verhalten junger Menschen in der wirklichen Welt führen. Für diejenigen, die sich die Mühe gemacht haben, das Thema ernsthaft zu untersuchen, hat diese Forschung die anfänglichen Befürchtungen zerstreuen können.[223] Es gibt keine Belege dafür, dass das Töten animierter Figuren auf dem Bildschirm die Wahrscheinlichkeit erhöht, dass eine Person im wirklichen Leben anderen Personen Schaden zufügt. Genau genommen deuten einige Studien darauf hin, dass die in Videospielen vorgetäuschte Gewalt jungen Menschen dabei hilft, ihre Gefühle zu kontrollieren und zu regulieren – etwa auf dieselbe Weise wie dies auch bei »gefährlichem« Draußenspiel der Fall ist. Eine Studie zeigte zum Beispiel, dass Studierende, die regelmäßig gewaltbetonte Videospiele spielten, nach einer frustrierenden geistigen Aufgabe weniger Feindseligkeit und Niedergeschlagenheit verspürten, als Studierende, die solche Spiele selten oder nie spielten.[224] Ich persönlich muss zugeben, dass ich keine Computerspiele spielen oder mir Filme ansehen kann, die Darstellungen roher Gewalt enthalten, da ich sie widerlich finde. Aber in der gesamten wissenschaftlichen Literatur gibt es nichts, das mich dazu bringen würde, den Umstand, dass ich solche Spiele und Filme meide, aus irgendeinem Grund für moralisch oder tugendhaft zu halten. Ich habe meinen Kindern solche Gewaltspiele nie verboten, und sie haben sich zu völlig gewaltfreien, guten Bürgern entwickelt.

In jüngerer Zeit haben Forscherinnen und Forscher begonnen, sich der positiven Auswirkung von Videospielen zu widmen. Einige Experimente haben gezeigt, dass das Spielen temporeicher Videospiele die Ergebnisse der Spieler in Tests ihrer visuell-räumlichen Fähigkeiten (die auch Bestandteile normaler IQ-Tests enthalten) deutlich erhöhen kann.[225] Andere Studien deuten darauf hin, dass Videospiele je nach Art auch die Ergebnisse bei Tests von Arbeitsgedächtnis (also der Fähigkeit, mehrere Informationen gleichzeitig im Gedächtnis zu behalten), kritischem Denken und Problemlösungsfähigkeiten verbessern kann.[226] Darüber hinaus mehren sich die Belege dafür, dass Kinder, die zuvor wenig Interesse am Lesen und Schreiben zeigten, sich nun aufgrund der textbasierten Kommunikation in Onlinespielen fortgeschrittene Lese- und Schreibfähigkeiten erwerben.[227] Und wie ich bereits erwähnt habe, gibt es zumindest einige Hinweise darauf, dass aktionsreiche, emotionsgeladene Spiele jungen Menschen dabei helfen, ihre Gefühle in Stresssituationen zu regulieren. Bisher gibt es erst wenig formelle Forschung zum sozialen Nutzen von Computerspielen, aber viele Einzelberichte, die deren Vorteile belegen. Die bereits durchgeführten Forschungsarbeiten legen allerdings nahe, dass Menschen, die häufig Computerspiele spielen, im Durchschnitt sozial besser angepasst sind als ihre nicht-spielenden Altersgenossen.[228]

Wir werden unsere Kinder ebensowenig dadurch nach draußen bekommen, dass wir Computer, Videospielkonsolen und Fernseher ausrangieren, wie wenn wir die Bücher entsorgen, die wir in unserem Haushalt haben. Sie alle können große Quellen des Lernens und der Freude sein. Unsere Kinder werden nach draußen gehen, wenn sie dort wirklich die Möglichkeit haben, frei mit anderen Kindern und ungestört durch die Einmischung Erwachsener zu spielen. Kinder müssen in der heutigen Welt geschickt im Umgang mit Computern werden, genau wie die Kinder von Jägern und Sammlern geschickt im Umgang mit Pfeil und Bogen oder Grabstöcken werden mussten. Um solche Fähigkeiten zu entwickeln, brauchen sie die Freiheit und die Möglichkeit, mit Computern, dem heute wichtigsten Werkzeug, zu spielen. Für eine gesunde Entwicklung brauchen sie jedoch ebenfalls die Freiheit und die Möglichkeit, sich von ihrem Zuhause zu entfernen und mit anderen Kindern zu spielen. Die Schlüsselwörter lauten hier »Freiheit« und »Möglichkeit« – nicht Zwang.

9 ALTERSGEMISCHTE GRUPPEN: EIN SCHLÜSSEL ZUR SELBSTBILDUNG[229]

Eines Morgens wurde ich im Spielzimmer der Sudbury Valley School Zeuge einer bemerkenswerten Szene.[230] Ein dreizehnjähriger und zwei siebenjährige Jungen erschufen nur zum Vergnügen eine fantastische Geschichte, in der es um Helden, Monster und Schlachten ging. Die Siebenjährigen riefen vergnügt Ideen heraus, was als Nächstes passieren sollte, während der Dreizehnjährige, ein hervorragender Künstler, die Ideen zu einer kohärenten Geschichte verarbeitete und die Szenen fast so schnell auf eine Tafel skizzierte, wie die jüngeren Kinder sie beschreiben konnten. Das Spiel dauerte noch mindestens eine halbe Stunde, so lange zumindest erlaubte ich mir, zuzuschauen, bevor ich meine Beobachtungen in anderen Teilen der Schule fortsetzte. Welch besondere Ehre, dachte ich bei mir, der einzige Zeuge eines Kunstwerks zu sein, von dem ich wusste, dass es von Siebenjährigen nicht alleine hätte geschaffen werden können und von Dreizehnjährigen alleine höchstwahrscheinlich nicht geschaffen worden wäre. Die Kombination der grenzenlosen Begeisterung und kreativen Bilderwelt der von mir beobachteten Siebenjährigen mit den fortgeschrittenen narrativen und künstlerischen Fähigkeiten des Dreizehnjährigen, mit dem sie spielten, ergab gerade die richtige Chemie für diese kreative Feuerwerk.

Daniel Greenberg, der im fünften Kapitel vorgestellte visionäre Mitgründer der Sudbury Valley School behauptet schon seit langem, dass Altersmischung jene »Geheimwaffe« sei, die es der Schule ermögliche, als Bildungsinstitution erfolgreich zu sein.[231] Ebenso hat Sugata Mitra erklärt, dass die Altersmischung eine der wichtigsten Bedingungen für das schnelle Lernen der Kinder an öffentlichen Computern sei, wie er in seiner (im sechsten Kapitel vorgestellten) Forschung zu minimalinvasiver Bildung in Indien gezeigt hat.[232] Und wie wir im zweiten Kapitel gesehen haben, legen die Forschungsarbeiten von Anthropologen zu Jäger-und-Sammler-Kulturen nahe, dass die Altersmischung unabdingbar für die Selbstbildung der Kinder jener Kulturen ist.[233]

Das freie Miteinander von Kindern, deren Alter sich stark voneinander unterscheidet, ist ein zentraler Bestandteil der kindlichen Fähigkeit, sich mit Erfolg und Eigeninitiative selbst zu bilden, denn Kinder lernen durch Beobachtung und Interaktion mit jenen, die älter und jünger sind als sie selbst. Die Erziehungswissenschaften haben der Bedeutung freier Altersmischung für Bildung jedoch fast keine Beachtung geschenkt; die Professorenschaft ist zu sehr von der Idee eingenommen, dass Bildung von Lehrern kontrolliert wird und am effizientesten dort geschieht, wo alle Schüler dasselbe Niveau haben. Wenn überhaupt, so wird nur selten darüber nachgedacht, dass Kinder voneinander lernen können, wenn sie sich stark in Alter, Fähigkeiten und Verständnis unterscheiden.

Historisch und evolutionär betrachtet, ist die Trennung von Kindern nach Alter eine, in meinen Augen tragische, Skurrilität der heutigen Zeit. Kinder in Jäger-und-Sammler-Kulturen bildeten sich selbst, indem sie mit anderen Kindern spielten und entdeckten, und (wie im zweiten Kapitel erklärt) taten sie dies zwangsläufig in altersgemischten Gruppen. Jäger-und-Sammler-Gruppen waren klein, und Geburten lagen weit auseinander, so dass Kinder selten mehr als ein oder zwei mögliche Spielkameraden ähnlichen Alters hatten. Eine typische Gruppe, die gemeinsam spielte und entdeckte, bestand vielleicht aus einem halben Dutzend Kinder im Alter von vier bis zwölf, oder sieben bis siebzehn Jahren. Dies gilt höchstwahrscheinlich auch für die 99 Prozent der Geschichte unserer Spezies, in der wir alle Jäger und Sammler waren.[234]

Wenn wir sogar noch weiter auf unsere Evolutionsgeschichte zurückblicken, war die Altersmischung der Jungen wohl auch der Normalfall bei unseren vormenschlichen Urahnen. Unsere Verwandten – Menschenaffen wie Schimpansen, Bonobos und Gorillas – leben alle in kleinen sozialen Gruppen und die Weibchen bekommen meist jeweils nur ein Junges auf einmal. Deshalb umfasst das Spiel junger Menschenaffen in der Regel Individuen mit beträchtlichem Altersunterschied.[235] Diese Beobachtungen legen nahe, dass die letzten gemeinsamen Vorfahren von uns und den Menschenaffen ebenfalls unter Bedingungen lebten, in der gleichaltrige Spielkameraden selten waren. Es scheint als hätten sich unser Spieltrieb und unser Selbstbildungstrieb über Millionen von Jahre, wenigstens jedoch seit der Trennung unserer Abstammungslinie von jener der anderen Menschenaffen, unter Bedingungen entwickelt, in denen die soziale Interaktion junger Menschen größtenteils in altersgemischten Gruppen stattfand.

Mit Beginn des Ackerbaus vor etwa 10 000 Jahren fingen die Menschen an, in größeren sozialen Gruppen zu leben, und ein höheres Nahrungsangebot ermöglichte eine dichtere Geburtenfolge. Durch diese Entwicklung kam es vermehrt zu Möglichkeiten der Interaktion zwischen Kindern ähnlichen Alters. (Dies bezeichne ich als »altersgleiche Interaktion«.) Nichtsdestoweniger blieb und bleibt Altersmischung in traditionellen, nicht-westlichen, nicht-beschulten Gesellschaften die Norm, nicht zuletzt weil von Kindern in solchen Gesellschaften erwartet wird, sich um ihre jüngeren Geschwister zu kümmern, was in der Regel bedeutet, sie in ihre Spielgruppen einzubeziehen.[236] Erst, als es in westlichen Gesellschaften vor etwa hundert Jahren zur großangelegten Ausweitung des Zwangs zur altersgestaffelten Beschulung kam, musste eine große Anzahl von Kindern einen erheblichen Teil ihrer Zeit in altersgetrennter Umgebung verbringen.

In den vergangenen drei oder vier Jahrzehnten hat der Grad der Alterstrennung in den Vereinigten Staaten und vielen anderen westlichen und westlich geprägten Ländern in erstaunlichem Maß weiter zugenommen. Viele Kinder verbringen heute nicht nur ihre Schulstunden, sondern auch einen großen Teil, wenn nicht gar ihre gesamte außerschulische Zeit in Umgebungen, in denen sie kaum die Möglichkeit haben, mit Kindern zu spielen, von denen sie sich altersmäßig um mehr als ein oder zwei Jahre unterscheiden. Kleiner werdende Kernfamilien, die Schwächung der großfamiliären Bindungen, Ängste bezüglich des negativen Einflusses, den ältere Kinder auf die Jüngeren ausüben könnten, der Rückgang des freien Spiels in der Nachbarschaft, die längeren Schultage und die starke Zunahme außerschulischer Angebote und anderer von Erwachsenen geleiteter, altersgetrennter Aktivitäten für Kinder: Zusammengenommen haben all diese Umstände zu einem Rückgang von Gelegenheiten, bei denen Kinder andere Kinder kennenlernen können, die ein paar Jahre älter oder jünger als sie selbst sind, geführt. Das nach Jahrgängen gestaffelte Schulmodell beherrscht gesellschaftliche Überlegungen zur Kindheit. Heutzutage scheinen viele Menschen, darunter auch viele Psychologen, die sich mit der Entwicklung von Kindern beschäftigen, zu denken, dass es natürlich sei, dass Kinder nur mit zwei Kategorien von Menschen interagieren: Altersgenossen und erwachsenen Betreuungspersonen oder Lehrern.[237]

Die Sudbury Valley School ist eine der wenigen Umgebungen im heutigen Nordamerika, in denen Altersmischung in einem den Jäger-und-Sammler-Gesellschaften und anderen traditionellen Gesellschaften vergleichbaren Maß fortbesteht. Die zwischen einhundertdreißig und einhundertachtzig Schüler im Alter zwischen vier und etwa achtzehn Jahren dürfen den ganzen Tag lang frei mit allen interagieren, mit denen sie interagieren wollen, und sie verbringen einen Gutteil ihrer Zeit in Interaktionen mit Schülern, die viel älter oder jünger sind als sie selbst. Um das Ausmaß der Altersmischung an Sudbury Valley zu dokumentieren, drehte mein Forschungskollege Jay Feldman einige Wochen lang vierzehn Mal am Tag eine Runde im Schulgebäude und auf dem Schulgelände und erfasste die Zusammensetzung jeder Gruppe von zwei bis sieben Schülern, die miteinander interagierten. Als wir die Daten auswerteten, fanden wir heraus, dass mehr als die Hälfte der sozialen Interaktionen unter Schülern stattfanden, zwischen denen ein Altersunterschied von mehr als zwei Jahren lag, und dass bei einem Viertel der Interaktionen der Altersunterschied mehr als vier Jahre betrug.[238] Außerdem fanden wir heraus, dass Altersmischung besonders im Spiel regelmäßig vorkam, jedoch bei ernsthaften Unterhaltungen ungewöhnlicher war. In einer späteren qualitativen Langzeitstudie dokumentierten und analysierten Feldman und ich fast zweihundert einzelne Szenen sozialer Interaktion zwischen Jugendlichen (gemäß unserer Definition: ab zwölf Jahren) und Kindern (gemäß unserer Definition: unter zwölf Jahren bzw. mehr als vier Jahre jünger als der älteste Jugendliche in der Interaktion).[239] Was haben Kinder davon, dass sie frei mit anderen Kindern interagieren, von denen sie sich altersmäßig unterscheiden? Darum soll es in diesem Kapitel gehen. Zunächst untersuche ich den Nutzen altersgemischter Gruppen für jüngere Kinder, dann den Nutzen für die Älteren. Die meisten Beispiele stammen von Beobachtungen an der Sudbury Valley School, einige entstammen jedoch der Arbeit anderer Wissenschaftler, die altersgemischte Interaktionen in nicht-westlichen Gesellschaften oder unter besonderen experimentellen Bedingungen in westlichen Schulen beobachtet haben, in denen Schüler verschiedener Klassenstufen in begrenztem Maß miteinander interagieren dürfen.

Der Wert freier Altersmischung für jüngere Kinder

In altersgemischten Gruppen können sich die jüngeren Kinder an Tätigkeiten beteiligen und an diesen wachsen, die für sie allein oder für sie und ihre Altersgenossen zusammen zu kompliziert, schwierig oder gefährlich wären. Sie können auch lernen, indem sie einfach nur den anspruchsvolleren Tätigkeiten der älteren Kinder zuschauen und deren Unterhaltungen lauschen. Auch können sie emotionale Unterstützung und Fürsorge erhalten, die über das Maß hinausgeht, das Gleichaltrige ihnen bieten könnten. In gewisser Weise scheinen diese Vorteile offensichtlich zu sein, aber ich möchte an dieser Stelle doch näher darauf eingehen, um zu zeigen, wie wertvoll solche Möglichkeiten für die körperliche, soziale, emotionale und intellektuelle Entwicklung von Kindern sind.

Spielen in der Zone der nächsten Entwicklung

Stellen Sie sich zwei Vierjährige vor, die im Spiel versuchen, sich einen Ball zuzuwerfen. Sie können es nicht. Keiner von beiden kann den Ball gerade genug werfen oder gut genug fangen, um das Spiel in Gang zu halten. Bald schon werden sie es leid, dem Ball hinterherzulaufen, und geben auf. Stellen Sie sich nun eine Vierjährige und einen Achtjährigen vor, die das gleiche Spiel spielen. Das ältere Kind kann den Ball vorsichtig in die Hände des jüngeren lupfen und kann springen und hechten, um die ungeschickte Würfe des jüngeren zu fangen. Beide Spieler können das Spiel genießen und etwas dabei lernen, da sie ihre Wurf- und Fangtechnik erweitern. In einer Welt, die nur aus Vierjährigen besteht, wird kein Hin- und Herwerfen gespielt, aber in einer Welt, in der sowohl Vier- als auch Achtjährige vorkommen, ist Hin- und Herwerfen ein mögliches und für alle angenehmes Spiel. Das Gleiche gilt auch für zahllose andere Aktivitäten.

In den 1930er Jahren prägte der im siebten Kapitel vorgestellte russische Psychologe Lew Wygotsky den Begriff der »Zone der nächsten Entwicklung« und beschrieb damit jene Menge an Tätigkeiten, die ein Kind nicht allein oder gemeinsam mit anderen auf derselben Fähigkeitsstufe tun kann, sondern nur in Zusammenarbeit mit jenen, deren Fähigkeiten weiter ausgebildet sind.[240] Wygotsky zufolge entwickeln Kinder neue Fähigkeiten und neue Erkenntnisse in erster Linie, indem sie mit anderen in ihren Zonen der nächsten Entwicklung zusammenarbeiten. Aufbauend auf Wygotskys Idee haben der Harvard-Psychologe Jerome Bruner und seine Kollegen den Begriff des *scaffolding* (wörtlich: »Gerüstbauen«) als Metapher für die Art und Weise eingeführt, wie erfahrene Teilnehmer Neulingen die Teilnahme an gemeinsamen Tätigkeiten ermöglichen.[241] Die errichteten »Gerüste« bestehen aus den Erinnerungen, Hinweisen, Ermunterungen und anderen Arten der Hilfestellung, die das Kind zu einer höheren Form der Aktivität emporheben. Im oben erwähnten Beispiel liegt das Hin- und Herwerfen für die Vierjährigen in der Zone der nächsten Entwicklung, und der Achtjährige stellt Gerüste auf, indem er sachte wirft und engagiert springt, um auch die wildesten Bälle zu fangen.

In der pädagogischen Fachliteratur werden die Konzepte von Wygotsky und Bruner meist benutzt, um Interaktionen zwischen Kindern und ihren Eltern oder Lehrern zu beschreiben. Die Beobachtungen von Feldman und mir legen jedoch nahe, dass das Konzept sogar noch besser auf die altersgemischten Interaktionen von Kindern untereinander zutrifft, wo niemand offiziell Lehrer oder Schüler ist, sondern alle schlichtweg Spaß miteinander haben. Ältere Kinder sind den jüngeren in Hinblick auf Energieniveau, Lieblingsaktivitäten und Verständnis näher als Erwachsene, weshalb es für sie natürlicher ist, in der Zone der nächsten Entwicklung der jüngeren zu agieren. Da sich ältere Kinder außerdem nicht für die langfristige Bildung der jüngeren verantwortlich fühlen, geben sie typischerweise nicht mehr Informationen oder Hilfestellung, als die jüngeren wollen oder brauchen. Sie werden nicht langweilig oder herablassend.

Im altersgemischten Spiel, bei dem sich die Fähigkeitsniveaus beträchtlich unterscheiden, geschieht Scaffolding fortwährend ganz von selbst und häufig unbewusst als Mittel, um die jüngeren Kinder auf ein Niveau anzuheben, so dass das Spiel allen Freude macht.

Im Folgenden führe ich einige Beispiele auf, die Feldman und ich im Bereich der Bewegungsspiele an der Sudbury Valley School beobachtet haben: Bei einem Ballspiel schlugen die mitspielenden Teenager den Ball kräftig in Richtung der älteren Mitspieler, warfen ihn jedoch sehr sanft in Richtung des vierjährigen Ernie. Außerdem wurden die Regeln so verändert, dass Ernie den Ball fangen und werfen durfte, anstatt ihn wie die anderen prellen und schlagen zu müssen.[242] Bei einem spielerischen Ringkampf warfen sich drei Jungen (zwischen acht und elf Jahren) auf Hank (achtzehn Jahre alt), der darauf reagierte, indem er sie auf eine auf Fähigkeit und Körpergröße angepasste Weise von sich warf. Clint, der älteste der Angreifer, wurde am weitesten fortgeschleudert, Jeff, der jüngste, am wenigsten weit. Hank schien genau zu wissen, wie weit er jeden Jungen werfen konnte, um den größtmöglichen Nervenkitzel hervorzurufen, ohne dabei jemanden zu verängstigen oder zu verletzen. Bei einem ausgelassenen Fechtkampf mit gepolsterten Schwertern passte Sam (siebzehn) seine Schlagmanöver den Fähigkeiten und dem Stil jedes Mitglieds der Horde der sechs- bis zehnjährigen Angreifer an und stellte so jeden von ihnen vor eine Herausforderung, ohne auch nur einen von ihnen zu überwältigen. Bei einer Runde Basketball warf Ed (ein sportlicher Fünfzehnjähriger) selten auf den Korb, sondern verbrachte viel Zeit damit, zu dribbeln, während die Bande der Acht- bis Zehnjährigen aus der gegnerischen Mannschaft versuchte, ihn vom Ball zu trennen. Dann passte er meist zu seinem einzigen Mitspieler, Daryl (acht) und ermunterte ihn, zu werfen.

In jedem dieser Fälle passten die Teenager ihre Spielweise an, um den jüngeren Kindern zu ermöglichen, mitzuspielen, das Spiel zu genießen und dabei etwas zu lernen. Auf dem Basketballfeld ermöglichte Ed seinem jüngeren Mitspieler, auf einem höheren

Niveau Basketball zu spielen, als dieser es sonst gekonnt hätte, indem er ihn für Würfe in Korbnähe freispielte und ihm sagte, wann er werfen solle. Aber die Anpassungen der Teenager an die jüngeren Spieler waren in keinem Fall ein Verlust. Die älteren Spieler erfreuten sich sichtlich an den jüngeren und spielten auf eine Weise, die sowohl ihre eigenen Fähigkeiten trainierte, als auch die ihrer jüngeren Mitspieler. Hanks Fähigkeiten im Ringkampf und Sams Fechtkünste kamen bei der Abwehr der vielen jungen Angreifer voll zum Einsatz, auch wenn sie sich dabei zurückhielten. Für Ed wäre es zu einfach gewesen und es hätte niemandem Spaß gemacht, wenn er einfach geworfen und getroffen hätte, aber sich durch eine Horde kleiner, rauflustiger Verteidiger zu dribbeln und seinen Mitspieler für einen guten Wurf freizuspielen, war eine gute und unterhaltsame Möglichkeit, die eigenen Fähigkeiten im Dribbeln, Passen und Spielmachen zu trainieren.

Wir sahen an der Schule auch viele Beispiele von Scaffolding im Bereich geistiger Fähigkeiten – am offensichtlichsten war dies bei altersgemischten Karten- und Brettspielen. Von einigen Ausnahmen abgesehen, können die meisten Kinder unter neun Jahren keine komplizierten Spiele dieser Art mit Altersgenossen spielen. Sie verlieren den Überblick über die Regeln, ihre Aufmerksamkeit schwindet und das Spiel fällt schnell wieder in sich zusammen, falls es überhaupt in Gang kommt. An Sudbury Valley spielen Schüler, die jünger als neun Jahre alt sind, solche Spiele jedoch regelmäßig mit älteren Schülern. Die älteren Schüler lassen sie mitspielen, weil sie an ihnen Gefallen finden, oder weil sie sie brauchen, um genügend Mitspieler zu haben. Die Jüngeren können mitspielen, weil die Älteren sie daran erinnern, was sie zu tun haben. »Du bist dran.« »Halt' die Karten hoch, damit die anderen sie nicht sehen können!« »Versuch' dir einzuprägen, welche Karten schon gespielt wurden.« »Mach langsam, bevor du das abwirfst – schau erst mal, was auf dem Tisch liegt!« Solche hilfreichen Erinnerungen werden manchmal vorgebracht oder mit »du Knallkopf!« ergänzt, insbesondere wenn derjenige, dem geholfen wird, eigentlich in der Lage wäre, besser aufzupassen. Ältere Kinder geben diese Hilfestellung, weil sie es tun müssen, um das Spiel in Gang zu halten. Bei solchen Spielen trainieren die jüngeren Kinder ganz grundlegende geistige Fähigkeiten wie Aufmerksamkeit, Erinnern und Vorausdenken. Dies sind die Grundfähigkeiten, die zu dem beitragen, was man gemeinhin als Intelligenz bezeichnet.

An der Sudbury Valley School erwerben die jungen Schüler die Grundfertigkeiten des Lesens, Schreibens und Rechnens ohne formellen Unterricht, und unsere Beobachtungen der altersgemischten Interaktion hat uns dabei geholfen, zu verstehen, wie dies geschieht. Zu jeder Tageszeit sieht man in der Schule ältere und jüngere Schüler, die gemeinsam Aktivitäten nachgehen, die Lesen, Schreiben oder den Umgang mit Zahlen erfordern. Bei Karten-, Brett- und Computerspielen, bei denen ein Punktestand aufgeschrieben wird, bringen die älteren Kinder den jüngeren bei, wie man Punkte zusammenrechnet, wobei normalerweise Addition, manchmal auch Subtraktion oder komplexere Rechenoperationen zur Anwendung kommen. Bei Spielen, die geschriebene Wörter beinhalten, lesen die älteren Kinder die Wörter laut für all jene vor, die noch nicht lesen können, und sagen den jüngeren Kindern, die diese tippen oder schreiben wollen, wie man die Wörter buchstabiert. Dabei lernen die jüngeren, die gebräuchlichsten Wörter zu erkennen, wodurch sie auf dem Weg zum Lesenlernen ein großes Stück vorankommen.

Den Aussagen der Sudbury-Mitarbeiter zufolge lernen die Schüler heute früher Lesen und Schreiben, oder genauer gesagt: Tippen, als zu der Zeit, in der Feldman und ich unsere Beobachtungen machten, was hauptsächlich an der gestiegenen Popularität von Computerspielen, E-Mails, Kurznachrichten und sozialen Netzwerken im Internet liegt. Kinder aller Altersstufen beschäftigen sich mit einer Vielzahl von spielerischen und erkundenden Aktivitäten, in denen das maschinengeschriebene Wort der primäre Kommunikationsmodus ist, weshalb sie insgesamt auf die gleiche natürliche Art und Weise zu lesen und zu tippen lernen, auf die sie vorher gesprochene Sprache verstehen und sprechen gelernt haben.

Mit Hilfe innovativer Experimente an Regelschulen konnte ebenfalls nachgewiesen werden, dass Altersmischung den Erwerb von Lese- und Schreibkenntnissen fördert. In einer solchen Studie verglichen James Christie und Sandra Stone das Verhalten von Vorschülern in einem Klassenzimmer über einen Zeitraum von zwei Schuljahren.[243] Im ersten Jahr wurden in dem Klassenzimmer altersgemischt Vorschüler, Erst- und Zweitklässler unterrichtet. Im zweiten Jahr wurden in demselben Klassenzimmer von demselben Lehrer nur Vorschüler unterrichtet. Im Klassenzimmer waren eine Reihe von Spielstationen aufgebaut, die im Verlauf der zwei Jahre unverändert blieben, und die Forschenden machten Videoaufnahmen von den Aktivitäten der Kinder während der Spielzeiten. Während des altersgemischten Jahrs spielten die Vorschüler meist in Gruppen, in denen mindestens ein, meist jedoch mehrere Erst- oder Zweitklässler dabei waren, was zur Folge hatte, dass die Vorschüler von den älteren Kindern in Spiele einbezogen wurden, in denen Lesen und Schreiben eine Rolle spielten. Im altersgemischten Umfeld las der einzelne Vorschüler viermal mehr und schrieb sechsmal mehr als im altersgleichen Umfeld.[244] Ein Großteil des Schriftgebrauchs fand im Kontext soziodramatischen Spiels statt. Wenn sie Kochen spielten, lasen die Kinder Rezepte, wenn sie im Spiel ein Baby ins Bett brachten, lasen sie Gutenachtgeschichten vor und bei einer erfundenen Geburtstagsparty beschrifteten sie die Geschenke.

In einer anderen Studie nahm die Forscherin Kay Emfinger das freie Spiel von Kindern im Alter von vier bis zehn Jahren während eines Sommerbetreuungsangebots auf Video auf.[245] Sie fand viele Beispiele dafür, wie ältere Kinder jüngere mit Zahlenkonzepten in Berührung brachten, die die jüngeren alleine nicht hätten verstehen oder anwenden können. In einer Situation erklärte etwa ein älteres Kind einem jüngeren, wie man einer Puppe genau sieben Tropfen Medizin verabreicht, indem es sie einzeln von eins bis sieben abzählte. In einer anderen Situation spielten zwei Kinder Kaufmannsladen, und ein älteres Kind erklärte einem jüngeren, wie viel es für zwei Dinge bezahlen müsste, von denen das eine zehn und das andere fünf Dollar kostet, und wie viel Wechselgeld man auf einen Zwanzigdollarschein herausgeben müsste. Der Sinn solcher Konzepte erschließt sich Kindern viel eher, wenn sie diese im Kontext ihres eigenen, selbstbestimmten soziodramatischen Spiels erfahren und genau verstehen, wie sie angewendet werden, als wenn ihnen diese in einer typischen Unterrichtssituation, die abstrakter und weniger selbstgewählt ist, gelehrt werden.

An der Sudbury Valley School sind die jüngsten Schülerinnen und Schüler vier Jahre alt, aber die Forschung an anderen Orten hat gezeigt, dass bereits noch jüngere Kinder von altersgemischtem Spiel profitieren. Zwei- und Dreijährige sind in der Regel nicht zu gemeinsamem Sozialspiel mit Altersgenossen in der Lage. Stattdessen findet bei ihnen das sogenannte Parallelspiel statt, bei dem die Kinder in der Nähe anderer Kinder spielen und einander durchaus beobachten, ihr Spiel aber nicht zu einer gemeinsamen sozialen Aktivität zusammenführen.[246] In einem altersgemischten Umfeld jedoch schaffen die älteren Spielkameraden Gerüste, die solche Kleinkinder in wirkliches Sozialspiel einbeziehen. Selbst Vierjährige sind in der Lage, das Spielniveau von Dreijährigen anzuheben. Zwei separate Experimente in verschiedenen Kindergärten zeigten, dass Dreijährige viel mehr Zeit mit Sozialspiel und weniger mit Parallelspiel verbrachten, wenn sie mit Vierjährigen gemischt waren, als wenn sie nur mit Dreijährigen in einer Gruppe waren.[247]

In einer weiteren Studie, die in sechsunddreißig Maya-Haushalten eines mexikanischen Dorfs durchgeführt wurde, filmte die Forscherin Ashley Maynard unauffällige Geschwisterpaare in einem normalen Kontext, in dem das ältere Kind die Betreuung des jüngeren übernahm. Sie konzentrierte sich dabei auf Paare, in denen das jüngere Kind zwei Jahre alt war und das ältere zwischen drei und elf. Die Kinder spielten alltägliche Tätigkeiten nach, zum Beispiel kümmerten sie sich um Puppenbabies, spielten Kaufmannsladen und taten so, als würden sie Tortillas backen. Maynard zufolge war jeder Moment des Spiels zugleich ein Moment des Beibringens und Lernens, da die älteren Kinder den jüngeren immer dabei halfen, auf fortgeschrittenere Weise zu spielen, als die jüngeren es alleine gekonnt hätten. Sogar die Dreijährigen halfen, indem sie als Vorbilder für fortgeschrittenere Handlungen dienten, die die Zweijährigen beobachteten und imitierten. Je älter die Mitspieler, desto geschickter waren sie im Allgemeinen darin, die Komplexität und die Soziabilität, das heißt, die Fähigkeit zu gemeinschaftlichem, kooperativem Tun, im Spiel der Zweijährigen zu steigern.[248] Ab dem Alter von etwa acht Jahren waren die Kinder erstaunlich geschickt in den Orientierungshilfen, die sie ihren jüngeren Geschwistern gaben. Sie erklärten ihnen, wie sie bestimmte Rollen zu spielen hätten, besorgten ihnen passende Requisiten, halfen ihnen bei körperlich schwierigen Handlungen und passten ihre eigenen Handlungen derart an, dass die Zweijährigen angemessen reagieren konnten.

In einer Szene spielten der achtjährige Tonik und die zweijährige Katal gemeinsam, dass sie eine Babypuppe badeten. Katal wollte das Waschen selbst übernehmen und Tonik ermöglichte ihr dies, indem er ihr zeigte, wie es geht, ihr ein Glas Wasser gab, das sie über der Puppe ausschütten konnte, und ihr Schritt für Schritt erklärte, wie man ein Baby richtig wäscht.

Lernen durch Beobachten

In einer altersgemischten Umgebung lernen jüngere von älteren Kindern, indem sie ihnen zuschauen und zuhören, auch wenn sie nicht unmittelbar mit ihnen interagieren. Durch das Beobachten der Aktivitäten älterer Kinder bekommen die jüngeren einen Eindruck davon, wie diese Aktivitäten ausgeführt werden, und sie werden dazu angeregt, diese selbst auszuprobieren. Durch das Hören der ausgefeilteren Sprache und Gedanken älterer Kinder erweitern die Jüngeren ihren Wortschatz und verbessern ihr eigenes Denken.

Teil des natürlichen Prozesses des Aufwachsens ist es, vorauszublicken und sich jene anzuschauen, die schon weiter fortgeschritten sind, aber noch nicht so weit, dass sie uneinholbar wären. Fünfjährige haben kein besonders großes Interesse daran, Erwachsene nachzuahmen, die aus ihrer Sicht in einer ganz anderen Welt leben. Fünfjährige wollen aber sehr wohl wie die coolen Acht- und Neunjährigen sein, von denen sie umgeben sind. Wenn diese Acht- und Neunjährigen Bücher lesen, diskutieren, Computer spielen, auf Bäume klettern oder Sammelkarten tauschen, dann wollen die Fünfjährigen das auch tun. In gleicher Weise betrachten die Acht- und Neunjährigen junge Teenager als Vorbilder, betrachten junge Teenager ältere Teens und betrachten ältere Teenager Erwachsene als Vorbilder. All dies passiert in einer altersgemischten Umgebung wie der Sudbury Valley School ganz natürlich. Die Menschen müssen sich nicht absichtlich als Vorbilder für die jüngeren Kinder in Stellung bringen – sie sind es einfach.

Vor einigen Jahren führte ich mit zwei Studierenden eine kleinen Studie dazu durch, wie und warum Kinder an Sudbury Valley Lesen lernen. Dabei erzählten uns einige Kinder, dass sie mit dem Lesen besonders deshalb anfangen wollten, weil sie beobachtet hatten, wie ältere Kinder lasen und darüber sprachen, was sie gelesen hatten. Ein Schüler sagte: »Ich wollte die gleiche Zauberkunst beherrschen, wie sie; ich wollte Teil dieses Zirkels sein.« Die formellere Forschung, die Feldman und ich an der Schule durchführten, widmete sich vornehmlich der gemeinsamen Teilnahme, nicht aber dem Lernen durch Beobachtung. Dennoch blieb uns nicht verborgen, dass häufig, wenn eine Gruppe von Schülern etwas Interessantes tat, andere – meist jüngere – Schüler aufmerksam zuschauten. Manchmal führte das Zuschauen zur späteren Imitation der beobachteten Tätigkeit. Im Folgenden schildere ich ein Beispiel aus meinen eigenen Forschungsbeobachtungen.

Als ich in der Nähe des Spielplatzes der Schule saß, sah ich zwei zehnjährigen Mädchen zu, die ganz lässig das Kunststück vollführten, aufrecht die Rutsche runterzugehen. Ein sechsjähriges Mädchen in der Nähe sah ihnen noch aufmerksamer zu als ich, und dann erklomm sie die Leiter und begann behutsam, selbst die relativ hohe und steile Rutsche herunterzulaufen. Das war eindeutig eine Herausforderung für das kleine Mädchen. Sie lief mit gebeugten Knien und nach unten gestreckten Armen, um sofort nach dem Geländer greifen zu können, falls sie das Gleichgewicht verlieren sollte. Ich bemerkte auch, dass die beiden älteren Mädchen neben der Rutsche blieben, mit einer gewissen Besorgnis zuschauten und sich – nicht zu offensichtlich – bereithielten, um sie im Fall eines Sturzes aufzufangen. Eine von ihnen sagte: »Du musst das nicht machen, du kannst auch einfach runterrutschen«, aber das kleine Mädchen ging langsam weiter und strahlte vor Stolz, als sie unten angekommen war. Kurz darauf fingen die beiden älteren Mädchen an, auf einen nahegelegenen Baum zu klettern, und das jüngere Mädchen folgte ihnen auch bei dieser Tätigkeit nach. Das kleine Mädchen war offensichtlich motiviert, mit Mühe das zu tun, was die älteren Mädchen mit Leichtigkeit tun konnten.

In unserer Studie zu altersgemischten Interaktionen zwischen Jugendlichen und Kindern bemerkten wir, dass es vor den Zeiten gemeinsamen Spiels häufig eine Zeit gab, in der die jüngeren Schüler den älteren zugeschaut hatten. Das Zuschauen schien der Anlass für die darauffolgende gemeinsame Aktivität zu sein. Zum Beispiel schaute Bridget (sieben) dabei zu, wie Maggie (zwölf) eine Patience legte. Als Maggie fertig war, fragte Bridget sie, wie man das spiele. Maggie legte die Karten auf, erklärte die Regeln und half dem jüngeren Mädchen, eine ganze Patience durchzuspielen, wobei sie ihr ab und zu zeigte, wohin eine Karte gelegt werden sollte. In einem anderen Beispiel dachte sich Scott (dreizehn) lustige Rap-Songs aus, die er in einen als Spielmikrofon dienenden Golfschläger sang, während Noah (sieben) lachend und kichernd zuschaute. Schließlich lud Scott Noah zu seinem Spiel ein, indem er sagte: »Gib mir einen Rhythmus!« Als Noah sagte, er wisse nicht, was das bedeute, erklärte Scott ihm das Vorgehen und machte es ihm vor. Noah machte dann Scotts Beatbox-Geräusche nach, während Scott einen weiteren Rap improvisierte.

In ihren Abschlussprüfungen, formellen Interviews und informellen Gesprächen sprechen viele Schüler und Absolventen der Schule über die Interessen, die sie entwickelt haben, indem sie älteren Schülern der Schule zuschauten. Unter anderem wurden folgende Tätigkeiten genannt: Musikinstrumente spielen, Modellgegenstände aus Lehm formen, Kochen, Filme entwickeln, Software programmieren, Theaterstücke schreiben und solche Kunststücke zu vollbringen, wie etwa die gesamte Außenmauer des Hauptgebäudes zu umrunden, ohne auch nur einmal den Boden zu berühren, indem man sich mit Händen und Füßen an den Granitwänden entlanghangelt. Der Anthropologe Irenäus Eibl-Eibesfeldt hat auf der Grundlage seiner Beobachtungen in vielen Teilen der Welt darauf hingewiesen, dass die Altersmischung einer Gemeinschaft mit der Zeit die Entwicklung einer Kinderkultur ermöglicht, in der sich jede neue »Generation« von Kindern bestimmte Fähigkeiten und ein bestimmtes Wissen von den älteren Kindern erwirbt und diese dann an die nächste Generation weitergibt.[249] Das erste Kind, das je um das Schulgebäude von Sudbury Valley herumgeklettert war, ohne den Boden zu berühren, hatte damit eine neue kulturelle Tradition begründete, die Schüler auch Jahrzehnte später noch herausfordern sollte.

Jüngere Kinder ahmen die Älteren nicht blindlings nach. Stattdessen schauen sie zu, denken darüber nach, was sie sehen, und integrieren das, was sie lernen, auf eine Art und Weise in ihr eigenes Verhalten, die ihnen sinnvoll erscheint. Deshalb können sogar die Fehler und die ungesunden Verhaltensweisen der älteren Kinder für die jüngeren Schüler wertvolle Lektionen bereithalten. Einer der ersten Schüler, der seine gesamte

Schulzeit an Sudbury Valley verbrachte – in den 1970er Jahren, als die Schule noch einen Raucherraum hatte –, erzählte seinem Vater, dass er froh sei, als kleines Kind bei den Teenagern im Raucherraum rumgelungert zu haben.[250] Indem er die älteren Kinder beobachtete und ihnen zuhörte, habe er eine Menge gelernt, so auch, dass Tabak abhängig mache und dass er seine eigene Gesundheit und Lebensdauer nicht durch Rauchen aufs Spiel setzen wolle. Als er dann Teenager war und vielleicht hätte versucht sein können, zu rauchen, war er lange darüber hinweg, das Rauchen auch nur im Geringsten »cool« zu finden.

David Lancy hat als Anthropologe Kinder in vielen Gesellschaften der Welt beim Spielen und Lernen beobachtet, unter anderem in traditionellen Gesellschaften in Liberia, Papua-Neuguinea und Trinidad. Er ist der Autor des Buchs »The Anthropology of Childhood« und Co-Autor des Buchs »The Anthropology of Learning in Childhood«, in dem er schrieb: »Die wichtigste Form des Lernens ist die Beobachtung.«[251] In traditionellen Gesellschaften findet nur sehr wenig ausdrücklicher Unterricht statt. Die Kinder in diesen Gesellschaften erlernen Fähigkeiten durchaus durch aktive Beteiligung an den Aktivitäten jener, die schon weiter fortgeschritten sind, und dabei werden mitunter auch mündliche Anweisungen gegeben, aber über die meisten kulturell relevanten Aktivitäten und Fähigkeiten lernen Kinder etwas, indem sie den Älteren zuschauen und zuhören.

Lancy und eine Reihe weiterer Anthropologen haben darauf hingewiesen, dass westliche Schulen Kindern beibringen, nicht durch Beobachtung zu lernen, da sie die Schüler mit der Idee indoktrinieren, dass Lernen geschehe, indem ein Lehrer (oben) einen Schüler (unten) unterrichte und dass das Nachahmen anderer Schummeln sei. Zur Veranschaulichung erzählte mir Lancy von einem Erlebnis, das er vor kurzem während eines Skiurlaubs in Utah hatte. Ein Junge von etwa elf Jahren, der offenbar noch nie zuvor einen Tellerlift benutzt hatte, näherte sich diesem ungewöhnlichen Skilift, ohne darauf zu achten, wie andere ihn benutzten. Als er mit dem Einsteigen an der Reihe war, hielt er alle wartenden Skifahrer auf, weil er jemanden darum bat, ihm beizubringen, wie man den Lift benutzt. Lancy zufolge wäre in jeder nicht-westlichen Kultur ein Kind in einer ähnlichen Situation so vernünftig gewesen, sich zurückzuhalten und durch Zuschauen zu lernen, wie andere es machen. Es ist weitaus effizienter, eine Handlung wie das Schleppliftfahren durch Beobachten zu lernen, als es sich erklären zu lassen.

In der Tat gibt es experimentelle Belege dafür, dass Kinder in den USA weniger auf das achten, was um sie herum passiert, und deshalb auch weniger durch Beobachten lernen, als Kinder in traditionellen nicht-westlichen Kulturen. In einem solchen Experiment verglichen Maricela Correa-Chávez und Barbara Rogoff das beobachtende Lernen von Kindern einer traditionellen Maya-Gesellschaft in Guatemala mit dem europäisch-amerikanischer Mittelschichtskinder in Kalifornien.[252] Ihr Vorgehen bestand darin, Geschwisterpaare ins Labor einzuladen und einem Kind beizubringen, wie man ein bestimmtes interessantes Spielzeug baut (eine sich bewegende Maus oder einen springenden Frosch), während das andere Kind in der Nähe saß und ein anderes Spielzeug zum Spielen bekam. Der entscheidende Test war dann, dass man das Kind, dem man nicht beigebracht hatte, das Spielzeug zu bauen, das es aber durch Beobachtung hätte lernen können, darum bat, das Spielzeug zu bauen. Das Ergebnis war, dass die guatemaltekischen Kinder, denen man es nicht gezeigt hatte, ein erheblich besseres Verständnis des Spielzeugaufbaus zeigten als die entsprechenden nordamerikanischen Kinder. Außerdem lernten innerhalb der Gruppe aus Guatemala die Kinder aus traditionellen Maya-Familien mehr durch Beobachtung, als jene aus verwestlichteren Familien.

Fürsorge und emotionale Unterstützung für die Jüngeren

Die bekannte Bildungsphilosophin Nel Noddings vertritt seit langem die These, dass Fürsorge von grundlegender Bedeutung für Bildung sei.[253] Kinder müssten sich sicher und behütet fühlen, um sich voll und ganz dem Entdecken und Lernen widmen zu können, und Kinder lernten am besten von jenen, zu denen sie in einer fürsorglichen, vertrauensvollen Beziehung stünden. Ob man nun allen von Noddings Ideen bezüglich der Verbindung zwischen Fürsorge und Bildung zustimmt oder nicht, der generelle Gedanke ist schwer von der Hand zu weisen, dass es Kindern besser geht, wenn sie von Menschen umgeben sind, die für sie sorgen, als in der Umgebung von Menschen, die sich nicht um sie kümmern.

An der Sudbury Valley School sorgt die ständige Gegenwart älterer Kinder, die die Jüngeren gut kennen und für sie sorgen, im Kontext der durch die demokratischen Vorgehensweisen der Schule begründeten moralischen Umgebung dafür, dass sich die jüngeren Kinder an der Schule sicher und geborgen fühlen. Bei unseren Schulrundgängen sahen wir zahllose Beispiele davon, wie ältere Schüler Fürsorge und Zuneigung für jüngere Schüler zeigten. So konnten wir zu fast jeder Tageszeit jüngere Kinder beobachten, die bei älteren auf dem Schoß saßen oder sich auf einem Sofa an sie ankuschelten. In einigen Fällen lasen die Teenager etwas vor, unterhielten sich oder spielten mit dem jüngeren Kind, in anderen Fällen war der Teenager mit seinen oder ihren eigenen Dingen beschäftigt und das Kind schien nur dort zu sein, um Nähe und Geborgenheit zu erfahren. Wir sahen auch viele Beispiele von jüngeren Kindern, die ältere Kinder um Hilfe, Rat oder Bestätigung baten, und meistens reagierten die älteren so, dass die Bedürfnisse oder Wünsche der jüngeren befriedigt wurden. Wir beobachteten, wie Teenager jüngeren Kindern halfen, verlorene Gegenstände zu suchen, wie sie sie daran erinnerten, ihre Spielsachen wegzuräumen, wie sie ihnen beim gemeinsamen Spielen Fähigkeiten beibrachten, Komplimente für Selbsterschaffenes machten und Streitigkeiten unter ihnen schlichteten. Als Teil seiner Forschung untersuchte Feldman dreißig Fälle, in denen ein jüngerer einen älteren Schüler um Rat, Anleitung oder Hilfe anderer Art gebeten hatte, und in sechsundzwanzig dieser Fälle kam der ältere Schüler der Bitte nach, in der Regel bereitwillig.[254] All dies geschah, obwohl die Teenager in der Schule offiziell keine Verantwortung für die Betreuung der jüngeren Kinder tragen. Sie tun es, weil sie es tun wollen und weil sie der Bitte der jüngeren Kinder nicht widerstehen können.

Es ist schlichtweg unmöglich, dass ein oder sogar zwei Vorschul- oder Grundschullehrer in einem normalen Klassenzimmer von etwa dreißig Schülern jedem Kind dieselbe unmittelbare Fürsorge und Geborgenheit bieten können, die die älteren Schüler an Sudbury Valley den jüngeren Schülern bieten. Die Tatsache, dass die Älteren sich aus freien Stücken um die Jüngeren kümmern, nicht weil sie es müssen, verleiht der Fürsorge eine umso größere Bedeutung. Es gibt beinahe keine Forschung über die mögliche Fürsorge und Unterstützung, die ältere Schüler jüngeren an Regelschulen zukommen lassen könnten. Eine der wenigen Ausnahme ist eine Untersuchung von Jeffrey Gorrell und Linda Keel, die das Tutorensystem einer Laborschule untersuchten, in dem Achtklässler dreimal in der Woche für zwanzig Minuten Nachhilfe für Erstklässler gaben.[255] Die Forscher berichten, dass die Tutoren zu Beginn den Großteil der Nachhilfezeit damit verbrachten, ihre Schützlinge zur Arbeit anzuhalten, dass die Beziehung gegen Ende des ersten Monats jedoch spielerischer und liebevoller wurde. Die Erstklässler fingen an, bei ihren Tutoren auf dem Schoß zu sitzen, und es gab einen deutlichen Anstieg von Zuneigungsbekundungen wie Händchenhalten, Küssen, Kopftätscheln und freundliches Necken. Den Forschern zufolge waren die Beziehungen, die die emotionalen Bedürfnisse und Wünsche der Erstklässler am besten erfüllten, zugleich jene, die am erfolgreichsten darin waren, die schulischen Ziele des Nachhilfeprogramms zu erreichen. Die kleinen Kinder lernten besser von den Älteren, nachdem sie emotional bedeutsame Beziehungen zu ihnen aufgebaut hatten. Es bleibt zu erwähnen, dass die Studie von Gorrell und Keel vor etwa drei Jahrzehnten durchgeführt wurde. Heute wären solche Zeichen der Zuneigung an den allermeisten Regelschulen verboten.

Der Wert freier Altersmischung für ältere Kinder

Altersmischung ist für alle Beteiligten von Vorteil. Indem sie mit jüngeren Kindern interagieren, üben sich die Älteren in Führung und Fürsorge und machen die Erfahrung, in einer Beziehung der Reifere zu sein (was besonders für Kinder ohne jüngere Geschwister wichtig ist). Indem sie Jüngere unterrichten erwerben sich ältere Kinder außerdem ein tieferes Verständnis bestimmter Konzepte, da sie gezwungen sind, darüber nachzudenken, was sie wissen und was nicht. Genau wie ältere Kinder die jüngeren dazu anregen, sich komplizierteren oder anspruchsvolleren Aktivitäten zu widmen, als sie es sonst täten, inspirieren die jüngeren Kinder die älteren, sich kreativeren Aktivitäten zuzuwenden, als sie es sonst täten. Nachfolgend gehe ich kurz auf jeden dieser drei Vorteile für ältere Kinder ein. Größtenteils handelt es sich dabei um die Kehrseiten der Vorteile, die sich für die Jüngeren aus der Altersmischung ergeben.

Lernen zu fördern, lernen zu führen

An der Sudbury Valley School bringen ältere Kinder den jüngeren Spiele bei, passen ihre Spielweise im Sport an, um die jüngeren einzubeziehen, strukturieren manchmal die Fantasiespiele der jüngeren, ermutigen sie in ihren künstlerischen Vorhaben und anderen Projekten, lesen ihnen vor, trösten sie, lassen sie auf ihrem Schoß sitzen, helfen ihnen, Gegenstände wiederzufinden oder Streitigkeiten beizulegen, und warnen sie vor Gefahren. Dabei üben sie all die Fähigkeiten ein, die sie brauchen, um gute Eltern oder Betreuungs- bzw. Führungspersonen zu werden. Sie tun dies mit Eifer und aus freien Stücken – nicht etwa, weil sie es tun müssten, sondern weil irgendetwas in ihnen, das Teil der menschlichen Natur ist und vom demokratischen, fürsorglichen Ethos der Sudbury Valley School begünstigt wird, ihnen sagt, dass dies der angemessene Weg sei, mit jüngeren Kindern umzugehen.

Wir haben in der Schule auch Szenen beobachtet, in denen ältere Kinder sich über die richtige Verhaltensweise gegenüber jüngeren unterhielten oder jüngere Kinder zurechtwiesen, die unfreundlich im Umgang mit noch jüngeren Kindern gewesen waren. In einem Beispiel grenzten drei Mädchen zwischen sechs und acht Jahren die vierjährige Linda, die mit ihnen zusammen Origami falten wollte, ziemlich rüde aus. Nancy (zehn) war zufällig in der Nähe und beobachtete dies. Sie legte ihr Buch zur Seite, ging zu den drei Mädchen und sagte: »Wie würdet ihr euch fühlen, wenn man euch so abweisen würde?« Die drei Mädchen gaben der Vierjährigen sodann ein Origamipapier und zeigten ihr, wie man es faltet. In einer anderen Szene schimpfte Sabrina (siebzehn) mit Melinda (elf), weil diese die Kostüme, die von den jüngeren Kindern, mit denen Melinda gespielt hatte, liegengelassen worden waren, nicht aufgeräumt hatte. Melinda antwortete, dass sie nicht für die Unordnung verantwortlich sei, weil doch die anderen Kinder, nicht sie selbst, die Verkleidung herausgenommen und getragen hätten. Sabrina erwiderte, dass es dennoch ihre Verantwortung sei, weil sie, Melinda, die Schulregeln kenne und die jüngeren Kinder zu ihr als Vorbild aufschauten. Ein Tadel wie dieser scheint weitaus wirksamer zu sein, wenn er von älteren Kindern kommt, als wenn Erwachsene ihn aussprechen.

Feldman dokumentierte ebenfalls einige dauerhafte Freundschaften zwischen Teenagern und viel jüngeren Schülern an Sudbury Valley.[256] In diesen Fällen schienen die Teenager besonders stolz auf die Jüngeren zu sein. Es schien beinahe so, als wären es ihre eigenen Kinder oder Lieblingsnichten und -neffen oder als übten sie für die spätere Elternschaft. Beispielsweise verbrachte Shawn, der mit neunzehn Jahren älteste Schüler der Schule, nicht wenig Zeit mit Rex (fünf) und Jordan (sechs). Shawn besaß eine besondere, riesengroße Kiste mit Legosteinen, mit denen er außergewöhnliche Bauwerke errichtete, die die jüngeren Kinder bewunderten. Häufig ließ er diese Kiste im Spielzimmer stehen, so dass andere damit spielen konnten. In diesen Fällen übertrug er Rex und Jordan die Verantwortung dafür, dass die Legosteine pfleglich behandelt und zum Schluss wieder aufgeräumt wurden. Rex und Jordan nahmen diese Aufgabe sehr erst und schienen stolz darauf zu sein, dass Shawn ihnen auf diese Weise vertraute. Im Jahr nach seinem Abschluss besuchte Shawn die Schule dreimal, und bei jedem dieser Besuche legte er besonderen Wert darauf, Rex und Jordan zu treffen.

In Einklang mit unseren Beobachtungen an Sudbury Valley legt die kulturvergleichende Forschung nahe, dass die Gegenwart deutlich jüngerer Kinder bei älteren Kindern den Pflegeinstinkt auslöst und dessen Entwicklung anregt. In einer Übersicht kulturvergleichender Beobachtungen der sozialen Interaktionen von Kindern kam die Anthropologin Beatrice Whiting zu dem Schluss, dass sich Jungen und Mädchen in allen Teilen der Welt freundlicher und mitfühlender gegenüber Kindern verhalten, die wenigstens drei Jahre jünger sind, als gegenüber Kindern, die ihnen altersmäßig näherstehen.[257] In einer Studie in einer subsistenzorientiert wirtschaftenden lokalen Gemeinschaft in Kenia untersuchte Carol Ember Jungen zwischen acht und sechzehn Jahren, die ihren Müttern dabei halfen, sich zu Hause um Kleinkinder und Säuglinge zu kümmern, da sie keine Schwestern hatten, die diese traditionellerweise weibliche Aufgabe erledigen konnten. Diese Jungen waren im Durchschnitt netter, hilfsbereiter und weniger aggressiv in ihrem Umgang mit Gleichaltrigen als Jungen ohne solche Erfahrungen als Babysitter.[258]

Weitere Belege dafür, dass junge Menschen durch den Umgang mit jüngeren Kindern lernen, freundlich und fürsorglich zu sein, erbrachten Forschungsarbeiten an Regelschulen. Untersuchungen von altersübergreifenden Nachhilfeprogrammen zeigen, dass die Erfahrung, jüngere Kinder als Tutor zu begleiten, bei den Tutoren zu mehr Verantwortung, Einfühlungsvermögen und Hilfsbereitschaft führt.[259]

Noch beeindruckender sind die Ergebnisse, die das von Mary Gordon in Toronto gegründete »Roots of Empathy«-Programm lieferte. Gordon entwickelte das Programm zur Erforschung der Wurzeln empathischen Verhaltens, nachdem sie jahrelang mit missbräuchlichen Eltern und misshandelten Kindern gearbeitet und dabei beobachtet hatte, dass Kinder, die ungeliebt in einem gewalttätigen Umfeld aufwachsen, häufig selbst zu lieblosen, gewalttätigen Eltern heranwuchsen. Der Grundgedanke ihres neuen Programms war es, Babys mit deren Müttern und manchmal auch Vätern in Klassenzimmer zu bringen, damit Kinder mit verschiedenen sozialen Hintergründen Erfahrungen in der Begegnung mit Babys sammeln und darüber sprechen und nachdenken konnten, wie es wohl sein mochte, ein Baby zu sein. Der Hintergedanke war, dass dies den Kindern helfen würde, einen Weg einzuschlagen, der sie letztlich einmal zu besseren Eltern werden ließe. Gordon stellte dabei allerdings fest, dass ihr Programm auch eine bemerkenswerte und viel unmittelbarere Wirkung auf die teilnehmenden Schüler hatte. Die Kinder, die die Erfahrung eines monatlichen Besuchs von Baby und Elternteil machten, wurden freundlicher und mitfühlender im Umgang miteinander. Mobbing ging zurück. Kinder, die zuvor wegen ihrer Andersartigkeit gehänselt und verspottet worden waren, wurden nun in vielen Fällen für ihre Eigenheiten bewundert. Die Gegenwart des Säuglings sowie die Gespräche über die Gedanken und Gefühle, die der Säugling hervorrief, waren eine starke Kraft für die Verbreitung von Mitgefühl innerhalb der Klasse, und dieser Effekt hielt den ganzen Monat über an, von einem Babybesuch zum anderen. Hier ist eine Geschichte aus Gordons Buch über ihr Programm:[260] Der abgebrühteste Schüler einer achten Klasse mit dem verwegendsten Auftreten war ein Junge namens Darren. Er war zwei Jahre älter als die anderen, weil er zweimal nicht versetzt worden war, hatte schon Bartwuchs, und ein Tattoo bedeckte seinen teilweise kahlgeschorenen Kopf. Auf alle machte er einen einschüchternden Eindruck. Darrens Mutter war vor seinen Augen ermordet worden, als er vier Jahre alt war, und er hatte bei einer Reihe von Pflegefamilien gewohnt. Er wappnete sich gegen Schmerz und Einsamkeit, indem er Härte ausstrahlte. Aber das sechs Monate alte Baby, das in die Klasse gebracht wurde, und die Gespräche darüber ließen ihn dahinschmelzen. Die Mutter brachte einen Snugli mit, eine mit rosa Brokat besetzte weiche Babytrage, in der sie ihr Kind nahe am Körper tragen konnte. Gegen Ende des Besuchs, nachdem die Klasse vierzig Minuten lang das Baby beobachtet und darüber gesprochen hatte, fragte die Mutter, ob jemand den Snugli anprobieren wolle. Zu aller Entsetzen hob Darren die Hand. Mit dem Snugli vor dem Bauch fragte er dann die Mutter, ob sie das Baby hineinsetzen würde. Mit, so stelle ich mir vor, nicht unerheblicher Besorgnis tat die Mutter genau dies. Darren saß dann einige Minuten leise in der Ecke und wiegte das Baby, das sich zufrieden an seine Arme und seine Brust anschmiegte. Als es für die Mutter und das Baby Zeit war, zu gehen, fragte Darren die Mutter und den Programmbegleiter: »Wenn eine Mensch nie geliebt wurde, kann er dann trotzdem ein guter Vater sein?«

»Roots of Empathy« hat inzwischen in ganz Kanada Verbreitung gefunden, und auch in einer Reihe anderer Länder wird das Programm bereits angeboten. Kimberly Schonert-Reichl, Psychologieprofessorin an der University of British Columbia, hat kontrollierte Studien durchgeführt, die zeigen sollen, dass dieses Programm nicht nur am Tag des Babybesuchs selbst, sondern über das gesamte Schuljahr signifikant Aggression reduziert und Freundlichkeit erhöht.[261] In der altersgetrennten Umgebung, die wir an Regelschulen errichten, mögen solche künstlichen Wege, um ältere und jüngere Kinder miteinander in Kontakt zu bringen, vielleicht unerlässlich sein, wenn wir Kindern ermöglichen wollen, Einfühlungsvermögen und Mitgefühl zu entwickeln.

Lernen durch Lehren

Jemanden etwas beizubringen, egal ob formell in einem Klassenzimmer oder informell in unserem täglichen Umgang miteinander, fordert uns intellektuell heraus. Wenn wir versuchen, jemandem eine Idee zu erklären, sind wir gezwungen, unser manchmal vages Verständnis eines Sachverhalts so klar auszudrücken, dass die andere Person, die möglicherweise kaum etwas über diesen Sachverhalt weiß, dies verstehen kann. Dazu müssen wir eingehend über die Idee nachdenken und manchmal sogar unser anfängliches Verständnis von ihr erweitern. Unterrichten und Lernen werden manchmal als bidirektionale (in zwei Richtungen verlaufende) Tätigkeiten bezeichnet, in denen der »Lehrer« und der »Lernende« jeweils voneinander lernen.[262] Diese Bidirektionalität ereignet sich insbesondere, wenn der Status- oder Autoritätsunterschied zwischen Lehrer und Lernendem nicht allzu groß ist, so dass der Lernende sich wohl damit fühlt, den Lehrer zu hinterfragen und herauszufordern. Mehrere Studien über altersübergreifende Nachhilfesysteme an Regelschulen haben gezeigt, dass das Verständnis der bearbeiteten Inhalte sowohl bei den Tutoren als auch bei den Nachhilfeschülern zunimmt.[263] Wenn ältere Kinder jüngeren etwas erklären, dann drücken sie häufig Ideen aus, die sich an der Grenze ihres eigenen Verstehens befinden. Beispielsweise hat die Achtjährige, die ihrer zweijährigen Schwester beim Puppenspiel erklärte, wie man ein Baby badet, diese Schritte vielleicht zum ersten Mal in Worte gefasst und zum ersten Mal strukturiert darüber nachgedacht. Ähnlich verhält es sich mit Kindern, die anderen in einem spielerischen Kontext helfen, lesen zu lernen oder Zahlen zu benutzen: Sehr wahrscheinlich werden ihnen beim Erklären und Beantworten der Fragen der Jüngeren selbst einige phonetische und numerische Zusammenhänge klarer.

An der Sudbury Valley School, sahen Feldman und ich viele Beispiele von Diskussionen, die zwischen älteren und jüngeren Schülern entbrannten und die offensichtlich das Verständnis beider Personen erweiterten. Wenn zum Beispiel ältere Schüler den jüngeren Strategiespiele wie Schach beibrachten, zwangen die Fragen der Jüngeren die Älteren häufig zum Nachdenken, bevor sie die Frage beantworten konnten. Sie mussten zunächst ihr eigenes Verständnis prüfen, warum der eine Zug nun besser als der andere gewesen sei, bevor sie antworten konnten. Sie mussten ihr durch Erfahrung erworbenes Bauchgefühl in bewusste, klare Aussagen verwandeln. Dieses Nachdenken dürfte ihr Bewusstsein dafür geschärft haben, was sie wissen und was nicht, was letztlich wahrscheinlich zu einem besseren Spielverständnis geführt hat.

Auch in Fällen, in denen jüngere Schüler ältere außerhalb eines Spielkontexts um Rat baten, wurden wir Zeuge bidirektionalen Lehrens und Lernens. In einem Beispiel beschwerte sich Eric (acht) bei Arthur (vierzehn) darüber, dass zwei ältere Jungen (neun und zehn), mit denen er mal mehr, mal weniger befreundet war, ihn mit Schimpfwörtern geärgert hatten. Arthur schlug Eric vor, dass er seine Beschwerde vor das Justizkomitee der Schule bringen sollte. Eric wies dies zurück und erwiderte: »Sie haben Redefreiheit.« Nach einigem Nachdenken antwortete Arthur, dass Redefreiheit zwar bedeute, dass sie solche Sachen sagen dürften, dass aber Eric auch das Recht habe, sie nicht hören zu müssen. In diesem Fall mag der gegenseitige Gedankenaustausch dazu geführt haben, dass sowohl Arthur als auch Eric eingehender über das an der Schule geltende Konzept von persönlichen Rechten und Freiheiten nachdachten, als sie dies vorher getan hatten.

Die kreativitätssteigernde Wirkung junger Kinder

Genau wie jüngere Kinder dazu angeregt werden, sich mit den fortgeschrittenen Tätigkeiten zu beschäftigen, die sie bei den älteren Kindern sehen, werden die älteren Kinder dazu angeregt, sich mit den kreativen und fantasievollen Tätigkeiten zu beschäftigen, die sie bei den Jüngeren sehen. In unserer formellen Studie an der Sudbury Valley School fanden wir heraus, dass mehr als die Hälfte jener Interaktionen zwischen Teenagern und jüngeren Kindern, in denen ein klarer Impulsgeber ausgemacht werden konnte, von den Teenagern initiiert wurde.[264] Die Teenager gesellten sich zu jüngeren Kindern, die mit Farbe, Lehm oder Bausteinen spielten, oder sie machten bei Fantasiespielen oder ausgelassenen, kreativen Verfolgungsspielen mit – allesamt Aktivitäten, die

die meisten Teenager in unserem Kulturkreis schon längst hinter sich gelassen haben. Auch wenn sie nicht direkt mit ihnen spielten, schien die bloße Gegenwart jüngerer Kinder und ihrer Spielsachen die älteren Schüler zu kreativerem Spiel als sonst anzuregen. Durch dieses fortgesetzte Spiel werden viele Schüler an der Schule zu hervorragenden Künstlern, Baumeistern, Geschichtenerzählern und kreativen Denkern. Viele der Absolventen schlagen Karrierepfade ein, die ein hohes Maß an Kreativität erfordern[265], und ich vermute, dass sich dies zumindest teilweise durch die altersgemischten Spielerfahrungen erklären lässt.

Wir beobachteten ebenfalls, dass auch dem Namen nach wettbewerbsorientierte Spiele, wie zum Beispiel Karten- oder Brettspiele, auf eine kreativere, fröhlichere Art gespielt wurden, wenn die Spieler sich in Alter und Fähigkeiten stark voneinander unterschieden, als wenn dies nicht der Fall war. Da man als älterer, erfahrener Spieler nicht so recht stolz darauf sein kann, gegen einen wesentlich jüngeren Spieler zu gewinnen, und da der Jüngere keinerlei Hoffnung hegt, in einem normalen Spiel gegen den Älteren zu gewinnen, spielen beide nicht miteinander, um zu gewinnen, sondern um Spaß zu haben, ihre Fähigkeiten zu erweitern und ausgefallene Züge auszuprobieren. Zum Beispiel probiert in einer altersgemischten Schachpartie der ältere, erfahrenere Spieler vielleicht neue, riskante Eröffnungen aus, bringt sich absichtlich in eine schwierige Stellung oder führt seine Züge blitzschnell aus, um das Spiel interessant und amüsant zu gestalten. Wie im achten Kapitel erläutert, ist eine fröhliche, spielerische Haltung dem Erlernen neuer Fähigkeiten und dem kreativen Denken zuträglicher als eine ernste, wettbewerbsorientierte Haltung, in der man seinen Wert zu beweisen sucht.

Ich habe beschrieben, wie freie Altersmischung jüngeren Kindern ermöglicht, an Aktivitäten teilzunehmen und von diesen zu lernen, die für sie alleine zu schwierig wären, durch Zuschauen und Zuhören von Älteren zu lernen und sich von diesen inspirieren zu lassen, sowie mehr Fürsorge und emotionale Unterstützung zu bekommen, als dies ansonsten möglich wäre. Ich habe ebenfalls beschrieben, wie freie Altersmischung älteren Kindern ermöglicht, Führungs-, Fürsorge- und Betreuungsqualitäten einzuüben und zu entwickeln und sich stärker an spielerischen, kreativen und künstlerischen Aktivitäten zu beteiligen, als sie dies sonst tun würden. Wenn wir Kinder in der Schule oder in anderen Umgebungen nach Alter trennen, berauben wir sie all dieser kraftvollen Lernmöglichkeiten.

Indem ich den Wert altersgemischter Interaktionen betone, möchte ich keineswegs den Wert altersgleicher Interaktionen herabmindern. In vielen Situationen sind Menschen mit relativ gleichen Fähigkeiten die besseren Spielkameraden und Gesprächspartner als jene mit andersgearteten Fähigkeiten. Sie haben mehr Gemeinsamkeiten und mehr Gesprächsthemen, und der relativ ernsthafte, manchmal auch wettbewerbsorientierte Umgang zwischen ihnen kann sie zu größeren Leistungen anspornen. Wenn Kinder nicht institutionell nach Alter getrennt werden, verbringen sie viel mehr Zeit mit anderen, die sich altersmäßig deutlich von ihnen unterscheiden, aber noch mehr

Zeit verbringen sie mit Gleichaltrigen. Es überrascht daher nicht, dass beste Freunde, an Sudbury Valley wie an anderen Orten auch, meist ähnlichen Alters sind.

Der wertvolle Aspekt freier Altersmischung, auf den ich mich hier konzentriert habe, ist jener, dass sie Menschen zusammenbringt, die sich in ihren Fähigkeiten voneinander unterscheiden. Vor Ende des Kapitels sollte ich jedoch noch darauf hinweisen, dass ein weiterer Wert freier Altersmischung darin besteht, dass sie Menschen zusammenführen kann, die über ein ähnliches Fähigkeitsniveau verfügen. Sie ermöglicht es jemandem, der weiter oder noch nicht so weit ist wie seine Altersgenossen, unter älteren oder jüngeren Kindern einen ebenbürtigen Partner zu finden. Ein Kind, das sich beim Klettern ungeschickt anstellt, kann mit jüngeren Kindern gemeinsam Felsen und Bäume hochkraxeln, ohne sich im Stich gelassen zu fühlen, und es kann auf diese Weise seine Kletterfähigkeiten verbessern. Eine talentierte elfjährige Gitarristin, deren musikalische Fähigkeiten über die ihrer Altersgenossen hinausgehen, kann mit Teenagern auf einem für sie angemessenen Niveau zusammenspielen. Ein junges Schachtalent kann ernsthafte, herausfordernde Partien gegen ältere Gegner spielen, die so gut spielen wie es selbst. Für eine optimale Entwicklung ist es am wichtigsten, dass Kinder sich selbst aussuchen dürfen, mit wem sie interagieren möchten, so dass sie, entsprechend ihrer eigenen stündlich und täglich wechselnden Bedürfnisse, die Nähe von Älteren, Jüngeren oder Gleichaltrigen suchen können.

10 VERTRAUENSVOLLE ELTERNSCHAFT HIER UND HEUTE

An einem sonnigen Sonntag im Frühjahr 2008 ließ Lenore Skenazy ihren neunjährigen Sohn allein im Kaufhaus Bloomingdale's in Manhattan zurück. Sie gab ihm ein paar Münzen, 20 Dollar für den Notfall, einen Stadtplan, ein U-Bahn-Ticket, und die Erlaubnis, sich allein auf den Weg nach Hause zu machen. Um zu ihrem Haus im Bezirk Queens zu gelangen, würde er die U-Bahn nehmen und dann in einen Bus umsteigen müssen, ein Weg, den er schon viele Male mit seiner Mutter zusammen zurückgelegt hatte. Als er nach Hause kam, freute er sich wie ein Schneekönig. Er hatte unbedingt zeigen wollen, dass er es schaffen würde, mit öffentlichen Verkehrsmitteln allein nach Hause zu kommen – und nun hatte er es geschafft. Er strahlte, so reif und erwachsen fühlte er sich.

Skenazy, die damals als Journalistin für die »New York Sun« arbeitete, schrieb in ihrer Kolumne über das Abenteuer ihres Sohns. Innerhalb weniger Stunden nach Erscheinen der Kolumne wurde sie von den Medien als »Amerikas schlechteste Mutter« bezeichnet. In seltener Eintracht wurde ihre Entscheidung von allen Frauen in der Show »The View« des Fernsehsenders ABC rundheraus verurteilt. Die höflicheren der anderen Viertklässler-Eltern sagten Skenazy zufolge auf dem Spielplatz Dinge wie: »Also, das ist schon okay, ich werde es meinem Sohn wohl auch erlauben – wenn er auf der Uni ist.« Skenazy nahm diesen Vorfall zum Anlass, das wunderbar witzige Buch »Free-Range-Kids« (Freilaufende Kinder) zu schreiben, in dem sie Eltern so manche Ängste nimmt, indem sie ihnen vor Augen führt, wie lächerlich diese Ängste doch sind.

Ich habe Leonore Skenazy kennengelernt, bewundere sie sehr, und es liegt mir fern, sie im Wettbewerb um »Amerikas schlechteste Eltern« übertrumpfen zu wollen – aber: Im Alter von dreizehn Jahren fuhr mein Sohn Scott für zwei Wochen allein nach London. Zugegebenermaßen war das im Jahr 1982, als es noch einfacher war als heute, sich in vertrauensvoller Elternschaft zu üben. Im Frühjahr als er noch zwölf war, stellte er seiner Mutter und mir seine Idee vor. Da er das gesamte Geld für die Reise selbst verdienen wollte, konnten wir die Kosten nicht als Vorwand nehmen, um die Reise zu verhindern. Er würde die ganze Reise selber planen – genaugenommen hatte er den Großteil bereits geplant. Er wollte sich selbst beweisen, dass er etwas so Kompliziertes ohne die Hilfe von Erwachsenen würde organisieren und durchführen können. Er wollte auch bestimmte Schlösser und in Museen ausgestellte Schätze sehen, von denen er gelesen hatte und die in seinen »Dungeons and Dragons«-Spielen eine große Rolle spielten. Er war noch nie zuvor im Ausland gewesen, was übrigens auch für seine Mutter und mich galt.

Wir zögerten. »Es ist nicht wegen deines Alters, sondern wegen deiner Diabetes«, erklärten wir. Er hatte und hat noch immer Typ-1-Diabetes. Seit diese Krankheit diagnostiziert worden war, hatte er seine Blutzuckerwerte selbst bestimmt, sich selbst Insulin gespritzt und selbst auf seine Ernährung geachtet. Er war ebenso diszipliniert wie alle erwachsenen Diabetiker, die ich kenne. Und dennoch ist es für alle auf Insulin angewiesenen Diabetiker gefährlich, allein zu reisen. Immer besteht das Risiko einer insulininduzierten Unterzuckerung, bei der das Urteilsvermögen eingeschränkt wird und man sogar das Bewusstsein verlieren kann. Was, wenn ihm dies nun auf seiner Reise an einem fremden Ort passierte und keiner ihm zur Hilfe käme?

Zu all dem sagte er: »Ich werde immer Diabetes haben. Wenn ihr mir sagt, dass ich wegen der Diabetes nicht allein reisen kann, dann sagt ihr mir, dass ich niemals werde allein reisen können. Das sehe ich nicht ein. Ich werde mich von meiner Diabetes nicht daran hindern lassen, das zu tun, was ich tun möchte. Wenn ich älter bin, werde ich allein reisen und ihr werdet mich nicht daran hindern können. Wenn es euch nicht um mein Alter geht, was ist dann der Unterschied zwischen einer Reise jetzt und einer Reise, wenn ich achtzehn, dreißig oder fünfzig bin?« – Seine Logik war wie immer einwandfrei.

Schließlich gaben wir nach. Unserer elterlichen Nörgelverpflichtung kamen wir nur insofern nach, als wir ihm ein Versprechen abnahmen, etwas zu tun, das er gewiss aus eigener Vernunft ohnehin getan hätte, nämlich jederzeit sein Notfallarmband zu tragen, so dass die Menschen im Fall einer Unterzuckerung wüssten, dass er Diabetes hat und Hilfe benötigt. Den Rest des Frühjahrs und den ganzen Sommer über arbeitete er, um das ganze Geld für die Reise zu verdienen. Den Großteil verdiente er mit einem Job in einem kleinen Restaurant, den er sich selbst gesucht hatte. Zu Beginn spülte er Geschirr, aber als sie sahen, was für ein guter Arbeiter er war, beförderten sie ihn zum Grillmeister und betrauten ihn mit der Organisation der Küche. Das allein war eine wundervolle Wachstumserfahrung. Im Oktober war er bereit für sein Abenteuer. Er war dreizehn Jahre alt. Als Schüler der Sudbury Valley School war es kein Problem, während der Reise nicht die Schule zu besuchen. Jeder dort verstand, dass seine Reise eine wertvolle Bildungserfahrung sein würde, und so wurde seine Abwesenheit in den Schulakten als Schulausflug vermerkt.

Er war zwei Wochen lang unterwegs, sah unzählige Schlösser, besichtigte Westminster Abbey, tauchte mehrere Tage lang in die Schätze der National Gallery und anderer Museen ein und unternahm Spaziergänge durch ganz London. Er machte auch einen Abstecher nach Oxford zu einem Konzert der Rockgruppe Moody Blues, fuhr nach Cardiff, um Cardiff Castle zu sehen und in den umliegenden Hügeln zu wandern, und er machte einen Ausflug nach Paris mit einer fünfzehnjährigen jungen Dame, die er auf dem Flug nach London kennengelernt hatte. Alles in allem machte er eine Reihe wunderbarer Erfahrungen, die sein Vertrauen in seine Fähigkeit, sein Leben selbständig führen zu können, auf eine neue Ebene hob – Diabetes hin, Diabetes her.

Nun, ich gebe gern zu, dass mein Sohn nicht irgendein dreizehnjähriges Kind war. Wäre er weniger verantwortungsvoll und weniger dazu in der Lage gewesen, seine Pläne gründlich zu durchdenken, hätten seine Mutter und ich wahrscheinlich nein gesagt. Als Eltern vertrauensvoll zu begleiten, bedeutet nicht, fahrlässig zu sein: Man muss sein Kind schon kennen. Aber Verantwortung entsteht nicht in einem luftleeren Raum. Wer verantwortungsvolle Kinder möchte, muss ihnen die Freiheit geben, Verantwortung zu übernehmen – und dies ist heutzutage leider viel schwerer, als es 1982 war, und 1982 war es bereits schwerer als in früheren Jahren.

Heute wäre es für Eltern fast unmöglich, ihrem Kind ein solches Abenteuer zu erlauben, egal wie verantwortungsvoll es auch sei. Zunächst einmal ist es in meinem Heimatstaat Massachusetts inzwischen verboten, mit unter sechzehn Jahren als Koch zu arbeiten, wie Scott es tat, um Geld für seine Reise zu verdienen. Bezüglich des sozialen Drucks ernteten wir mit unserer Entscheidung auch 1982 einiges an Kopfschütteln. Stellen Sie sich einmal vor, wie Ihre Freunde und Verwandte reagieren würden, wenn Sie als heutige Eltern ihrem Kind eine solche Reise erlauben würden!

Zu anderen Zeiten jedoch hätten sich die Menschen vielleicht mehr über unser Zögern gewundert als über unsere endgültige Entscheidung. Wie Skenazy in der Einleitung ihres Buchs schreibt: »[Unsere Ur-Ur-Großeltern] schickten ihre lieben Kinder auf langsamen, rostigen Dampfschiffen in die Neue Welt, nicht mehr im Gepäck als ein paar Rubel und eine Dauerwurst.«[266] Ein weiteres Beispiel verdanken wir den ausführlichen Beobachtungen kleiner Kinder auf der Marquesas-Insel Ua Pou im Südpazifik, über die die Forscherin Mary Martini folgendes schrieb:

»Dreizehn Mitglieder einer festen Spielgruppe wurden vier Monate lang täglich und zwei weitere Monate lang weniger systematisch beobachtet. [...] Die Kinder waren zwischen zwei und fünf Jahre alt. Mehrere Stunden pro Tag spielten sie ohne Aufsicht, während ihre großen Geschwister in der nahegelegenen Schule waren. Sie organisierten gemeinsame Aktivitäten, legten Streitigkeiten bei, vermieden Gefahren, versorgten Verletzungen, teilten Güter untereinander auf und bewältigten den Umgang mit vorbeikommenden Dritten – und all dies ohne die Einmischung von Erwachsenen. Sie vermieden Erwachsene, vermutlich, weil diese sie in ihrem Spiel unterbrochen hätten. Ihr Spielgelände hielt durchaus mögliche Gefahren bereit. Eine starke Brandung rollte an die Bootsrampe. Die großen Steine am Strand waren mit Glasscherben übersät. Die Talflanken waren steil und rutschig. Die Kinder spielten auf einer hohen Brücke und auf hohen, scharfen Wänden aus Lavagestein. Macheten, Äxte und Streichhölzer wurden manchmal liegengelassen, und die Kinder spielten mit ihnen. Trotz dieser Gefahren gab es nur selten und dann auch nur leichte Unfälle. Schläge, Sticheleien und Gezeter waren häufig, aber Faustkämpfe, Wutanfälle und langanhaltendes Weinen selten. Streitigkeiten waren an der Tagesordnung, wurden aber jeweils nach kurzer Zeit aufgelöst. Die Kinder wandten sich nicht an Erwachsene oder ältere Kinder, um ihre Konflikte beizulegen oder ihr Spiel anzuleiten.«[267]

Als Martini die Eltern zum Spiel der Kinder mit Streichhölzern und Macheten befragte, erfuhr sie, dass die Eltern diese Dinge sicherstellten, wenn sie davon wussten, weil sie Sorge hatten, die Kinder würden die Streichhölzer verschwenden und die Macheten zerstören – nicht aber, weil sie sich um die Gesundheit der Kinder sorgten. Martini zufolge waren die Kinder dieser Insel psychologisch und sozial bemerkenswert ausgeglichen. Sie jammerten nicht und verlangten keine Aufmerksamkeit jener Art, die westliche Kinder häufig einfordern – und sie waren außerordentlich versiert darin, ihre eigenen Probleme selbst zu lösen, sobald welche auftraten. Ich plädiere nun nicht dafür, dass wir den Bewohnern dieser Marquesas-Insel im Umgang mit Zwei- bis Fünfjährigen nacheifern, aber es gibt doch einiges, was wir von ihnen lernen können.

Ich bezweifle, dass es irgendwann und irgendwo eine menschliche Kultur gegeben hat, die die Fähigkeiten von Kindern stärker unterschätzt hat, als wir Nordamerikaner es heute tun. Unsere Unterschätzung wird zur selbsterfüllenden Prophezeiung: Indem wir die Freiheit unserer Kinder einschränken, berauben wir sie der Möglichkeiten, die sich brauchen, ihr Verhalten und ihre Gefühle kontrollieren zu lernen, und das provoziert Unglücksfälle aller Art.

Dieses Kapitel handelt von vertrauensvoller Elternschaft und davon, was wir in unserer heutigen Welt tun können, um diesen Erziehungsstil wieder möglich zu machen und zur Normalität werden zu lassen. Was können wir als einzelne und als Gesellschaft tun, um Kindern wieder zu ihrem angeborenen Recht zu verhelfen, durch freies Spielen, Erkunden und eigenständige Abenteuer zu lernen? Was können wir tun, um die Entwicklung umzukehren, die schon so viele Kinder daran gehindert hat, sich in Mut zu üben und ihre psychische Widerstandskraft in dem Maß zu entfalten, das für ein glückliches, gesundes und erfüllendes Leben notwendig ist?

Drei Erziehungsstile

Bevor ich mich der Beantwortung der eben gestellten Fragen zuwende, finde ich es hilfreich, zwischen drei allgemeinen Erziehungsstilen zu unterscheiden, die jeweils an bestimmten Orten und zu bestimmten Zeiten der menschlichen Geschichte vorherrschend waren. Obwohl ich sie separat darstelle, schließen sie einander nicht aus. Tatsächlich stellt der Erziehungsstil vieler Eltern heutzutage eine Kombination aus allen drei Herangehensweisen dar.

Vertrauensvolle Begleitung

Vertrauensvolle Begleitung ist der Erziehungsstil, der die Selbstbildungsinstinkte am deutlichsten aufblühen lässt. Vertrauensvolle Eltern trauen ihren Kindern zu, alleine zu spielen und zu erkunden, ihre eigenen Entscheidungen zu treffen, Risiken einzugehen und aus ihren eigenen Fehlern zu lernen. Vertrauensvolle Eltern vermessen die

Entwicklung ihrer Kinder nicht und versuchen auch nicht, diese zu steuern, denn sie vertrauen darauf, dass Kinder dies selbst tun. Vertrauensvolle Eltern sind keine nachlässigen Eltern. Sie sorgen nicht nur für Freiheit, sondern auch für die Nahrung, die Liebe, den Respekt, die moralischen Vorbilder und die Bedingungen im Umfeld, die für eine gesunde Entwicklung vonnöten sind. Anstatt zu versuchen, die Entwicklung ihrer Kinder zu lenken, unterstützen sie diese, indem sie ihnen dabei helfen, ihre eigenen Ziele zu erreichen, wenn sie um diese Hilfe gebeten werden. Dieser Erziehungsstil war während des Großteils der Menschheitsgeschichte, in dem wir als Jäger und Sammler lebten, vorherrschend (siehe zweites Kapitel).

Vertrauensvolle Begleitung sendet Botschaften an die Kinder aus, die sowohl an die Bedürfnisse der Kinder in Jäger-und-Sammler-Gruppen anknüpfen, als auch den wirklichen Bedürfnissen heutiger Kinder entsprechen: Du bist kompetent. Du hast Augen und ein Gehirn und bist in der Lage, Dinge selbst herauszufinden. Du kennst deine Fähigkeiten und Grenzen. Durch Spielen und Erkunden wirst du lernen, was du wissen musst. Deine Bedürfnisse werden gewürdigt. Deine Meinung zählt. Du bist für deine Fehler selbst verantwortlich, und man kann dir vertrauen, dass du aus ihnen lernst. Soziales Miteinander besteht nicht im Aufeinanderprallen von Egos, sondern darin, einander so beizustehen, dass alle das bekommen können, was sie brauchen und sich am meisten wünschen. Wir sind auf deiner Seite, nicht gegen dich.

Jäger und Sammler, die auf diese Weise aufwuchsen, entwickelten sich in der Regel zu äußerst fähigen, kooperativen, respektvollen, heiteren und geschätzten Mitgliedern ihrer Gesellschaft. Sie trugen nicht deshalb zur Gruppe bei, weil sie sich dazu verpflichtet fühlten, sondern weil sie beitragen wollten – und sie taten es aus einer spielerischen Geisteshaltung heraus. Eine Gruppe von Anthropologen fasste dies wie folgt zusammen: »Der erfolgreiche Wildbeuter [...] sollte durchsetzungsfähig und eigenständig sein, und dies wird ihm schon als Kind beigebracht.«[268] Vertrauensvolle Eltern verstehen, dass erfolgreiche Erwachsene auch heutzutage durchsetzungsfähig und eigenständig sind, und dass man Kindern dies beibringen sollte. »Beibringen« schon, aber nicht, indem man die Kinder steuert, sondern indem man ihnen erlaubt, ihre eigene Entwicklung zu lenken und die Welt auf eigene Faust zu erkunden.

Die anderen beiden Erziehungsstile nenne ich »direktiv«, weil sie darauf ausgelegt sind, das Verhalten und die Entwicklung der Kinder zu steuern, anstatt den Kindern zu erlauben, dies selbst zu tun. Die beiden direktiven Erziehungsstile arbeiten nicht mit dem, sondern gegen den Willen des Kindes.

Direktiv-autoritäre Erziehung

Die »direktiv-autoritäre Erziehung« entwickelte sich mit dem Aufkommen des Ackerbaus und erreichte ihren Höhepunkt während des Feudalismus und der frühen Industrialisierung. Wie im dritten Kapitel beschrieben, konnte der unhinterfragte Gehorsam gegenüber Herren und Meistern in dieser Zeit häufig den Unterschied zwischen

Leben und Tod bedeuten, weshalb sich auch die Erziehungsziele entsprechend verschoben: Statt freie und unabhängige Menschen heranzuziehen, erschuf man unterwürfige Wesen. Statt den freien Willen des Kindes zu fördern, versuchten direktiv-autoritäre Eltern, diesen Willen zu brechen und ihn durch die Bereitschaft, sich dem Willen anderer zu unterwerfen, zu ersetzen. Körperliche Züchtigung war ein übliches und weithin anerkanntes Mittel, um den Willen zu unterdrücken.

In jüngerer Zeit wurde die körperliche Züchtigung zumindest in einigen Familien durch psychologische Prügel als Mittel der Wahl einer direktiv-autoritären Erziehung abgelöst. Durch regelmäßiges Einflößen von Schuld- oder Schamgefühlen sowie der Androhung des Verlassenwerdens oder Liebesentzugs kann Kindern sogar noch erfolgreicher als mit der Rute Gehorsam eingebläut werden. Unabhängig davon, welche Mittel eingesetzt werden, ist das Ziel direktiv-autoritärer Erziehungsberechtigter, das Kind zum gefügigen Untertan zu machen. Aus der Geschichte wissen wir, dass die Wirkung direktiv-autoritärer Erziehung nie völlig erfolgreich gewesen ist. Freiheit ist ein so starker Antrieb, dass sie einer Person, unabhängig von ihrem Alter, nie völlig ausgeprügelt werden kann. Selbst beim untertänigsten Diener oder beim folgsamsten Kind brodelt der freie Wille weiter unter der Oberfläche und wartet nur darauf, überzukochen, sobald der Deckel gelockert wird. Daher sind auch Gesellschaften, in denen die breite Masse von einigen wenigen kontrolliert wird, niemals stabil. Auf lange Sicht funktioniert der direktiv-autoritäre Stil zu Hause auch nicht besser als auf Staatsebene.

Heutzutage fühlen sich zumindest in unserer Kultur die meisten Menschen abgestoßen von dem Gedanken, Kindern Gehorsam körperlich oder psychisch einzuprügeln. In der heutigen globalisierten und vernetzten Welt werden Initiative, Kreativität und Durchsetzungsvermögen allgemein hochgehalten. Wir sehen, dass blinder Gehorsam als Lebensstil nicht funktioniert. Es werden weniger ungelernte Arbeitskräfte benötigt, da deren Tätigkeiten durch Maschinen ersetzt wurden, und nur als kreativer Macher findet man noch ein gutes Auskommen. Heutige Menschen treten für viele der Werte von Jägern und Sammlern ein. Im Verlauf der vergangenen zwei Jahrhunderte ist mit dem Abnehmen der Notwendigkeit von Kinderarbeit und der Rückkehr demokratischer Werte auch der direktiv-autoritäre Erziehungsstil kontinuierlich zurückgegangen. Eine Zeit lang, insbesondere in den 1950er Jahren, sah es in den USA so aus, als würde die vertrauensvolle Erziehung eine Renaissance erleben, aber in den vergangenen Jahrzehnten ist dieser Erziehungsstil allmählich von einem neuen direktiven Erziehungsstil ersetzt worden, der »direktiv-behütenden Erziehung«.

Direktiv-behütende Erziehung

Direktiv-behütende Eltern beschränken die Freiheit ihrer Kinder nicht, um sie zur Arbeit auf dem Feld oder in der Fabrik zu zwingen oder um sie gefügig zu machen, wie direktiv-autoritäre Eltern dies taten. Vielmehr beschränken sie deren Freiheit, weil sie sich um die Sicherheit und Zukunft ihrer Kinder sorgen und glauben, dass sie bessere Entscheidungen für ihre Kinder treffen könnten als diese selbst. Allen guten Absichten zum Trotz berauben direktiv-behütende Eltern ihre Kinder der Freiheit mindestens ebenso wie die direktiv-autoritären Eltern der Vergangenheit. Zwar schlagen direktiv-behütende Eltern ihre Kinder nicht, sie benutzen jedoch alle anderen Mittel, die ihnen als Versorger zur Verfügung stehen, um das Leben ihrer Kinder zu kontrollieren. Während vertrauensvolle Eltern ihre Kinder als belastbar und kompetent einschätzen, betrachten direktiv-behütende Eltern ihre Kinder als zerbrechlich und inkompetent. Während vertrauensvolle Eltern glauben, dass sich ihre Kinder am besten entwickeln, wenn sie selbständig spielen und entdecken dürfen, glauben direktiv-behütende Eltern, dass sich Kinder am besten entwickeln, wenn sie einem Pfad folgen, den Erwachsene sorgfältig für sie angelegt haben.

GRÜNDE FÜR DEN NIEDERGANG DER VERTRAUENSVOLLEN ERZIEHUNG

Warum folgte auf den Anstieg der vertrauensvollen Erziehung in den USA deren Niedergang ab der zweiten Hälfte des 20. Jahrhunderts? Anders gefragt, welche sozialen Veränderungen haben in den vergangenen Jahrzehnten dafür gesorgt, dass Eltern in der Beziehung zu ihren Kindern immer weniger vertrauensvoll und immer direktiv-behütender geworden sind? Eine vollständige Antwort würde eine Vielzahl miteinander verbundener Veränderungen in der sozialen Umwelt beschreiben; im Folgenden konzentriere ich mich auf die aus meiner Sicht relevantesten dieser Veränderungen.

Der Niedergang von Wohnvierteln und der Verlust nachbarschaftlicher Kinderspielgruppen

In den 1950er Jahren kannten die meisten Menschen – Erwachsene wie Kinder gleichermaßen – ihre Nachbarn. Zum Teil lag dies daran, dass die meisten Frauen tagsüber im häuslichen Umfeld aktiv waren und dort Freundschaften und Netzwerke knüpften, aber auch die Männer waren tendenziell mehr zu Hause als heute. Der durchschnittliche Arbeitstag war kürzer, und am Wochenende waren die Menschen zu Hause. Weil man seine Nachbarn kannte, vertraute man ihnen. Man hatte keine Angst davor, seine Kinder frei in der Nachbarschaft herumlaufen und unter die Leute kommen zu lassen. Man wusste auch, dass die Nachbarn die Kinder kannten und im Auge behalten würden. Heute hingegen dominiert die außerhäusliche Arbeit das Leben sowohl von Männern als auch von Frauen, und die meisten erwachsenen Freundschaften entwickeln sich eher am Arbeitsplatz als zu Hause. Ein Ergebnis dieser Entwicklung ist, dass Eltern sich unsicher sind, wie gut sie die Personen in ihrer Nachbarschaft wirklich kennen – und dies führt natürlich zu Misstrauen.

Für Kinder besteht der größte Reiz des Draußenseins oder des Besuchens anderer Orte darin, dass dort andere Kinder sind. Wenn also manche Eltern ihre Kinder mehr und mehr daran hindern, draußen frei herumzuspielen, wird das Wohnviertel sofort weniger attraktiver für andere Kinder. Außerdem kann ein Wohnviertel für einzelne Kinder tatsächlich unsicherer werden, wenn insgesamt weniger Kinder draußen unterwegs sind. Gemeinschaft schützt. Kinder geben aufeinander acht und holen Hilfe, falls es zu einer Verletzung kommt. (Dies ist insbesondere dann der Fall, wenn es sich um eine gemischtaltrige Spielgruppe handelt.) Sollte tatsächlich irgendwo ein Kinderschänder sein Unwesen treiben, so wird dieser sich viel eher an einem einzelnen Kind als an einem von Zeugen umgebenen Kind vergreifen. Es ist ein Teufelskreis: Wenn weniger Kinder draußen Zeit verbringen, bedeutet dies, dass das Wohnviertel unsicherer und weniger attraktiv wird als zuvor – was wiederum dazu führt, dass noch weniger Kinder draußen unterwegs sind. Um Wohnviertel wieder zu attraktiven und sicheren Orten für Kinderspiel zu machen, muss der Teufelskreis gestoppt und umgekehrt werden.

Der Niedergang des gesunden, lokal verwurzelten Menschenverstands und der Aufstieg eines globalen Netzwerks der Angst

In den 1950er Jahren waren die meisten Erwachsenen vertrauter und verständiger im Umgang mit Kindern als dies heute der Fall ist. In der Regel waren die Familien größer, lebten näher beieinander, verbrachten viel Zeit zusammen und ältere Kinder kümmerten sich um die Jüngeren; wenn die Kinder später eigene Familien gründeten, hatten sie bereits viel Erfahrung im Umgang mit Kindern. Sie wussten aus erster Hand einiges über kindliche Entwicklung, über die Kompetenzen von Kindern und den Wert von Spiel und Abenteuer für Kinder. Ebenso waren sie Teil eines nachbarschaftlichen Netzwerks anderer Eltern, mit denen sie befreundet waren und von denen sie wiederum Geschichten über deren Kinder hörten. Heute hingegen werden Familien häufig von Menschen gegründet, die nur über wenig eigene Erfahrungen mit Kindern verfügen. Ihre Vorstellungen und Informationen über Kindheit und Erziehung beziehen sie häufig von »Experten« oder aus den Medien.

Die »Experten« sehen es als ihre Aufgabe an, vor Gefahren zu warnen. Fast alles ist in den Augen der einen oder anderen Autorität für Kinder möglicherweise gefährlich: Messer, Feuer, Keime, kleine Spielzeuge, die verschluckt werden können, Zecken und andere beißende Insekten, Giftpflanzen, UV-Licht, Spielplatzgeräte, Gleichaltrige, ältere Kinder und Teenager und, natürlich, Kindesentführer und Sexualstraftäter, die, wenn man den Medien Glauben schenkt, hinter jeder Ecke lauern. Wenn man all das hört und dabei nicht bedenkt, wie klein jedes Risiko in Wirklichkeit ist, kann einem die Welt tatsächlich schon bald als sehr beängstigend erscheinen. In all diesen Punkten ist etwas Vorsicht angebracht. Es gibt diese Gefahren, und falls unseren Kindern die eine oder andere Gefahr noch nicht bewusst ist, sollten wir mit ihnen darüber sprechen. Wenn aber die Angst so groß wird, dass wir Kindern nicht mehr erlauben, alleine zu spielen, zu erkunden und Risiken einzugehen, dann verhindern wir damit, dass sie lernen, für sich selbst zu sorgen. Dies ist die vielleicht allergrößte Gefahr.

Einige »Experten« scheinen außerdem zu glauben, dass wir das zerbrechliche Selbstwertgefühl unserer Kinder beschützen müssen, auf dass sie stets Gutes über sich denken mögen. Die Eltern reagieren darauf, indem sie ihre Kinder noch bei den kleinsten Erfolgen mit überschwänglichem Lob überhäufen, indem sie bei ihren Spielen dabei sind, um sie anzufeuern, und indem sie versuchen, das Leben ihrer Kinder so einzurichten, dass diese nie scheitern. Auch dies gehört zum direktiv-behütenden Erziehungsstil. Die meisten Kinder erkennen die Falschheit solchen Lobs und solcher Unterstützung und tun sie als eine weitere Belästigung durch ihre Eltern ab, mit der sie irgendwie umgehen müssen. Einige schaffen dies jedoch nicht, und um diese Kinder müssen wir uns Sorgen machen. Die »Experten« mahnen auch an, wir müssten Kinder vor ihrer eigenen Dummheit beschützen. Regelmäßig hört man von neuen Forschungsergebnissen, die angeblich beweisen, dass Kinder und besonders Jugendliche aus biologischen Gründen ausgemachte Schwachköpfe seien. Dies kann nicht stimmen, denn wenn dem so wäre, hätten wir als Spezies die Jahrzehntausende nicht überlebt, in denen Kindern Vertrauen entgegengebracht wurde und in denen wirkliche Gefahren wie Raubtiere viel häufiger waren als heute.

Auch sind die Nachrichtenmedien große Angstlieferanten. Es vergeht kaum ein Tag, an dem nicht berichtet würde, was einem Kind irgendwo Schreckliches passiert ist. Wenn Hunderttausende von Kindern draußen ohne die Aufsicht von Erwachsenen spielen und am Abend gesünder, weiser und mutiger nach Hause zurückkehren, dann ist das keine Nachricht wert. Wenn aber irgendwo ein Kind ertrinkt, entführt wird oder von einem Auto überfahren wird, dann wird dies landes- und weltweit als Nachricht übertragen – je schrecklicher die Geschichte, desto weiter ihre Verbreitung. Die Informationen, die Eltern erhalten, bilden nicht die statistische Wirklichkeit ab, sondern befeuern deren schlimmste Albträume.

Wachsende Unsicherheit über den Arbeitsmarkt der Zukunft

Die Arbeitswelt ist heute weniger beständig als noch vor wenigen Jahrzehnten. Es lässt sich unmöglich vorhersagen, welche Jobs in Zukunft vorhanden oder welche Fähigkeiten am Arbeitsmarkt gefragt sein werden. Gewerkschaften, die einst dabei halfen, Arbeitsplätze zu verteidigen, sind größtenteils ein Relikt der Vergangenheit. Mit beunruhigend schnellem Tempo schießen Firmen und ganze Wirtschaftszweige aus dem Boden, nur um kurz darauf wieder zu verschwinden. Ein Ergebnis von alledem ist, dass Eltern sich heute viel mehr als früher darum sorgen, ob ihre Kinder einmal dazu in der Lage sein werden, ihren Lebensunterhalt zu verdienen. Dies trägt dazu bei, dass Eltern Kindheit heute mehr als eine Zeit der Lebenslaufoptimierung denn als Zeit des Spielens betrachten. Viele Eltern glauben, sie könnten die Zukunft ihrer Kinder absichern, wenn es ihnen nur irgendwie gelänge, ihre Kinder an den richtigen, von Erwachsenen angeleiteten Freizeit- und Ehrenamtsaktivitäten teilnehmen zu lassen, sie zu exzellenten Testergebnissen anzuspornen und sie an den renommiertesten Schulen anzumelden. Obwohl sie damit natürlich unrecht haben, hält sich diese Sichtweise hartnäckig.

Tatsächlich besteht die beste Absicherung gegen Arbeitslosigkeit in unsicheren Zeiten gerade darin, über ebenjene Eigenschaften zu verfügen, die man nicht auf Drängen von Eltern oder Lehrern hin entwickelt, sondern durch selbstgesteuerte Erfahrungen: In Zeiten der Unsicherheit braucht man persönliche Verantwortung, unabhängiges Denken, Eigeninitiative, Durchsetzungsvermögen, Flexibilität, Kreativität, Vorstellungskraft und Risikobereitschaft. Dies sind die Qualitäten, die vom vertrauensvollen Erziehungsstil gefördert und vom direktiv-behütenden Erziehungsstil gehemmt werden.

Die Macht der Schulen wächst, der Druck zur Anpassung nimmt zu

Außerdem weiten die Schulen ihre Macht, sich über die Schule hinaus in das Leben von Kindern und deren Familien einzumischen, stetig aus. Vielleicht ist dies die Hauptursache für den Rückgang kindlicher Freiheit. Auch in den 1950er Jahren schränkte die Schule die Freiheit der Kinder ein, heute jedoch ist dies viel stärker der Fall. Das Schuljahr ist länger, die Sanktionen für unerlaubtes Fehlen sind größer und alles, was in der Schule passiert, wird strenger kontrolliert als früher. Außerdem weiten Schulen ihren Einflussbereich heute viel stärker als früher über die Schule selbst hinaus auf das Familienleben aus. Beispielsweise gibt es Leselisten für die Sommerferien, und die Eltern sollen dafür sorgen, dass ihre Kinder sich die Bücher besorgen und auch lesen. (»Nein, Mary, du kannst nicht das Buch lesen, das du lesen möchtest, weil es nicht das Buch ist, über das du ein Referat halten musst.«) Schon den jüngsten Schülern gibt man Hausaufgaben auf, und die Eltern werden als Aufpasser eingesetzt, die die Hausaufgaben abzeichnen müssen. Eltern werden regelmäßig zu Elternabenden und Elternsprechtagen eingeladen und es wird suggeriert, es sei ihre Schuld, wenn ihre Kinder sich in der Schule danebenbenähmen oder in Tests schlecht abschnitten. Man erwartet von Eltern, zu Hause die Rolle der Lehrer zu übernehmen und ihre Kinder zu den Dingen zu animieren oder anzutreiben, die das Schulsystem für sie vorgesehen hat. Eltern, die sich über irgendeinen dieser Umstände beschweren, werden als Querulanten abgetan.

Da ich auf der Website der Zeitschrift »Psychology Today« über Spiel und Lernen blogge, lese ich häufig traurige Kommentare von Eltern, die über die Erfahrungen ihrer Kinder in der Schule berichten. Hier folgt der typische Kommentar einer Mutter, deren Tochter eine öffentliche Vorschule besucht, die der Mutter zufolge einen hervorragenden Ruf hat. Der Schultag der Tochter geht von acht bis fünfzehn Uhr, die langen Fahrten mit dem Schulbus noch nicht eingerechnet. Es gibt keine Pausen außer einer halben Stunde zwischendurch und einer Zeit zum Mittagessen (um 10 Uhr 40!), in der eine Aufpasserin mit Megafon die Kinder zur Ruhe ermahnt, wenn sie zu laut sind. Zusätzlich gibt man diesen Fünfjährigen täglich Hausaufgaben auf, die sie abends unter Aufsicht eines Elternteils erledigen sollen. Die Hausaufgaben sind wirkliche Hausaufgaben: Matheaufgaben, Schreibaufgaben und dergleichen. Über die Folgen berichtet die Mutter:

»Bei ihrer Einschulung war meine Tochter noch begeistert, aber schon nach ein paar Tagen weinte sie und wollte zurück in die Vorschule. Das ging irgendwann vorbei, aber wenn sie jetzt nachmittags nach Hause kommt, ist sie wie verwandelt. Sie schwankt zwischen Wut und Weinerlichkeit. Sie schreit ihre kleine Schwester an, nennt sie ein Baby, schlägt Türen zu oder hängt wie eine Klette an mir und möchte, dass ich alles für sie tue. Ich weiß, dass dies an der Schule liegt. [...] Fast alle Eltern, mit denen ich gesprochen habe, beobachten Ähnliches oder gar Schlimmeres bei ihrem Kind. Muss man mit so etwas bei allen Schulen rechnen? Ich fühle mich ja selbst auch machtlos und gestresst. Aus meinen Gesprächen mit anderen Eltern weiß ich, dass wir alle Angst haben, für Querulanten gehalten zu werden, weil wir fürchten, das könnte unserem Kind noch mehr Probleme bescheren. Es gibt in unserem Bildungssystem inzwischen eine Kultur, die uns zum Schweigen bringt! Wir werden mit Zetteln bombardiert, auf denen steht, was ein Kind in diesem Alter »zu tun in der Lage« sei und dass wir sie es »selbst tun lassen« müssten. Unsere Kinder würden es schon »überleben«. Sehr witzig! Ich hatte gehofft, mein Kind würde in der Schule mehr als bloß überleben. Aber Aufblühen scheint keine Möglichkeit mehr zu sein. Ich fühle mich wie die Zeugin eines Verbrechens, die in Schockstarre verfallen ist und nichts tut, um es verhindern!«

Es ist schwer, wenn nicht gar unmöglich, sich unter diesen Bedingungen in vertrauensvoller Elternschaft zu üben. Durch die Schulpflicht und die Schulen, die Gefängnissen immer ähnlicher werden, zwingt der Staat die Eltern beinahe dazu, direktiv statt vertrauensvoll zu sein. Man muss mit seinen Kindern kämpfen, damit diese sich an die Schule anpassen, und man muss mit der Schule kämpfen, um darauf hinzuwirken, dass diese sich zumindest ein wenig an die Kinder anpasst.

Die stetige Verschulung von kindlicher Entwicklung und Erziehung

Neben dem direkten Einfluss auf das Leben von Familien hat das Schulsystem eine noch tiefgreifendere indirekte Wirkung entwickelt. Zunehmend wird die gesamte Kindheit von Forscherinnen und Forschern, Eltern sowie der Gesellschaft insgesamt durch die Linse der Schule betrachtet. Kinder werden von allen anhand ihrer Schulnoten in Schubladen gesteckt. Die meisten Forschungsarbeiten zu Kindern werden in Schulen durchgeführt und konzentrieren sich auf schulische Themen und Anliegen. Das Ergebnis ist ein schulzentrierter Blick auf kindliche Entwicklung, der zu einer verzerrten Wahrnehmung der menschlichen Natur führt. In Schulen wird das Lernen von Erwachsenen gesteuert und nicht von den Kindern selbst. In Schulen hält man Lernen für etwas, was der Reihe nach und auf bestimmten vorgegebenen Pfaden geschieht. Man muss A lernen, bevor man B lernt. In Schulen sind Kinder meist von Gleichaltrigen umgeben – dadurch werden keine Fähigkeiten im Spiel mit älteren Kindern und keine Verantwortung im Spiel mit jüngeren Kindern gelernt. In Schulen wird selbständiges Spielen und Erkunden als Störung betrachtet. All dies sind Bestandteile des schulzentrierten Modells von Kindesentwicklung, infolgedessen die Menschen inzwischen glauben, dass Lernen im Wesentlichen ein linearer und erwachsenengesteuerter Prozess sei, dass Kinder ihre Zeit am besten mit ihren Altersgenossen verbrächten und dass selbstbestimmtes Spielen und Erkunden für Kinder ab vier oder fünf Jahren letztlich eine Zeitverschwendung sei. Zum Beispiel bezeichnen Lehrbücher für Entwicklungspsychologie die Jahre vor der Einschulung als die »Spieljahre« – als ob das Spielen danach von Natur aus aufhörte oder in den Hintergrund träte. Wir haben es zugelassen, dass das System der Beschulung unseren Blick auf die natürlichen Eigenschaften der Kinder verstellt.

Das schulzentrierte Modell der Kindheit hat seine Vorherrschaft im Lauf der Zeit immer weiter gefestigt und seinen Einfluss auf alle Aspekte des Lebens von Kindern ausgedehnt. Spielplätze sind keine Orte mehr, wo Kinder sich treffen und frei miteinander spielen, sondern Orte der Unterweisung und des Unterrichts durch Erwachsene. Kinder werden dort genau wie in der Schule nach Altersgruppen getrennt. Zu Hause betrachten sich heute viele Eltern in stillschweigender Akzeptanz des schulzentrierten Modells als Lehrer ihrer Kinder. Sie halten Ausschau nach lehrreichen Momenten, verschenken Lernspielzeuge und sie »spielen« und sprechen mit ihren Kindern auf eine Weise, die ihnen bestimmte Lektionen vermitteln soll. Kein Wunder, dass Eltern-Kind-Interaktionen heutzutage viel vom Augenrollen und »Mir doch egal!« der Kinder geprägt sind. Das Leben zu Hause wird langsam genauso lästig wie die Schule.

Es ist nicht schwer zu verstehen, warum Eltern sich das schulzentrierte Modell zu eigen machen. Sie lassen sich von dem Gedankengang überzeugen, ihre Kinder würden im Leben scheitern, wenn sie in der Schule keine guten Noten bekämen und es nicht auf eine Spitzenuniversität schafften. Sie haben zunehmend das Gefühl, mit anderen Eltern im Wettbewerb um Kinder mit bestmöglichen Lebensläufen zu stehen. Je mächtiger das Schulsystem wird, desto stärker passen die Menschen ihre unausgesprochenen Vorstellungen von Kindesentwicklung an das Beschulungsmodell an – und die Kinder, sowohl außerhalb der Schule als auch in der Schule selbst, werden immer unfreier, immer kontrollierter und selbstbestimmten Abenteuern immer mehr beraubt. Traurigerweise erweist sich die Annahme, Kinder seien unfähig, verantwortungslos und bedürften der ständigen Anleitung und Aufsicht, in vielen Fällen als selbsterfüllende Prophezeiung. Die Kinder selbst entwickeln die Überzeugung, sie seien unfähig und verantwortungslos, und verhalten sich mitunter dementsprechend. Der sicherste Weg, irgendeinen Charakterzug bei einem Menschen zu fördern, ist es, diesen Menschen so zu behandeln, als würde er diesen Charakterzug bereits aufweisen.

Der Weg zur vertrauensvollen Elternschaft

Viele Eltern würden gerne einen vertrauensvollen Weg im Umgang mit ihren Kindern einschlagen, finden es aber schwierig, dies umzusetzen. Laut und unablässig meldet sich die Angst zu Wort, und die Sorgen sind nie völlig unbegründet. Schreckliche Unfälle passieren tatsächlich, es gibt erwachsene Missbrauchstäter, zweifelhafte Altersgenossen können einen schädlichen Einfluss ausüben, wie Menschen jeden Alters machen auch Kinder und Jugendliche Fehler, und Scheitern kann wehtun. Zudem sind wir von Natur aus gerne angepasst; es ist schwer, gegen den Strom zu schwimmen und sich dem Risiko negativer Bewertungen durch andere Eltern auszusetzen. Aber manche tun es trotzdem, und wenn genügend Eltern in eine andere Richtung zu schwimmen beginnen, wird sich vielleicht auch irgendwann der Trend umkehren.

Mal angenommen, Sie als Mutter oder Vater eines Kindes wären ebenfalls der Meinung, dass es kein Leben ohne Risiko gibt und dass Kinder Freiheit brauchen, um glücklich zu sein, um Verantwortung zu lernen und die zum Umgang mit den unvermeidlichen Gefahren und Rückschlagen des Lebens erforderlichen Charaktereigenschaften zu entwickeln. Wie könnten Sie der inneren Stimme der Angst und allen äußeren Widerständen zum Trotz eine vertrauensvollere Mutter, ein vertrauensvollerer Vater werden und Ihren Kindern mehr Freiheit erlauben? Dazu ein paar Vorschläge:

Überprüfen Sie Ihre eigenen Werte

Was macht ein gutes Leben aus? Welche Arten von Erfahrungen machen das Leben wertvoll? Der erste Schritt zur vertrauensvollen Begleitung liegt darin, dass Sie Ihre eigenen Werte hinterfragen und darüber nachdenken, welche Auswirkungen diese auf Ihre Kinder und Ihre Beziehung zu ihnen haben könnten. Wenn unter Ihren Wertvorstellungen Freiheit, Eigenverantwortung, Selbstinitiative, Ehrlichkeit, Integrität und Achtsamkeit für andere weit vorne stehen, und wenn dies Eigenschaften sind, die Sie gerne auch bei Ihren Kindern sähen, dann wird es Ihr Wunsch sein, eine vertrauensvolle Mutter oder ein vertrauensvoller Vater zu sein. Keiner dieser Werte kann durch Schulmeistern, Zwang oder gutes Zureden vermittelt werden. Vielmehr werden sie durch alltägliche Erfahrungen, die diese Werte bestärken oder unterdrücken, entwickelt oder aberzogen. Sie können Ihren Kindern dabei helfen, diese Werte herauszubilden, indem Sie diese vorleben und in der Beziehung zu Ihren Kindern anwenden. Vertrauen erzeugt Vertrauenswürdigkeit. Eigeninitiative und alle anderen Eigenschaften, die davon abhängen, kann ein Kind nur unter der Bedingung von Freiheit entwickeln.

Denken Sie einmal an Ihre eigene Kindheit und an Ihren glücklichsten Moment zurück. Wo waren Sie? Was haben Sie gemacht? Wer war bei Ihnen, oder waren Sie etwa allein? Genauer gefragt, war in diesem Moment ein Erwachsener bei Ihnen? Der Kinderpsychiater und Autor Michael Thomas stellt diese Fragen bei Vorträgen regelmäßig an sein Publikum. Wenn er fragt, ob im glücklichsten Moment der Kindheit ein Erwachsener zugegen gewesen sei, melden sich typischerweise etwa 10 Prozent der Zuhörer. Bei den anderen 90 Prozent war kein Erwachsener anwesend. Thomas zufolge legt dies den Schluss nahe, dass unsere glücklichsten Momente zumeist jene sind, die uns vollständig selbst gehören und das Ergebnis unserer eigenen Bemühungen sind, nicht jene, die uns von mächtigen Anderen vorgegeben werden.[269]

Wenn ich mich an dieser Übung versuche, steigt in mir die Erinnerung an einen sehr frühen Morgen auf, als ich etwa elf oder zwölf Jahre alt war. Ich war vor Anbruch der Morgendämmerung aufgestanden, um vor der Schule noch zwei oder drei Stunden Angeln gehen zu können. Meine Angelausrüstung im Gepäck, bin ich in der Dunkelheit die etwa drei Kilometer zum Wehr am Fluss geradelt. Ich war alleine losgezogen, da keiner meiner Freunde so früh hatte aufstehen wollen. Da war ich also, die Angelrute ausgestreckt, nur ich, der Fluss, die Frühaufsteher unter den Vögeln, die ihre Frühlingslieder sangen, die letzten Schneeflecken, vielleicht knabberte schon ein Fisch am Köder, vielleicht aber auch nicht, während die Sonne langsam über dem Horizont hervorschaute. Es ist schwer zu sagen, was genau es war, das diesen Moment so eindrucksvoll machte, denn es war beileibe nicht meine erste Erfahrung eines Sonnenaufgangs oder frühmorgendlichen Angelns.

An jenem Morgen jedoch war ich plötzlich von einem Gefühl der Ehrfurcht und des Staunens erfüllt. Ich fühlte mich meinem alltäglichen Sein enthoben und erlebte das, was humanistische Psychologen schon seit langem als »Gipfelerlebnis« bezeichnen und was religiöse Menschen vielleicht meinen, wenn sie von Augenblicken sprechen, in denen ihnen die Gnade Gottes offenbar wird. Unmöglich hätte ich diese Erfahrung machen können, wenn ein Erwachsener bei mir gewesen wäre. Der Erwachsene – unabhängig davon, wie wohlmeinend und respektvoll dieser auch hätte sein mögen – hätte durch seine bloße Anwesenheit gestört. Ich hätte mich niemals so groß fühlen können, wenn ein Erwachsener bei mir gewesen wäre.

Verabschieden Sie sich von dem Gedanken, dass Sie die Zukunft Ihres Kindes bestimmen

Wenn wir Freiheit und Eigenverantwortung einen hohen Stellenwert einräumen, müssen wir das Recht unserer Kinder anerkennen, ihr Leben selbst zu gestalten. Unsere Ziele sind nicht die ihrigen und umgekehrt. Das eigene Gestalten beginnt im Säuglingsalter. Um Verantwortung übernehmen zu lernen, müssen Kinder in jeder Stunde, an jedem Tag und in jedem Jahr lernen, wie man seine eigenen Entscheidungen trifft, und dies können sie nur, indem sie es üben. Allen liebenden und fürsorglichen Eltern ist die Zukunft ihrer Kinder wichtig, deshalb mag es ihnen schwerfallen, nicht zu versuchen, diese Zukunft zu kontrollieren. Aber der Versuch der Kontrolle läuft seinem Zweck zuwider. Wenn wir versuchen, das Schicksal unserer Kinder zu bestimmen, berauben wir sie der Möglichkeit, ihr Leben selbst in die Hand zu nehmen. Wenn wir versuchen, unsere Kinder sicher durch die täglichen und wöchentlichen Wirren des Lebens zu lotsen, hindern wir sie daran, sich selbst im Navigieren zu üben und aus ihren Fehlern zu lernen. Wenn wir unseren Kindern Ratschläge geben, um die sie nicht gebeten haben und die sie nicht brauchen, sinkt die Wahrscheinlichkeit, dass sie uns um Rat fragen werden, wenn sie ihn wirklich wollen und brauchen.

Als vertrauensvolle Mutter oder vertrauensvoller Vater müssen Sie sich daran erinnern, dass Sie nicht Ihr Kind sind. Fortpflanzung, auch wenn sie manchmal »Reproduktion« genannt wird, produziert keine Kopie von Ihnen. Sie steuern eine zufällige Hälfte ihrer Gene bei, ihre Partnerin oder ihr Partner eine zufällige andere Hälfte ihrer oder seiner Gene, und diese mischen sich dann und fügen sich auf eine Weise zusammen, die ein genetisch völlig neues Individuum entstehen lässt, das zwar einige ihrer Eigenschaften aufweisen mag, aber in keiner Weise mit Ihnen identisch ist. Auch gilt es, sich darin zu erinnern, dass Ihr Kind nicht Ihnen gehört. Ihr Kind ist ein eigenständiges

Wesen, das wie jedes Kind dafür gemacht ist, zu wachsen, zu lernen und sich seinen eigenen Lebensweg zu bahnen. Sie sind lediglich Teil des umgebenden Nährbodens, den ihr Kind nutzt, um sich selbst zu erschaffen. Versuchen Sie, ein guter Nährboden zu sein, indem Sie ihrem Kind geben, was es braucht, aber nehmen Sie nicht an, es sei Ihre Verantwortung, die Entwicklung Ihres Kindes zu steuern.

Der Erfolg oder das Scheitern Ihres Kindes liegen nicht in Ihrer Verantwortung, sondern in der Ihres Kindes. Ebenso obliegt es nicht Ihnen, sondern Ihrem Kind, einzuschätzen, was Erfolg und was Fehlschlag ist. Die Welt ist voller unglücklicher Anwälte, Ärzte und Manager, und viele Angestellte und Hausmeister führen ein glückliches, erfülltes und anständiges Leben. Eine erfolgreiche Karriere ist nicht gleichbedeutend mit einem erfolgreichen Leben. Man kann in jedem Beruf glücklich oder unglücklich sein, aber es ist unmöglich, längerfristig glücklich zu sein, wenn man das Gefühl hat, nicht sein eigenes Leben zu leben. Dies sind Gemeinplätze. Vielleicht klingen sie banal. Aber sie werden von zu vielen Menschen vergessen, wenn es um die Art und Weise des Umgangs mit ihren Kindern geht.

In einer Reihe großangelegter Umfragen fanden Sinuya Luthar und ihre Kollegen an der Columbia University heraus, dass High-School-Schüler aus wohlhabenden Vorstadtfamilien im Nordosten der Vereinigten Staaten noch häufiger von Angst, Depressionen und illegalem Drogenkonsum berichteten als solche aus verarmten Innenstadtbezirken.[270] Darüber hinaus berichteten jene Schüler am häufigsten von solchen Problemen, die den größten Erfolgsdruck vonseiten ihrer Eltern spürten. Die Studien legen auch nahe, dass mit den Eltern verbrachte Zeit, je nach der Qualität dieser Zeit, entweder eine positive oder aber eine negative Wirkung haben kann. Von den Eltern von einer Aktivität zur nächsten herumkutschiert zu werden, war mit einem erhöhten Angst- und Depressionsniveau verbunden, das regelmäßige Zusammenkommen zu Familienmahlzeiten mit einem niedrigeren. Emotionale Nähe zu den Eltern wurde von den Jugendlichen als wertvoll empfunden, aber diese Nähe wurde gestört, wenn die Eltern sich mehr mit der Leistung ihrer Kinder befassten, anstatt die gemeinsame Zeit zu genießen. Vertrauensvolle Eltern freuen sich an ihren Kindern und stellen sie sich nicht als ihre »Projekte« vor.

Widerstehen Sie der Versuchung, die Aktivitäten Ihres Kindes zu überwachen

Vertrauensvolle Eltern widerstehen dem Drang, im dauernden Kontakt mit ihren Kindern zu stehen, ihre Aktivitäten zu überwachen oder sie über die Einzelheiten ihres Tages auszufragen. Mit Hilfe moderner Technik ist es einfach und verlockend, jede Regung Ihres Kindes zu verfolgen. Sie können es durch versteckte Kameras beobachten, nachverfolgen, welche Internetseiten es besucht, und darauf bestehen, regelmäßig per Mobiltelefon über Aufenthaltsort und Tätigkeiten auf dem Laufenden gehalten zu werden. Sie können sogar ein GPS-Gerät benutzen, um jederzeit zu wissen, wo sich Ihr Kind aufhält, so wie man es mit Häftlingen macht. Vielleicht schaffen Sie es ja sogar, eine solche Überwachung vor sich selbst damit zu rechtfertigen, dass diese Ihrem Kind ja zeige, dass Sie sich um es sorgten. Aber wie würden Sie sich fühlen, wenn Sie permanent überwacht würden? Wie würde es Ihnen gefallen, wenn jemand – vielleicht ihr geliebter Partner oder ihre geliebte Partnerin – Sie bei all Ihren privaten Aktivitäten beobachten, aufnehmen und bewerten würde? Die Botschaft, die von solcher Überwachung ausgeht, ist stets: »Ich vertraue Dir nicht.«

Um einen solchen Mangel an Vertrauen zu demonstrieren, bedarf es freilich keiner modernen Technik. Die Methode des dauernden, detaillierten Nachfragens erfüllt den Zweck ebenfalls. Vertrauensvolle Eltern verlangen keinen detaillierten Bericht über die Stunden, die ihr Kind außerhalb ihres Blickfelds verbracht hat, weder vom Kind selbst noch von irgendjemand anderem. Jeder hat ein Recht auf Privatsphäre und auf Möglichkeiten, sich auszuprobieren, ohne beurteilt zu werden. Befragungen, die die Privatsphäre verletzen, führen bloß zu Unehrlichkeit und Unmut.

Finden oder schaffen Sie sichere Orte und Gelegenheiten, um Kinder spielen und erkunden zu lassen

Als vertrauensvolle Eltern haben Sie durchaus eine Reihe von wichtigen Verpflichtungen Ihren Kindern gegenüber. Weder können Sie das Schiff Ihres Kindes steuern, noch können Sie Ihrem Kind das Navigieren beibringen – aber, ob sie es wollen oder nicht: Sie stellen den Teich zur Verfügung, auf dem sich Ihr Kind all dies selbst beibringt. Von Immobilienmaklern hört man, das Hauptaugenmerk der meisten jungen Familien auf der Suche nach ihrem ersten Zuhause gelte dem Ranking der örtlichen Grundschule bei Prüfungsergebnissen sowie dem Anteil der Absolventen, die auf ein College wechseln. Aber als vertrauensvolle Eltern werden Sie Ihre Aufmerksamkeit eher darauf richten, ob die Wohngegend ein geeigneter Spielort ist. Eine Wohngegend mit großen Häusern, großen Gärten und guten Prüfungsergebnissen, in der jedoch keine Kinder draußen zusammen spielen, ist kein guter Ort für Ihr Kind.

Halten Sie Ausschau nach einer Umgebung, in der man Kinder jeden Alters miteinander spielen, erkunden, rumhängen und sich unterhalten sieht. Ihr Kind wird sich zu diesen Kindern gesellen wollen und wird von ihnen lernen. Meistens ist ein solches Wohnviertel eines, wo die Gebäude nicht imposant sind, wo die Eigentümer lieber Pusteblumen und Kinder auf ihrem Grundstück haben als perfekt getrimmte Rasenflächen und wo die Gärten nicht durch Zäune und Hecken voneinander abgetrennt sind. Idealerweise sollte es in dem Wohnviertel auch wenig oder gar keinen Durchgangsverkehr geben, damit die Kinder die Straße sicher überqueren oder sogar darauf spielen können. Es gibt solche Wohnviertel, auch wenn sie seltener geworden sind, und es würde noch mehr von ihnen geben, wenn die Nachfrage danach höher wäre. Suchen Sie auch nach einem Wohnviertel, wo die Eltern selbst einen Teil ihrer Freizeit draußen verbringen und die anderen Eltern und deren Kinder kennenlernen. Eine in vier niederländischen Städten durchgeführte, großangelegte Untersuchung der Faktoren, die das Draußenspiel von Kindern begünstigen, ergab, dass einer der wichtigsten Faktoren der soziale Zusammenhalt des Wohnviertels ist. Je besser sich die Nachbarn kannten und einander vertrauten, desto mehr Stunden spielten die Kinder draußen.[271]

Falls es Ihnen nicht möglich ist, in eine spielfreundliche Wohngegend zu ziehen, könnten Sie sich dafür einsetzen, Ihr gegenwärtiges Viertel zu verbessern. Ein erster Schritt ist, andere Eltern aus der Nachbarschaft kennenzulernen und sie einzuladen, über die gemeinsamen Anliegen zu sprechen. Viele Eltern werden sofort mitmachen wollen – es braucht oft nur jemanden, der die Initiative ergreift. Ein unmittelbares Ergebnis solcher Treffen ist die Entstehung von Familienfreundschaften, aus denen sich vielleicht ganz von selbst Freundschaften zwischen den Kindern oder mehr Draußenspiel ergeben. Vielleicht bestimmen oder entwickeln Sie auf solchen Treffen mit den anderen Eltern einen Spielort, den schon kleine Kinder zu Fuß erreichen können, und überlegen sich einen Weg, diesen Ort abwechselnd im Auge zu behalten, falls manche Eltern sonst Angst hätten, ihre Kinder dort alleine hingehen zu lassen. Wenn es keinen vernünftigen Ort für diese Art von Kinderspiel gibt – wie wäre es dann mit Ihrem Vorgarten?

Mike Lanza hat die Organisation »Playborhood« gegründet, nachdem er für die ganze Nachbarschaft einen Spielplatz in seinem Vorgarten gebaut hatte. Auf seiner Webseite und in seinem Buch finden sich viele praktische Hinweise für alle, die Ähnliches vorhaben.[272] Im Vorgarten der Lanzas gibt es einen Sandkasten, eine gut gepflasterte Auffahrt mit Basketballkorb, einen Springbrunnen, in dem Kleinkinder plantschen können, einen Picknicktisch mit Bänken, in denen Spielzeug, Malutensilien und elektronische Geräte aufbewahrt werden, eine Weißwandtafel für künstlerisches Schaffen und vieles mehr. Mike und seine Familie mit inzwischen drei Jungen nehmen ihre Mahlzeiten regelmäßig draußen am Picknicktisch ein, um Nachbarn anzuziehen und zu treffen. Auf diesem und auf anderen Wegen lassen sie Kinder und Eltern in ihrem Viertel wissen, dass sie jederzeit willkommen sind, sich im Vorgarten aufzuhalten oder zu spielen, egal ob die Lanzas daheim sind oder nicht. Im Wesentlichen ist es so, als hätten sie ein Schild mit der Aufschrift »Bitte betreten!« aufgestellt.

Mike Lanza berichtet, dass ihm dieses Projekt keinesfalls Opfer abverlange. Die Nachbarn kennenzulernen und zu beobachten, wie sich die Kinder auf ihrem Grundstück vergnügen, habe zum Reichtum ihres Lebens beigetragen und ihren Kindern ein ständiges Angebot an Spielkameraden verschafft. Mike hat den Spielplatz absichtlich so gestaltet, dass er für Kinder jeden Alters attraktiv ist, und hat außerdem hinter dem Haus noch weitere Spielmöglichkeiten geschaffen, zum Beispiel ein Bodentrampolin und ein Baumhaus. Auch diese stehen der Nachbarschaft offen, aber es ist der Spielplatz im Vorgarten und die häufige Anwesenheit der Lanzas dort, von denen Nachbarn zuerst angezogen werden und die dafür sorgen, dass sie gerne dort spielen.

Natürlich stellt man sich als typischer US-amerikanischer Erwachsener des 21. Jahrhunderts sofort alle möglichen Negativszenarien vor. Wer haftet, wenn sich jemand verletzt? Was ist mit Vandalismus oder Diebstahl? Wie steht es mit dem Baurecht? Werden sich die Nachbarn nicht Sorgen machen, es könnte zu laut werden oder der Wert ihres Grundstücks könnte sinken? Mike hat gute Antworten auf diese Fragen parat und er rät, diese Fragen mit den Nachbarn und innerhalb des Wohnviertels zu thematisieren. Worauf es ankommt, ist, dass Sie mit einer positiven Einstellung an die Sache herangehen. Überlegen Sie sich, was Sie tun möchten, um für eine gesunde Nachbarschaft – oder »Spielbarschaft« – zu sorgen, in der Ihre Kinder aufwachsen, und überlegen Sie sich dann, welche Schritte zu diesem Ziel an Ihrem gegenwärtigen Lebensort umsetzbar sind. Beziehen Sie ihre unmittelbaren Nachbarn, auch jene ohne Kinder, von Anfang an in Ihre Überlegungen ein, damit diese auf Ihrer Seite sind und nicht gegen Sie arbeiten. Nehmen Sie deren Bedenken ernst und betrachten Sie diese nicht als Hindernisse, sondern als Herausforderungen, die Sie in Ihren Planungen berücksichtigen sollten.

Ihren Kindern zu ermöglichen, frei und relativ sicher mit anderen Kindern zu spielen, ist eines der wertvollsten Dinge, die Sie überhaupt für sie tun können. Wenn Sie dabei auch noch anderen Kindern helfen – umso besser! Menschen in verschiedenen Teilen der Vereinigten Staaten haben begonnen, dem Beispiel der Lanzas zu folgen. Der Vorgartenspielplatz mit Picknickmöglichkeit hat das Potenzial, die altmodische und inzwischen fast vollständig verschwundene Veranda vor dem Haus als gemeinschaftsbildende nachbarschaftliche Institution zu ersetzen. Allerdings sollte ein Spielplatz auf Ihrem eigenen Grundstück keine Ausrede dafür sein, Ihre Kinder davon abzuhalten, sich auch woanders hinzubewegen. Besonders wenn sie älter werden, brauchen sie einen größeren Radius für ihre Erkundungen. Ihr Grundstück oder irgendein anderer Spielplatz in der Nähe ist für Ihre Kinder lediglich ein Ausgangspunkt in einer sich stetig weitenden Welt voller Abenteuer.

Mit ein wenig Vorstellungskraft und Mühe gibt es viele Dinge, die Sie tun können, um Ihren Kindern mehr freies Spiel zu ermöglichen. Zum Beispiel könnten Sie sich in Ihrer Gemeinde dafür einsetzen, dass die Schulturnhalle jeden Tag nach der Schule für eine bestimmte Zeit für freies Spiel geöffnet bleibt. Sie könnten versuchen, das Grünflächenamt Ihrer Stadt dazu zu bewegen, einen verantwortlichen Jugendlichen anzustellen, der die Spielflächen eines Parks so überwacht, dass die Kinder dort spielen können, ohne dass die Eltern das Gefühl haben, bei ihnen sein zu müssen. Sie könnten mit anderen Familien und deren Kindern zusammen Urlaub machen, so dass die Kinder gemeinsam spielen können, während Sie und die anderen Eltern sich an der Gesellschaft Erwachsener erfreuen können. Die Kernfamilie ist eine wichtige Basis, um Kinder ins Leben zu begleiten; für eine gesunde Entwicklung brauchen jedoch bereits kleine Kinder Gelegenheiten, auch darüber hinaus Erkundungen zu machen.

Ziehen Sie Alternativen zur Regelschule in Betracht

Um vertrauensvolle Eltern zu sein, könnte es nötig werden, dass Sie für Ihre Kinder eine Alternative zur Regelschule finden, die im Einklang mit dem Wunsch und der Fähigkeit der Kinder, sich selbst um ihre Bildung zu kümmern steht – nicht im Widerspruch dazu. Ich habe mit der Sudbury Valley School bereits eine solche Alternative beschrieben. Gegenwärtig gibt es mindestens zweiundzwanzig Schulen in den Vereinigten Staaten, die nach dem Vorbild von Sudbury Valley arbeiten, und wenigstens siebenunddreißig in anderen Ländern, darunter mindestens fünf in Deutschland.[273] Alle diese Schulen sind Privatschulen, aber das Schulgeld ist weit geringer als das regulärer Privatschulen. Außerdem gibt es viele andere Alternativschulen, die – in unterschiedlichem Maß – viel mehr Spiel und Selbstbestimmung erlauben als konventionelle öffentliche und private Schulen.

Eine weitere Alternative ist das Homeschooling. An den Zahlen gemessen ist Homeschooling die größte wirklich alternative Bildungsbewegung in den Vereinigten Staaten. Die Anzahl der Kinder im Alter zwischen fünf und siebzehn Jahren, die in den USA zu Hause unterrichtet werden, wuchs von 850 000 im Jahr 1999 auf geschätzt gut zwei Millionen im Jahr 2011. Dies entspricht einem Anstieg von 1,7 auf fast 4 Prozent der Kinder dieser Altersgruppe.[274] Nicht alle Eltern, die sich für Homeschooling entscheiden, sind in erster Linie an der Freiheit ihrer Kinder interessiert. Etwa ein Drittel von ihnen entscheidet sich aus religiösen Gründen dafür[275], und zweifelsohne entscheiden sich manche auch dafür, weil sie ungewöhnlich autoritär sind: Sie wollen selbst die Kontrolle über die Bildung ihrer Kinder behalten, anstatt diese Aufgabe anderen zu überlassen. Ungeachtet ihrer ursprünglichen Beweggründe, werden die meisten Eltern, die ihre Kinder zu Hause unterrichten, im Lauf der Zeit entspannter und machen ihren Kindern weniger Vorgaben. Sowohl sie als auch ihre Kinder finden die vorgegebenen Lehrpläne häufig langweilig und wenden sich – zumeist auf Initiative der Kinder – interessanteren Dingen zu. Mit zunehmender Erfahrung vertrauen Homeschooling-Eltern den Fähigkeiten ihrer Kinder mehr und mehr, ihre Bildung selbst zu steuern, und einige von ihnen werden zu Freilernern.

Freilernen, auch »Unschooling« genannt, ist die Art häuslicher Bildung, die am besten mit vertrauensvoller Erziehung vereinbar ist. Der Begriff »Unschooling« wurde in den 1970er Jahren von dem US-amerikanischen Bildungstheoretiker und ehemaligen Lehrer John Holt in seinem Magazin »Growing Without Schooling« geprägt. Am einfachsten lässt sich Freilernen als Nicht-Beschulung definieren. Freilerner-Eltern schicken ihre Kinder nicht zur Schule, und zu Hause tun sie nichts von dem, was typischerweise in der Schule gemacht wird. Sie geben keinen Lehrplan vor, sie verlangen nicht die Erledigung bestimmter Aufgaben, die Bildungszwecken dienen sollen, und sie testen ihre Kinder nicht, um deren Fortschritt zu überprüfen. Stattdessen erlauben sie ihren Kindern, ihre eigenen Interessen zu verfolgen und auf ihre je eigene Art das zu lernen, was sie brauchen, um diesen Interessen nachzugehen. Dieser Sichtweise zufolge ist Lernen ein normaler Bestandteil des Lebens, nicht etwas Abgetrenntes, das nur zu besonderen Zeiten und an besonderen Orten geschieht.

In den offiziellen Statistiken werden Unschooler mit Homeschoolern in einen Topf geworfen, deshalb weiß niemand genau, wieviele Unschooler es gibt. Innerhalb der Homeschooling-Bewegung wird jedoch generell angenommen, dass etwa 10 Prozent aller Homeschooler Unschooler seien – was mir angesichts der Verhältnisse, die ich auf Treffen von Homeschoolern beobachte, plausibel erscheint. Dieser Schätzwert wäre höher, wahrscheinlich beträchtlich höher, wenn er die sogenannten entspannten Homeschooler mit einschlösse. Darunter versteht man Familien, die eigentlich einen Lehrplan für ihre Kinder haben, diesen aber nicht streng einhalten oder erzwingen. Vor kurzem führten meine Kollegin Gina Riley und ich eine Umfrage unter 232 Familien durch, die sich selbst als Freilerner bezeichnen.[276] Über ein Drittel der Familien schickten zu Beginn ein Kind zur Schule, nahmen es dann aber aufgrund der schädlichen Wirkung, die die Schule auf ihr Kind zu haben schien – etwa Depressionen, Angst, Wut oder das Schwinden von Lerninteresse –, wieder von Schule. Fast die Hälfte der Familien versuchte es zunächst mit einer gängigeren Variante des Homeschoolings, also mit regelmäßigen Unterrichtsstunden zu Hause, bevor sie mit Unschooling begannen. Im Grunde erfolgte der Übergang vom Heimunterricht zum Freilernen, weil das Kind und die Eltern die Unterrichtsstunden ermüdend, aufreibend oder beides zugleich fanden und weil sie ihnen zudem unnötig erschienen, denn das Kind lernt ja auch ohne sie.

In den Antworten auf unsere Frage nach den Hauptvorteilen des Freilernens für ihre Familie, sprach die große Mehrheit über die positiven Auswirkungen, die das Freilernen auf Zufriedenheit, Durchsetzungsvermögen und Selbstvertrauen ihrer Kinder, auf deren Neugier und Lernen sowie auf die Nähe in der Familie und das Familienleben insgesamt habe. Viele, deren Kinder zuvor in der Schule gewesen waren, sprachen darüber, was für eine Erleichterung es bedeutete, ihr Privatleben nicht mehr um Stundenpläne herum gestalten zu müssen. Auf unsere Frage nach den Nachteilen des Freilernens hatte die bei weitem häufigste Antwort mit der Belastung und der Mühe zu tun, Unschooling gegenüber Verwandten und anderen erklären und verteidigen zu müssen, die die Entscheidung zum Freilernen kritisch betrachteten. Viele sprachen auch davon, ihre eigenen Selbstzweifel überwinden zu müssen, so stark von der Norm abzuweichen. Es ist mitunter schwer, gegen den Strom zu schwimmen. Dies ist ein Grund, warum viele Freilerner sowohl auf lokaler Ebene als auch darüber hinaus feste soziale Netzwerke untereinander geknüpft haben, etwa in Internetgruppen, in denen sie einander unterstützen.

Unschooling wird inzwischen lange genug praktiziert, so dass es heute viele Erwachsene gibt, die nie eine Schule besucht haben. Bisher wurden noch keine formellen Studien durchgeführt, um zu untersuchen, wie Freilerner sich im späteren Leben machen, aber in Artikeln, Büchern und Blogs, die von Freilernern geschrieben werden, trifft man auf viele Fallbeispiele. Ingesamt scheint es so, als fiele es den freilernenden »Nicht-Absolventen« nicht besonders schwer, an Universitäten aufgenommen zu werden und ihr Studium erfolgreich zu absolvieren, falls sie sich denn für diesen Weg entscheiden, oder, ob mit oder ohne Studium, einen Arbeitsplatz zu finden.

Um nur ein Beispiel zu nennen, sprach ich kürzlich mit Kate Fridkis, einer sehr angenehmen Fünfundzwanzigjährigen, die in New York lebt, und bis zu ihrem Studium nie zur Schule gegangen war. Ihre Eltern hatten sich dafür entschieden, sie von Anfang an freilernen zu lassen, weil sie glaubten, Lernen und Leben sollten nicht voneinander getrennt sein. Kate erzählte mir von verschiedensten Vorteilen, die sie aufgrund ihres Freilernens gehabt hätte. Sie konnte ihren eigenen Interessen nachgehen und auf diese Weise vielfältige eigene Leidenschaften entwickeln. Sie konnte sich an Orte begeben und Aktivitäten nachgehen, die anderen aufgrund ihres Schulbesuchs verschlossen blieben. Sie konnte sich mit Menschen jeden Alters in vielen verschiedenen Kontexten anfreunden, ohne das Gefühl zu haben, sie müsse sich auf ihre Altersgenossen beschränken. Sie musste sich nie an eine konformistische Schulkultur anpassen, weshalb sie voller Freude und ganz ohne Scham auf das schauen konnte, was sie von anderen unterschied, und diese Unterschiede konnte sie wiederum bei anderen wertschätzen. Im Alter von fünfzehn Jahren trat sie in ihrer Synagoge eine bezahlte Stelle als Laienpredigerin an und leitete die Gottesdienste für die ganze Gemeinde, was aus Zeitgründen unmöglich mit einem Schulbesuch zu vereinbaren gewesen wäre.

Durch ihre Erfahrungen in der Synagoge entwickelte sie ein leidenschaftliches Interesse für Religion als soziales Phänomen, weshalb sie am College vergleichende Religionswissenschaften studierte und dann in diesem Fach einen Masterabschluss an der renommierten Columbia Universität machte. Es bereitete ihr keinerlei Schwierigkeiten, sich auf die akademischen Ansprüche der universitären Bildung einzustellen. Ihre größte Enttäuschung in den ersten Studienjahren war der Mangel an intellektuellem Interesse und die Unreife ihrer Kommilitonen sowie die langweiligen Vorlesungen, die sie erdulden musste. Heute ist sie glücklich verheiratet, schreibt als freie Autorin für viele bekannte Publikationen, arbeitet als Kantorin in einer Synagoge, geht weiterhin verschiedensten Interessen aus Freude nach und ist die Autorin der beiden Blogs »Skipping School« übers Freilernen sowie »Eat the Damn Cake« über Körperwahrnehmung und Selbstakzeptanz.

Ich glaube nicht, dass Freilernen die richtige Antwort für die meisten, geschweige denn für alle Familien ist, es sei denn, dies würde durch gesellschaftliche Veränderungen unterstützt. Das Freilernen erfordert nämlich einen beträchtlichen Einsatz von Zeit und Ressourcen. Grundsätzlich muss mindestens ein Erwachsener zu Hause sein, solange die Kinder noch jung sind. Dieser Erwachsene, häufig ist es die Mutter, muss damit einverstanden sein, auf seine Karriere zu verzichten, sie zu verschieben oder dem Beruf von zu Hause aus nachzugehen. Obwohl Freilerner-Eltern das Lernen ihrer Kinder nicht steuern, bemühen sie sich, ihren Kindern eine reiche Lernumgebung zu bieten und sie dabei zu unterstützen, ihren eigenen Interessen nachzugehen. Typischerweise bedeutet Freilernen viel gemeinsame Familienzeit, aber was für einige Familien wunderbar sein mag, kann sich für andere als schrecklich erweisen. Manche Kinder brauchen mehr Zeit, die sie ohne ihre Eltern verbringen können, als dies für Freilerner typischerweise möglich ist, und manche Eltern brauchen mehr Zeit, die sie ohne ihre Kinder verbringen können. In unserer Kultur der relativ vereinzelten Kernfamilien, in der die wenigsten Erwachsenen zu Hause arbeiten, kann es schwierig sein, den ganzen Tag mit den Kindern zu verbringen und dabei immer noch genügend Kontakt zu anderen Erwachsenen zu pflegen. Ein Vorteil der Sudbury Valley School oder ähnlicher Schulen für selbstbestimmtes Lernen ist, dass diese Kindern die Gelegenheit bieten, Zeit in einem stabilen Umfeld außerhalb ihres Zuhauses zu verbringen, wo es vielfältige Möglichkeiten zum Spielen, Erkunden, Lernen sowie Schließen und Pflegen von Freundschaften gibt, um die sich die Eltern nicht kümmern müssen. Für viele Familien ist das Freilernen jedoch ihren eigenen Angaben zufolge eine großartige Option.

Eine Zukunftsvision

Was die Zukunft der Bildung angeht, bin ich optimistisch. Ich bin zuversichtlich, dass wir als Kultur wieder zu Sinnen kommen und unseren Kindern die Freiheit zurückgeben werden, die Kontrolle über ihr eigenes Lernen zu übernehmen, damit Lernen als integraler Bestandteil des Lebens wieder eine freudvolle, aufregende Angelegenheit wird, keine deprimierende und angstvolle Mühsal.

Mein Optimismus rührt gewiss nicht von den etablierten Bildungsinstitutionen her. Dieses Establishment samt der dazugehörigen bildungswissenschaftlichen Fakultäten, der Schulbuch- und Prüfungsindustrie sowie der Lehrer- und Schulleiterverbände ist so stark in Eigeninteressen und im Status Quo verhaftet, dass es allenfalls dazu in der Lage ist, die immer gleichen Forderungen zu stellen: Wenn sich mal wieder herausstellt, dass Kinder in der Schule nicht viel von dem Unterrichteten lernen, hört man aus jener Richtung die lautstarke Forderung nach längeren Schultagen und mehr Hausaufgaben. Wenn zweihundert Stunden Unterricht in einem bestimmten Fach nicht reichen, wird vorgeschlagen, es mit vierhundert Stunden zu versuchen. Wenn die Kinder in der ersten Klasse nicht lernen, was ihnen beigebracht wird, dann sollten wir wohl bereits in der Vorschule damit anfangen – und wenn sie es in der Vorschule nicht lernen, nun, dann müssen wir im Kindergarten damit anfangen! Wenn Kinder über die Sommerferien das wenige vergessen, was sie übers Schuljahr gelernt haben, dann sollten wir die Sommerferien einfach abschaffen – und damit ihre Gelegenheiten zu einem Leben außerhalb von Schule weiter einschränken.[277]

Fast alle, die im Bildungsbereich tätig sind, wünschen sich »Reformen« und erkennen damit implizit an, dass das gegenwärtige System nicht funktioniert. Dies ist seit Beginn der Schulpflicht der Fall. Die einen wollen das System verändern, indem sie ihm einen Schubs in die eine Richtung geben (ein bisschen mehr Wahlfreiheit, ein bisschen weniger Leistungskontrolle), während andere es durch einen Schubs in die andere Richtung verändern wollen (ein noch standardisierterer Lehrplan und rigorosere Leistungskontrollen). Dies ist Gegenstand zahlloser Bücher und Artikel, die von Professoren für Bildungswissenschaften geschrieben werden. Niemand im Bildungsestablishment ist hingegen bereit zuzugeben, dass Zwangsbeschulung gerade deshalb nicht funktioniert, weil sie auf Zwang basiert, und dass die einzig sinnvolle Reform darin besteht, Kindern die Verantwortung für ihr eigenes Lernen zurückzugeben.

Mein Optimismus gründet sich stattdessen auf das, was außerhalb der etablierten Bildungsinstitutionen passiert. Mich ermutigt der immer größer werdende Strom derer, die der Zwangsbeschulung den Rücken kehren und sich dem entspannten Homeschooling, Freilernen, Sudbury Schulen oder anderen Formen von Bildung zuwenden, die Kindern die Kontrolle über ihr Lernen überlassen. Je repressiver das Schulsystem wird, desto stärker wenden sich Menschen davon ab – und das ist gut so!

Die Schulflucht wird auch durch die IT-Revolution begünstigt. Heutzutage hat jeder – selbst Straßenkinder in Indien –, der sich mit Hilfe irgendeines Geräts Zugang zum Internet verschaffen kann, Zugriff auf das gesamte Wissen und alle Ideen der Welt, die erfreulich geordnet und durch intuitive Suchmaschinen einfach auffindbar sind. Für fast alles, was man machen möchte, findet man Anleitungen und Videos im Internet. Für fast jede Idee, über die man sich Gedanken machen möchte, findet man Argumente und Gegenargumente und kann sich sogar an Diskussionen zu diesem Thema beteiligen. Dies ist der intellektuellen Entwicklung weit zuträglicher, als die vorgegebenen Lösungswege des Regelschulsystems. Weil die Vorstellung, man müsse zur Schule gehen, um etwas zu lernen oder kritisches Denken zu kultivieren, aus Sicht von Kindern, die wissen, wie man im Internet recherchiert, schlicht lächerlich ist, wird es schwerer und schwerer, eine Beschulung von oben herab zu rechtfertigen. Und da textbasierte elektronische Kommunikation beinahe so alltäglich wird wie mündliche Kommunikation, lernen mehr und mehr Kinder noch vor der Einschulung von selbst Lesen und Schreiben, was wiederum die Eltern veranlasst, die Notwendigkeit der Zwangsbeschulung infragezustellen. Wenn Johnny schon vor der Einschulung lesen kann, warum sollten wir ihn dann noch zur Schule schicken?

Ich sage voraus, dass wir in nicht allzu ferner Zukunft einen Wendepunkt erreichen werden. Jeder wird dann wenigstens eine Kate Fridkis kennen, die ohne jegliche Regelbeschulung aufgewachsen ist und im Leben wunderbar zurechtkommt. Man wird anfangen, Dinge zu sagen wie: »Schaut Euch Kate, Bob und Mary Jane an – sie sind alle nicht zur Schule gegangen und sind doch frohe, leistungsfähige und verantwortungsvolle Bürgerinnen und Bürger. Warum sollte ich meine Kinder zur Schule schicken, wenn sie dort unglücklich sind?« Ganz normale Menschen werden fordern, dass Gesetze geändert werden, die den Schulbesuch verpflichtend machen oder die vorschreiben, wie Schule auszusehen habe. Dies wird es immer mehr Menschen ermöglichen, das System der Zwangsbeschulung ohne all die juristischen Verrenkungen zu verlassen, die dieser Schritt derzeit noch erfordert und die viele davon abhalten, diesen überhaupt zu wagen.

Wie bei allen großen gesellschaftlichen Veränderungen liegt der Schlüssel in der Vorstellung davon, was normal und was nicht normal sei. Vor nicht allzu vielen Jahren wurde es von fast allen als abnormal betrachtet, homosexuell zu sein – als Sünde und Krankheit, je nachdem, ob man eher religiösen oder weltlichen Betrachtungsweisen zugeneigt war. Es gibt immer noch Menschen, die das so sehen, aber nur wenige von ihnen sind jünger als dreißig Jahre alt. Die Maßstäbe haben sich verändert. Homosexualität wird heute größtenteils als ein normaler Bestandteil des Spektrums menschlicher Vielfalt betrachtet, genau wie ja auch Linkshänder nicht mehr für abnormal gehalten werden. Diese Veränderungen sind deshalb passiert, weil einige mutige Homosexuelle den Sprung ins kalte Wasser gewagt haben und durch ihr Coming-out den Stolz auf ihre sexuelle Orientierung zum Ausdruck brachten. Da im Lauf der Zeit mehr und mehr Menschen entdeckten, dass einige ihrer geschätzten Freunde und Verwandten wie auch einige gesellschaftliche Idole und Helden homosexuell sind, wurde es immer schwieriger, Homosexualität zu verdammen oder als Krankheit zu bezeichnen.

An dieser Stelle gibt es eine Analogie zu dem, was meiner Ansicht nach im Bereich der Bildung passieren wird. Je mehr Menschen auf Erwachsene treffen, die sich selbst nicht dem Schulzwang beugten oder ihren Kindern Lernen in Freiheit ermöglichen, desto schwieriger wird es, diese Entscheidung für abwegig zu halten. Und noch eine weitere Kraft ist hier am Werk: der natürliche menschliche Drang zu Freiheit und Selbstbestimmung. Aus der Geschichte wissen wir, dass Menschen sich für Freiheit entscheiden, wenn ihnen diese Alternative umsetzbar erscheint. Wenn Erwachsene feststellen, dass Zwangsbeschulung für den Erfolg in ihrer Kultur nicht notwendig ist, werden sie es zunehmend schwierig finden, sich gegen die Freiheit ihrer Kinder zu entscheiden, und auch die Kinder selbst werden diese Freiheit einfordern. Kinder werden nicht länger das Argument hinnehmen, sie müssten in den sauren Apfel der Beschulung beißen, weil diese notwendig oder gut für sie sei. Sobald mehr Menschen das Zwangsschulsystem verlassen, wird ein nennenswerter Teil der Wahlberechtigten die Forderung erheben, dass ein Teil der staatlichen Bildungsausgaben künftig zur Unterstützung selbstbestimmten Lernens verwendet werden solle, also um Bildungsmöglichkeiten anstatt den Zwang zur Schulbildung zu finanzieren. Stellen Sie sich nur einmal vor, was man mit nur einem Bruchteil der etwa 600 Milliarden US-Dollar Steuergelder tun könnte, die gegenwärtig in den Vereinigten Staaten pro Jahr für Zwangsbeschulung im Primar- und Sekundarbereich ausgegeben werden![278]

Als Gesellschaft haben wir in der Tat die Verpflichtung, jedem Kind unabhängig vom familiären Hintergrund oder Einkommen reichhaltige Bildungsmöglichkeiten zu bieten. Es gibt viele Wege, dies zu tun. Eine Möglichkeit wäre ein System von Schulen, deren Besuch auf Freiwilligkeit, nicht auf Zwang basieren würde – vielleicht nach dem Vorbild von Sudbury Valley –, wo die Kinder in einer Umgebung spielen, forschen und lernen könnten, die ihrer gesunden intellektuellen, körperlichen und moralischen Entwicklung zuträglich wäre. Pro Schüler kosten Schulen nach dem Sudbury-Modell nur etwa die Hälfte dessen, was wir gegenwärtig für die staatliche Zwangsbeschulung ausgeben, so dass die Umsetzung dieses Plans große Einsparungen für die öffentliche Hand mit sich brächte. Eine andere Möglichkeit wäre ein System gemeinschaftlicher Lernorte, die allen gebührenfrei offenstünden. Stellen Sie sich ein Zentrum in ihrer Nachbarschaft vor, in dem Kinder und auch Erwachsene spielen, forschen, lernen und neue Freunde kennenlernen könnten. Computer, Material zur künstlerischen und sportlichen Betätigung sowie wissenschaftliche Gerätschaften stünden zum Spielen bereit.

Die öffentliche Bibliothek könnte Partner eines solchen Lernorts werden. Menschen aus der Umgebung würden Kurse anbieten, beispielsweise in Musik, bildender Kunst, Sport, Mathematik, Fremdsprachen, Kochen, Unternehmensführung, Buchhaltung oder anderen Bereichen, die Menschen für amüsant, interessant oder wichtig genug halten, um sie sich in strukturierter Form anzueignen. Es gäbe keine Pflichtkurse, keine Noten, keine Einstufungen oder Vergleiche zwischen Menschen. Örtliche Theater- und Musikgruppen könnten dort auftreten, und Menschen jeden Alters könnten sich gemäß ihren jeweiligen Interessen zu neuen Lerngruppen zusammenschließen. Es gäbe eine Sporthalle zum Drinnenspiel und, je nach Möglichkeit, Felder und Wälder für das Spielen und Forschen im Freien. Kinder würden nicht deshalb an den Lernort kommen, weil sie müssen, sondern weil dort ihre Freunde sind und es dort so viele spannende Dinge zu tun gibt. Eltern, die tagsüber auf Kinderbetreuung angewiesen sind, um ihrer Arbeit nachgehen zu können, könnte der Lernort auch dies auf effiziente Weise ermöglichen, indem er sich die Freude und Vorteile zunutze machte, die sich für alle daraus ergeben, dass ältere Kinder bei der Betreuung und Pflege jüngerer mithelfen.

Die Geschicke eines solchen Lernorts könnten im Stil einer Gemeinschaftsversammlung von allen mitbestimmt werden, die ihm beitreten und ihn nutzen. In demokratischen Abstimmungen träfen die Mitglieder grundlegende Haushaltsentscheidungen und wählten einen Vorstand, um den Betrieb des Lernorts zu beaufsichtigen. Vielleicht würden die Mitglieder mehrere Erwachsene, eventuell auch einige Teenager, einstellen, die bei der Erledigung der täglich anfallenden Aufgaben helfen könnten. Demokratisch würden die Mitglieder die Verhaltensregeln des Lernorts sowie ein System zur Durchsetzung dieser Regeln bestimmen. Der Preis für Teilnahme am Lernort wäre die Bereitschaft, die Regeln einzuhalten, und vielleicht auch die Bereitschaft, für den Betrieb des Zentrums kleinere Aufgaben zu übernehmen. Kinder wären genau wie Erwachsene stimmberechtigt, und sowohl Kinder als auch Erwachsene müssten dem Teilnahmevertrag zustimmen. All dies könnte zu einem Bruchteil der Kosten geschehen, die gegenwärtig für das System der Zwangsbeschulung anfallen.

Ich stelle hier lediglich Vermutungen darüber an, was an die Stelle der Zwangsschule treten könnte. Ich vermute und hoffe, dass die Details von Kommune zu Kommune und Bezirk zu Bezirk, je nach örtlichen Anforderungen und Notwendigkeiten, unterschiedlich ausfallen werden. Der Niedergang der Schulpflicht und der Aufstieg freier Bildungsmöglichkeiten wird allmählich erfolgen, auf lange Sicht jedoch wird das System der Zwangsbeschulung schwinden. Wir werden dann erleben, wie die Epidemie der Angst, der Depressionen und der gefühlten Hilflosigkeit, unter der so viele junge Menschen heute leiden, verschwindet und wie die Fähigkeit unserer Kinder zur Selbstbestimmung und ihr Wunsch nach Lernen in Freiheit wieder vollständig hergestellt sein werden.

DANKSAGUNG

Im ersten Kapitel habe ich die Vielzahl großer Lehrerinnen und Lehrer, die ich im Lauf meines Lebens hatte, erwähnt: Ich danke ihnen allen. Sie alle finden ihren Platz irgendwo zwischen Ruby Lou, wo auch immer sie jetzt sein mag, und Danny Greenberg, dessen Pionierarbeit und Ideen mich inspirieren und dessen Freundschaft mich wärmt. Ich habe dieses Buch hauptsächlich meinem lieben Sohn Scott zu verdanken, der mich vor so langer Zeit diese Richtung hat einschlagen lassen und mich auch seitdem auf Trab gehalten hat, sowie ganz besonders meiner lieben Frau Diane, die mein Leben mit Spiel und Freude erfüllt, seit wir uns zum ersten Mal begegnet sind. Es gibt so viele andere Kollegen, Freunde und Angehörige, die es verdient haben, erwähnt zu werden, dass ich aus Angst, nicht damit fertig zu werden, gar nicht erst anfange, sie alle aufzuzählen.

ANMERKUNGEN

1. Der Titel der amerikanischen Originalausgabe lautet wörtlich übersetzt: »Alles, was ich wirklich wissen muss, habe ich schon in der Vorschule gelernt«. Der Titel der deutschen Ausgabe (München: Goldmann, 1989) lautet: »Alles, was du wirklich wissen musst, hast du schon als Kind gelernt« und entspricht damit eher der von Peter Gray dargelegten Sichtweise. (a.d.Ü.)
2. Clinton (2001).
3. Teile dieses und des nächsten Abschnitts basieren auf Gray (2011a).
4. Chudacoff (2007).
5. Zitiert nach Johnson (1988).
6. Finkelhor et al. (2010).
7. Family, Kids, and Youth (2010). Diese Umfrage wurde vom IKEA-Konzern finanziert und von Barbie Clarke, Geschäftsführerin der Marktforschungsgruppe »Family, Kids and Youth«, geleitet.
8. Siehe O'Brien und Smith (2002).
9. Clements (2004).
10. Hofferth und Sandberg (2001).
11. Hofferth (2009).
12. Clements (2004).
13. Family, Kids and Youth (2010).
14. Dies ist einer der Leserkommentare zum Eintrag in meinem persönlichen Blog vom 24. Februar 2010; www.blogs.psychologytoday.com/blog/freedom-learn.
15. Twenge (2000); Twenge et al. (2010).
16. Newsom et al. (2003).
17. Die Daten stammen aus den Tabellen 4 und 5 von Newsom et al. (2003). Da die Werte für Jungen und Mädchen bei diesen Aussagen ähnlich waren und sich auf ähnliche Weise verändert haben, habe ich die Resultate als Durchschnittswerte für beide Geschlechter zusammengefasst.
18. Den Statistiken der US-Gesundheitsbehörde »Center for Disease Control and Prevention« zufolge hat die Selbstmordrate von Kindern und Jugendlichen zwischen 1950 und 1995 stark zugenommen; danach nahm sie bis 2003 kontinuierlich ab, Grund dafür waren anscheinend das gesteigerte Bewusstsein und die Einführung von Anti-Suizid-Programmen für Kinder. Berichte aus jüngerer Zeit zeigen jedoch seit 2003 wieder einen Anstieg der Selbstmordrate von Kindern und Jugendlichen. Die Zahlen nach Altersgruppe für den Zeitraum zwischen 1950 und 2005 finden sich unter: www.infoplease.com/ipa/A0779940.html#axzz0zVy5PKaL. Eine Quelle für die erhöhten Suizidzahlen seit 2003 ist Nauert (2008).
19. Twenge et al. (2004).
20. Belege für einen ursächlichen Zusammenhang zwischen einem Denkmodus von Hilflosigkeit und Depressionen finden sich in Abramson et al. (1989); Alloy et al. (2006); Weems und Silverman (2006); Harrow et al. (2009).
21. Querverweise finden sich bei Twenge et al. (2004); Reich et al. (1997).
22. Luthar und Latendresse (2005).
23. Csíkszentmihályi und Hunter (2003).
24. Lee and DeVore (1968).

25. Diamond (1998).

26. Der Zeitpunkt, den wir als den Beginn der menschlichen Art annehmen, ist willkürlich. Die Linie der Primaten, die zu unserer Spezies geführt hat, hat sich vor etwa sechs Millionen Jahren von jener Linie getrennt, die zu unseren nächsten Affenverwandten (Schimpansen und Bonobos) geführt hat (Corballis, 1999). Vor vier Millionen Jahren gingen unsere Vorfahren bereits aufrecht, und vor ein bis zwei Millionen Jahren hatten sie viel größere Gehirne als die anderen Affen, machten Feuer, stellten Werkzeuge her, lebten in sozialen Gruppen und überlebten, indem sie Tiere jagten und Wurzeln, Nüsse, Samen, Beeren und anderes Pflanzenmaterial sammelten (Konner, 2002; Ridley, 2003).

27. Im gesamten zweiten Kapitel konzentriere ich mich auf jene Art von Jäger-und-Sammler-Gesellschaften, die Anthropologen als *immediate-return societies* (der erbeutete Ertrag wird sofort verzehrt), als »egalitäre Jäger und Sammler« oder auch als »Gruppengesellschaften« bezeichnen. Solche Gesellschaften bestehen aus kleinen Gruppen von Menschen, die innerhalb begrenzter Gebiete von Ort zu Ort ziehen, um dem verfügbaren Angebot an Wildtieren und pflanzlicher Nahrung zu folgen. Sie stehen im Gegensatz zu jenen Jäger-und-Sammler-Gesellschaften, die als *delayed-return* (die Beute wird teilweise eingelagert) oder »nicht-egalitäre Gesellschaften« bezeichnet werden. In der Ethnologie werden zweitere auch *collector societies* (halbsesshafte Sammlergesellschaften) genannt, dazu zählen etwa die Kwakiutl der Nordwestküste Nordamerikas oder die Ainu in Japan; es handelt sich um relativ sesshafte Gesellschaften, in denen die Menschen auf eine bestimmte lokale Nahrungsquelle (meist Fisch) zurückgreifen. Sammlergesellschaften sind in vielerlei Hinsicht primitiven ackerbautreibenden Gesellschaften ähnlicher als egalitären Jäger-und-Sammler-Gesellschaften. Sie sind nur in seltenen Fällen Gruppengesellschaften, und archäologische Funde legen nahe, dass ihre Ursprünge jüngeren Datums sind als jene egalitärer Gruppengesellschaften und dass Gruppengesellschaften die vorherrschenden Lebensumstände unserer prä-agrarischen Vorfahren vermutlich besser verkörpern als halbsesshafte Sammlergemeinschaften (Kelly, 1995). Wenn ich also ohne nähere Erläuterung von »Jägern und Sammlern« spreche, so beziehe ich mich, der Praxis vieler Anthropologen folgend, auf egalitäre Gruppengesellschaften.

28. Teile dieses und folgender Abschnitte dieses Kapitels basieren auf Gray (2009).

29. Ingold (1999).

30. Ingold (1999); Wiessner (1996).

31. Lee (1988), S. 264.

32. Boehm (1999).

33. Eine aufschlussreiche Diskussion über Entscheidungsfindung durch Konsens in Jäger-und-Sammler-Gemeinschaften findet sich in Silberbauer (1982). Für eine allgemeinere Einführung siehe Kent (1996).

34. Gould (1969), S. 90. Obwohl die körperliche Züchtigung von Kindern in Jäger-und-Sammler-Kulturen nur selten vorkommt, wurde sie in einem gewissen Maß in manchen solcher Kulturen beobachtet, etwa bei den Hazda in Zentralafrika (Blurton Jones, 1993).

35. Gosso et al. (2005), S. 218, 226.

36. Liedloff (1977), S. 90.

37. Guemple (1988), S. 137.

38. Thomas (2006), S. 198.

39. Ibid., S. 198 f.

40. Bakeman et al. (1990).

41. Für unsere Umfrage wählten wir zehn Anthropologen aus, die bei sieben verschiedenen Jäger-und-Sammler-Kulturen auf drei Kontinenten gelebt und diese erforscht hatten. Mit Hilfe eines

Fragebogens befragten wir sie ausführlich zu ihren Beobachtungen des Lebens von Kindern in den von ihnen erforschten Kulturen (siehe Gray, 2009).

42. Draper (1976), S. 210, 213.
43. Blurton Jones, Hawkes und Draper (1994).
44. Hewlett et al. (2011).
45. Thomas (2006).
46. Draper (1976), S. 205 f.
47. Hewlett et al. (2011).
48. Thomas (2006).
49. Liebenberg (1990).
50. Wannenburgh (1979), S. 41.
51. Thomas (2006), S. 99 f.
52. Kaplan et al. (2000).
53. Walker et al. (2002).
54. Liebenberg (1990).
55. Kaplan et al. (2000).
56. Bock (2005); Kaplan et al. (2000).
57. Hewlett et al. (2011).
58. Draper (1988); Gosso et al. (2005); Turnbull (1961).
59. Gray und Feldman (2004).
60. Sutton-Smith und Roberts (1970).
61. Marshall (1976).
62. Turnbull (1982).
63. Ibid.
64. Bakeman et al. (1990); Eibl-Eibesfeldt (1989); Gosso (2005).
65. Hay und Murray (1982); Rheingold et al. (1976).
66. Bakeman et al. (1990); Wiessner (1982).
67. Turnbull (1982), S. 134.
68. Gould (1969), S. 120.
69. Liedloff (1977), S. 10.
70. Thomas (2006), S. 216 f.
71. Diamond (1998).
72. Sahlins (1972).
73. Shostak (1981), S. 10.
74. Woodburn (1968).
75. Draper (1988).
76. Bock und Johnson (2004).
77. Salamone (1997).
78. Chagnon (1968/1994); Good und Chanoff (1991). Die gesellschaftliche Organisation der Yanomami wurde zweifelsohne auch von der Zwangsversklavung und dem Genozid beeinflusst, die von den spanischen, holländischen und portugiesischen Kolonisatoren gegen sie verübt worden waren (Salamone, 1997).
79. Fajans (1997).
80. Zitiert nach Fajans (1997), S. 40.
81. Barry, Child und Bacon (1959).
82. Gardner (1991).
83. Barry et al. (1959); DeVore et al. (1968); Gould (1969).

84. Ember und Ember (2005).
85. Gray (2009}.
86. Thomas (1959), S. 152; Gould (1969) S. 128.
87. Orme (2001).
88. Ibid., S. 315.
89. Ensign (1921).
90. Gray (2009).
91. Weber (1904–1905/2002).
92. Mulhern (1959).
93. Die deutschen Verse sind eine freie Nachdichtung von Janeways Gedicht (A.d.Ü.): *»The Lord delights in them that speak / The words of Truth; but ev'ry Lyar / Must have his Potion in the Lake / That burns with Brimstone, and with Fire. / Then let me always watch my Lips / Lest I be struck to death and hell / Since God a book of Reck'ning keeps / For ev'ry Lie that Children tell.«* (Zitiert nach Greenleaf, 1978, S. 57.)
94. Zitiert nach Mulhern (1959), S. 383.
95. a. a. O.
96. Bernard (1836).
97. Francke (1892), S. 17.
98. Francke (1702), S. 12.
99. Felbiger (1768/1900), S. 48 f.
100. Miller (2000).
101. Bowles und Gintis (2000).
102. Melton (1988), S. 158.
103. Heywood (2001).
104. Melton (1988), S. 531 f.
105. Zitiert nach Johnson (2000), S. 40.
106. Ensign (1921).
107. Bowles und Gintis (2000).
108. Ross (1901), S. 163.
109. Ibid., S. 164.
110. Ibid., S. 163.
111. Ibid., S. 174.
112. Kaestle (2000).
113. Csíkszentmihályi und Hunter (2003).
114. Schneller (2002).
115. Clark (1977).
116. Einstein (1955), S. 6.
117. McMahon (2007); Oleck (2008); Pytel (2007).
118. Pytel (2007).
119. Education Portal (2007).
120. Gray (2011a); Twenge und Foster (2010); Twenge et al. (2008).
121. H. Smith (2000), S. 62 f.
122. Merrell et al. (2008); J. D. Smith et al. (2004).
123. Gray (1993).
124. Mayes et al. (2009), S. 2; Pastor und Reuben (2008).
125. Ricaurte et al. (2005).
126. Gray (2010).

127. Greenberg (1974).
128. Sudbury Valley School (1970), S. 18.
129. Ibid., S. 42.
130. Gray and Chanoff (1986).
131. Greenberg und Sadofsky (1992); Greenberg, Sadofsky und Lempka (2005).
132. Der Vergleich der Sudbury Valley School mit einer Jäger-und-Sammler-Gruppe basiert auf Gray (2011b).
133. Ingold (1999).
134. Gray und Feldman (1997, 2004).
135. Gray (2009); Thomas (2006).
136. Gray (2009).
137. Sadofsky, Greenberg und Greenberg (1994).
138. Gray und Chanoff (1986).
139. Mitra (2003, 2005); Mitra und Rana (2001).
140. Mitra und Dangwal (2010).
141. Mitra (2004).
142. Aristoteles (1970), Buch I.
143. Gordon (1999).
144. Inglis et al. (2001).
145. Roberts et al. (2007).
146. In einem solchen Experiment (Renner, 1988) wurde Neugeborenen im Alter von nur einem Tag zunächst eines von zwei ähnlichen Schachbrettmustern gezeigt. Dann wurden ihnen beide Muster gleichzeitig gezeigt, um zu testen, welches ihre Aufmerksamkeit stärker auf sich zöge. Die Babys schauten länger auf jenes Muster, das sie zuvor noch nicht gesehen hatten. Um eine solche Vorliebe überhaupt an den Tag legen zu können, mussten die Neugeborenen in der Lage gewesen sein, den Unterschied zwischen beiden Mustern wahrzunehmen und diesen während der Sekunden, die zwischen beiden Zeigevorgängen lagen, zu behalten.
147. Friedman (1972).
148. Baillargeon (2004, 2008).
149. Ruff (1986, 1989).
150. Schulz und Bonawitz (2007).
151. Bonawitz et al. (2011).
152. Hughes und Hutt (1979); Hughes (1978).
153. Groos (1896), S. 67 f.
154. Belege für die Unterschiede im Spiel dieser verschiedenen Vogelarten finden sich in Burghardt (2005) und Fagen (1981).
155. Groos (1899).
156. Mitra und Rana (2001).
157. Schulz et al. (2007).
158. Brooks und Meltzoff (2002).
159. Ibid. (2008).
160. Okamoto-Barth et al. (2007); Tomonaga (2007).
161. Dennett (1994).
162. Goebel (2000).
163. Mitra (2005).
164. Engel (2006; 2009).
165. Eccles et al. (1993); Galton (2009); Harter (1981); Lepper et al. (2005); Osborne et al. (2003).

166. Vedder-Weiss und Fortus (2011).
167. Michaels et al. (1982).
168. Allport (1920); Beilock et al. (2004).
169. Aiello und Douthitt (2001).
170. Ein Großteil der in diesem Kapitel zitierten Forschung wurde von Menschen durchgeführt, die in der Beschreibung ihrer Hypothesen und Ergebnisse nicht die Begriffe »Spiel« oder »spielerisch« benutzen. Stattdessen sprechen sie von gezwungener oder ungezwungener Gemütsverfassung, von positiver oder negativer Stimmung oder auch von selbstmotivierten Aufgaben und Zielen im Gegensatz zu solchen, die von anderen vorgegeben werden. Aus der Perspektive dieses Kapitels handelt jedoch all diese Forschung von Spiel. Spiel ist eine ungezwungene, selbstmotivierte Aktivität, die in positiver Gemütsverfassung ausgeübt wird.
171. Amabile (1996); Hennessey und Amabile (2010).
172. Amabile (2001).
173. Howard-Jones et al. (2002).
174. Isen, Daubman und Nowicki (1987).
175. Estrada, Isen und Young (1997).
176. Dias und Harris (1988, 1990).
177. Richards und Sanderson (1999).
178. Eine kürzere Version dieser Abhandlung zu den entscheidenden Merkmalen von Spiel erschien in Gray (2009).
179. Besonders hilfreiche Quellen bei der Erstellung dieser Liste der entscheidenden Merkmale von Spiel waren Huizinga (1938), Rubin et al. (1983), Smith (2005a), Sylva et al. (1976) sowie Wygotsky (1933/1980).
180. King (1982).
181. Kohn (1980); Kohn und Slomczynski (1990).
182. Eine Auswertung einiger dieser Studien findet sich bei Patall et al. (2008).
183. Lepper et al. (1973).
184. Einen Überblick über diese Art von Experimenten geben Lepper und Henderlong (2000).
185. Wygotsky (1933/1980).
186. Ibid., S. 456–9.
187. Leslie (1994).
188. Einstein (1955), S. 6.
189. Csíkszentmihályi (1990).
190. Fredrickson (2001, 2003).
191. Byers (1977).
192. Symons (1978).
193. Eine Diskussion der großen Häufigkeit schwerer Verletzungen im Jugendsport findet sich bei Hyman (2009).
194. Piaget (1932/1954).
195. Eine klassische Untersuchung, in der gezeigt wird, wie formaler Mannschaftssport Konflikte zwischen Gruppen von Jungen schaffen und verstärken kann, ist Sherif et al. (1961).
196. M. Greenberg (1992).
197. Furth (1996); Furth und Kane (1992).
198. Connolly und Doyle (1984); Elias und Berk (2002); Jenkins und Astington (1996); Newton und Jenvey (2011).
199. Burns und Brainerd (1979); Dockett (1998), zitiert nach Smith (2005); Saltz, Dixon und Johnson (1977).

200. Eisen (1993).
201. Brown et al. (1971).
202. Chazan und Cohen (2010).
203. Wegener-Spöhring (1994).
204. Spinka et al. (2001).
205. Dies wurde ursprünglich von Groos (1896) behauptet und in jüngerer Zeit von anderen Forschenden bestätigt (siehe Fairbanks, 2000; Power, 2000). Ausnahmen finden sich jedoch bei Raubtieren wie Wölfen und Hunden, bei deren Jagdspielen die beliebtere Rolle jene des Verfolgers ist.
206. Power (2000), S. 194.
207. Pellis et al. (2010).
208. Aldis (1975), S. 187.
209. Konrath et al. (2011); Twenge und Foster (2010).
210. Blickle et al. (2006); Judge et al. (2006); Thomaes et al. (2009).
211. Konrath et al. (2011).
212. Herman et al. (2011).
213. Pellis und Pellis (2011); Bell et al. (2010).
214. Hall (1998); Einon et al. (1978).
215. Pellis und Pellis (2011).
216. Auswertungen finden sich in Goldstein (2011) und Przybylski et al. (2010).
217. Przybylski et al. (2009).
218. Goldstein (2011).
219. Aarts et al. (2010).
220. McLeod und Lin (2010); Olson (2010); Przybylski et al. (2010); Yee (2006).
221. Barnett und Coulson (2010).
222. Reaves und Malone (2007).
223. Ferguson (2010).
224. Ferguson und Rueda (2010).
225. Green und Bavelier (2003); Spence und Feng (2010).
226. Akilli (2007).
227. Black und Steinhkuehler (2009).
228. Durkin und Barber (2002); Ferguson (2010); Olson (2010).
229. Dieses Kapitel basiert wesentlich auf einem Artikel, den ich im American Journal of Play (Gray, 2011c) veröffentlicht habe.
230. Meine übliche Methode, Kinder beim Spiel zu beobachten, ist es, mich in einer gewissen Entfernung hinzusetzen, jedoch nahe genug, um sie sehen und hören zu können, und so zu tun, als würde ich ein Buch oder eine Zeitschrift lesen. Ich mache mir Notizen, während ich zuschaue und zuhöre, wenn ich dies tun kann, ohne dabei beobachtet zu werden, ansonsten fertige ich die Notizen kurz danach an.
231. D. Greenberg (1992).
232. Mitra (2005).
233. Gray (2009).
234. Gray (2009); Konner (1975).
235. Konner (1975).
236. Konner (2010), S. 492–5. Beispiele geben Roopnarine et al. (994); Farver und Howes (1988).
237. Ein Anzeichen dieser impliziten Annahme ist der Mangel an Forschung zur altersgemischten Interaktion von Kindern. Vor kurzem habe ich jede Ausgabe der führenden US-Fachzeit-

schriften für Entwicklungspsychologie – »Child Development« und »Developmental Psychology« –, die zwischen 2000 und 2010 erschienen ist, untersucht (Gray, 2011c). Insgesamt fand ich 213 Artikel, die sich mit Interaktionen von Kindern beschäftigten, deren Alter sich um weniger als vierundzwanzig Monate unterschied, und nur neunzehn Artikel, die sich mit Interaktionen beschäftigten, deren Alter sich um mehr als vierundzwanzig Monate unterschied. Von diesen neunzehn beschäftigten sich fünfzehn ausschließlich mit Geschwisterbeziehungen und vier zumindest teilweise mit Interaktionen zwischen Nicht-Geschwistern. Eine noch gründlichere Recherche in pädagogischen und psychologischen Fachzeitschriften sowie sozialwissenschaftlichen Datenbanken brachte ebenfalls sehr wenige Studien zutage, die sich mit altersgemischten Interaktionen von Kindern beschäftigten.

238. Gray und Feldman (1997).
239. Ibid. (2004).
240. Wygotsky [Vygotsky] (1978).
241 Wood et al. (1976).
242. Alle Namen von Schülerinnen und Schülern der Sudbury Valley School in diesem und anderen Kapiteln dieses Buchs wurden geändert.
243. Christie und Stone (1999); Christie et al. (2002).
244. Dies habe ich anhand von Zahlen aus einer Christie und Stone (1999), S. 122, entnommenen Tabelle errechnet.
245. Emfinger (2009).
246. Dies wurde zuerst in einer klassischen Studie von Parten (1932) gezeigt.
247. Goldman (1981); Mounts und Roopnarine (1987).
248. Maynard (2002); Maynard und Tovote (2010).
249. Eibl-Eibesfeldt (1982).
250. Greenberg, D. (1987), S. 77.
251. Lancy et al. (2010), S. 5.
252. Correa-Chávez und Rogoff (2009).
253. Noddings (2005).
254. Feldman und Gray (1999).
255. Gorrell und Keel (1986).
256. Feldman (1997).
257. Whiting (1983).
258. Ember (1973).
259. Dearden (1998); Spencer (2006); Yogev und Ronen (1982).
260. Gordon (2005).
261. Schonert-Reichl et al. (2011).
262. LeBlanc und Bearison (2004).
263. Cohen et al. (1982); McKinstery und Topping (2003).
264. Gray und Feldman (2004).
265. Gray und Chanoff (1986); Greenberg et al. (2005).
266. Skenazy (2009), S. xii.
267. Martini (1994), S. 74.
268. DeVore et al. (1968).
269. Ozment (2011).
270. Luthar und D'Avenzo (1999); Luthar und Latendresse (2005).
271. Aarts et al. (2010).
272. Lanza (2012). Siehe auch Lanzas Webseite: www.playborhood.com.

273. Sudbury-Schulen in aller Welt sind auf der Webseite der »Sudbury Valley School« aufgeführt: www.sudval.org.
274. Das US Department of Education (2008) schätzte die Anzahl der zu Hause unterrichteten Kinder auf 850 000 im Jahr 1999 und 1 508 000 im Jahr 2007. Die Daten des Bildungsministeriums für die nachfolgenden Jahre waren noch nicht erhältlich, aber Ray (2011) legt mit 2 040 000 für das Jahr 2010 eine gut informierte Schätzung vor.
275. In einer nationalen Umfrage unter Homeschooler-Familien gaben 36 Prozent an, ihr Hauptgrund für Homeschooling sei es, für religiöse oder moralische Unterweisung zu sorgen (US Department of Education, 2008).
276. Gray, P. und Riley, G. (2013).
277. Ein Plädoyer gegen die Sommerferien findet sich in Von Drehle (2010). Argumente gegen die Abschaffung der Sommerferien sind in Gray (2012a) aufgeführt.
278. Daten des US Department of Education, gefunden auf www.ed.gov.

LITERATUR

Aarts, M., Wendel-Vos, W., van Oers, H. A. M., van de Goor, I. A. M. und Schuit, A. J. (2010): Environmental determinants of outdoor play in children. A largescale cross-sectional study. American Journal of Preventive Medicine, 39, S. 212–9.

Abramson, L. Y., Metalsky, G. I. und Alloy, L. B. (1989): Hopelessness depression: A theory-based subtype of depression. Psychological Review, 96, S. 358–72.

Aiello, J. R. und Douthitt, E. A. (2001): Social facilitation from Triplet to electronic performance monitoring. Group Dynamics: Theory, Research, and Practice, 5, S. 163–80.

Akilli, G. K. (2007): Games and simulations. A new approach in education? In: D. Gibson, C. Aldrich und M. Prensky (Hrsg.), Games and simulations in online learning. Research and development frameworks. Hershey, PA: Information Science, S. 1–20.

Aldis, O. (1975): Play-fighting. New York: Academic Press.

Alloy, L. B., Abramson, L. Y., Whitehouse, W. G., Hogan, M. E., Panzarella, C. und Rose, D. T. (2006): Prospective incidence of first onsets and recurrence of depression in individuals at high and low cognitive risk for depression. Journal of Abnormal Psychology, 115, S. 145–56.

Allport, E. H. (1920): The influence of the group upon association and thought. Journal of Experimental Psychology, 3, S. 159–82.

Amabile, T. (1996). Creativity in context. Update to the social psychology of creativity. Boulder, CO: Westview Press.

– (2001): Beyond talent. John Irving and the passionate craft of creativity. American Psychologist, 56, S. 333–6.

Aristoteles (1970): Metaphysik. Schriften zur Ersten Philosophie. Hrsg. und übers. v. Franz Schwarz, Stuttgart: Reclam.

Baillargeon, R. (2004): Infants' physical world. Current Directions in Psychological Science, 13, S. 89–94.

– (2008): Innate ideas revisited. Perspectives in Psychological Science, 3, S. 2–13.

Bakeman, R., Adamson, L. B., Konner, M. und Barr, R. (1990): !Kung infancy. The social context of object exploration. Child Development, 61, S. 794–809.

Barnett, J. und Coulson, M. (2010): Virtually real. A psychological perspective on massively multiplayer online games. Review of General Psychology, 14, S. 167–79.

Barry, H., Child, I., Bacon, M. K. (1959): The relation of child training to subsistence economy. American Anthropologist, 61, S. 51–63.

Beilock, S. L., Kulp, C. A., Holt, L. E. und Carr, T. H. (2004): More on the fragility of performance. Choking under pressure in mathematical problem-solving. Journal of Experimental Psychology: General, 133, S. 584–600.

Bell, H. C., Pellis, S. M. und Kolb, B. (2010): Juvenile peer play experience and the development of the orbitofrontal and medial prefrontal cortex. Behavioral and Brain Research, 207, S. 7–13.

Bernard, J. (1836/2007): ›Though I was often beaten for my play‹: Excerpt from Autobiography of the Rev. John Bernard, Collections of the Massachusetts Historical Society, v. 25. Reprinted in Martin, J. (Hrsg.) (2007): Children in colonial America. New York: New York University Press.

Black, R. W. und Steinkuehler, C. (2009): Literacy in virtual worlds. In: L. Christenbury, R. Bomer und P. Smargorinsky (Hrsg.), Handbook of adolescent literacy research, S. 271–86. New York: Guilford.

Blickle, G., Schlegel, A., Fassbender, P. und Klein, U. (2006): Some personality correlates of white-collar crime. Applied Psychology 55, S. 220–33.

Blurton Jones, N. (1993): The lives of hunter-gatherer children. In: M. E. Pereira und L. A. Fairbanks (Hrsg.), Juvenile primates. Life history, development, and behavior, S. 308–26. New York: Oxford University Press.

Blurton Jones, N., Hawkes, K. und Draper, P. (1994): Differences between Hazda and !Kung children's work. Affluence or practical reason? In E. S. Burch Jr. und L. J. Ellana (Hrsg.), Key issues in hunter-gatherer research. Oxford: Berg, S. 189–215.

Bock, J. (2005): What makes a competent adult forager? In B. S. Hewlett und M. E. Lamb (Hrsg.), Hunter-gatherer childhoods. Evolutionary, developmental, and cultural perspectives. New Brunswick, NJ: Transaction, S. 109–28.

Bock, J. und Johnson, S. E. (2004): Subsistence ecology and play among the Okavango Delta peoples of Botswana. Human Nature, 15, S. 63–81.

Boehm, C. (1999): Hierarchy in the forest. The evolution of egalitarian behavior. Cambridge, MA: Harvard University Press.

Bonawitz, E., Shafto, P., Gweon, H., Goodman, N. D., Spelke, E. und Schulz, L. (2011): The double-edged sword of pedagogy. Teaching limits children's spontaneous exploration and discovery. Cognition, 120, S. 322–30.

Bowles, S. und Gintis, E. (2000): The origins of mass public education. Ch. 33 in Roy Lowe (Hrsg.), History of education: Major themes. Vol. II. Education in its social context. London und New York: Routledge Flamer.

Brooks, R. und Meltzoff, A. N. (2002): The importance of eyes. How infants interpret adult looking behavior. Developmental Psychology, 38, S. 958–66.

– (2008): Infant gaze following and pointing predict accelerated vocabulary growth through two years of age. A longitudinal growth curve modeling study. Journal of Child Language, 5, S. 207–20.

Brown, N. S., Curry, N. E. und Tittnich, E. (1971): How groups of children deal with common stress through play. In: N. E. Curry und S. Arnaud (Hrsg.), Play. The child strives toward self-realization. Washington, DC: National Association for the Education of Young Children.

Burghardt, G. M. (2005): The genesis of animal play. Testing the limits. Cambridge, MA: MIT Press.

Burns, S. M. und Brainerd, C. J. (1979): Effects of constructive and dramatic play on perspective taking in very young children. Developmental Psychology, 15, S. 512–21.

Byers, J. A. (1977): Terrain preferences in the play behavior of Siberian ibex kids (Capra ibex sibirica). Zeitschrift fur Tierpsychologie, 45, S. 199–209.

Chagnon, N. (1968/1994): Die Yanomamö. Leben und Sterben der Indianer am Orinoco. Übers. von Ulrich Enderwitz. Berlin: Byblos.

Chazan, S. und Cohen, E. (2010): Adaptive and defensive strategies in post-traumatic play of young children exposed to violent attacks. Journal of Child Psychotherapy, 36, S. 133–51.

Christie, J. F. und Stone, S. J. (1999): Collaborative literacy activity in print-enriched play centers. Exploring the ›zone‹ in same-age and multi-age groupings. Journal of Literary Research, 31, S. 109–31.

Christie, J. F., Stone, S. J. und Deitscher, R. (2002): Play in same-age and multiage grouping arrangements. In: J. L. Roopnarine (Hrsg.), Conceptual, social-cognitive, and contextual issues in the fields of play. Westport, CT: Ablex, S. 63–75.

Chudacoff, H. P. (2007): Children at play. An American history. New York und London: New York University Press.

Clark, R. W. (1977): Edison. The man who made the future. New York: Putnam's Sons.

Clements, R. (2004): An investigation of the status of outdoor play. Contemporary Issues in Early Childhood, 5, S. 68–80.

Clinton, H. R. (2001): An idyllic childhood. In: S. A. Cohen (Hrsg.), The games we played. A celebration of childhood and imagination. New York: Simon und Schuster.

Cohen, P. A., Kulik, J. A. und Kulik, C. (1982): Educational outcomes of tutoring. A meta-analysis of findings. American Educational Research Journal, 19, S. 237–48.

Connolly, J. A. und Doyle, A. (1984): Relation of social fantasy play to social competence in preschoolers. Developmental Psychology, 20, S. 797–806.

Corballis, M. C. (1999): Phylogeny from apes to humans. In: M. C. Corballis und S. E. G. Lea (Hrsg.), The descent of mind. Psychological perspectives on hominid evolution. Oxford: Oxford University Press.

Correa-Chávez, M. und Rogoff, B. (2009): Children's attentions to interactions directed to others. Guatemalan Mayan and European American patterns. Developmental Psychology, 45, S. 630–41.

Csíkszentmihályi, M. (1990): Flow. The psychology of optimal experience. New York: Harper und Row.

Csíkszentmihályi, M. und Hunter, J. (2003): Happiness in everyday life. The uses of experience sampling. Journal of Happiness Studies, 4, S. 185–99.

Dearden, J. (1998): Cross-age peer mentoring in action. Educational Psychology in Practice, 13, S. 250–7.

Dennett, D. C. (1994): Language and intelligence. In: J. Khalfa (Hrsg.), What is intelligence? Cambridge: Cambridge University Press.

DeVore, I., Murdock, G. P. und Whiting, J. W. M. (1968): Discussions. Pt. VII. Are the hunter-gatherers a cultural type? In R. Lee und I. DeVore (Hrsg.), Man the hunter. Chicago: Aldine.

Diamond, J. (1998): Arm und Reich. Die Schicksale menschlicher Gesellschaften. Frankfurt a. M.: S. Fischer.

Dias, M. G. und Harris, P. L. (1988): The effect of make-believe play on deductive reasoning. British Journal of Developmental Psychology, 6, S. 207–21.

Draper, P. (1976): Social and economic constraints on child life among the !Kung. In: R. B. Lee und I. DeVore (Hrsg.), Kalahari hunter-gatherers: Studies of the !Kung San and their neighbors. Cambridge, MA: Harvard University Press, S. 199–217.

– (1988). Technological change and child behavior among the !Kung. Ethnology, 27, S. 339–65.

Durkin, K. und Barber, B. (2002): Not so doomed: Computer game play and positive adolescent development. Applied Developmental Psychology, 23, S. 373–92.

Eccles, J. S., Wigfield, A., Midgley, C., Reuman, D., MacIver, D. und Feldlaufer, H. (1993): Negative effects of traditional middle schools on students' motivation. Elementary School Journal, 93, S. 553–74.

Education Portal (2007): 75 to 98 Percent of College Students Have Cheated. Online verfügbar unter: www.study.com/articles/75_to_98_Percent_of_College_Students_Have_Cheated.html

Eibl-Eibesfeldt, I. (1982). The flexibility and affective autonomy of play. Behavioral and Brain Sciences, 5, S. 160–2.

– (1989). Human ethology. New York: Aldine de Gruyter.

Einon, D. F., Morgan, M. J. und Kibbler, C. C. (1978): Brief periods of socialization and later behavior in the rat. Developmental Psychobiology, 11, S. 213–25.

Einstein, A. (1955). Autobiographisches. In: P. A. Schilpp (Hrsg.), Albert Einstein als Philosoph und Naturforscher. Übers. von Hans Hartmann. Stuttgart: Kohlhammer.

Eisen, G. (1993): Spielen im Schatten des Todes. Kinder und Holocaust. Übers. v. Friedrich Griese. München und Zürich: Piper.

Elias, C. L. und Berk, L. E. (2002): Self-regulation in young children: Is there a role for sociodramatic play? Early Childhood Research Quarterly, 17, S. 216–38.

Ember, C. R. (1973): Feminine task assignment and the social behavior of boys. Ethos, 1, S. 424–39.

Ember, C. R. und Ember, M. (2005): Explaining corporal punishment of children. A cross-cultural study. American Anthropologist, 107, S. 609–19.

Emfinger, K. (2009): Numerical conceptions reflected during multiage childinitiated pretend play. Journal of Instructional Psychology, 36, S. 326–34.

Engel, S. (2006): Open Pandora's box. Curiosity in the classroom. Sarah Lawrence Child Development Institute Occasional Papers. Online verfügbar unter: www.sarahlawrence.edu/cdi/media/pdf/Occasional%20Papers/CDI_Occasional_Paper_2006_Engel.pdf

– (2009): Is curiosity vanishing? Journal of the American Academy of Child and Adolescent Psychiatry, 48, S. 777–9.

Ensign, F. C. (1921): Compulsory school attendance and child labor. Iowa City, Iowa: Athens Press.

Estrada, C. A., Isen, A. M. und Young, M. J. (1997): Positive affect facilitates integration of information and decreases anchoring in reasoning among physicians. Organizational Behavior and Human Decision Processes, 72, S. 117–35.

Fagen, R. (1981): Animal play behavior. New York: Oxford University Press. Fairbanks, L. A. (2000). The developmental timing of primate play. A neural selection model. In: Parker, S. T., Langer, J. und McKinney, M. L. (Hrsg.), Biology, brains, and behavior. The evolution of human development. Santa Fe, NM: School of American Research Press, S. 131–15.

Fajans, J. (1997): They make themselves. Work and play among the Baining of Papua New Guinea. Chicago: University of Chicago Press.

Family, Kids and Youth (2010): Play Report. International Summary of Results. Online verfügbar unter: www.fairplayforchildren.org/pdf/1280152791.pdf

Farver, J. und Howes, C. (1988): Cross-cultural differences in social interaction. A comparison of American and Indonesian children. Journal of Cross-Cultural Psychology, 19, S. 203–15.

Felbiger, J. I. (1768/1900): Johann Ignaz von Felbigers Eigenschaften, Wissenschaften und Bezeigen rechtschaffender Schulleute. Hrsg. und bearb. v. Wilhelm Kahl, Paderborn: Schöninghausen, S. 48 f.

Feldman, J. (1997): The educational opportunities that lie in self-directed age mixing among children and adolescents. PhD dissertation, Department of Psychology, Boston College.

Feldman, J. und Gray, P. (1999): Some educational benefits of freely chosen age mixing among children and adolescents. Phi Delta Kappan, 80, S. 507–12.

Ferguson, C. (2010): Blazing angels or resident evil? Can violent video games be a force for good? Review of General Psychology, 14, S. 68–81.

Ferguson, C. und Rueda, S. M. (2010): The Hitman study. Violent video game exposure effects on aggressive behavior, hostile feelings, and depression. European Psychologist, 15, S. 99–108.

Finkelhor, D., Turner, H., Ormrod, R. und Hamby, S. L. (2010): Trends in childhood violence and abuse exposure. Evidence from two national surveys. Archives of Pediatric and Adolescent Medicine, 164, S. 238–42.

Francke, A. H. (1702): Ordnung und Lehr-Art, wie selbige in dem Paedagogio zu Glaucha an Halle eingeführet ist. Halle: Waisenhaus.

– (1702/1892): Kurzer und einfältiger Unterricht. Hrsg. v. Albert Richter. Leipzig: Richard Richter.

Fredrickson, B. L. (2001): The role of positive emotions in positive psychology: The broaden-and-build theory of positive emotions. American Psychologist, 56, S. 218–26.

– (2003): The value of positive emotions. American Scientist, 91, S. 330–5.

Friedman, S. (1972): Habituation and recovery of visual response in the alert human newborn. Journal of Experimental Child Psychology, 13, S. 339–49.

Furth, H. G. (1996): Desire for society. Children's knowledge as social imagination. New York: Plenum, S. 149–73.

Furth, H. G. und Kane, S. R. (1992): Children constructing society. A new perspective on children at play. In: H. McGurk (Hrsg.), Childhood social development: Contemporary perspectives. Hillsdale, NJ: Erlbaum.

Galton, M. (2009): Moving to secondary school. Initial encounters and their effects. Perspectives on Education. Primary Secondary Transfer in Science, 2, S. 5–21.

Gardner, P. M. (1991): Foragers' pursuit of individual autonomy. Current Anthropology, 32, S. 543–72.

Goebel, R. L. (2000): Can we talk? Manifestations of critical thinking in young people's spontaneous talk. Master's thesis, School of Education, DePaul University, Chicago.

Goldman, J. A. (1981): Social participation of preschool children in same- versus mixed-age groups. Child Development, 32, S. 644–50.

Goldstein, J. (2011): Technology in play. In: Anthony D. Pellgrini (Hrsg.), The Oxford handbook of the development of play. Oxford: Oxford University Press, S. 322–37.

Good, K. und Chanoff, D. (1991): Into the heart. One man's pursuit of love and knowledge among the Yanomama. New York: Simon and Schuster.

Gordon, D. M. (1999): Ants at work. How an insect society is organized. New York: Free Press.

Gordon, M. (2005): The roots of empathy. Changing the world child by child. Toronto: Thomas Allen Publishers.

Gorrell, J. und Keel, L. (1986): A field study of helping relationships in a cross-age tutoring program. Elementary School Guidance and Counseling, 24, S. 268–76.

Gosso, Y., Otta, E., de Lima, M., Ribeiro, F. J. L. und Bussab, V. S. R. (2005): Play in hunter-gatherer societies. In: A. D. Pellegrini und P. K. Smith (Hrsg.), The nature of play. Great apes and humans. New York: Guilford, S. 213–53.

Gould, R. A. (1969): Yiwara. Foragers of the Australian desert. New York: Charles Scribner.

Gray, P. (1993): Engaging students' intellects. The immersion approach to critical thinking in psychology instruction. Teaching of Psychology, 20, S. 68–74.

– (2009): Play as the foundation for hunter-gatherer social existence. American Journal of Play, 1, S. 476–522.

– (2010): ADHD and school. The problem of assessing normalcy in an abnormal environment. Psychology Today, »Freedom to Learn«-Blog. Online verfügbar unter: www.psychologytoday.com/blog/freedom-learn/201007/adhd-and-school-the-problem-assessing-normalcy-in-abnormal-environment

– (2011a): The decline of play and the rise of psychopathology in childhood and adolescence. American Journal of Play, 3, S. 443–63.

– (2011b): The evolutionary biology of education. How our hunter-gatherer educative instincts could form the basis for education today. Evolution: Education and Outreach, 4, S. 28–40.

– (2011c): The special value of children's age-mixed play. American Journal of Play, 3, S. 500–22.

– (2012a): Doing more time in school. A cruel non-solution to our educational problems. Psychology Today, »Freedom to Learn«-Blogg. Online verfügbar unter: www.psychologytoday.com/blog/freedom-learn/201205/doing-more-time-in-school-cruel-non-solution-our-educational-problems-0

– (2012b) Drei online veröffentlichte Berichte: (1) The benefits of unschooling: Report I from a large survey; (2) What leads families to unschool their children: Report II from a large survey; (3) The challenges of unschooling: Report III from a large survey. Psychology Today,

»Freedom to Learn«-Blog. Online verfügbar unter: www.psychologytoday.com/blog/freedom-learn/201202/the-benefits-unschooling-report-i-large-survey.
Gray, P. und Chanoff, D. (1986): Democratic schooling. What happens to young people who have charge of their own education? American Journal of Education, 94, S. 182–213.
Gray, P. und Feldman J. (1997): Patterns of age mixing and gender mixing among children and adolescents at an ungraded democratic school. Merrill-Palmer Quarterly, 43, S. 67–86.
– (2004): Playing in the zone of proximal development. Qualities of selfdirected age mixing between adolescents and young children at a democratic school. American Journal of Education, 110, S. 108–45.
Gray, P. und Riley, G. (2013): The challenges and benefits of unschooling according to 232 families who have chosen that route. Journal of Unschooling and Alternative Learning, 7, S. 1–27.
Green, C. S. und Bavelier, D. (2003): Action video game modifies visual selective attention. Nature, 423, S. 534–37.
Greenberg, D. (1974): Outline of a new philosophy. Framingham, MA: Sudbury Valley School Press.
– (1987): Free at last. The Sudbury Valley School. Framingham, MA: Sudbury Valley School Press. (Dt. Übers.: Endlich frei! Leben und Lernen an der Sudbury-Valley-Schule. Übers. von Martin Wilke. Freiamt: Arbor, 2004.)
– (1992): Sudbury Valley's secret weapon. Allowing people of different ages to mix freely at school. In: D. Greenberg (Hrsg.), The Sudbury Valley School experience, 3rd ed. Framingham, MA: Sudbury Valley School Press, S. 121–36.
Greenberg, D. und Sadofsky, M. (1992): Legacy of trust. Life after the Sudbury Valley School experience. Framingham, Massachusetts: Sudbury Valley School Press.
Greenberg, D., Sadofsky, M. und Lempka, J. (2005): The pursuit of happiness. The lives of Sudbury Valley alumni. Framingham, MA: Sudbury Valley School Press.
Greenberg, M. (1992): On the nature of sports at SVS, and the limitations of language in describing SVS to the world. In: D. Greenberg (Hrsg.), The Sudbury Valley School experience, 3rd ed. Framingham, MA: Sudbury Valley School Press.
Greenleaf, B. K. (1978): Children through the ages. New York: McGraw-Hill.
Groos, K. (1896): Die Spiele der Thiere. Jena: G. Fischer.
– (1899): Die Spiele der Menschen. Jena: G. Fischer.
Guemple, L. (1988): Teaching social relations to Inuit children. In: T. Ingold, D. Riches und J. Woodburn (Hrsg.), Hunters and gatherers 2: Property, power, and ideology. Oxford: Berg, S. 130–49.
Hall, F. S. (1998): Social deprivation of neonatal, adolescent, and adult rats has distinct neurochemical and behavioral consequences. Critical Reviews of Neurobiology, 12, S. 129–62.
Harrow, M., Hansford, B. G. und Astrachan-Fletcher, E. B. (2009): Locus of control: Relation to schizophrenia, to recovery, and to depression and psychosis – a 15-year longitudinal study. Psychiatry Research, 168, S. 186–92.
Harter, S. (1981): A new self-report scale of intrinsic versus extrinsic orientation in the classroom. Motivational and informational components. Developmental Psychology, 17, S. 300–12.
Hay, D. F. und Murray, P. (1982): Giving and requesting. Social facilitation of infants' offers to adults. Infant Behavior and Development, 5, S. 301–10.
Hennessey, B. und Amabile, T. (2010): Creativity. Annual Review of Psychology, 61, S. 569–98.
Herman, K. N., Paukner, A. und Suomi, S. J. (2011): Gene X environment interactions in social play. Contributions from rhesus macaques. In: A. D. Pellgrini (Hrsg.), The Oxford handbook of the development of play. Oxford: Oxford University Press, S. 58–69.
Hewlett, B. S., Fouts, H. N., Boyette, A. H. und Hewlett, B. L. (2011): Social learning among Congo Basin hunter-gatherers. Philosophical Transactions of the Royal Society B, 366, S. 1168–78.

Heywood, C. (2001). A history of childhood. Children and childhood in the West from medieval to modern times. Oxford: Blackwell.

Hofferth, S. (2009). Changes in American children's time, 1997–2003. International Journal of Time Use Research, 6, S. 26–47.

Hofferth, S.L. und Sandberg, J.F. (2001): Changes in American children's time, 1981–1997. In: T. Owens und S. L. Hofferth (Hrsg.), Children at the millennium: Where have we come from, where are we going? New York: Elsevier Science, S. 193–229.

Howard-Jones, P.A., Taylor, J.R. und Sutton, L. (2002): The effect of play on the creativity of young children during subsequent activity. Early Child Development and Care, 172, S. 323–28.

Hughes, M. (1978): Sequential analysis of exploration and play. International Journal of Behavioral Development, 1, S. 83–97.

Hughes, M. und Hutt, C. (1979): Heart-rate correlates of childhood activities. Play, exploration, problem-solving, and day-dreaming. Biological Psychology, 8, S. 253–63.

Huizinga, J. (1938): Homo Ludens. Versuch einer Bestimmung des Spielelementes der Kultur. Amsterdam: Pantheon.

Hyman, M. (2009): Until it hurts. America's obsession with youth sports and how it harms our kids. Boston: Beacon Press.

Inglis, I.R., Langton, S., Forkman, B. und Lazarus, J. (2001): An information primacy model of exploratory and foraging behavior. Animal Behaviour, 62, S. 543–57.

Ingold, T. (1999): On the social relations of the hunter-gatherer band. In: R.B. Lee und R.H. Daly (Hrsg.), The Cambridge encyclopedia of hunters and gatherers. Cambridge: Cambridge University Press, S. 399–410.

Isen, A.M., Daubman, K.A. und Nowicki, G.P. (1987): Positive affect facilitates creative problem solving. Journal of Personality and Social Psychology, 52, S. 1122–31.

Jenkins, J.M. und Astington, J.W. (1996): Cognitive factors and family structure associated with theory of mind development in young children. Developmental Psychology, 32, S. 70–8.

Johnson, D. (1998): Many schools putting an end to child's play. The New York Times, 7. April, A1, A18.

Johnson, R. (2000): Notes on schooling of the English working class, S. 1780–850. In: Roy Lowe (Hrsg.), History of education. Major themes. Vol. II. Education in its social context, Ch. 31. London und New York: Routledge Flamer.

Judge, T.A., LePine, J.A. und Rich, B.L. (2006): Loving yourself abundantly. Relationship of the narcissistic personality to self – and other perceptions of workplace deviance, leadership, and task and contextual performance. Journal of Applied Psychology, 91, S. 762–76.

Kaestle, C.F. (2000). The legacy of common schooling. In: Roy Lowe (Hrsg.), History of education. Major themes. Vol. II. Education in its social context, Ch. 35. London und New York: Routledge Flamer.

Kaplan, H., Hill, K., Lancaster, J. und Hurtado, A. M. (2000). A theory of human life history evolution. Diet, intelligence, and longevity. Evolutionary Anthropology, 9, S. 156–85.

Kelly, R.I. (1995). The foraging spectrum. Diversity in hunter-gatherer lifeways. Washington, DC: Smithsonian Institution Press.

Kent, S. (1996). Cultural diversity among African foragers. Causes and implications. In: S. Kent (Hrsg.), Cultural diversity among twentieth-century foragers. An African perspective. Cambridge: Cambridge University Press, S. 1–18.

King, N.R. (1982). Work and play in the classroom. Social Education, 46, S. 110–3.

Kohn, M.L. (1980). Job complexity and adult personality. In: N.J. Smelser und E.H. Erikson (Hrsg.), Theories of work and love in adulthood. Cambridge, MA: Harvard University Press.

Kohn, M.L. und Slomczynski, K.M. (1990). Social structure and self-direction. A comparative analysis of the United States and Poland. Cambridge, MA: Basil Blackwell.

Konner, M. (1975). Relations among infants and juveniles in comparative perspective. In: M. Lewis und L.A. Rosenblum (Hrsg.), The origins of behavior. Vol. 4. Friendship and peer relations. New York: Wiley, S. 99–129.

– (2002). The tangled wing. Biological constraints on the human spirit, 2nd ed. New York: Henry Holt.

– (2010): The Evolution of Childhood. Relationships, Emotion, Mind. Cambridge, MA: Harvard University Press.

Konrath, S.H., O'Brien, E.H. und Hsing, C. (2011): Changes in dispositional empathy in American college students over time. A meta-analysis. Personality and Social Psychology Review, 15, S. 180–98.

Lancy, D.F., Bock, J. und Gaskins, S. (2010): Putting learning into context. In: D.F. Lancy, J. Bock und S. Gaskins (Hrsg.), The anthropology of learning in childhood. Lanham, MD: Alta Mira Press, S. 3–10.

Lanza, M. (2012): Playborhood. Turn your neighborhood into a place for play. Menlo Park, CA: Free Play Press.

LeBlanc, G. und Bearison, D.J. (2004): Teaching and learning as bi-directional activity. Investigating dyadic interactions between child teachers and child learners. Cognitive Development, 19, S. 499–515.

Lee, R.B. (1988): Reflections on primitive communism. In: T. Ingold, D. Riches und J. Woodburn (Hrsg.), Hunters and gatherers 1. Oxford: Berg, S. 252–68.

Lee, R.B. und DeVore, I. (1968): Problems in the study of hunters and gatherers. In: R.B. Lee und I. Lee (Hrsg.), Man the hunter. Chicago: Aldine, S. 3–12.

Lepper, M.R., Corpus, J.H. und Iyengar, S.S. (2005): Intrinsic and extrinsic motivational orientations in the classroom. Age differences and academic correlates. Journal of Educational Psychology, 97, S. 184–96.

Lepper, M.R., Greene, D. und Nisbett, R.E. (1973). Undermining children's intrinsic interest with extrinsic reward. A test of the ›overjustification‹ hypothesis. Journal of Personality and Social Psychology, 28, S. 129–37.

Lepper, M.R. und Henderlong, J. (2000): Turning ›play‹ into ›work‹ and ›work‹ into ›play‹. 25 years of research on intrinsic versus extrinsic motivation. In: C. Sansone und J.M. Harackiewicz (Hrsg.), Intrinsic and extrinsic motivation. San Diego, CA: Academic Press, S. 257–307.

Leslie, A.M. (1994). Pretending and believing. Issues in the theory of ToMM. Cognition, 50, S. 211–38.

Liebenberg, L. (1990): The art of tracking. The origin of science. Claremont, South Africa: David Philip Publishers.

Liedloff, J. (1980): Auf der Suche nach dem verlorenen Glück. Gegen die Zerstörung unserer Glücksfähigkeit in der frühen Kindheit. München: Piper.

Luthar, S.S. und D'Avanzo, K. (1999): Contextual factors in substance use. A study of suburban and inner-city adolescents. Development and Psychopathology, 11, S. 845–67.

Luthar, S.S. und Latendresse, S.J. (2005): Children of the affluent. Challenges to well-being. Current Directions in Psychological Science, 14, S. 49–55.

Marshall, L. (1976): The !Kung of Nyae Nyae. Cambridge, MA: Harvard University Press.

Martini, M. (1994).: Peer interactions in Polynesia. A view from the Marquesas. In: J. L. Roopnarine, J. E. Johnson und F. H. Hooper (Hrsg.), Children's play in diverse cultures. Albany: State University of New York Press, S. 73–103.

Mayes, R., Bagwell, C. und Erkulwater, J. (2009). Medicating children. ADHD and pediatric mental health. Cambridge, MA: Harvard University Press.

Maynard, A. E. (2002). Cultural teaching: The development of teaching skills in Maya sibling interactions. Child Development, 73, S. 969–82.

Maynard, A. E. und Tovote, K. E. (2010): Learning from other children. In: D. F. Lancy, J. Bock und S. Gaskins (Hrsg.), The anthropology of learning in childhood. Lanham, MD: Alta Mira Press, S. 181–205.

McKinstery, J. und Topping, K. J. (2003): Cross-age peer tutoring of thinking skills in high school. Educational Psychology in Practice, 19, S. 199–217.

McLeod, L. und Lin, L. (2010): A child's power in game-play. Computers und Education, 54, S. 517–27.

McMahon, R. (2007): Everybody does it. Academic cheating is at an all-time high. San Francisco Chronicle, 9. September.

Melton, J. V. H. (1988): Absolutism and the eighteenth-century origins of compulsory schooling in Prussia and Austria. Cambridge: Cambridge University Press.

Merrell, K. W., Isava, D. M., Gueldner, B. A. und Ross, S. W. (2008). How effective are school bullying intervention programs? A meta-analysis of intervention research. School Psychology Quarterly, 23, S. 26–42.

Michaels, J. W., Blommel, J. M., Brocato, R. M., Linkous, R. A. und Rowe, J. S. (1982): Social facilitation and inhibition in a natural setting. Replications in Social Psychology, 2, S. 21–4.

Miller, P. (2000): Historiography of compulsory schooling. In: Roy Lowe (Hrsg.), History of education. Major themes. Vol. II. Education in its social context, Ch. 38. London und New York: Routledge Flamer.

Mitra, S. (2003): Minimally invasive education. A progress report on the ›hole-in-the-wall‹ experiments. British Journal of Educational Technology, 34, S. 267–371.

– (2004): Hole in the wall. Dataquest (India), 23. September. Online verfügbar: www.dqindia.ciol.commakesections.asp/04092301.asp

– (2005): Self-organizing systems for mass computer literacy. Findings from the ›hole in the wall‹ experiments. International Journal of Development Issues, 4, S. 71–81.

Mitra, S. und Dangwal, R. (2010): Limits to self-organising systems of learning – the Kalikuppam experiment. British Journal of Educational Technology, 41, S. 672–88.

Mitra, S. und Rana, V. (2001): Children and the Internet. Experiments with minimally invasive education in India. British Journal of Educational Technology, 32, S. 221–32.

Mounts, N. S. und Roopnarine, J. L. (1987): Social-cognitive play patterns in same-age and mixed-age preschool classrooms. American Educational Research Journal, 24, S. 463–76.

Mulhern, J. (1959): A history of education. A social interpretation, 2nd ed. New York: Ronald Press.

Nauert, R. (2008): Teen suicide rates remain high. Online verfügbar: www.psychcentral.com/news/2008/09/04/teen-suicide-rates-remain-high/ 2874.html.

Newsom, C. R., Archer, R. P., Trumbetta, S. und I. Gottesman, I. I. (2003): Changes in adolescent response patterns on the MMPI/MMPI-A across four decades. Journal of Personality Assessment, 81, S. 74–84.

Newton, E. und Jenvey, V. (2011): Play and theory of mind. Associations with social competence in young children. Early Child Development and Care, 181, S. 761–73.

Noddings, N. (2005): The challenge to care in the schools. An alternative approach to education, 2nd ed. New York: Teachers College Press.

O'Brien, J. und Smith, J. (2002): Childhood transformed? Risk perceptions and the decline of free play. British Journal of Occupational Therapy, 65, S. 123–8.

Okamoto-Barth, S., Call, J. und Tomasello, M. (2007): Great apes' understanding of other individuals' line of sight. Psychological Science, 18, S. 462–8.

Oleck, J. (2008): Most high school students admit to cheating. School Library Journal, 10. März.

Olson, C. K. (2010): Children's motivation for video game play in the context of normal development. Review of General Psychology, 14, S. 180–7.

Orme, N. (2001): Medieval children. New Haven, CT: Yale University Press.

Osborne, J. A., Simon, S. B. und Collins, S. (2003): Attitudes towards science. A review of the literature and its implications. International Journal of Science Education, 25, S. 1049–79.

Ozment, K. (2011): Welcome to the age of overparenting. Boston Magazine, Dezember, S. 88–93, S. 136–7.

Parten, M. (1932): Social participation among preschool children. Journal of Abnormal and Social Psychology, 28, S. 136–47.

Pastor, P. N. und Reuben, M. A. (2008): Diagnosed attention deficit hyperactivity disorder and learning disability. United States, 2004–2006. Vital and health statistics, Series 10, Nr. 237. Washington, DC: US Department of Health and Human Services.

Patall, E. A., Cooper, H. und Robinson, J. C. (2008): The effects of choice on intrinsic motivation and related outcomes. A meta-analysis of research findings. Psychological Bulletin, 134, S. 270–300.

Pellis, S. M. und Pellis, V. C. (2011): Rough and tumble play. Training and using the social brain. In: A. D. Pellgrini (Hrsg.), The Oxford handbook of the development of play. Oxford: Oxford University Press, S. 245–59.

Pellis, S. M., Pellis, V. C. und Bell, H. C. (2010): The function of play in the development of the social brain. American Journal of Play, 2, S. 278–96.

Piaget, J. (1932/1954): Das moralische Urteil beim Kinde. Übers. von Lucien Goldmann. Zürich: Rascher.

Power, T. G. (2000): Play and exploration in animals and children. Mahwah, NJ: Lawrence Erlbaum Associates.

Przybylski, A. K., Rigby, C. S. und Ryan, R. M. (2010): A motivational model of video game engagement. Review of General Psychology, 14, S. 154–66.

Przybylski, A. K., Weinstein, N., Ryan, R. M. und Rigby, C. S. (2009): Having versus wanting to play. Background and consequences of harmonious versus obsessive engagement in video games. CyberPsychology und Behavior, 12, S. 485–92.

Pytel, B. (2007): Cheating is on the rise. Online verfügbar unter: www.suite101.com/content/cheating-is-on-the-rise-a31238.

Ray, B. D. (2011): Research facts on homeschooling. Salem, OR: National Home Education Research Institute. Online verfügbar: www.nheri.org.

Reaves, B. und Malone, T. W. (2007): Leadership in games and work. Implications for the enterprise of massively multiplayer online role-playing games. Seriosity Inc. Online verfügbar: www.seriosity.com/downloads/Leadership_In_Games_Seriosity_and_IBM.pdf.

Reich, J. W., Erdal, K. J. und Zautra, A. (1997): Beliefs about control and health behaviors. In: D. S. Gochman (Hrsg.), Handbook of health behavior research. I, Personal and social determinants. New York: Plenum.

Renner, M. J. (1988). Learning during exploration. The role of behavioral topography during exploration in determining subsequent adaptive behavior. International Journal of Comparative Psychology, 2, S. 43–56.

Rheingold, H. L., Hay, D. F. und West, M. J. (1976): Sharing in the second year of life. Child Development, 47, S. 1148–58.

Ricaurte, G. A., Mechan, A. O., Yuan, J., Hatzidimitriou, G., Xie, T., Mayne, A. H. und McCann, U. D. (2005): Amphetamine treatment similar to that used in the treatment of ADHD damages dopamine nerve endings in the striatum of adult nonhuman primates. Journal of Pharmacology and Experimental Therapeutics, 315, S. 91–8.

Richards, C. A. und Sanderson, J. A. (1999): The role of imagination in facilitating deductive reasoning in 2-, 3-, and 4-year-olds. Cognition, 72, S. 81–9.

Ridley, M. (2003): Nature via nurture: Genes, experience, and what makes us human. New York: Harper Collins.

Roberts, W. A., Cruz, C. und Tremblay, J. (2007): Rats take correct novel routes and shortcuts in an enclosed maze. Journal of Experimental Psychology. Animal Behavior Processes, 33, S. 79–91.

Roopnarine, J. L., Johnson, J. E. und Hooper, F. H. (Hrsg.) (1994): Children's play in diverse cultures. Albany: State University of New York Press.

Ross, E. A. (1901): Social control. A survey of the foundations of order. New York: Macmillan.

Rubin, K. H., Fein, G. G. und Vandenberg, B. (1983): Play. In: P. H. Mussen und E. M. Hetherington (Hrsg.), Handbook of child psychology. Vol. 4, S. 693–774. New York: Wiley.

Ruff, H. A. (1986): Components of attention during infants' manipulative exploration. Child Development, 75, S. 105–14.

– (1989): The infant's use of visual and haptic information in the perception and recognition of objects. Canadian Journal of Psychology, 43, S. 302–19.

Sadofsky, M., Greenberg, D. und Greenberg, H. (1994): Kingdom of childhood. Growing up at Sudbury Valley School. Framingham, MA: Sudbury Valley School Press.

Sahlins, M. (1972): Stone age economics. Chicago: Aldine-Atherton.

Salamone, F. A. (1997): The Yanomami and their interpreters. Fierce people or fierce interpreters? Lanham, MD: University Press of America.

Saltz, E., Dixon, D. und Johnson, J. (1977): Training disadvantaged preschoolers on various fantasy activities. Effects on cognitive functioning and impulse control. Child Development, 48, S. 367–80.

Schneller, R. J. (2002): Farragut. America's first admiral. Dulles, VA: Brassey's.

Schonert-Reichl, K. A., Smith, V. und Zaidman-Zait, A. (2011): Effectiveness of the Roots of Empathy program in fostering social-emotional development in primary grade children. (Unveröffentl.)

Schulz, L. E. und Bonawitz, E. G. (2007): Serious fun. Preschoolers engage in more exploratory play when evidence is confounded. Developmental Psychology, 43, S. 1045–50.

Schulz, L. E., Gopnik, A. und Glymour, C. (2007): Preschool children learn about causal structure from conditional interventions. Developmental Science, 10, S. 322–32.

Sherif, M., Harvey, O. J., White, B. J., Hood, W. E. und Sherif, C. S. (1961). Intergroup conflict and cooperation. The Robbers Cave experiment. Norman: University of Oklahoma Book Exchange.

Shostak, M. (1981): Nisa. The life and words of a !Kung woman. Cambridge, MA: Harvard University Press.

Silberbauer, G. (1982): Political Process in G/wi Bands. In: E. Leacock und R. Lee (Hrsg.), Politics and History in Band Societies. Cambridge: Cambridge University Press, S. 23–36.

Skenazy, L. (2009): Free-Range Kids. Giving our children the freedom we had without going nuts with worry. San Francisco: Jossey-Bass.

Smith, H. (2000): The Scarred Heart: Understanding and identifying kids who kill. Knoxville, TN: Callisto.

Smith, J. D., Schneider, B. H., Smith, P. K. und Ananiadou, K. (2004): The effectiveness of whole-school antibullying programs: A synthesis of evaluation research. School Psychology Review, 33, S. 547–60.

Smith, P.K. (2005a): Play. Types and functions in human development. In: B.J. Ellis und D.F. Bjorklund (Hrsg.), Origins of the social mind. New York: Guilford.

– (2005b): Social and pretend play in children. In: A.D. Pellegrini und P.K. Smith (Hrsg.), The nature of play. Great apes and humans. New York: Guilford, S. 137–212.

Spence, I. und Feng, J. (2010): Video games and spatial cognition. Review of General Psychology, 14, S. 92–104.

Spencer, V.G. (2006): Peer tutoring and students with emotional or behavioral disorders: A review of the literature. Behavioral Disorders, 31, S. 204–22.

Spinka, M., Newberry, R.C. und Bekoff, M. (2001): Mammalian play. Training for the unexpected. Quarterly Review of Biology, 76, S. 141–68.

Sudbury Valley School (1970): The crisis in American education. An analysis and proposal. Framingham, MA: Sudbury Valley School Press.

Sutton-Smith, B. und Roberts, J.M. (1970): The cross-cultural and psychological study of games. In: G. Lüschen (Hrsg.), The cross-cultural analysis of sport and games. Champaign, IL: Stipes, S. 100–8.

Sylva, K., Bruner, J. und Genova, P. (1976): The role of play in the problem solving of children 3–5 years old. In: J. Bruner, A. Jolly und K. Sylva (Hrsg.), Play. Its Role in Development and Evolution. New York: Basic Books, S. 244–57.

Symons, D. (1978): Play and aggression. A study of rhesus monkeys. New York: Columbia University Press.

Thomaes, S., Bushman, B.J., DeCastro, B.O. und Stegge, H. (2009): What makes narcissists bloom? A framework for research on the etiology and development of narcissism. Development and Psychopathology, 21, S. 1233–47.

Thomas, E.M. (1959): The harmless people. New York: Alfred A. Knopf.

– (2006): The old way. New York: Farrar, Straus und Giroux.

Tomonaga, M. (2007): Is chimpanzee (Pan troglodytes) spatial attention reflexively triggered by gaze cue? Journal of Comparative Psychology, 121, S. 156–70.

Turnbull, C.M. (1961): The forest people. New York: Simon und Schuster.

– (1982): The ritualization of potential conflict between the sexes among the Mbuti. In: E.G. Leacock und R.B. Lee (Hrsg.), Politics and history in band societies. Cambridge: Cambridge University Press, S. 133–55.

Twenge, J.M. (2000): The age of anxiety? Birth cohort changes in anxiety and neuroticism, 1952–1993. Journal of Personality and Social Psychology, 79, S. 1007–21.

Twenge, J.M. und Foster, J.D. (2010): Birth cohort increases in narcissistic personality traits among American college students, 1982–2009. Social Psychological and Personality Science, 1, S. 99–106.

Twenge, J.M., Gentile, B., DeWall, C.N., Ma, D., Lacefield, K. und Schurtz, D.R. (2010): Birth cohort increase in psychopathology among young Americans, 1938–2007. A cross-temporal meta-analysis of the MMPI. Clinical Psychology Review, 30, S. 145–54.

Twenge, J.M., Konrath, S., Foster, J.D., Campbell, W.K. und Bushman, B.J. (2008): Egos inflating over time. A cross-temporal meta-analysis of the Narcissistic Personality Inventory. Journal of Personality, 76, S. 875–901.

Twenge, J.M., Zhang, L. und Im, C. (2004): It's beyond my control. A cross-temporal meta-analysis of increasing externality in locus of control, 1960–2002. Personality and Social Psychology Review, 8, S. 308–19.

US Department of Education. (2008): National center for education, issue brief on homeschooling. Online verfügbar unter: www.nces.ed.gov.

Vedder-Weiss, D. und Fortus, D. (2011): Adolescents' declining motivation to learn science. Inevitable or not? Journal of Research in Science Teaching, 48, 199–216.

Von Drehle, D. (2010): The case against summer vacation. Time Magazine, 2. August, S. 36–42.

Wannenburgh, A. (1979): The Bushmen. With photographs by P. Johnson and A. Bannister. New York: Mayflower Books.

Weber, M. (1904–1905/2002): Die protestantische Ethik und der Geist des Kapitalismus. In: Weber, M., Schriften 1894–1922. Ausgew. und hrsg. von Dirk Kaesler. Stuttgart: Kröner.

Weems, C.F. und Silverman, W.K. (2006). An integrative model of control. Implications for understanding emotion regulation and dysregulation in childhood anxiety. Journal of Affective Disorders, 91, S. 113–24.

Wegener-Spöhring, G. (1994). War toys and aggressive play scenes. In: J.H. Goldstein (Hrsg.), Toys, play, and child development, S. 84–109. Cambridge: Cambridge University Press.

Whiting, B. B. (1983). The genesis of prosocial behavior. In: D.L. Bridgeman (Hrsg.), The nature of prosocial development: Interdisciplinary theories and strategies. New York: Academic Press, S. 221–42.

Wiessner, P. (1982). Risk, reciprocity and social influences on !Kung San economics. In: E. Leacock und R. Lee (Hrsg.), Politics and history in band societies. Cambridge: Cambridge University Press.

– (1996). Leveling the Hunter: Constraints on the Status Quest in Foraging Societies. In: P. Wiessner und W. Schiefenhövel (Hrsg.), Food and the status quest. An interdisciplinary perspective, S. 171–92.

Wood, D.J., Bruner, J.S. und Ross, G. (1976): The role of tutoring in problem solving. Journal of Clinical Psychiatry, 17, S. 89–100.

Woodburn, J. (1968): An introduction to Hazda ecology. In: R. Lee und I. DeVore (Hrsg.), Man the hunter. Chicago: Aldine.

Wygotsky, L.S. (1933/1980): Das Spiel und seine Bedeutung in der psychischen Entwicklung des Kindes. In: Daniil Elkonin (Hrsg.), Psychologie des Spiels. Köln: Pahl-Rugenstein, S. 441–65.

Wygotsky [Vygotsky], L.S. (1978). Interaction between learning and development. In: M. Cole, V. John-Steiner, S. Scribner, and E. Souberman (Hrsg.), Mind and society: The development of higher psychological processes. Cambridge, MA: Harvard University Press.

Yee, N. (2006): Motivations for play in online games. Cyberpsychology und Behavior, 9, S. 772–5.

Yogev, A. und Ronen, R. (1982): Cross-age tutoring: Effects on tutors' attitudes. Journal of Educational Research, 75, S. 261–8.

Schulflucht

Autobiografischer Roman

Liv Haym

Was tut man, wenn ein Kind partout nicht zur irgendeiner institutionellen Form von Schule passt? Nur in Ausnahmefällen haben Eltern den Mut, ihre Kinder in Deutschland zu Hause zu unterrichten. Sie trotzen Bußgeldern und kämpfen gegen den drohenden Entzug des Sorgerechts. Liv Haym wählte einen einzigartigen Weg: Mit Fantasie und geschickter Kommunikation nach außen verbarg sie ihre Tochter vor Behörden und Nachbarschaft: Zur Schulzeit war Tochter Klara zu Hause und lernte mit ihrer Mutter, und das so gut, dass sie schon in frühen Jahren eine Laufbahn als Pianistin einschlagen konnte. – Das Buch ist ein umfassender Beleg für die Kreativität, die sich Bahn bricht, wenn das selbstbestimmte Lernen bedingungslos unterstützt wird. Als autobiografischer Roman verfasst, hilft das Buch allen, die wissen, dass ihre Kinder besser ohne Schule gedeihen würden, und die nach Ermutigung suchen, einen ungewöhnlichen Bildungsweg zu gehen.

Lernen ist Leben

Die Familienschule: Wie Schule sein könnte, wenn das Lernen frei wäre

Anke Caspar-Jürgens

Die aktuelle Entschulungsbewegung in Deutschland gründet in vielerlei Hinsicht auf Erkenntnissen, die in der Temenos-Lerngruppe erstmals erprobt wurden. Anke Caspar-Jürgens schildert, wie in der Lerngruppe gelebt und gelernt wurde und welche Schwierigkeiten zu bewältigen waren. Indem sie ihre Erfahrungen immer wieder auf ihre eigene Biografie spiegelt, entsteht ein eindrucksvolles Plädoyer für eine gänzlich neue Form gemeinschaftlichen Lernens, das in die Lebenswirklichkeit von aneinander ernsthaft interessierten Erwachsenen eingebettet ist. Das Buch ist eine wertvolle Ressource für alle, die auf der Suche nach natürlichen Lernformen sind und sich fragen, wie diese begründet und organisiert werden können. Es stellt erprobte praktische Grundlagen und theoretische Argumente zur Verfügung, die in der Auseinandersetzung mit den Bildungsbehörden zur Schaffung eines wahrhaft freien Bildungswesens von hohem Wert sind.

Tilmann geht nicht zur Schule

Eine erfolgreiche Schulverweigerung
Mit Dokumentarfilm auf DVD

Johannes Heimrath

Tilmann war neun, als er sich gegen den Schulbesuch entschied. Die Eltern respektierten seinen Wunsch, fortan zu Hause lernen zu wollen. Die Behörden nahmen die Verfolgung auf. Über zwei Jahre beschäftigte sein Fall Amtsärzte, Psychologen, Staatsanwälte und Richter: Bußgeldverfahren, zwangsweise Zuführung zur Schule, Antrag auf Entzug des Sorgerechts. Doch Tilmann gibt nicht auf: Er lernt in der freien Temenos-Lerngruppe und erwirkt gemeinsam mit seinen Eltern den bisher einzigen Freispruch wegen Schulverweigerung vor einem deutschen Gericht. Das Buch versammelt den gesamten Briefwechsel sowie die Gerichtsakten des Falls. Ein spannender Bildungs-Krimi, der für viele Eltern wegweisend sein kann. Dem Buch ist eine DVD mit dem eindrucksvollen Dokumentarfilm »Der Schüler Tilmann« von Claus Strigel beigelegt.

DRACHENVERLAG

Drachen Verlag GmbH • Am See 1 • D-17440 Klein Jasedow
Telefon (03 83 74) 7 52 24 • Fax (03 83 74) 7 52 23
mail@drachenverlag.de • www.drachenverlag.de

Im Bann der sinnlichen Natur

David Abram

In seinem wegweisenden Buch entwickelt der Kulturanthropologe David Abram eine vollständig im Körper verankerte ökologische Philosophie. Mit reicher, poetischer Sprache verlockt er zur sinnlichen Erfahrung einer sprechenden, fühlenden beseelten und geheimnisvollen Natur.

Die rote Blume

Shelley Sacks, Hildegard Kurt

Wie lässt sich unsere gegenwärtige lebenszerstörende in eine lebensfördernde Kultur transformieren? In dem Bewusstsein, dass dies bedeutet, »von der Zukunft her wahrzunehmen, zu denken und zu gestalten«, erforschen die Autorinnen eine ästhetische Praxis als Instrument gesellschaftlicher Transformation.

Minima Animalia

Andreas Weber

In einhundert poetischen Miniaturen, erlebt auf Streifzügen zwischen Ligurien und Berlin und aufgezeichnet über den Lauf eines Jahres, spürt Andreas Weber dem Wunder des Lebendigen nach. Sein Stundenbuch lehrt Demut vor der Natur und verortet uns darin: Wir sind eingeborener Teil der Allmende der Welt.

Spiel-Zeuge

Albert Vinzens

Kaum ein Begriff wird so häufig missverstanden und missbraucht wie das »Spiel«. Mit diesem inflationären Gebrauch geht der Verlust unserer Spielfähigkeit einher, argumentiert Albert Vinzens, denn das Spiel ist eine Grundkraft der menschlichen und der mehr-als-menschlichen Natur: Nur im Spiel zeigt sich die Welt.

Alles fühlt

Andreas Weber

In den Biowissenschaften wird zunehmend erkannt, dass Empfindungsvermögen, Innerlichkeit und Subjektivität keine auszuklammernden Sonderfälle, sondern elementare Eigenschaften des Lebens selbst sind: Alles fühlt. In poetischer Sprache lädt Andreas Weber auf eine Reise ein, die diesen Paradigmenwechsel sinnlich erfahrbar macht.

Die neue Muse

Hildegard Kurt

Wie kann das Neue in die Welt? »Neu« bezeichnet hier nicht neue Spielarten des Kapitalismus, neue technische Vereinnahmung oder neue Dimensionen des Terrors, sondern sozial und ökologisch gerechte Gesellschaften. Ausgehend von dieser Frage unternimmt die Autorin den Versuch, die »Zukunftsfähigkeit« aus ihrer Verkapselung zu befreien.

thinkOya
Am See 1
17440 Klein Jasedow
Telefon+49 (03 83 74) 7 52 24
Fax+49 (03 83 74) 7 52 23
info@think-oya.de
www.think-oya.de

thinkOya Akt. Dünger fürs Denken.

Akt 83

Friederike Habermann

Der unsichtbare Tropenhelm

Wie koloniales Denken noch immer unsere Köpfe beherrscht

112 Seiten, 10 Euro, ISBN 978-3-927369-75-7

Akt 66

Maude Barlow

Die Wasser-Allmende

Eine gute Zukunft braucht gutes Wasser für alle

92 Seiten, 10 Euro, ISBN 978-3-927369-78-8

Akt 08

Wendell Berry

Körper und Erde

Essay über gutes Menschsein

96 Seiten, 10 Euro, ISBN 978-3-927369-97-9

Akt 99

Bertrand Stern

Saat der Freiheit

Impulse für aufblühende Bildungslandschaften

96 Seiten, 10 Euro, ISBN 978-3-927369-96-2

Akt 10

Ursula K. Le Guin

Am Anfang war der Beutel

Warum uns Fortschritts-Utopien an den Rand des Abgrunds führten und wie Denken in Rundungen die Grundlage für gutes Leben schafft

96 Seiten, 10 Euro, ISBN 978-3-947296-08-8

thinkOya
Am See 1
17440 Klein Jasedow
Telefon +49 (03 83 74) 7 52 24
Fax +49 (03 83 74) 7 52 23
info@think-oya.de
www.think-oya.de